Duo Deutsch A7

Sprach- und Lesebuch

Integriertes Sprach- und Lesebuch
für den gymnasialen Deutschunterricht

Herausgegeben von
Prof. Dr. Ulrich Schmitz und Christian Sondershaus

Verfasst von
Dr. Elin-Birgit Berndt, Anja Bischoff, Hannelore Hug,
Dr. Alexander Joist, Sonja Krack, Sascha Reuen,
Prof. Dr. Ulrich Schmitz, Karl-Heinz Schneider,
Christian Sondershaus, Dr. Anne Steiner

Oldenbourg

Liebe Schülerinnen und Schüler,

wir möchten euch einladen, mit Duo Deutsch zu arbeiten, und das heißt häufig, eine Forschungsreise zu machen. Man muss planen, lernen und eigene Ideen entwickeln, manchmal zurückblicken und manchmal nach vorne schauen.

Wie bei jeder Forschungsexpedition müsst ihr, wenn ihr den Themen und Fragestellungen der Kapitel auf den Grund gehen wollt, Kenntnisse und Fähigkeiten in vielen Bereichen erwerben und anwenden. Deshalb berührt jedes Kapitel mehrere „Forschungsbereiche", und zwar die **vier Lernbereiche des Faches Deutsch** *(Sprechen und zuhören, Schreiben, Umgang mit Texten und Medien, Nachdenken über Sprache).*

Duo Deutsch ist klar und verständlich aufgebaut, sodass ihr immer wisst, wo ihr euch gerade befindet und wohin eure Reise geht:

- Jedes Kapitel beginnt mit einer **Bild-Doppelseite**. Sie macht auf das Thema des Kapitels neugierig und ihr könnt sie immer wieder betrachten, während ihr das Kapitel bearbeitet. So entdeckt ihr, was ihr schon gelernt habt, wie euer Blick geschärft wurde und welche Fragen noch offen sind.
- Jedes Kapitel enthält eine **Sicherungsseite**, auf der wichtige Inhalte nochmals geübt und erworbene Kenntnisse und Fähigkeiten gefestigt werden.
- Am Schluss jedes Kapitels findet ihr eine Doppelseite **„Und jetzt kommst du!"**. Da ein Thema meist nicht nach 20 Seiten endet, sondern weitergeht und in andere Themen mündet, übt ihr hier Wichtiges in neuen Zusammenhängen.

- Das **Jahresprojekt „Mein Portfolio"** hilft euch dabei, euren Lernweg und euren Lernfortschritt zu beobachten und euch selbst und euren Übungsbedarf einzuschätzen.
- Lernen durch Lehren – wie das funktioniert, zeigt euch das **Methodenkapitel** „Dem Täter auf der Spur". Ihr übt, wie ihr Inhalte vermittelt, Arbeitsphasen organisiert, Aufgaben und Aufträge richtig formuliert und eine Lernzielkontrolle durchführt.
- Das **Duo Deutsch Lexikon** am Ende des Bandes hilft euch beim schnellen Nachschlagen und beim Wiederholen.

- Wenn ihr etwas über die Autorin oder den Autor eines Textes wissen möchtet, könnt ihr im **Autorenlexikon** nachschlagen.
- Über das **Register** könnt ihr im ganzen Buch nach Begriffen suchen, die euch nicht klar sind oder die ihr noch einmal trainieren möchtet.

Innerhalb der Kapitel erleichtern euch die Wegweiser in der Randspalte die Orientierung.

Wir wünschen euch viel Freude bei der Arbeit mit Duo Deutsch!

Inhaltsverzeichnis

Das ist Sport!? – Beschreiben, berichten, Texte und Bilder verstehen ... 8

1. **Sport und ich?** – Annäherung an das Thema ... 10
2. **Schule oder Sport, Sport und Schule?** – Interview und Gespräch ... 11
3. **Im Ohr „knacken lassen"** – Vorgänge beschreiben ... 17
   Weil das Trommelfell besonders empfindlich ist – Satzreihe und Satzgefüge
   Jede Sekunde zählt – Anleitungen verfassen
4. **Sportgedichte, Spottgedichte?** – Lyrik ... 21
5. **Gewinnen und verlieren** – Aussagen von Bildern verstehen ... 23
   Sieg und Niederlage – Bilder lesen und verfassen
   Zeichensprache – Eine Geheimsprache des Sports?
6. **Verschiedene Medien, ein Ereignis** – Über sportliche Ereignisse berichten ... 27
   Toooooor!!! – Ein Bericht beantwortet die W-Fragen
   Die Sportreportage – Eine spezielle Form des Berichts
   Nach dem Spiel ... – Die schriftliche Berichterstattung
   Aus dem Feuer gerissen – Sprachliche Bilder in der Sportsprache

Sicherung: Bericht und Sportreportage ... 33
Und jetzt kommst du!: Überall Sport – Projekte gestalten ... 34

Vordenken und Nachdenken – Argumentieren, diskutieren, sich mit Texten auseinandersetzen ... 36

1. **Was wir erkennen können** – Textaussagen verstehen ... 38
   Was kann ich wissen? – Situations- und Adressatenbezug
   Der Standpunkt hängt vom Standort ab – Fragen der Philosophie
   Höhlen – Philosophie in Gleichnissen
2. **Gut leben, aber wie?** – Beschreiben, vergleichen und beurteilen ... 43
   Weil ich an sich nichts brauch – Konjunktionen
   Kaufgründe – Gliedsätze im Satzgefüge
   Das Sterntaler-Experiment – Argumente untersuchen
   Die Tauschzentrale – Eine Fragestellung diskutieren
   Leben in verschiedenen Welten – Diskussion in Kleingruppen
3. **Zwickmühle und Dilemma** – Argumente ... 53
   Ausreden – Diskussion als Rollenspiel
   Eine Frage der Verantwortung – Argumentieren heißt begründen
   Wahrheit oder Freundschaft? – Diskussion als „Fishbowl"

Sicherung: Diskutieren, argumentieren, überzeugen ... 63
Und jetzt kommst du!: Der Kleine Prinz – Argumentationsweisen untersuchen ... 64

Das regelt sich! – Regeln in Texten und in der Kommunikation ... 66

1. Chaoshäuser? – Regelmäßigkeiten und Unregelmäßigkeiten erkennen .. 68
Immer schön symmetrisch? – Gebäude beschreiben
Textgebäude – Strukturen in lyrischen Texten

2. Das Meister Yoda sagt. – Regeln des Satzbaus ... 71
Marko parolas Esperanton – Satzbau untersuchen
Eine schreckliche Sprache?! – Adverbiale Bestimmung und Präpositionalobjekt

3. Wie es sich gehört – Ungeschriebene und geschriebene Regeln ... 75
Kleiderordnungen – Inhaltsangabe von literarischen Texten
Vor allen Dingen aber ist es ungehörig – Dialoge untersuchen
Licht aus! – Schulordnungen untersuchen

4. Im Sinne dieses Gesetzes – Die Sprache in amtlichen Texten ... 80
Das JuSchG – Gesetzestexte genau lesen
Im Plan festgelegte Umbaumaßnahmen – „Amtsdeutsch" entziffern
Reduzierung der Haare – Nominalisierungen
Gesagt, getan – Eine Anekdote über Verkehrsregeln

5. Ein geregeltes Leben? – Das Verhalten von literarischen Figuren untersuchen ... 84

6. Mach nicht so ein Gesicht! – Regeln nicht-sprachlicher Kommunikation .. 89

7. Prinzipiengetreu? – Regelmäßigkeiten in der Rechtschreibung erkennen 91
Aus Prinzip – Rechtschreibung trainieren

Sicherung: Was regeln Regeln? ... 95
Und jetzt kommst du!: Regel-Spiele und Spielregeln ... 96

Von Freundschaft und Feindschaft – Epische und dramatische Texte ... 98

1. Die Bande – Leseerwartungen an ein Jugendbuch formulieren ... 100

2. Krieg der Knöpfe – Einen Romananfang untersuchen ... 101

3. Der Anführer – Figurengestaltung und Erzählperspektive ... 105

4. Der Bandenkrieg – Epische und dramatische Texte untersuchen ... 109
Die Erinnerung an gestern – Innere und äußere Handlung
Überrascht, erstaunt, entsetzt – Gefühle ausdrücken (Pantomime)
Mader und Pergaud – Über den Autor/die Autorin berichten
Ach so – Haupttext, Nebentext, Subtext

Sicherung: Einen dramatischen Text in einen epischen umformen ... 125
Und jetzt kommst du!: Eine Analysekartei für literarische Texte erstellen ... 126

Wenn einer eine Reise tut ... – Texte und Statistiken ... 128

1. Reisen – Ein Thema mit vielen Seiten ... 130
Ein Traumjob? – Über Reiseanlässe nachdenken
Reise! Reise! – Statistiken und literarische Texte

2. Mallorca – Verschiedene Textsorten drücken Unterschiedliches aus 136
  Auf Felspfaden oder mit dem Bus – Reisebeschreibung und Reiseführer
  Zweckmäßig eingerichtet – Beurteilung und Stellungnahme

3. Eine ereignisreiche Nacht – Reiseerzählung und Anekdote 147

4. Reisetechnik – Abläufe beschreiben 150
  Da ist was unterm Sitz! – Piktogramme informieren

Sicherung: Präpositionen 153
Und jetzt kommst du!: Summer in the City – Einen Reiseführer gestalten 154

Mondbeglänzte Zaubernacht – Gedichte verstehen und schreiben 156

1. Hasten und Ruhen – Leben bei Tag und bei Nacht 158

2. „Gedichte sind gemalte Fensterscheiben" – Gedichte schreiben 161
  Kommt aber nur einmal herein! – Was ist ein Gedicht?
  Ein riesiger Haufen Scherben – Wie schreibe ich ein Gedicht?
  Un admirador – Gedichte nach Textvorbildern schreiben

3. „Es war, als hätt der Himmel ..." – Merkmale von Gedichten 166

4. „Ein Werwolf eines Nachts entwich" – Metaphern und Spiel mit Sprache . 172

5. „Singet leise, leise, leise" – Gedichte mit langen und kurzen Vokalen .. 175

6. „Tage wie dieser" – Gedichte über den Tag 178

Sicherung: Gedichte analysieren 179
Und jetzt kommst du!: Stimmung und Atmosphäre in einem Jugendroman 180

Schöne neue Zukunftswelt? – Science-Fiction, Konjunktiv II, Passiv 182

1. Was wäre, wenn ...? – Der Konjunktiv macht's möglich 184

2. Klonträume: Jonas x 2? – Modalverben 188

3. Unendliche Weiten – Geschichten aus dem Weltraum 192
  Außerirdische auf der Erde – Literarische Texte erschließen
  „Was verstehst du denn schon davon?" – Inhaltsangaben überarbeiten

4. Erdlinge im Weltall – Was ist Science-Fiction? 200
  The Making of Star Trek – Videospiel und Kinofilm entstehen
  Spocks Maske – Passivsätze

Sicherung: Konjunktiv II und Modalverben 209
Und jetzt kommst du!: Zukunftsabenteuer 2030 – Ein Schreibprojekt 210

Auf dich kann man zählen! – Balladen 212

1. Ein Denkmal! – Handlung und Gestaltung einer Ballade 214
  Wer ist Johanna Sebus? – Die Handlung einer Ballade
  Eine Ballade als Denkmal? – Formale Gestaltung

2. „Und mit goldner Schrift in den Mamorstein" – Ein Drehbuch gestalten.. 218
   Der Film begeistert auf ganzer Länge – Film und Ballade
   Gerettet alle, nur einer fehlt – Aufbau und Struktur
   Wer ist John Maynard? – Rollen, Handlungsstränge, Szenen
   „Wie weit noch, Steuermann?" – Dialoge und Regieanweisungen
   Gischt schäumt um den Bug – Filmische Mittel
   Das war doch ganz anders! – Das Drehbuch

3. Eine ausweglose Situation? – Sprachliche Bilder 225
   „Mit feurigen Geißeln peitscht das Meer" – Sprachliche Bilder im „Kopfkino"

4. Die Bürgschaft – Gestaltendes Interpretieren und Inhaltsangabe 228
   Ein treuer Freund – Annäherung an Schillers Ballade
   Und zum Könige bringt man die Wundermär – Schritte einer Inhaltsangabe
   Er sagt, er wolle – Indirekte Rede im Konjunktiv I

Sicherung: Projekt: Pausen-Theater – Balladentheater 237
Und jetzt kommst du!: Helden gegen den Strich? – Eine Ballade schreiben 238

Der verkleidete Körper – Präsentieren und diskutieren 240

1. Mode und Individualität? – Kurzvorträge benötigen eine Ausgangsfrage . 242

2. Was ist Markenbewusstsein? – Informationsquellen nutzen 244
   Erste Orientierungen – Sachtexten Informationen entnehmen
   Zwang zum Markenartikel? – Statistiken auswerten
   Marken und mehr – Informationsquellen in Beziehung setzen

3. Werbung mit Schlips und Kragen – Wirkungsabsicht von Texten 250

4. Mode lebt und Leben modelt – Eine Präsentation erstellen. 252
   Es lebe die Mode! – Einen interessanten Einstieg wählen
   Bin ich immer gern ihr Sänger – Anschaulich präsentieren

5. Gab es Mode schon immer? – Kurzvorträge logisch aufbauen 254

6. Über Mode streiten – Präsentationen leben von Visualisierungen. 257

7. Modenschau – Feedback und Diskussion. 260
   Auf dem Laufsteg – Standpunkte einnehmen und vertreten

Sicherung: Ein gelungener Kurzvortrag. 263
Und jetzt kommst du!: Trachten – Digitale Präsentation 264

Vom Feuerzeichen zur E-Mail – Mithilfe von und über Technik kommunizieren 266

1. Feuerzeichen – Fremde Wörter entschlüsseln 268

2. Zeichen missverstehen – Bedingung von Kommunikation 273
   Vier Ohren? – Eine Nachricht, mehrere Informationen

3. Signal-Stationen – Bauanleitung 276

4. **Smalltalk-Profis** – Fremdwörter untersuchen und richtig schreiben 282
5. **Vom Zeigertelegrafen zur Reiterstaffel** – Zuhören können 283
6. **Elektrizität als Transportmedium** – Was ist Kommunikation? 285
7. **Kommunikation heute** – Schreiben oder sprechen wir? 288
   Kommunikation digital – Wer ist das, der da mit mir spricht?

Sicherung: Ein Chatprotokoll untersuchen 291
Und jetzt kommst du!: Wie bitte? – Missverständnisse untersuchen 292

Jahresprojekt: Mein Portfolio 294

1. **Heute kann ich mehr als gestern** – Lernfortschritte beobachten 296
2. **Vor dem Anfang steht die Entscheidung** – Dreimal Portfolio 297
3. **Es wird langsam eng** – Was kann das Portfolio enthalten? 298
4. **Duo Deutsch Portfolio** – Ein Beispiel 299
5. **Lernen ist Reisen** – Das Portfolio als Lernlogbuch 300
6. **Eine schwierige Frage** – Die Bewertung 301
7. **Der Prozess ist nicht zu Ende** – Das Portfolio bekommt eine Form 303

Dem Täter auf der Spur – Lernen durch Lehren 304

1. **Detektivgeschichten** – Für ein Thema motivieren 306
   Karte, Lupe, Zeitungsausschnitt – Den passenden Einstieg wählen
2. **Der Meuchelmörder Club** – Mit Texten arbeiten 307
   Gehören Sie etwa auch dazu? – Die richtigen Fragen stellen
   Der Charakter dieser Versammlung – Die Unterrichtsplanung
   Der Detektiv und sein Notizbuch – Ergebnisse festhalten
   Kein Zweifel möglich? – Kreativ mit Texten arbeiten
3. **Detektive bei der Arbeit** – Die Recherche 314
   Rund um die Detektivgeschichte – Das Brainstorming
   Befragen Sie alle Verdächtigen! – Aufträge formulieren
4. **Ist der Fall gelöst?** – Lernzielkontrolle formulieren 315

Duo Deutsch Lexikon 318
Autorenlexikon 341
Register 347
Text- und Bildquellenverzeichnis 350
Impressum 352

Das ist Sport!?

Beschreiben, berichten, Texte und Bilder verstehen

Das ist Sport!? 9

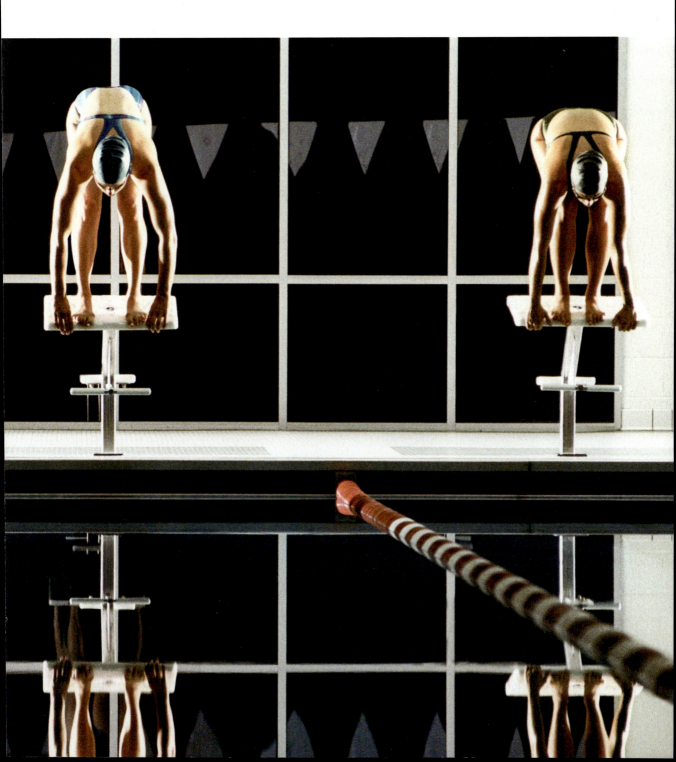

1. Sport und ich? – Annäherung an das Thema

1 a Was verbindest du alles mit dem Thema Sport? Sammle deine Gedanken und Ideen in Form eines Clusters.
  b Vergleicht eure Sammlungen, ordnet eure Gedanken in Gruppen (z. B. in einer Mindmap) und findet passende Überschriften (Oberbegriffe) dafür.
  c Welchen Stellenwert hat Sport für euch – in der Schule und in eurer Freizeit?

2 a Diskutiert: Was macht den Reiz des Sportes aus?
  b Was weckt die Begeisterung für das Zuschauen beim Sport?

3 Warum sind Sport sowie Sportlerinnen und Sportler oft so hoch angesehen? Sammelt Begründungen.

4 Sprecht über eure unterschiedlichen Haltungen zu Sport in Schule und Freizeit:
  • Welche Sportarten werden gerne ausgeübt?
  • Welche Sportarten haben ein geringeres Ansehen?
  • Bei welchen Sportarten gibt es unterschiedliche Ansichten darüber, ob es sich bei ihnen überhaupt um Sport handelt?

2. Schule oder Sport, Sport und Schule?
– Interview und Gespräch

Interview mit Franziska Rupprecht Text 1

Schulische Ausbildung und sportliches Training unter einen Hut zu bringen, treibt vielen Lehrerinnen und Lehrern, aber auch Schülerinnen und Schülern Sorgenfalten auf die Stirn und stellt sie oft vor große Probleme. Man befürchtet beispielsweise, dass schulisch überlastete Kinder und Jugendliche für den Sport ausfallen oder, im umgekehrten Fall, in ihren schulischen Leistungen nachlassen.
Auch am Norbert-Gymnasium Knechtsteden (NGK) gibt es einige Sportlerinnen und Sportler, die herausragende Leistungen auf nationaler und internationaler Ebene aufweisen können und die immer wieder eine optimale Verbindung von schulischem Lernen und sportlichem Training schaffen müssen.
Franziska Rupprecht, dreifache deutsche Jahrgangsmeisterin im Schwimmen und Schülerin am NGK, wurde von ihren Mitschülerinnen aus der 9c dazu interviewt.

FRAGE: Wie bist du darauf gekommen, Schwimmen als Leistungssport zu betreiben?
FRANZISKA: Meine Mutter hat mich darauf gebracht. Sie ist Schwimmausbilderin und bei ihr habe ich Schwimmen gelernt. Schwimmen machte mir sofort Spaß, ich hatte Erfolg und ich wollte mehr.
FRAGE: Wie oft trainierst du in der Woche?
FRANZISKA: An sechs Tagen in der Woche trainiere ich inzwischen insgesamt ca. 17 Stunden im Wasser und fünf bis sechs Stunden an Land. Dreimal wöchentlich schwimme ich davon je 1,5 Stunden vor dem Unterricht.
FRAGE: Seit wann trainierst du sechs Mal in der Woche?
FRANZISKA: Seit ich elf Jahre alt bin.
FRAGE: Kannst du uns mal einen ganz normalen Tagesablauf von dir schildern?
FRANZISKA: Wenn ich Frühtraining habe, stehe ich um 4.50 Uhr auf. Um 5.30 Uhr bin ich im Schwimmbad. Bis um 7.00 Uhr wird trainiert und anschließend geht es zur Schule. Nach Schulschluss werden wir vom Teilinternat mit dem Bus abgeholt und es geht gemeinsam zum Essen. Für Hausaufgaben und Lernen im Teilinternat bleibt Zeit bis ca. 15.30 Uhr. Das anschließende Training geht dann wieder, je nach Wochentag, von 16.00 Uhr bis 18.00 Uhr bzw. bis 20.00 Uhr.
FRAGE: Was magst du beim Training am liebsten?
FRANZISKA: Die Mannschaft und die Freude am Schwimmen sowie den Stolz, wenn man etwas erreicht hat.
FRAGE: Hast du schon mal daran gedacht, mit dem Training aufzuhören?
FRANZISKA: Ja, schon öfter, wenn ich mehr Zeit für meine Freunde und die Schule brauchte oder wenn man mir vorgeworfen hat, dass ich nur noch Zeit fürs Schwimmen und nicht mehr für andere Dinge wie Freunde, Partys usw. habe.

Frage: Kannst du mal ein typisches Beispiel nennen, wo du dich entscheiden musstest: entweder ... oder Training?

Franziska: Typisch sind die Ablehnungen von Geburtstagseinladungen. Nicht einfach war auch der Verzicht auf die Skifreizeit im letzten Schuljahr.

Frage: Hast du schon einmal bereut, dich bei einer Entscheidung für das Training entschieden zu haben?

Franziska: Eigentlich nicht.

Frage: Hast du manchmal das Gefühl, dass für dich die körperliche Erholung zu kurz kommt?

Franziska: Ja, ich würde schon ganz gern öfter ausschlafen.

Frage: Hast du schon einmal mit dem Gedanken gespielt, auf ein Sportinternat zu wechseln, um noch besser gefördert werden zu können?

Franziska: Bis vor Kurzem konnte ich es mir nicht vorstellen. Inzwischen sehe ich das etwas offener, aber eigentlich stellt sich die Frage zur Zeit nicht, da es mit dem Teilinternat gut läuft.

Frage: Was waren deine größten Erfolge?

Franziska: Dreifache Deutsche Jahrgangsmeisterin 2004, zweifache Deutsche Jahrgangsmeisterin 2005, zweiter Platz bei den Deutschen Meisterschaften 2005 in Berlin mit der 4 x 200 m Freistil-Staffel der SG Bayer, Förderung als C-Kader-Mitglied im DSV (Deutscher Schwimmverband).

Frage: Wie viele Medaillen hast du bis jetzt gewonnen?

Franziska: Ich habe bisher ungefähr 250 Medaillen gewonnen.

Frage: Was ist dein größter Traum?

Franziska: Die Teilnahme an der Jugendeuropameisterschaft (JEM) 2006 und – natürlich – die Teilnahme an den Olympischen Spielen.

Frage: Wie bekommst du Schule und Sport unter einen Hut?

Franziska: Eigentlich ganz gut, wobei es viel Unterstützung gibt, zum Beispiel helfen mir Lehrer im Teilinternat bei der Vorbereitung auf Klassenarbeiten. An den Wochenenden ohne Wettkampf geht viel Zeit für die Schule drauf. Außerdem unterstützt mich die Schule mit Freistellungen an Wettkampftagen bzw. für Trainingslager.

Frage: Wünschst du dir manchmal mehr Zeit für Schule und Freizeit?

Franziska: Ja, ich wünsche mir oft mehr Zeit, vor allem für Freunde oder Geburtstagspartys. Aber zum Glück habe ich Freunde, die meinen Sport akzeptieren und zu mir halten.

Notizen zu Texten machen → S. 277

1 a „Leistungssport" (Z. 1) – Kläre mithilfe des Interviews, worin sich Leistungssport von „normalem" Sport unterscheidet.
  b Arbeite anhand des Interviews heraus, wie es Franziska schafft, Schule und Leistungssport zu vereinbaren. Notiere Textstellen mit Zeilenangaben.

2 Diskutiert, welche Chancen und welche Gefahren und Risiken hinter dem Ziel, sich und sein Leben auf Leistungssport zu konzentrieren, stecken können (z. B. bei der Planung einer Leistungssport-Karriere).

Das ist Sport!?

3 Verfasse ein persönliches Fazit (eine kurze, geschlossene Zusammenfassung), das eine Antwort auf die Frage gibt, ob sich Schule und Leistungssport vereinbaren lassen.

4 Häufig wird zwischen zwei verschiedenen **Interviewformen** unterschieden: **Befragung** und **Gespräch**.
  a Vervollständige das Schema zur Textsorte „Interview" in deinem Heft.
  b Untersuche das Schülerinterview mit Franziska (Text 1) anhand der Kriterien in der Tabelle:
   • Um welche Form von Interview handelt es sich?
   • Welche der in der Tabelle genannten Kriterien (Merkmale) treffen im Einzelnen zu? Belege deine Behauptungen mit Zitaten aus dem Text.

Interview	
Befragung	**Gespräch**
Befragte Personen: • Augenzeugen (z. B. bei einem Unfall) • Politiker • Sportler • Testpersonen in der Marktforschung • ■	Befragte Personen: • häufig besondere Persönlichkeiten (z. B. Spitzenpolitiker und -sportler) • ■ • ■
Die befragten Personen sind in der Regel unvorbereitet.	Die befragten Personen ■
Vorbereitung: ■	Vorbereitung: ■
Hilfsmittel: Fragebogen, ■	Hilfsmittel: ■
Thema: ■	Thema: ■
Fragen und Antworten: ■	Fragen und Antworten: ■
Präsentation: ■	Präsentation: ■
Auswertung: ■ ■	Auswertung: ■

Dieter Schliwka

Text 2 **Salto abwärts**

Martin ist 16 Jahre alt, als er die 14-jährige Constanze kennenlernt und sich in sie verliebt. Constanze ist Kunstturnerin. Sie bereitet sie sich auf die deutschen Meisterschaften vor.

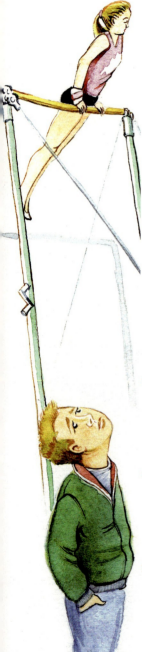

„Trainierst du immer so lange?"
„Nicht immer."
„Wie oft?"
„Sechsmal die Woche. Sonntags nur zu Hause."
5 „Hm. Wer ist Herr Weißkirch? Der Vereinspräsident?" Sie lächelt.
„Nein, unser Sponsor."
„Sponsor? Was heißt das?"
„Er unterstützt den Verein, vor allem die Turnabteilung. Und er bezahlt meinen Trainer, Herrn Warich. Das ist nicht wenig. Vater hat das gesagt. Und er sagt
10 immer: Ohne Weißkirch läuft nichts. Die Stadt hat kein Geld und von den Mitgliedsbeiträgen könne man keinen Berufstrainer bezahlen."
„Was treibt er?"
„Herr Weißkirch? Er ist Textilfabrikant. Er ist sehr nett. Ich mag ihn."
„Warum hat Melanie aufgehört?"
15 „Sie hatte die Bänder durch. Das kommt vor. Das kriegt man im Krankenhaus wieder hin. Aber sie hat aufgehört. Nie könnte ich das."
Ich nicke und überlege, was ich noch fragen kann. „Kümmert sich Herr Warich nur um dich?"
Sie errötet.
20 „In der Hauptsache. Ja."
„Warum?"
„Nun, wenn man deutsche Meisterin werden will ..." Ich bin baff!
„Wie? Meisterin der ganzen Nation?"
„Ja, in der Meisterschaftsklasse zwei. Das ist drin. Und wenn ich Glück habe, turne
25 ich in der Nationalriege mit. In drei Monaten wird sich das entscheiden."
„Wie alt bist du?"
„Vierzehn. Hast du denn noch nie von mir in der Zeitung gelesen?"
„N... nein", gestehe ich zögernd. Die Sportseiten überschlage ich; und den Lokalteil lese ich nur, wenn sie etwas über eine neue Kunstausstellung bringen. Ich frage:
30 „Du stehst also oft drin?"
„Ja, sehr oft. Mutter sammelt die Artikel und klebt sie ins Album. Ich kann sie dir mal zeigen."
Duft aus einer Imbissstube weht uns entgegen.
„Du wirst Hunger haben", sage ich.
35 „Nein", antwortet sie. „Man gewöhnt sich daran, wenig zu essen – und wenn, dann nur mageres Fleisch und viel Gemüse. Zucker- und Backwaren meide ich; und Wurst ist nur im Ausnahmefall drin – schon gar nicht vor Wettbewerben! Auch

Pommes frites sind gestrichen, obwohl ich sie gern mag. Aber das Opfer muss man schon bringen."

„Soll ich welche kaufen?"

„Besser nicht."

Dennoch hole ich zwei Portionen. Und sie isst sie gern. Eine Zeit lang sagen wir kein Wort.

Die Sonne ist durchgebrochen, sie steht über den Baumkronen und Dächern und taucht die Straße in ein warmes Licht.

Eine Stimmung zum Träumen!

Doch ich erwache, bevor es richtig losgeht. Irgendwann sagt sie plötzlich: „Da wohne ich." Sie zeigt auf ein Mehrfamilienhaus in der Straßenzeile und schaut empor. Ein Fenster steht offen, ich deute hinauf. „Dort?"

„Ja, das ist mein Zimmer. Daneben wohnen meine beiden Brüder, rechts ist die Küche. Meine Eltern schlafen nach hinten raus; da liegt auch unser Wohnzimmer. Jetzt weißt du alles."

„Fast", sage ich und höre, dass meine Stimme heiser ist. Es sollte ein Scherz sein; doch wir bleiben beide ernst. Ich habe das Bedürfnis, sie zu berühren – an der Schulter, an der Wange, nur ganz kurz; aber ich wage es nicht. Ich möchte ihr etwas Großartiges sagen – etwas, das uns beide betrifft, meinetwegen auch ihre Kunst, die mich so gepackt hat. Ich sage: „Schön wohnt ihr hier."

Sie deutet mit dem Kopf die Straße entlang.

„Es geht ... Vor allem: Der Wald ist in der Nähe. Den brauche ich für meine Dauerläufe. Und der Bahnhof ist auch nicht weit, wenn ich allein zum Leistungszentrum fahren muss, falls Mutter keine Zeit hat. Meist bringt sie mich mit dem Auto hin."

„Ach ja?"

„Ich muss immer früh zu Bett, brauche ausreichend Schlaf, weißt du." Sie schaut ein wenig beunruhigt zu den Fenstern hinauf und spricht hastig – so, als habe sie noch sehr viel zu sagen. „Das gehört auch dazu, wenn man was erreichen will im Turnen ... Wenn ich daran denke, was sie alle für mich tun – die Eltern, meine Brüder, der Trainer und die vom Verein, vor allem Herr Weißkirch ... Nie hätte ich es so weit gebracht ohne sie. Da muss ich ihnen dankbar sein."

Ja, ich verstehe sie; und Herr Weißkirch erscheint mir mit einem Mal in einem neuen Licht! Allerdings: Für Constanze und ihre Kunst am Gerät hätte ich alles getan, jedes Opfer gebracht, denke ich eifersüchtig und bin drauf und dran, es auszusprechen, als Constanze fortfährt:

„Wenn ich es schaffe, in die Nationalriege zu kommen, werde ich weite Reisen machen – bis Amerika oder Japan. Und die Kameradschaft in der Riege ist sagenhaft. Ich war einmal dabei – während eines Sonderlehrgangs in Frankfurt."

„Bist du Montag in der Halle?"

„Nein, Montag und Dienstag fährt meine Mutter mich zum Leistungszentrum. Da habe ich bessere Möglichkeiten zu üben, vor allem die Akros. Außerdem sind da ein Ballettmeister und eine Gymnastik-Spezialistin. Herr Weißkirch bezahlt sie, auch den Choreografen, der uns beim Aufbau der Kür berät."

„Also treffen wir uns in der Schule?"

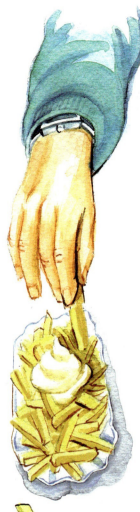

„Ja", sagt sie. „Aber dann ist Melanie dabei. Mittwoch trainiere ich wieder in der Halle am Schulzentrum. Vielleicht ..."

„Gut. Ich komme."

85 „Bis Mittwoch", sagt sie. „Das Training beginnt um vier am Nachmittag und endet um sieben."

Sie nimmt ihre Sporttasche.

„Danke – auch für die Pommes. Und überhaupt ..." Rasch wendet sie sich um und geht.

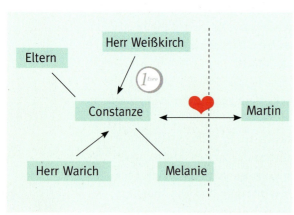

5 Was erfährt man in diesem Romanauszug über Constanzes Alltag?
Liste alle Informationen auf, die du dem Text entnehmen kannst.

6 a In welchem Verhältnis stehen die anderen Menschen, die in diesem Buchauszug erwähnt werden, zu Constanze? Stelle die Figurenkonstellation in einem Schaubild dar.
  b Welche Erwartungen richten sie jeweils an die junge Sportlerin, welche Konflikte können entstehen? Trage auch diese Informationen in das Schaubild ein.

7 Zu welchen Schwierigkeiten könnte es in der Beziehung zwischen Martin und Constanze kommen? Verfasse einen inneren Monolog aus der Sicht Martins, in dem er über die Zukunft seiner Beziehung zu Constanze nachdenkt.

8 „Danke – auch für die Pommes. Und überhaupt ..." (Z. 88) – Was meint Constanze mit diesen Worten? Was sagt sie nicht? Formuliere einen fiktiven Brief, in dem Constanze dies einer guten Freundin genauer erklärt.

9 a Wie könnte die Freundschaft zwischen Constanze und Martin weitergehen? Welche Leseerwartungen löst der Romantitel „Salto abwärts" bei dir aus?
  b Tauscht eure Leseerwartungen aus und besprecht Gemeinsamkeiten und Unterschiede.
  c Welche Fragen habt ihr an den Text?
  d Schreibe eine kurze Szene zwischen Constanze und Martin, die vier Wochen nach dem Gespräch in Text 2 stattfindet.

10 a Welche Parallelen gibt es zwischen Constanze und der Schwimmerin Franziska (Text 1)? Zieht Vergleiche zwischen beiden Sportkarrieren und besprecht Gemeinsamkeiten und Unterschiede.

Rollenspiel →
S. 53f.
  b Stellt euch vor, die Schwimmerin Franziska und die Turnerin Constanze treffen sich. Spielt das Gespräch zwischen den beiden im Rollenspiel.

11 a Handelt es sich beim Ausschnitt aus „Salto abwärts" (Text 2) um eine **Befragung** oder um ein **Gespräch**?
  b Kann man den Dialog zwischen Martin und Constanze als Interview bezeichnen? Diskutiert.

3. Im Ohr „knacken lassen" – Vorgänge beschreiben

Weil das Trommelfell besonders empfindlich ist – Satzreihe und Satzgefüge

Warum der Druckausgleich für das Tauchen so wichtig ist   Text 3

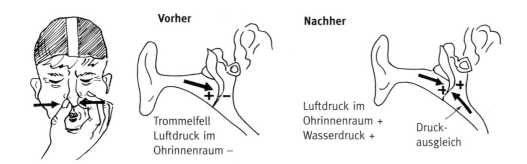

Mit zunehmender Tauchtiefe steigt der auf dem Körper lastende Druck des Wassers. Er wird in den luftgefüllten Räumen des Kopfes spürbar. In den Nasennebenhöhlen sind die Belüftungswege durch die Verbindung zum Nasen-Rachen-Raum relativ günstig. Dadurch stellt sich ein Ausgleich zum Umgebungsdruck des
5 Wassers beim gesunden Taucher üblicherweise von selbst ein.
Das Mittelohr ist häufig Ort einer Druckverletzung. Besonders empfindlich ist das Trommelfell. Das Trommelfell reagiert mit stechenden Schmerzen auf einen überhöhten Umgebungsdruck. Das Trommelfell wölbt sich nämlich nach innen bis hin zur Dehnungsgrenze. Dies kann bei jeder Tauchtiefe mit individuellen Abwei-
10 chungen eintreten. Der Druckausgleich sollte direkt beim ersten Abtauchversuch erfolgen und mit jeder Tiefenänderung wiederholt werden.

1 Der Informationstext über die Bedeutung des Druckausgleichs im Innenohr beim Tauchen (Text 3) besteht ausschließlich aus aneinandergereihten Hauptsätzen. Überarbeite den Text, indem du aus Satzreihen sinnvolle **Satzgefüge** formulierst.
  a Sammle hierzu zunächst geeignete **Konjunktionen**, um die Teilsätze sinn- und wirkungsvoll miteinander zu verbinden.
  b Mach dir bewusst, welche **Zusammenhänge** und **inhaltlichen Beziehungen** (z. B. Begründung, Bedingung, zeitliche Reihenfolge) durch die von dir ausgewählten Konjunktionen hergestellt werden sollen.
  c Formuliere nun den Text neu und unterstreiche die Konjunktionen in deinem Heft entsprechend ihrer Funktion in unterschiedlichen Farben (z. B. grün für zeitliche Reihenfolge).
  d Vergleicht: Welche Zusammenhänge und inhaltlichen Beziehungen kommen in euren selbstverfassten Texten am häufigsten vor?

Konjunktionen
→ S. 44f., 60

Text 4 **Der Druckausgleich fürs Tauchen**

Der Taucher schließt den Mund, er verschließt Nase und Ohren. Er macht das mit Daumen und Zeigefinger. Dann tut er so, als würde er schnäuzen. Das ist ein Vorgang wie beim Naseputzen. Durch diesen Vorgang entsteht ein Überdruck im Nasen-Rachen-Raum. Dadurch geht im Nasen-Rachen-Raum die Eustachische
5 Röhre auf. Man kann zur Eustachischen Röhre auch Ohrtrompete oder Tube sagen. Wenn die Eustachische Röhre auf ist, wird eine Verbindung zur Paukenhöhle hergestellt. Durch das Schnäuzen wird im Mittelohr ein Druck erzeugt, der sich dem äußeren Wasserdruck anpasst. Wenn es im Kopf leicht „Knack" gemacht hat, ist der Druckausgleich gelungen. Das nach außen abschließende Trommelfell wird
10 entlastet.

Schreibkonferenz
→ S. 336

2 Ein Schüler hat diese Vorgangsbeschreibung zum Druckausgleich im Innenohr für ein Klassenprojekt „Sportlexikon" verfasst. Überarbeitet den Text in einer **Schreibkonferenz**.
  a Untersucht den Text und benennt Stellen, die noch überarbeitet werden müssen.
  b Macht konkrete Verbesserungsvorschläge für diese Textstellen.
  c Entwickelt aufgrund dieser Verbesserungsvorschläge – etwa in Form einer „Checkliste" – Kriterien für eine gute Vorgangsbeschreibung.
  d Überarbeitet den abgedruckten Text mithilfe eurer Kriterien.

3 Vergleicht die Vorgangsbeschreibungen, die ihr zum Druckausgleich im Innenohr verfasst habt, mit der Abbildung zum Druckausgleich (S. 17):
  a Welche Informationen und Vorgänge werden deutlich, wenn man ausschließlich die Abbildung betrachtet? Welche Fragen bleiben bestehen?
  b Welche Informationen und Vorgänge sind schwieriger zu verstehen, wenn man sich ausschließlich auf die schriftliche Vorgangsbeschreibung konzentriert?
  c In welchem Verhältnis stehen Zeichnung und Text zueinander?
  d Käme die Zeichnung als alleinige Informationsquelle ohne die Beschreibung aus? Begründe deine Entscheidung.

Vorgänge und Abläufe beschreiben

Vorgangs- und Ablaufbeschreibungen sind **informierende Texte** und sollen darstellen, wie etwas genau gemacht wird oder vor sich geht.

Bei einer **Vorgangsbeschreibung** steht dabei im Vordergrund, dass der Vorgang anhand der Beschreibung gegebenenfalls **wiederholt werden** kann.

Eine **Ablaufbeschreibung** dagegen hat weniger den Charakter einer Gebrauchsanweisung, sondern soll eine bestimmte Folge von Ereignissen oder Ablaufschritten möglichst **genau dokumentieren** (festhalten).

Für beide Arten der Beschreibung gelten aber die gleichen Grundkriterien:
- Zunächst solltest du alle **Informationen**, die für den Vorgang oder den Ablauf wichtig sind, **sammeln**.
- Mache dir klar, worauf es bei dem Vorgang oder dem Ablauf, den du beschreiben möchtest, besonders ankommt.
- Mache dir klar, **in welchen und in wie vielen Schritten** der Vorgang oder der Ablauf vonstatten geht.
- Bei der Beschreibung von Vorgängen und Abläufen ist es erforderlich, die Informationen in einer sinnvollen, nämlich zeitlichen **Reihenfolge** zu ordnen. Die Abläufe müssen auch für einen nicht sachkundigen Leser nachvollziehbar sein.
- Die **Zusammenhänge** und die **inhaltlichen Beziehungen** (z. B. der zeitlichen Reihenfolge) verdeutlichst du durch Satzgefüge bzw. entsprechende **Konjunktionen** sowie durch **Zeitadverbien** (z. B. *zuerst, dann, danach*).
- Du solltest **Fachbegriffe** verwenden und diese gegebenenfalls kurz erläutern.
- **Knapp, sachlich und präzise** – so lautet die Devise. Unnötige Details und Ausschweifungen stören und könnten den Leser sogar verwirren.
- Verwende **treffende Verben** (z. B. *verschließen, abdichten*), **präzise adverbiale Bestimmungen** (z. B. *genau oberhalb der Nasenspitze*) und **ausdrucksstarke Adjektive** (z. B. *luftdicht*). Aussageschwache Verben (*tut, ist, macht, hat* usw.) solltest du möglichst vermeiden.
- Das Tempus ist das **Präsens**.

4 Übt die Ablaufbeschreibung an euch vertrauten Abläufen aus dem Sport:
- Startsprung/Kopfsprung vom Springbock
- Aufschlag beim Volleyball
- richtiger Absprung beim Weitspringen an der Sprunggrube
- Rückhand beim Tennis
- Grätsch- oder Hechtsprung beim Hochspringen
- usw.

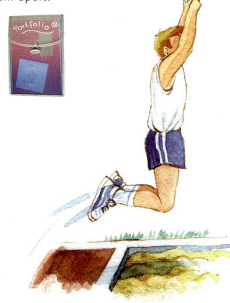

Jede Sekunde zählt – Anleitungen verfassen

Die Rollwende des Kraulschwimmens

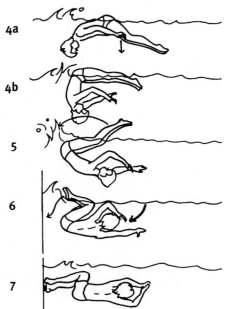

5 a Welche Bewegungen und Abläufe werden in den Zeichnungen rechts dargestellt?
  b Beschreibe, wie der Zeichner den Vorgang anschaulich gemacht hat. Schaue dir dazu auch die Fotos an, vergleiche sie mit der Zeichnung und stelle Unterschiede zwischen den Fotos und der Bewegungsskizze heraus.

6 a Verfasse eine ausführliche Anleitung zur Rollwende des Kraulschwimmens. Wende dabei die Kriterien (Checkliste) für eine gute Vorgangsbeschreibung an.
  b Vergleicht eure Anleitungen mit den abgebildeten Zeichnungen: Welche Form der Beschreibung ist zweckmäßiger? Begründet eure Meinung.

7 Nicht immer sind schriftliche, also in Worte gefasste Vorgangsbeschreibungen von Vorteil – Zeichnungen können in einigen Fällen besser geeignet sein.
  a Erkläre, in welchen Fällen dies zutrifft und warum das so sein kann.
  b In welchen Situationen kann es dennoch besser (oder sogar erforderlich) sein, Vorgänge in Worte zu fassen? Woran liegt das?

4. Sportgedichte, Spottgedichte? – Lyrik

Joachim Ringelnatz

Text 5

Auf, ihr steifen und verdorrten
Leute aus Büros,
Reißt euch mal zum Wintersporten
Von den Öfen los.

5 Bleiches Volk an Wirtshaustischen,
Stell' die Gläser fort.
Widme dich dem freien, frischen,
Frohen Wintersport.

Denn er führt ins lodenfreie[1]
10 Gletscherfexlertum[2]
Und bedeckt uns nach der Reihe
All mit Schnee und Ruhm.

Doch nicht nur der Sport im Winter,
Jeder Sport ist plus,
15 Und mit etwas Geist dahinter
Wird er zum Genuss.

Sport macht Schwache selbstbewusster,
Dicke dünn und macht
Dünne hinterher robuster,
20 Gleichsam über Nacht.

Sport stärkt Arme, Rumpf und Beine,
Kürzt die öde Zeit
Und er schützt uns durch Vereine
Vor der Einsamkeit,

25 Nimmt den Lungen die verbrauchte
Luft, gibt Appetit;
Was uns wieder ins verrauchte
Treue Wirtshaus zieht.

Wo man dann die sporttrainierten
30 Muskeln trotzig hebt
Und fortan in illustrierten
Blättern weiterlebt.

[1] **Loden:** fester Stoff für warme Kleidung
[2] **Gletscherfexlertum:** Fex (süddt., österr. für) Narr; jmd., der in etwas vernarrt ist

1 a Was thematisiert Ringelnatz in seinem Gedicht? Benenne das Thema in einem Satz.
  b Welche der folgenden Überschriften passt deiner Meinung nach am besten zu Text 5?
    • Wintersport
    • Gegen die Faulheit
    • Ruf zum Sport
    • Raus aus dem Wirtshaus!
  c Finde eine eigene passende Überschrift zu Text 5.

Gedichte
→ S. 161–179

2 Wer „spricht" in diesem Gedicht? Wer könnte das **lyrische Ich** sein, welche Eigenschaften könnte es haben, welches Alter, welches Geschlecht usw.? Sammle deine Eindrücke und fertige ein kurzes Porträt des lyrischen Ichs an.

3 a Welche Haltung könnte der Dichter Joachim Ringelnatz gegenüber dem Sport haben? Belegt eure Einschätzungen mit Zitaten aus dem Text.
  b Was kritisiert Ringelnatz in seinem Gedicht?
  c Haltet ihr seine Bedenken auch heute noch für berechtigt?

zitieren
→ S. 227

Wolfgang Bortlik

Text 6 **Lamento**

Fußball ist ein Lebensfaden
Ohne ihn, was tät man da?
Zwickt auch mancher Altersschaden
Hämatom[1] etcetera[2].
5 Morsche Knochen, Krampfeswaden
Zerrung, Dehnung, Risse, pah!

Salben, Öle applizieren
Stützverbände um das Knie
Ordentlich die Hüfte schmieren
10 Binden, Pflaster arrangieren:
Heute gilt es oder nie!

Einmal noch den Fallrückzieher!
Einmal noch ein guter Lauf!
Au, das geht noch fast wie früher!
15 Taumeln, fallen, wieder auf …

Einmal noch ein Pässchen lenken!
Ball her, schließlich steh ich frei!
Einmal noch das Ding versenken …

Einmal noch ein Tor sich schenken!
20 Und dann kommt der Tod herbei …

Einmal noch …

[1] **Hämatom:** Bluterguss
[2] **etcetera:** (aus dem Lat., dt.: *und das übrige*) und so weiter (Abkürzung: etc.)

Wolfgang Bortlik

Elfmeter Text 7

Ein Ball, ein Spiel, ein Kampf, ein Griff
Ein Schrei, ein Fall, Gewälz, ein Pfiff
Geschimpf, ein Nein, ein Ja, ein Chor
Der Gelb, die Punkt, das Schuss, kein Tor!

4 a Was sagen die beiden Gedichte (Text 6 und Text 7) über Sport und Sportler?
b Was sagen sie über Fans?

5 Untersuche die Sprache der beiden Gedichte. Welche sprachlichen Besonderheiten fallen bei den Gedichten Wolfgang Bortliks auf?

6 Schreibt eigene Sport-Gedichte zu anderen Sportarten nach dem Muster von Bortliks *Elfmeter*-Gedicht.

Gedichte schreiben
→ S. 161–165

5. Gewinnen und verlieren – Aussagen von Bildern verstehen

1 a „Lest" die Bilder und entnehmt ihnen Informationen.
 - Zu welcher Sportart passen sie?
 - Gewinnt oder verliert die „eigene" Mannschaft?
 - Verläuft das Spiel fair?
  b Welche Informationen kann man darüber hinaus aus den Bildern „herauslesen" und an welchen Details sind sie erkennbar?

Bilder lesen

Text 8

Bilder lesen

2 a Das Schaubild „Bilder lesen" ist selbst ein Bild, das zunächst „gelesen" werden muss, ehe man es verstehen kann. Welche Informationen könnt ihr ihm beim Lesen des Bildes entnehmen?

Vorgänge beschreiben → S. 19

b Beschreibe den Vorgang des Bilderlesens schriftlich.
c „Bilderlesen ist ein Vorgang, der sich im Kopf abspielt." – Erläutere diese Bemerkung mithilfe deiner Kenntnisse über den Vorgang des Bilderlesens.

3 Welche Möglichkeiten hast du, wenn du eine Bildaussage nicht verstehst?

Bilder lesen und ihnen Informationen entnehmen

Trotz vieler Unterschiede haben Texte und Bilder etwas gemeinsam: Ihnen lassen sich **Informationen entnehmen**, man kann sie **lesen**.

Sowohl Texte als auch Bilder arbeiten mit **Zeichen**, um Bedeutungen entstehen zu lassen und Informationen zu vermitteln:

- Bei **geschriebenen Texten** ergeben sich die Inhalte und Bedeutungen aus der Abfolge bestimmter Buchstaben, aus denen Wörter werden. Und aus der Folge einzelner Wörter entstehen schließlich ganze Sätze.
- **Bilder** enthalten Bildzeichen, einzelne Elemente (z. B. Punkte und Striche oder Farben), aus denen sich größere Bildzeichen (z. B. eine Figur) ergeben, die dann wiederum einen ganzen Bildtext entstehen lassen.

Wenn wir Bilder lesen, suchen wir unweigerlich nach Dingen, die wir kennen und die uns vertraut sind. **Erinnerungen**, **Erfahrungen** und **Assoziationen** dienen uns als Orientierung und helfen uns, Bilder zu „lesen" und sie richtig verstehen zu können.

- In den meisten Fällen machen wir uns gar keine Gedanken über die „**Sehflächen**", die Bilder, die uns im Alltag begegnen. Das liegt daran, dass wir oft meinen, Bilder aus dem Stegreif verstehen zu können, und das Bilderlesen – anders als das Lesen von Texten – nicht systematisch betreiben.
- Wenn Bilder allerdings komplizierter werden, fällt uns auch das Lesen zunehmend schwer, weil sie sehr viele Informationen enthalten, die wir erst einmal wahrnehmen und ordnen müssen – genau wie bei einem längeren Text.
- Auch beim Bilderlesen lohnt es sich, nach dem **Situations- und Adressatenbezug** sowie nach der **Absicht** des Bildes zu fragen.

4 a Fasse den Inhalt des Methoden-Kastens zum Thema „Bilder lesen" in einer Tabelle zusammen. In der linken Spalte notierst du, was du über die Informationsentnahme bei Texten weißt, in der rechten Spalte, was du über die Informationsentnahme bei Bildern erfahren hast.

Informationsentnahme aus Texten	Informationsentnahme aus Bildern
• Texte sind aus Buchstaben, Wörtern und ■ gebaut. • ■	• Bilder sind aus ■ • ■ • ■

b Vergleicht eure Ergebnisse und ergänzt eure Tabellen.

Sieg und Niederlage – Bilder lesen und verfassen

5 a Beschreibe zunächst die beiden „Asterix"-Comicbilder möglichst genau. Beachte dabei, dass du Wesentliches von Unwesentlichem unterscheiden musst – alle Einzelheiten kannst du nicht beschreiben.
b Analysiert anschließend: Mit welchen typischen Bildzeichen oder Kombinationen von Bildzeichen, die uns als Leser vertraut sind, hat der Zeichner im „Asterix"-Comic gearbeitet, um Sieg und Niederlage abzubilden?
c Findet weitere Bilder (z. B. in Comics), die Sieg sowie Niederlage darstellen.

6 Welche Erfahrungen habt ihr persönlich – als Sportlerin/Sportler oder als Fan – mit Sieg und Niederlage gemacht? Tauscht euch in eurer Klasse darüber aus.

Zeichen → S. 275

Zeichensprache – Eine Geheimsprache des Sports?

In vielen Sportarten ist es üblich, sich untereinander mithilfe einer Zeichensprache zu verständigen.

7 a Zu welchen Gelegenheiten verständigt man sich im Sport mit Zeichensprache? Legt eine Mindmap an.

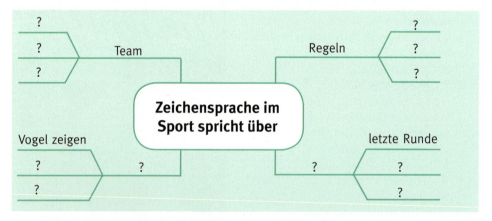

b Welche Vorteile hat die Zeichensprache im Gegensatz zur gesprochenen Sprache – insbesondere beim Sport?
c Welche Nachteile und Probleme können sich ergeben?

8 Recherchiert nach weiteren Zeichen aus dem Bereich Sport. Versucht, sie zu lesen.

9 Erklärt sowohl den Prozess des Zeichen-Lesens als auch den Vorgang des Nicht-Verstehen-Könnens mithilfe des Schaubilds (S. 24) und des Methoden-Kastens zum Bilderlesen (S. 24).

10 Das Lesen von Aussagen in Zeichensprache ist in vielerlei Hinsicht vergleichbar mit dem Lesen von Bildern. Tragt Gemeinsamkeiten und Unterschiede zusammen.

11 Verfasse einen ausführlicheren Informationstext zum Stichwort „Zeichensprache", der in ein Sportlexikon für Jugendliche passt. Du kannst dabei das Schaubild zum Bilderlesen (Text 8) heranziehen.

6. Verschiedene Medien, ein Ereignis – Über sportliche Ereignisse berichten

Toooooor!!! – Ein Bericht beantwortet die W-Fragen

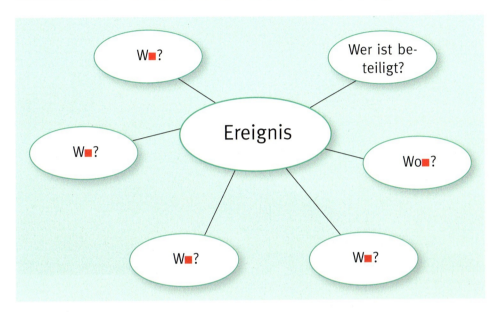

1 a Übertrage das Schaubild zu den **W-Fragen** in dein Heft und vervollständige es.
   b Erinnert euch: In welcher Reihenfolge sollte ein Bericht die W-Fragen beantworten? Welche W-Fragen sollten in welchem Teil des Berichts (Einleitung, Hauptteil, Schluss) beantwortet werden?

2 Entwickelt Kriterien für einen guten Bericht und fertigt hierzu eine Checkliste an. Berücksichtigt dabei Merkmale wie
   - Schreibziel,
   - Aufbau des Berichts,
   - Haltung des Berichtenden zum Geschehen,
   - Gebrauch von beschreibenden und bewertenden Adjektiven,
   - Stil,
   - Tempus
   - usw.

3 a Berichtet gegenseitig von Ereignissen aus dem Sportunterricht (Leichtathletik-Wettkämpfe, Bundesjugendspiele, Ballsport-Wettkämpfe). Orientiert euch beim Verfassen der Berichte an der Checkliste, die ihr erstellt habt.
   b Überarbeitet eure Ergebnisse in Schreibkonferenzen oder mit der Textlupen-Methode. Eure Checklisten helfen euch dabei.

4 Sammelt Sportberichte aus Zeitungen und untersucht sie nach Merkmalen für einen guten Bericht.

Die Sportreportage – Eine spezielle Form des Berichts

Transkript

Für die genaue Untersuchung von Gesprächen, so genannte Gesprächsanalysen, müssen gesprochene Sprache, Gespräche oder auch Gebärden (Gestik und Mimik) verschriftlicht werden. Den Vorgang des Niederschreibens von gesprochener Sprache in Schriftsprache nennt man **transkribieren**, das Geschriebene wird auch Transkriptionsprotokoll (oder kurz: **Transkript**) genannt.

Erklärungen zur Transkription

- In Transkriptionen werden generell **Kleinbuchstaben** verwendet, um „normal gesprochenen Text" darzustellen.
- **Großbuchstaben** verwendet man nur bei besonders akzentuierter (betonter) Rede.
- **#** steht für eine kurze Atempause (maximal 1 Sekunde).
- **:** kennzeichnet eine Dehnung/Längung in einem Wort.
- **In eckigen Klammern** finden sich [Sekundenzahlen], die angeben, wie viel Zeit vergangen ist.
- **Schwarz** kennzeichnet normale Sprechhöhe.
- Hellrot **und größer** steht für zunehmend höhere Tonlage beim Sprechen.
- **Rot, fett und groß** bedeutet eine sehr hohe Sprechlage.

Sender: WDR 5 (live)
Reporter: Manfred Breuckmann und Edgar Endres
Ausschnitt: circa 78:05 bis 80:00 Spielminute
[Edgar Endres spricht]

Fußball-Weltmeisterschaft 2006, Viertelfinalspiel Deutschland gegen Argentinien am 30.6.2006 (Radioreportage)

Text 9

julio cruz # groß gewachsen # 1.90 # ein effektiver vollstrecker # 17. länderspiel # 3 länderspielTOre # aber DAS soll uns nicht interessieren # die deutsche mannschaft # mit TEMpo # auf der linken SEite # jetzt philipp lahm # flankt hoch in den strafraum # podolski # klose # **mach es doch** # [2] er wird geblockt
5 # er wird geblockt # schon wieder von gabriel heinze # und dann COllocini # mit einem LAngen und HOHen schlag zurück ins spiel # die DEUtsche mannschaft DRückt und DRängt # und es gibt zumindest ANsatzweise chAncen # [äußerst schnell gesprochen:] BAllack # im MIttelfeld # attackiert # philipp lahm # auf die LInke SEIte zu BOROWski # es KOMMt JETzt ein BISSchen MEhr über die außen
10 # REchts ONDONkor mit ZWei DREi KLEInen SPRInts # LINKs # BOROWSki mit ZWEi DREi # diSTANZschüssen # und dieser leo FRANco der ist ja noch EIS: KALT # der muss ja nun überHAUPT nichts halten # der erSATZTORwart # ich bin froh # franco ist viel kürzer # zum AUSspringen als abbo:ndanzieri # aber er muss jetzt auch geTESTET werden # Manni
15 [Kommentatorwechsel: Manfred Breuckmann] # JETzt ODOnkor # DA:VID ODONkor An der RECHten SEIte # in dieser ACHTZIGSTEN MINUte # nur noch ZEHN MINUten und die NACHspielzeit # MICHAel BALLack [etwas verzögert und betont] WILL SCHON AUSholen # aber diese WELT:KLASSE:VERTEIdigung # und DIEses mal ist es der zurück:geeilte MAXi roDRÍguez # lässt
20 ÜBER#HAUPT nichts anbrennen # das ist die konzentrIERteste vertEIDIgungsleistung bei dieser WELTmeisterschaft # JETZT [sehr schnell und erregt] Kopfball und TO:R # TO:R # TO:::::R # TO:::R FÜR DEUTSCH:LAND # MI:RO:SLAV KLO:SE: # [Tonhöhenglissando nach unten, dann sofort Aufnehmen der vorausgegangenen Tonhöhe] [4]
25 KOPFBALL:MÖGLICH:KEIT AUS dem NI:CHTS HE:rau:s [2] und PABlo sorÍN ist STINKESAUer # dass er DIESES TOR nicht verHINdert hat [2] von der linken seite kommt die FLANke von michael ballack in den strafraum # kopfballverlängerung # und dann ist klo:se zur STELle # und versetzt zum ersten
30 mal sorÍN # VORgelegt von TIM BOROwski # ACHTZIGste MINUte # EINS ZU EINS # IST: ES: nicht wunderbar

Sender: ARD (live)
Ausschnitt: circa 78:05 bis 80:00 Spielminute
Reporter: Reinhold Beckmann

Text 10 **Fußball-Weltmeisterschaft 2006, Viertelfinalspiel Deutschland gegen Argentinien am 30.6.2006 (Fernseh-Berichterstattung)**

der lauf und spielstarke hernan crESPo # o jULIo CRUZ # ein meter NEUNzig # GUTes kopfballspiel # überNIMMT seine position # dort in der spitze # [17] lahm [3] **endlich mal KLOse** [15] ballack [3] lahm [15] sorÍN gegen odONKOr [2] SUPo # **HAH** # **SO wird's gemacht** # **der KLEIne oDONkor** # **lässt**
5 **den ALTEN HAsen stehn** # [14] baLLACK [2] bo**rowski** # **klo:se TO:::** **R** # **ein ZAUbertor** # **lubos michel zeigt auf den punkt** # **es steht eins zu eins** [2] **und klose hat endlich sein tor gegen eine große mannschaft** [3] **miroslav klose** # **eins zu eins** # **und DAS war ne KOPFballstaffette der BEsten art** [2] **ENDlich ist dieser fluch be-**
10 **siegt** [3] **nochEINmal** [es folgt die Wiederholung in Zeitlupe]

5 a Schaut euch beide Transkripte genauer an und macht euch mit der Transkriptionstechnik (siehe Methoden-Kasten, S. 28) vertraut.
   b Versucht, die jeweiligen Reportagen mithilfe der Texte 9 und 10 so originalgetreu wie möglich nachzusprechen.
   Tipps:
   • Achtet beim Sprechen auf die Einhaltung der Sprechanweisungen, die im Transkript enthalten sind. [Achtet dabei auch auf die Zeit und die Pausen.]
   • Wenn ihr eure Sprechversuche auf einem Tonband oder einem anderen Speichermedium aufzeichnet, könnt ihr sie durch mehrmaliges Hören leichter mit dem Transkript abgleichen, wiederholen und verbessern.

6 a Untersucht und vergleicht das Radiotranskript (Text 9) mit dem Fernsehtranskript (Text 10). Achtet dabei besonders auf
   • die technisch bedingten Unterschiede zwischen Rundfunk und Fernsehen,
   • die Menge des Gesprochenen in der gleichen Zeit,
   • die Verständlichkeit des bloßen Textes,
   • Vorkommen, Häufigkeit und Längen von Pausen.
   Welche Gemeinsamkeiten, welche Unterschiede lassen sich feststellen?
   b Welchen Einfluss haben die jeweiligen Medien Radio und Fernsehen auf das Sprechverhalten der Sportreporter?

7 a In einem Handbuch für Ausbildung und Praxis im Hörfunk steht: *Der Radioreporter ist der „Kameramann des Hörfunks".* Erläutert, was damit gemeint ist.
   b *Der Fernsehreporter hat zusätzlich das Bild zur Verfügung, das Teil seiner Äußerung wird.* – Erklärt diese Aussage.
   c Warum gibt es beim Fernsehen, z. B. bei der Übertragung von Fußballspielen, überhaupt einen Kommentar zu den Bildern?

Nach dem Spiel ... – Die schriftliche Berichterstattung

OPNEWS 30. Juni 2006, 19:41
DFB-Elf siegt im Elfmeterkrimi gegen Argentinien

Text 11

Berlin (dpa) - Das deutsche Fußball-Märchen bei der Heim-WM geht weiter: Dank ihrer traditionellen Stärke beim Elfmeterschießen hat sich die Nationalmannschaft in Berlin mit 4:2 gegen Argentinien durchgesetzt und zum zehnten Mal das Halbfinale einer Weltmeisterschaft erreicht. [...]
Nach 120 packenden Minuten hatte es 1:1 (0:0) gestanden. Nachdem Ayala (49.) die Südamerikaner vor 72 000 Zuschauern im ausverkauften Olympiastadion als Folge der ersten Unaufmerksamkeit in der deutschen Abwehr in Führung gebracht hatte, drohte, wie zuletzt 1994 und 1998, das Aus im WM-Viertelfinale. Doch Miroslav Kloses erstes Kopfball-Tor im Turnier (80.) riss ein schon verloren geglaubtes Spiel noch aus dem Feuer und bescherte dem leidenschaftlich kämpfenden Team von Bundestrainer Jürgen Klinsmann noch das 1:1 und damit die Verlängerung. Mit dem Erfolg in der Neuauflage der WM-Endspiele von 1986 und 1990 gelang es der deutschen Mannschaft zugleich, ihre seit fast sechs Jahren und 17 Spielen anhaltende schwarze Serie gegen die Großen des Fußballs zu beenden [...].

Viertelfinale: Deutschland - Argentinien 4:2 i. E. (1:1, 1:1, 0:0)
Deutschland im Halbfinale!

Text 12

[...] Es war die beste Ballstafette der deutschen Mannschaft. Lahm spielte den nach links ausgewichenen Ballack frei, dessen Flanke Borowski mit dem Scheitel verlängerte. Vor dem rechten Pfosten kam Sorin gegen Klose zu spät, Kopfballtreffer, 1:1 (80.). Es war das zehnte WM-Tor des Bremer Goalgetters.
Wie würde Argentinien ohne Kopf Riquelme auf diesen Rückschlag reagieren? Die Südamerikaner öffneten ihr Spiel wieder etwas und forderten nach 88 Minuten Strafstoß. Doch Maxi Rodriguez' „Umfaller" im Strafraum wurde von Lubos Michel als Schwalbe gewertet und mit Gelb bestraft. Deutschland kam in der Schlussphase der regulären Spielzeit nicht mehr gefährlich vor das Tor von Franco.

8 Vergleicht die beiden Textauszüge (Text 11 und Text 12) miteinander.
 a Welche Informationen über das Kopfballtor in der 80. Spielminute des WM-Viertelfinalspiels Deutschland – Argentinien kann man ihnen entnehmen?
 b Welche Informationen sind zwar in Text 9 und in Text 10 enthalten, fehlen aber in diesen Berichten (Text 11 und Text 12)?
 c Welche Fachbegriffe in Text 11 und Text 12 muss man denjenigen, die die Fußballregeln nicht kennen, erläutern? Fertigt ein kleines Glossar mit Begriffserklärungen zu diesen Texten an.

Texte vergleichen
→ S. 247ff.

fremde Wörter entschlüsseln → S. 271
Fremdwörter
→ S. 257ff.

9 a Untersucht, welche typischen Merkmale für einen Bericht sich in den beiden Textauszügen wiederfinden.
  b In welcher Hinsicht gibt es bei den Nachberichten durchaus Unterschiede zum „typischen" Bericht? Greift bei der Analyse auf eure „Checkliste für einen guten Bericht" zurück. Sucht für die Textarbeit entsprechende Belege.

Aus dem Feuer gerissen – Sprachliche Bilder in der Sportsprache

„Doch der Mittelstürmer riss ein schon verloren geglaubtes Spiel gerade noch aus dem Feuer."

10 Auf welches sprachliche Problem macht die Karikatur aufmerksam?

Metapher → S. 173

11 Die Sprache des Sportes arbeitet sehr häufig mit Wörtern, die eine übertragene Bedeutung haben. Diese bildlichen Wendungen werden **Metaphern** genannt. Untersucht die Texte in diesem Kapitel nach bildlichen Wendungen (Metaphern):
 • Welche Bilder werden benutzt?
 • Was wird zum Ausdruck gebracht, wenn man die bildlichen Wendungen wörtlich nimmt?
 • Was ist im übertragenen Sinn damit gemeint?

12 a Sucht in Zeitungen, Sportmagazinen und im Internet nach weiteren Sportmetaphern.
  b Gibt es Metaphern, die in der Sportsprache auffallend häufig verwendet werden? Woran kann das liegen?

13 a „Übersetzt" einen Text mit Sportmetaphern in nicht-metaphorische Sprache.
  b Wie wirkt sich die Übersetzung auf den neu entstandenen Text aus (Umfang, Verständlichkeit, Eindeutigkeit, Anschaulichkeit)?
  c Welche Rolle spielt die Metapher bei mündlichen Sportberichten (Radio/Fernsehen)?
  Tipp: Ermittelt die Zahl der Metaphern innerhalb eines bestimmten Zeitraumes und dividiert anschließend durch die Zahl der Minuten. Heraus kommt dann der „Metaphernquotient".
  d Ermittelt die Metaphernquotienten für verschiedene Sportarten. Gibt es Sportarten, in denen bei Berichterstattungen sehr häufig Metaphern verwendet werden? Woran könnte das liegen?

14 Überlegt aufgrund eurer Arbeitsergebnisse und Erfahrungen, welche inhaltlichen und sprachlichen Funktionen Metaphern speziell in der Sportsprache haben. Verfasst hierzu einen informativen Sachtext. Haltet dabei fest, welche „Besonderheiten" Metaphern leisten.

Bericht und Sportreportage

Bericht

typischer oder klassischer Bericht

Anlass/Schreibziel:
- ein Ereignis möglichst genau wiedergeben;
- Er gibt Antworten auf W-Fragen:
  ■?, ■?, ■?, ■?, ■?, ■?, ■?

Merkmale:
- Kürze und Sachlichkeit sind wichtig, Gefühle oder Vermutungen dürfen nicht einfließen.
- Die Zeitform für das Berichten ist das Präteritum.
- Der inhaltliche Aufbau des Berichtes richtet sich nach dem zeitlichen Ablauf des Geschehens.

Sportreportage als besondere Form des Berichts

Anlass/Schreibziel: ■
■
■
■
■

Merkmale:
■
■
■
■
■

1 Bericht und Sportreportage – Übertrage das Schaubild in dein Heft und ergänze es.

Die herkömmliche Reportage als journalistische Gebrauchsform […] steht vornehmlich im Dienste der ■. Ihre Gestaltung wird jedoch nicht ausschließlich vom Gegenstand, sondern auch durch die ■ und das ■ des Reporters mitbestimmt. Er schildert als vermittelnder ■ mit persönlichem Engagement, aber immer in strenger Bindung an die Fakten aktueller Vorgänge und Ereignisse so, wie er sie aus unmittelbarer Nähe sieht. Der Reporter formuliert aus dem Augenblick des ■ und will einen breiten Leserkreis ansprechen, aufrütteln und ■.

Text 13

*Augenzeuge
Perspektive
Information
Temperament
Erleben
fesseln*

2 Übertrage Text 13 in dein Heft und fülle dabei die Lücken mit den Wörtern aus dem Wortspeicher.

3 Lege eine Tabelle zu den Unterschieden und Gemeinsamkeiten der verschiedenen Formen des Berichtens an. Berücksichtige dabei so viele Kriterien wie möglich.

	Klassischer/typischer Bericht	Radioreportage	Fernsehreportage	Nachbericht in Textform (Zeitung, Internet)
Verhältnis zwischen Geschehen und Bericht	nachzeitig	gleichzeitig (live)	gleichzeitig (live)	nachzeitig, im Nachhinein
Sprache/ Sprachstil	Schriftsprache, sehr um Sachlichkeit und Objektivität bemüht, „wertfrei"	mündliche Sprache, emotional	mündliche Sprache, emotional	Schriftsprache, eher sachlich und stärker um Objektivität bemüht
Arten und Gebrauch von Adjektiven	■	■	■	■
Tempus	■	■	■	■

Und jetzt kommst du!

Überall Sport – Projekte gestalten
Projekt 1: Sportreportagen

1 Ihr könnt die **Fernseh-Berichterstattung** selbst erproben, indem ihr ein auf Video aufgezeichnetes Sportereignis nachträglich vertont.
   - Der Originalton darf nicht zu hören und sollte euch außerdem möglichst nicht bekannt sein.
   - Während eine Gruppe sich mit der Vertonung des Ereignisses für das Fernsehen beschäftigt, arbeitet die andere Gruppe an einer Radioreportage zum selben Ereignis.
   - Damit eure Reportagen so wirklichkeitsnah wie möglich werden, solltet ihr die typischen Merkmale der jeweiligen Live-Berichterstattungen immer im Hinterkopf behalten.

2 Transkribiert in Kleingruppen Auszüge aus einer **Radio-Reportage**.
   a Ihr solltet euch zuvor über den Ausschnitt aus einem Spiel, das ihr verschriftlichen wollt, und auf die Transkriptionstechnik einigen. (Eine Möglichkeit ist, zunächst die hier im Kapitel verwendete Transkriptionsweise zu übernehmen und später gemeinsam eigene zu entwickeln.)
   b Versucht anschließend, mithilfe der Transkriptionsprotokolle die ursprüngliche Reportage so originalgetreu wie möglich nachzusprechen.

Projekt 2: Unsere Sportlerinnen und Sportler

- Erkundigt euch an eurer Schule nach Mitschülerinnen und Mitschülern sämtlicher Jahrgangsstufen, die mit Erfolg und Leidenschaft Sport treiben.
- Führt Interviews mit ihnen durch und stellt eure Mitschüler auf diese Weise anderen Schülerinnen und Schülern vor. (ACHTUNG: Fragt sie und ihre Eltern und Erziehungsberechtigten, ob sie mit einer Veröffentlichung einverstanden sind.)
- Vielleicht könnt ihr sie auf Wettkämpfen begleiten und als Reporter über die Ereignisse berichten – per Video, Audio oder schriftlich als Beitrag für die Schülerzeitung.

Projekt 3: Sport in der Literatur

- Wie wird Sport in literarischen Texten (z. B. in Jugendromanen oder in Gedichten) thematisiert? In diesem Kapitel habt ihr bereits mehrere solcher Texte kennengelernt. Recherchiert nach weiteren Texten.
  Tipp: Bibliothekar/innen oder Buchhändler/innen helfen euch gerne!
- Untersucht die Texte: Was erfährt man über den Sport einerseits, was über die Menschen, die diesen Sport treiben, und über deren Alltag andererseits?
- Welche Erfahrungen kann man als Leser „persönlich" aus diesen Texten „mitnehmen"? Gehen die Texte realistisch und sachlich mit dem Thema Sport um? Darüber könnt ihr diskutieren, wenn ihr eure Lektüren gegenseitig vorstellt.
- Verfasst Gedichte und Geschichten zum Thema Sport – ihr könnt sie als Wandzeitung oder als gebundenes Buch veröffentlichen.

Projekt 4: Ungewöhnliche Sportarten aus aller Welt

- Kennt ihr ausgefallene Sportarten, die euch interessieren? Macht euch damit bekannt.
  Tipp: Exotische Sportarten kann man über Sportsender kennenlernen, man kann in der Bibliothek, im Internet oder in Reisebüros recherchieren usw.
- Beschreibt wichtige Vorgänge und Abläufe, die zu diesen Sportarten gehören. Arbeitet dabei mit aussagekräftigen Beschreibungen und mit veranschaulichenden Skizzen, die ihr auf Wandzeitungen oder in einem „Sportarten-Katalog" festhaltet.

Vordenken und
Argumentieren, diskutieren, sich

Vordenken und nachdenken 37

nachdenken

mit Texten auseinandersetzen

1. Was wir erkennen können – Textaussagen verstehen

Was kann ich wissen? – Situations- und Adressatenbezug

Text 1

Michael Ende
Der wirkliche Apfel

Ein Mann der Feder, berühmt und bekannt
als strenger Realist,
beschloss, einen einfachen Gegenstand
zu beschreiben, so wie er ist:
5 Einen Apfel zum Beispiel, zwei Groschen wert,
mit allem, was dazu gehört.
Er beschrieb die Form, die Farbe, den Duft,
den Geschmack, das Gehäuse, den Stiel,
den Zweig, den Baum, die Landschaft, die Luft,
10 das Gesetz, nach dem er vom Baume fiel …
Doch das war nicht der wirkliche Apfel, nicht wahr?
Denn zu diesem gehörte das Wetter, das Jahr,
die Sonne, der Mond und die Sterne …
Ein paar tausend Seiten beschrieb er zwar,
15 doch das Ende lag weit in der Ferne;
denn schließlich gehörte er selber dazu,
der all dies beschrieb, und der Markt und das Geld
und Adam und Eva und ich und du
und Gott und die ganze Welt …
20 Und endlich erkannte der Federmann,
dass man nie einen Apfel beschreiben kann.
Von da an ließ er es bleiben,
die Wirklichkeit zu beschreiben.
Er begnügte sich indessen
25 damit, den Apfel zu essen.

Gedichte →
S. 161–179

1 a Wie wird der Mann in dem Gedicht beschrieben? Notiere alle Informationen über ihn, die du dem Text entnehmen kannst, mit Versangaben.
b Welche Aussagen macht das Gedicht über seine Gedanken, seine Gefühle und über sein Wesen, seinen Charakter? Lies zwischen den Zeilen und notiere auch hier die Versangaben der Textstellen, auf denen deine Einschätzung beruht.

2 a Sammelt Gründe, warum das Vorhaben des Mannes, einen Apfel „zu beschreiben, so wie er ist" (V. 4) nicht gelingt.
  b Überlegt: Inwiefern verändert sich die Einstellung des Mannes durch das Scheitern seines Vorhabens?

3 Besprecht: Welche Absicht könnte Michael Ende gehabt haben, als er diesen Text schrieb?

Lexikonartikel : Apfel

Text 2

APFEL, die sich aus Balgfrüchtchen mit pergamentartig werdenden Fruchtblättern zusammensetzende, unterschiedlich große Sammelfrucht der Arten des Apfelbaums. Die Balgfrüchtchen bilden das Kerngehäuse, das im oft sehr aromatisch schmeckenden Fruchtfleisch eingebettet liegt. Die Kultursorten enthalten pro 100g
5 essbarem Anteil rund 86g Wasser, 0,3g Eiweiß, 12g Kohlenhydrate, 0,4g Mineralstoffe, 0,25g Fruchtsäure und 12mg Vitamin C. […] Je nach dem Zeitpunkt der Genussreifen spricht man von *Sommeräpfeln* (z. B. Klarapfel, James Grieve), *Herbst-äpfeln* (z. B. Gravensteiner, Goldparmäne) und von *Winteräpfeln* (z. B. Boskop, Golden Delicious, Cox' Orange).

Englisches Sprichwort

Text 3

„An apple a day keeps the doctor away."

4 Beschreibe die Sprache im Lexikonartikel (Text 2).
  a Welche Wortarten werden hauptsächlich verwendet?
  b Wie sind die Sätze gebaut?
  c Wie ist der Stil?

5 Vergleicht die Texte 2 und 3 mit dem Gedicht von Michael Ende (Text 1). Besprecht, welche Unterschiede und welche Gemeinsamkeiten sich in den Texten zeigen, und findet Gründe dafür.

6 Die Texte haben verschiedene Absichten.
  a Vervollständige die nachfolgenden Sätze.
  • *Ein Lexikonartikel soll die Leser* ■
  • *Sprichwörter dienen dazu,* ■
  • *Gedichte lesen die Menschen, um* ■
  b Leite aus den Beispielen (Texte 1 bis 3) sowie aus den Absichten der unterschiedlichen Textsorten die wesentlichen Merkmale von Gedichten, Lexikonartikeln und Sprichwörtern ab.

7 a Versucht nun, einen anderen „einfachen Gegenstand" (Text 1, V. 3) zu beschreiben. Bildet dazu Gruppen und verfasst entweder ein Gedicht, einen Lexikonartikel oder ein Sprichwort darüber.
  b Vergleicht eure Ergebnisse und besprecht, ob sich auch bei euren Texten die jeweiligen Absichten und Merkmale der Textsorte zeigen.

Der Standpunkt hängt vom Standort ab – Fragen der Philosophie

8 Beschreibe so genau wie möglich, was auf dieser Zeichnung zu sehen ist.

9 a Erkläre, wie es dazu kommt, dass sich die Figuren in der Zeichnung so unterschiedlich äußern.
   b Welche Aussage verbirgt sich in dieser Zeichnung? Begründe deine Meinung.

10 a Überlegt euch in Kleingruppen eine Situation, die von Menschen verschieden wahrgenommen werden kann.

Rollenspiel
→ S. 53f.

   b Spielt diese Situation als Rollenspiel. Verratet den anderen dabei nicht, um welche Situation es sich handelt. Testet so, ob eure Mitschülerinnen und Mitschüler die dargestellte Situation erkennen.

Höhlen – Philosophie in Gleichnissen

Jostein Gaarder

Text 4 **Sofies Welt: Der Weg aus der Finsternis der Höhle**

Der Schriftsteller Jostein Gaarder hat mit „Sofies Welt" ein Philosophiebuch geschrieben, das junge und ältere Leser in seinen Bann gezogen hat. In diesem Buch lernt das Mädchen Sofie die Geschichte der Philosophie kennen und beginnt, die Welt besser zu verstehen.
Im folgenden Ausschnitt erfährt Sofie einiges über den Philosophen Platon und sein berühmtes Gleichnis zur Erkenntnisfähigkeit des Menschen.

Platon erzählt ein Gleichnis [...]. Wir bezeichnen es als das *Höhlengleichnis*. Ich werde es dir mit eigenen Worten erzählen.
Stell dir Menschen vor, die in einer unterirdischen Höhle wohnen. Sie kehren

dem Eingang die Rücken zu und sind am Hals und an den Füßen festgebunden,
deshalb können sie nur die Höhlenwand ansehen. Hinter ihnen erhebt sich eine
hohe Mauer und hinter dieser Mauer wiederum gehen menschenähnliche Gestalten vorbei, die verschiedene Figuren über den Mauerrand halten. Da hinter diesen
Figuren ein Feuer brennt, werfen sie auf der Höhlenwand zitternde Schatten. Das
Einzige, was die Menschen in der Höhle sehen können, ist also dieses „Schattentheater." Sie sitzen seit ihrer Geburt hier und halten die Schatten folglich für das
Einzige, was es gibt.
Stell dir nun vor, einer von diesen Höhlenbewohnern kann sich aus der Gefangenschaft befreien. Zuerst fragt er sich, woher die Schattenbilder an der Höhlenwand
kommen. Schließlich kann er sich freikämpfen. Was glaubst du, passiert, wenn er
sich zu den Figuren umdreht, die über die Mauer gehalten werden? Er ist natürlich
zuerst vom scharfen Licht geblendet. Auch der Anblick der scharf umrissenen Figuren blendet ihn – er hat bisher ja nur ihre Schattenbilder gesehen. Wenn er über
die Mauer steigen und am Feuer vorbei aus der Höhle ins Freie klettern könnte,
dann würde er noch mehr geblendet werden. Aber nachdem er sich die Augen gerieben hätte, würde er auch sehen, wie schön alles ist. Zum ersten Mal würde er
Farben und scharfe Konturen sehen. Er würde wirkliche Tiere und Blumen sehen
– deren schlechte Nachahmung die Figuren der Höhlen waren. Aber auch jetzt
fragte er sich, woher die Blumen und Tiere kommen. Er sieht die Sonne am Himmel und begreift, dass die Sonne den Blumen und Tieren in der Natur Leben gibt,
wie das Feuer in der Höhle dafür gesorgt hat, dass er die Schattenbilder sehen
konnte. Jetzt könnte der glückliche Höhlenbewohner in die Natur hinauslaufen
und sich über seine frisch gewonnene Freiheit freuen. Aber er denkt an alle, die
noch unten in der Höhle sitzen. Deshalb geht er zurück. Sowie er unten angekommen ist, versucht er, den anderen Höhlenbewohnern klarzumachen, dass die
Schattenbilder an der Höhlenwand nur zitternde Nachahmungen des *Wirklichen*
sind. Aber niemand glaubt ihm. Sie zeigen auf die Höhlenwand und sagen, das,
was sie sähen, sei alles, was es gibt. Am Ende schlagen sie ihn tot.

11 a Ordne den Bildern die passenden Erzählabschnitte aus Text 4 mit Zeilenangaben zu.
  b Erzähle anhand der Bilder die Geschichte des Höhlengleichnisses nach.

12 a Platon hat im Höhlengleichnis seine Vorstellung von der Erkenntnisfähigkeit des Menschen zum Ausdruck gebracht. Erklärt mithilfe des Regel-Kastens, warum es sich bei der Erzählung Platons um ein Gleichnis handelt.

Gleichnis

Ein **Gleichnis** ist eine bildhafte Darstellung, die eine **allgemeingültige Aussage** durch einen **Vergleich** klärt.
Gleichnisse sind **meist kurze Geschichten**, mithilfe derer der Adressat etwas **verstehen** oder durch die er **belehrt** werden soll.
Man unterscheidet bei einem Gleichnis zwischen dem **Dargestellten (Bildebene)** und **dem Gemeinten (Bedeutungsebene)**.
Gleichnisse finden sich vor allem in der Bibel, aber auch in anderen Texten.
In den meisten Gleichnissen gibt es verschiedene Vergleichspunkte.

Beispiel: Das Höhlengleichnis (Platon)
Bildebene ⟶ **Bedeutungsebene**
Höhle ⟶ *reale Welt der Menschen*

b Arbeitet heraus, welche Bedeutung die Bildelemente „Schatten", „Licht" und „Fesseln" in Platons Höhlengleichnis haben können.
c Überlegt, welche „allgemeingültige Aussage" das Höhlengleichnis hat. Formuliert es mit eigenen Worten, möglichst in einem Satz.

13 Der Höhlenbewohner im Gleichnis, der den Weg ans Licht wagt, ist neugierig und auf der Suche nach Wahrheit. Diskutiert, welche Gemeinsamkeiten er mit einem Philosophen hat.

Was ist ein Philosoph?

Das Wort *Philosoph* kommt aus dem Altgriechischen und bedeutet „Freund der Weisheit". Ein Philosoph ist ein Mensch, der danach strebt, Antworten auf die Fragen des Lebens zu finden.
Der griechische Philosoph Platon beschreibt den Philosophen als einen Menschen, der die Wahrheit, das Schöne und das Gute liebt.

14 Wählt einen der beiden Schreibaufträge aus:
- Formuliert die Gedanken des Menschen, der die Höhle verlässt, in Form eines inneren Monologs, während er sich dem Ausgang der Höhle nähert und das Licht außerhalb entdeckt.
- Verfasst ein Gespräch zwischen dem in die Höhle Zurückgekehrten und den Gefesselten. Beziet dabei auch Andeutungen mit ein, die das Gleichnis enthält.

2. Gut leben, aber wie? – Beschreiben, vergleichen und beurteilen

1 a Beschreibe, was auf den Bildern dargestellt ist.
   b Erkläre, welche Lebensideale in den Bildern gezeigt werden und warum diese für manche Menschen zu einem guten Leben gehören.

2 a Überlege nun, was für dich zu einem guten Leben gehört. Bereite eine etwa zweiminütige Stellungnahme vor, in welcher du deine Vorstellungen von einem guten Leben darstellst und begründest.
   b Trage deine Stellungnahme in der Klasse vor.
   c Vergleicht eure Ergebnisse miteinander.

3 Die Philosophie fragt auch nach den **Bedingungen** für das gute Leben und für das Glück der Menschen. Vom griechischen Philosophen Sokrates ist folgende Aussage überliefert:

Wie zahlreich sind doch die Dinge, derer ich nicht bedarf.

Überlegt, ausgehend von dem Zitat, was Sokrates zu den Glücksvorstellungen der Bilder gesagt hätte.

Weil ich an sich nichts brauch – Konjunktionen

Herbert Grönemeyer
Kaufen
Text 5

Ich hab alles, ich will noch mehr
alles hält ewig, jetzt muss was neues her

Ich könnt im angebot ersaufen
mich um sonderposten raufen
hab diverse kredite laufen, oh, was geht's mir gut

oh, ich kauf mir was
kaufen macht so viel spaß
ich könnte ständig kaufen gehen
kaufen ist wunderschön
ich könnte ständig kaufen gehen
kaufen ist wunderschön
ich kauf, ich kauf,
was, ist egal

hat das fräulein dann bei mir abkassiert
was jetzt mein ist, schon nicht mehr interessiert

bin ich erst im kaufrausch
frag ich gleich nach umtausch
weil ich an sich nichts brauch, kaufen tut gut

oh, ich kauf mir was …

vor lauter augenweiden
kann ich mich nicht entscheiden
was muss ich qualen leiden, oh, was soll ich tun

oh, ich kauf mir was ….

© 1983 by Hans Gerig OHG, Bergisch Gladbach

Gedichte
→ S. 161–179

4 a Das lyrische Ich in Herbert Grönemeyers Liedtext beschreibt sein Kaufverhalten als einen Kaufrausch. Erkläre, was damit gemeint ist.
b Stelle die positiven Aspekte des Kaufens den Schattenseiten gegenüber. Überlege, warum das lyrische Ich dem Kaufen so viel Bedeutung beimisst.

5 Die letzte Strophe des Liedes endet mit der Frage „O, was soll ich tun?" (V. 22). Stellt euch vor, das lyrische Ich wäre eine Freundin oder ein Freund von euch. Welche Antwort würdet ihr ihr oder ihm geben?

6 Vervollständige die Satzanfänge aus der Sicht des lyrischen Ichs. Hilfestellungen findest du im Text.
- *Ich kaufe, **weil** …*
- *Ich kaufe, **damit** …*
- *Ich kaufe, **indem** …*
- *Ich kaufe, **bis** …*
- *Ich kaufe, **wenn** …*
- *Ich kaufe, **während** …*
- *Ich kaufe, **obwohl** …*
- *Ich kaufe, **wo** …*
- *Ich kaufe, **sodass** …*
- *Ich frage nach Umtausch, **nachdem** …*

Beispiel: *Ich kaufe, **wenngleich** ich schon alles habe.*

7 a Übertrage die Tabelle in dein Heft und ordne die **Konjunktionen** nach ihrer inhaltlichen Funktion in die Zeilen ein.
b Suche weitere Konjunktionen und bilde mit ihnen Sätze wie oben.

Konjunktionen
→ S. 60

Konjunktion	Beispiel
kausal (Grund)	■
final (Zweck)	■
temporal (Zeit)	■
konditional (Bedingung)	■
konsekutiv (Folge)	■
konzessiv (Einschränkung)	*Ich kaufe, **wenngleich** ich schon alles habe.*
adversativ (Gegensatz)	■
lokal (Ort)	■
modal (Art und Weise)	■

Kaufgründe – Gliedsätze im Satzgefüge

8 Erkläre, warum man Konjunktionalsätze auch **Gliedsätze** nennt.
  a Bestimme die **Satzglieder** im ersten Satz.
  b Bestimme die **Art des Konjunktionalsatzes** im zweiten Satz.
  c Führe die **Umstellprobe** mit dem zweiten Satz durch. Was stellst du in Bezug auf den Konjunktionalsatz fest?
  • *Ich kaufe dieses Grundstück aufgrund meines großen Vermögens.*
  • *Ich kaufe dieses Grundstück, weil ich ein großes Vermögen habe.*

Kaufwünsche gesucht

Text 6

Vor der Präsentation eines neuen Produkts überlegen sich die Werbefachleute Gründe, die aus der Sicht der Kunden für den Kauf des neuen Produkts sprechen könnten: Das Produkt kann zum Beispiel aufgrund seines niedrigen Preises attraktiv sein. Oder der Kunde könnte denken, er sei im Fall eines Nicht-Kaufs
5 nicht „in". Eine weitere Möglichkeit ist, dass der Kunde glaubt, er brauche das Produkt zur Weiterführung seines bisherigen Lebensstils. Durch geschickt formulierte Botschaften erzeugen die Werbefachleute den Wunsch nach dem beworbenen Produkt. Trotz dieser Beeinflussung des Kaufwunsches können wir aber immer noch selbst entscheiden, was wir kaufen und was nicht.

9 a Bestimme die **adverbialen Bestimmungen** in Text 6 nach ihrer Funktion.
  b Forme sie in adverbiale Gliedsätze um.
  c Achte auf die **Zeichensetzung**: Nebensätze werden durch Komma abgetrennt.

10 a Untersuche die folgenden Satzgefüge mithilfe der **Fragemethode**: Welche Funktion nehmen die Nebensätze in diesen Sätzen jeweils ein?
  • *Ich glaube, dass Geldausgeben nicht das Wichtigste im Leben ist.*
  • *Dass wir morgen gemeinsam Bummeln gehen, freut mich.*
  b Wie könnte man diese Nebensatzarten jeweils nennen?

R

Gliedsätze

Gliedsätze sind Nebensätze, die in Sätzen (Satzgefügen) die **Funktion eines Satzglieds** übernehmen. Die meisten Gliedsätze werden durch **Konjunktionen** eingeleitet.
- **Adverbialsätze** oder adverbiale Gliedsätze nennt man die Gruppe von Nebensätzen, die die Funktion von **adverbialen Bestimmungen** übernehmen. Sie werden wie die adverbialen Bestimmungen nach ihrer Funktion bestimmt: Temporalsatz, Finalsatz, Kausalsatz usw.
- **Objektsätze** übernehmen die Funktion von **Akkusativobjekten**. Sie werden meist mit der Konjunktion *dass* eingeleitet und können mit der Frage *Wen oder was?* ermittelt werden.
- **Subjektsätze** übernehmen die Funktion des **Subjekts**. Sie werden meistens durch die Konjunktion *dass* eingeleitet und können mit der Frage *Wer oder was?* ermittelt werden.

11 Erkläre, warum man Relativsätze auch Attributsätze nennt.

Das Sterntaler-Experiment – Argumente untersuchen

Heidemarie Schwermer
Mein Leben ohne Geld

Text 7

Im Februar 94 gründete ich die „Gib und Nimm Zentrale" in Dortmund, einen Tauschring, in dem Dienstleistungen, Fähigkeiten, Sachgegenstände miteinander getauscht und geteilt werden, ohne dass Geld dabei eine Rolle spielt. Der Zulauf zu dem Verein, der dann von uns gegründet wurde, war groß, ebenso jedoch der so-
5 fortige Absprung bei Misserfolgen. Das und die Tatsache, dass ich durch meine Tauschereien in dem Verein weniger Geld zum Leben brauchte, stachelte mich an, das Experiment, ganz ohne Geld zu leben, zunächst in Gedanken zu entwickeln und schließlich im Mai 96 in die Tat umzusetzen. Ich gab meine Wohnung, meine Versicherungen und meinen Besitz auf, hütete von nun an die Häuser und Woh-
10 nungen von Gib-und-Nimm-Teilnehmern, die auf Reisen gingen, und leitete als erste Vorsitzende die „Gib und Nimm Zentrale" mit Leib und Seele. Das Geben und Nehmen in Fluss zu bringen, das Miteinander kreativ zu gestalten, Feindbilder abzubauen, Herzöffnungen zu erzielen, Menschen mit wenig Geld Mut zu machen, etwas Neues auszuprobieren, das alles sind Ziele von Gib und Nimm.
15 […]
Für viele Menschen ist mein jetziges Lebensmodell nicht zu verstehen und sie glauben, dass ich ein abhängiges, umständliches, kompliziertes Leben führe. Das Gegenteil ist der Fall! […]
An dieser Stelle ist es mir wichtig zu sagen, dass ich keine Missionarin bin, die
20 alle Menschen zur Geldaufgabe bekehren möchte. Vielmehr geht es mir darum,

meinen ZuhörerInnen und LeserInnen Mut zu machen, den eigenen Weg zu entdecken und ihn dann Schritt für Schritt zu gehen. Dass aus meinem Experiment eine neue Lebensform geworden ist, die schon so lange dauert, hätte ich nicht für möglich gehalten. Zu Beginn meines Experimentes war für mich nicht klar, dass der Einfluss des Geldes in so viele Bereiche dringt. Die Aufgabe des Geldes hat mich in eine neue Lebensqualität gebracht, die mit innerem Reichtum statt äußerem, mit Freiheit statt Abhängigkeit, mit Großzügigkeit statt Horten, mit neuen Werten zu tun hat.

So ein Quatsch, kein Mensch kann in unserer Gesellschaft ohne Geld auskommen.

Du siehst doch, dass es funktioniert. Heidemarie Schwermer erklärt doch, warum sie so leben will und wie es geht.

Sie beschreibt ihr Tun als Experiment, das für sie funktioniert, aber man kann diesen Lebensstil sicher nicht auf alle Menschen übertragen.

12 Überprüfe, ob die Behauptung „Heidemarie Schwermer erklärt doch, ..." zutrifft.
   a Entnimm Text 7 Informationen über die Gründe für sowie über die Ziele und die Art und Weise von Heidemarie Schwermers Leben.
   b Sortiere deine Ergebnisse in vollständigen Sätzen in einer Tabelle:

Fünf-Schritt-Lesemethode
→ S. 244f.

Gründe	Ziele	Art und Weise
*Sie handelt so, **weil** sie den Menschen ohne Geld Mut machen will.*	*Sie gab ihre Wohnung auf, **damit** sie nicht an Besitz gebunden ist.*	*Sie ernährt sich, **indem** sie ihre Fähigkeiten gegen Lebensmittel eintauscht.*

13 Diskutiert, welcher Aussage der drei Schülerinnen und Schüler oben ihr am ehesten zustimmt. Gebt Argumente für eure Ansichten, begründet diese und festigt eure Begründungen mit Belegen und Beispielen.

Die Tauschzentrale – Eine Fragestellung diskutieren

Text 8 JULIA: „Lasst uns doch auch so eine Tauschzentrale einführen. Mein Taschengeld reicht nie aus für die Dinge, die ich gerne hätte. Wenn ich mein Mathewissen gegen etwas eintauschen könnte, wäre das super."
MARC: „Heißt das, dass du anderen nur noch hilfst, wenn du dafür eine Gegenleistung bekommst?"
5 JULIA: „So meine ich das natürlich nicht, aber vielleicht würde so eine Tauschzentrale helfen, dass Geld in unserer Klasse nicht mehr so wichtig ist. Ich schlage vor, dass wir es einmal ausprobieren, zumindest bis zu den nächsten Ferien."

14 Diskutiert das Für und Wider einer solchen Tauschzentrale in der Klasse. Haltet dazu eine Klassenratssitzung ab.

Die 10 Schritte einer Diskussion im Klassenrat

Die Diskussion im Klassenrat eignet sich vor allem für Fragen, die die Klasse selbst betreffen. Neben praktischen Fragen, z.B. nach dem Wandertagsziel, können auch das Klassenklima oder andere Fragen der Gruppe diskutiert werden.

1. Zu Beginn der Diskussion wählt man eine Schülerin oder einen Schüler für die Moderation und eine(n) für das Führen der Redeliste aus. Die beiden teilen sich diese zwei wichtigen Aufgaben der **Diskussionsleitung**.
2. Ordnet die Stühle am besten in einem **Kreis** an, dann bekommt niemand von euch das Gefühl, in der Diskussion „hinten" oder „vorn" zu sein.
3. Die Moderatorin oder der Moderator **eröffnet** die Sitzung und erläutert kurz die **Fragestellung**, mit der sich der Klassenrat in der Diskussion auseinandersetzen soll.
4. Auf der **Redeliste** werden die Meldungen der Reihe nach notiert; der bzw. die jeweils Nächste auf der Liste wird vom Führer der Redeliste aufgerufen.
5. Um zu verdeutlichen, **wer gerade das Wort hat**, kann man der entsprechenden Schülerin bzw. dem Schüler einen kleinen Stoffball zuwerfen. Niemand anderes darf dann sprechen, solange die Rednerin oder der Redner den Stoffball in der Hand hält.
6. Die Moderation achtet darauf, dass die **Gesprächsregeln** eingehalten werden. Wenn sich die Diskussion im Kreis dreht, sollte sie darauf hinweisen und durch eine Anmerkung oder Frage den Gesprächsverlauf voranbringen.
7. Ist die **Diskussion beendet**, kann man ein **Blitzlicht** durchführen, in dem sich alle Teilnehmerinnen und Teilnehmer der Reihe nach zum Diskussionsverlauf äußern.
8. Bei **Entscheidungsfragen** sollte am Ende eine **Abstimmung** erfolgen.
9. Ging es in der Diskussion um die **Festlegung von Vereinbarungen**, sollten diese z.B. auf einem **Plakat** festgehalten werden.
10. Bei sehr ernsten Streitfragen und Konflikten in der Klasse kann es hilfreich sein, wenn die **Moderation von einem Außenstehenden** übernommen wird. Vielleicht gibt es an eurer Schule Mediatoren oder Streitschlichter, die für solche Konfliktsituationen ausgebildet sind.

Leben in verschiedenen Welten – Diskussion in Kleingruppen

Amenokal Alhavi
Aus dem Leben eines Tuareg

In dem Buch „Die Weisheit der Tuareg" lehrt der „Blaue Mann", ein Tuareg, einen Zuhörer die Weisheit seines Volkes.
Die Tuareg zählen zu dem Volk der Berber; sie leben als Nomaden in einem Gebiet, das sich über die Wüste Sahara und den Sahel ausbreitet.

Was hast du gelernt?, fragte der Blaue Mann. Der Wind rüttelte an den Zeltplanen, die sich aufblähten wie Segel. Das Zeltdach wurde so nah an den Boden geweht, dass es den Blauen Mann an Kopf und Schultern traf, obwohl er sich niedergehockt hatte. Sand prasselte gegen die Wände wie Brandung bei einem Sturm. Als
5 der Wind nachließ, wiederholte er seine Frage: Was hast du während unserer Wanderung gelernt? Der Blaue Mann hielt seine Hand über das Loch, das er in der Mitte des Zeltes in den Sand gegraben hatte. Er hatte darin ein Feuer entfacht. Obwohl die Mulde ziemlich tief war, wurden die Flammen alle paar Augenblicke von einem Windstoß verweht. Er öffnete und schloss seine Hand ein paar Mal. Diese
10 Handfläche, diese Finger, sagte er, sind wie die Wüste. Sie hält dich gefangen und lässt dich wieder frei – wie es ihr gefällt. Wenn du sie durchqueren willst, bist du ihr ausgeliefert. Bevor du losgehst, triffst du, wie heute Morgen, Vorbereitungen für einen langen Weg. Du füllst die Wasserschläuche am Brunnen, sattelst sorgfältig die Kamele und überprüfst die Riemen deiner Sandalen – und dann ereignet
15 sich plötzlich etwas Unerwartetes. Heute Morgen mussten wir eines der Kamele wiederfinden. Nach ein paar Stunden verdunkelte sich plötzlich der Himmel und wir hatten gerade noch genügend Zeit, um die Zelte aufzustellen, bevor der Sandsturm alles in Dunkelheit hüllte. Hast du die heutige Lektion begriffen?
Dieses Mal hielt der Blaue Mann beide Hände über das Feuer, öffnete und schloss

20 sie wieder. Hier in der Wüste lernst du, dass der Mensch nichts mit Sicherheit vorhersagen kann, dass er winzig ist wie ein Weizenkorn in der Hand eines Riesen.
Er schwieg und schien dem hohen Sirren der
25 Zeltschnüre zuzuhören, die der Wind wie Geigensaiten spannte.
Ich habe dich heute Morgen beobachtet, während wir das verirrte und weggelaufene Kamel suchten, redete der Blaue Mann weiter.
30 Anstatt dich hinzusetzen und deine Kräfte zu schonen, bist du erst in die eine, dann in die andere Richtung gelaufen und bei jedem Schritt hast du auf deine Uhr geschaut, die wie ein kleines Herz an deinem Handgelenk
35 schlägt. Du und deine Landsleute, ihr könnt

mit Unvorhergesehenem nicht umgehen. Ihr meint, ihr beherrscht und besitzt die Zeit. Aber der Tag ist lang. Du hast dich aufgeregt und warst ungeduldig, als dauerte er nur so lange wie ein Schrei. Ich habe
40 dich beobachtet. Du hast mit dir selbst gesprochen. Wahrscheinlich hast du den Kamelführer und sein Kamel verflucht und auch das Schicksal, das dir diesen Streich spielte, wo du doch eine lange Wegstrecke zurücklegen wolltest. Als ich dich sah, dachte ich,
45 dass du viel zu lernen hast, dass man dir nicht beigebracht hat, was unwichtig ist im Leben. […]
Der Blaue Mann zeichnete eine Wellenlinie in den Sand und zog daneben eine tiefe gerade Furche. Wir hatten unsere Karawanen, begann er. Sie brachten Fleisch und getrocknete Toma-
50 ten aus dem Aïr-Gebirge zu den Oasen. Tee, Stoffe, Weizen und Hirse, Datteln und Salz in ausgehöhlten Palmstämmen. Sie zogen langsam von Wasserstelle zu Wasserstelle. Sobald sie in die Sichtweite der Oase kamen, liefen die Frauen ihnen entgegen, um sie zu begrüßen. Sie stießen Freudenschreie aus und schwenkten bunte Tücher. Ihr habt euch darüber lustig gemacht und seid
55 mit Lastwagen über die von euch gebauten Pisten gejagt. Niemand hat gesungen, wenn ihr vorbeigerast seid. Eure Lastwagen wirbeln schmutzige Staubwolken auf und sie befördern auch nicht mehr als Kamele. Kannst du mir sagen, wozu Geschwindigkeit gut ist, wenn du nicht weißt, wohin du gehst?
Der Blaue Mann zog neue Linien. Seine Hände huschten fahrig und unruhig über
60 den Sand. Dann betrachtete er einige Minuten lang seine Zeichnung. Die Linien gingen alle vom selben Punkt aus und glichen Sonnenstrahlen oder den Speichen eines Rades.
Auf allen Wegen rast ihr so schnell, sagte der Blaue Mann. Er fuhr mit der Hand über die Furchen und verwischte sie von der Mitte aus. Kaum sitzt ihr, schon steht
65 ihr wieder auf. Ihr kaut den ersten Bissen und denkt bereits an das Ende eurer Mahlzeit. Ihr geht los und möchtet schon am Ziel sein. Ihr kennt nur die Eile und nicht den Wert des Wartens. Wie wollt ihr so in Ruhe genießen, betrachten und verstehen?

15 Mit welchen sprachlichen Mitteln veranschaulicht der Tuareg seine Ansichten?

zitieren → S. 227

16 a „Das Leben der Nomaden wird stark von der Natur bestimmt." – Suche Beispiele im Text, die diese Aussage belegen (Zeilenangaben).
b Vergleiche die Lebensweise der Tuareg mit der der anderen Menschen, die in dem Text erwähnt werden. Welches ist der entscheidende Unterschied?

17 Diskutiert: Könntet ihr euch – zumindest für eine gewisse Zeit – vorstellen, euer Leben mit dem eines Tuareg zu tauschen?

18 Überlegt: Wäre es möglich, einen Tag in eurem Leben völlig auf technische Hilfsmittel zu verzichten? Welche Einschränkungen müsstet ihr in Kauf nehmen?

Aus dem Leben eines Stars

Text 10

Die Schauspielerin Keira Knightley wurde am 22. März 1985 in Teddington, England, als Tochter eines Schauspielers und einer Theaterautorin geboren. Bereits im Alter von drei Jahren hatte Keira einen eigenen Manager und als sportliches Mädchen schaffte die britische Schauspielerin mit dem Film „Kick it like Beckham" (2002) den lang ersehnten Durchbruch.
Auf die Frage, ob sich durch den Erfolg ihr Leben verändert habe, antwortet sie in einem Interview:

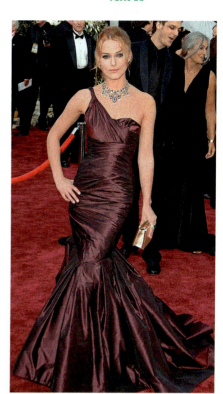

Nun, ich habe wieder den gleichen Haarschnitt, wenn Sie das bemerkt haben. Eigentlich hat sich nicht viel verändert … oder eigentlich doch. Einerseits habe ich die ganze Zeit seit „Kick it like Beckham" gearbeitet und bin derselbe Mensch geblieben,
5 andererseits haben mich heute gleich am Flughafen Leute nach Autogrammen gefragt, was damals bei meinem ersten Hamburg-Aufenthalt wirklich niemand wollte. Aber schon nach diesem recht kurzen Zeitraum kann man sehen: Die Lebensdauer einer Schauspielkarriere für eine Frau ist recht kurz. Man muss so
10 schnell wie möglich so viel wie möglich erreichen.

An anderer Stelle äußert sie sich zu ihrem neuen Ruhm:

Wenn ich auf der Straße um ein Autogramm gebeten werde, erschrecke ich mich immer noch zu Tode und bekomme manchmal sogar Angst. Deswegen wirke ich vielleicht unfreundlich, bin aber einfach nur unsicher. Es ist alles sehr merkwür-
15 dig: Die Leute starren mich an, obwohl ich gar nichts mache, außer die Straße entlangzugehen. Ich bin doch kein Geist! Andererseits hat es die bekannten Vorteile, dass ich einen wunderbaren Job habe …

19 Beschreibe, wie sich das Leben der Schauspielerin von dem nicht berühmter Menschen unterscheidet. Belege deine Ansichten durch Zitate aus dem Text.

zitieren → S. 227

20 Welche Gründe könnte es dafür geben, dass gerade Jugendliche so gern als Schauspielerin oder Schauspieler, als Musikerin oder Musiker berühmt werden möchten?

21 Vergleiche die in den Texten 9 und 10 dargestellten Lebensweisen miteinander. Erstelle dazu eine Übersicht darüber, welche Dinge dir an den verschiedenen Lebensweisen gefallen und welche dich stören.

22 Diskutiert die folgenden vier Aussagen in Kleingruppen:
- *Das naturverbundene Leben in der Wüste hat viele Vorteile.*
- *Das naturverbundene Leben in der Wüste hat viele Nachteile.*
- *Das Leben eines Prominenten hat viele Vorteile.*
- *Das Leben eines Prominenten hat viele Nachteile.*

Die 10 Schritte einer Schreibdiskussion in Kleingruppen

Diese Art der Diskussion eignet sich besonders dann, wenn zwei unterschiedliche Sachverhalte (z. B. Lebensweisen) miteinander verglichen und beurteilt werden sollen oder wenn man sich zwischen zwei Möglichkeiten entscheiden muss.
Jeweils eine Gruppe beschäftigt sich nacheinander mit den Vorteilen von Sachverhalt A, mit den Nachteilen von Sachverhalt A, mit den Vorteilen von Sachverhalt B und mit den Nachteilen von Sachverhalt B.

1. Formuliert **vier Aussagen**: I. „Sachverhalt A hat viele Vorteile", II. „Sachverhalt A hat viele Nachteile", III. „Sachverhalt B hat viele Vorteile" und IV. „Sachverhalt B hat viele Nachteile".
   Ihr müsst „Sachverhalt A" und „Sachverhalt B" jeweils durch die zwei Möglichkeiten ersetzen, die ihr diskutieren und zwischen denen ihr entscheiden wollt.
2. Bereitet **vier Tische** und eine ausreichende Anzahl von Stühlen in den Ecken eures Klassenraumes vor. Teilt eure Klasse in **vier etwa gleich große Gruppen**.
3. Auf jedem Tisch liegt ein **Plakat**, auf dem **eine der vier Aussagen** notiert ist. Jede Gruppe beschäftigt sich mit je einer dieser Aussagen.
4. Verteilt euch nun an den Tischen und **diskutiert** eure Aussage.
5. Notiert auf dem Plakat **zwei Argumente**, die die Aussage stützen.
6. Nach fünf Minuten **wechseln die Gruppen die Tische im Uhrzeigersinn**. Beschäftigt euch mit der folgenden Aussage auf die gleiche Weise: erst in der Kleingruppe diskutieren, dann zwei Argumente zur Stützung der Aussage formulieren. Achtet darauf, dass ihr zwei **neue** Argumente formuliert.
7. Befestigt die Plakate **für alle gut sichtbar** im Klassenzimmer, wenn alle Gruppen alle vier Stationen durchlaufen haben.
8. Vergleicht die Ergebnisse auf den Plakaten miteinander. **Gewichtet dabei die Argumente** nach ihrer Bedeutung. Ihr könnt die wichtigsten zwei Argumente auf jedem Plakat farbig hervorheben.
9. Führt am Ende eine **Abstimmung** darüber durch, welchem Sachverhalt ihr den Vorzug gebt.
10. Diese Methode der Diskussion lässt sich gut auf **praktische Fragen** anwenden. Z. B.: Ihr müsst euch zwischen verschiedenen Möglichkeiten der Gestaltung des Schulfestes entscheiden. Oder: Ihr habt die Wahl zwischen zwei oder mehr Wandertagszielen.

3. Zwickmühle und Dilemma – Argumente

Ausreden – Diskussion als Rollenspiel

Text 11

Ferdinands Schwester Pia war seit einigen Tagen völlig verändert. Das hängt bestimmt mit ihrem Urlaub zusammen, dachte Ferdinand. Sie hatte sich schon so lange darauf gefreut und es war auch nicht leicht gewesen, die Erlaubnis der Eltern zu bekommen. Sie durfte mit ihrer besten Freundin zwei Wochen nach
5 Frankreich fahren. „Um Französisch zu lernen", hieß es, aber natürlich wollten die beiden Mädchen vor allem gemeinsam Urlaub machen. Pias Freundin Anne freute sich fast noch mehr darauf, weil sie noch nie im Ausland gewesen war. Ihre Eltern waren recht ängstlich und wollten Anne den Urlaub in Frankreich auch erst gar nicht erlauben. Nur weil Pia dabei war und Annes Eltern Pia mochten, hatten sie
10 schließlich zugestimmt.
Aber da musste noch etwas sein, weil der Urlaub schon seit Monaten geplant war und sie sich erst seit ein paar Wochen so merkwürdig benahm. […]
„Was ist denn los?", fragte die Mutter.
„Gar nichts. Was soll denn sein?" Pia wurde rot.
15 „Du hast doch etwas", drängte die Mutter, „los, raus damit!" Pia druckste noch etwas herum, aber dann legt sie los: „Ich habe mich in Marc, den süßesten Jungen der Welt, verliebt." „Ach so", meinte die Mutter, „das ist doch wunderbar. Wo ist das Problem? Mag er dich nicht?" „Nein, nein! Das ist es nicht […]", Pia schossen die Tränen in die Augen, „In sechseinhalb Wochen geht er für ein Jahr als Aus-
20 tauschschüler nach Amerika. Das wird furchtbar, da sehen wir uns ein Jahr lang nicht. Aber auf alle Fälle will ich bis dahin möglichst jede Minute mit ihm zusammen sein." „Ja und?", warf Ferdinand ein, „Dann mach es halt!" „Sehr klug! Ich habe doch den Urlaub mit Anne ausgemacht und der ist schon in drei Wochen."
Pia war verzweifelt. „Ich halte das nicht aus, von den wenigen Wochen, die Marc
25 noch da ist, die Zeit statt mit ihm mit Anne im Urlaub zu verbringen. Ich muss den Urlaub absagen, aber ich weiß nicht wie. Anne wird furchtbar enttäuscht sein, weil sie jetzt gar nicht in den Urlaub fahren kann. Aber sie kann ich doch auch weiterhin täglich sehen, Marc aber dann nicht mehr, wenn er so lange weg ist. Ich habe mir überlegt, ich sage Anne einfach, dass mein Geld nicht reicht und wir des-
30 halb nicht fahren können. Das ist das Einfachste. Nur habe ich ein furchtbar schlechtes Gewissen dabei."
„Das hast du aber auch ganz zu Recht", sagte die Mutter entrüstet. „Du willst deine beste Freundin nicht nur versetzen, sondern auch mir nichts dir nichts einfach so anlügen?" „Wieso denn nicht?", wollte Ferdinand wissen. „Für Anne macht es
35 doch gar keinen Unterschied, welchen Grund ihr Pia dafür nennt, warum sie jetzt nicht in den Urlaub fahren kann." „Ich glaub, ich hör nicht recht!" Die Mutter war richtig verärgert. […] „Wozu habe ich euch eigentlich erzogen? Ich habe euch doch immer eingeschärft, dass Lügen etwas Schlimmes ist."

1 Welche der nachfolgenden Fragen trifft am ehesten den Kern der Diskussion?
   • *Muss man ein Versprechen immer halten?*
   • *Darf man einen Menschen belügen?*
   • *Muss man eigene Bedürfnisse gegenüber anderen Menschen zurückstellen?*
   Begründe deine Wahl.

2 a Formuliere die Aussagen der Diskussionsteilnehmer in Text 11 zu Argumenten um, indem du sie mit Begründungen vervollständigst.

   Ferdinand: „Für Anne macht es doch gar keinen Unterschied, welchen Grund ihr Pia dafür nennt, warum sie jetzt nicht in den Urlaub fahren kann." (Z. 34–36)

   → **Argument**: *Pia muss ihrer Freundin nicht die Wahrheit sagen,* **denn** ....

   b Vergleicht nun die Argumente miteinander. Welche der Aussagen werden moralisch begründet und welche pragmatisch/praktisch?
   c Wie beurteilt ihr Ferdinands Ansicht?

3 Diskutiert die Frage, wie sich Pia verhalten soll, im Rollenspiel. In diesem Fall solltet ihr mindestens die Rollen von Pia, Ferdinand und der Mutter besetzen. Ihr könnt aber auch noch Anna und Pias Freund Marc mitspielen lassen.

Die 10 Schritte einer Diskussion als Rollenspiel

Diese Art der Diskussion eignet sich gut, um sich in die Positionen anderer hineinzuversetzen, z. B. wenn es darum geht, ein Problem zu lösen, an dem man nicht selbst beteiligt ist, oder wenn man einen Text erschließen möchte.

1. Verteilt die **Rollen** der Diskussionsteilnehmerinnen und -teilnehmer entsprechend den Rollen der am Problem Beteiligten.
2. Erstellt **Rollenkarten**, auf denen die Interessen, Vorstellungen und Ansichten der jeweiligen Person oder Figur festgehalten sind.
3. Die Rollenspielerinnen und Rollenspieler setzen sich **für die anderen gut sichtbar** hin, z. B. in die Mitte des Raumes.
4. Einer der Teilnehmer eröffnet die Diskussion, indem er die **Grundsituation** noch einmal erläutert und die **Fragestellung** für die Diskussion formuliert.
5. Jeder Rollenvertreter stellt seine **Position** dar, **begründet** sie mit **Argumenten** und **belegt** diese mit **Beispielen**.
6. Achtet darauf, dass ihr die **Gesprächsregeln** einhaltet und auf die Argumente der anderen Diskussionsteilnehmerinnen und -teilnehmer eingeht.
7. Wenn die Gruppe eine Einigung erzielt hat oder sich keine neuen Gesichtspunkte mehr ergeben, ist die **Diskussion beendet**.
8. Die Gesprächsteilnehmerinnen und -teilnehmer formulieren gemeinsam das **Ergebnis der Diskussion**. Das kann eine eindeutige Entscheidung sein, ein offener Diskussionsausgang oder die Feststellung, dass eine weitere Diskussion (z. B. mit weiteren Teilnehmern oder mit einem außenstehenden Diskussionsleiter) notwendig ist.
9. **Nach der Diskussion** äußern sich zuerst die **Gesprächsteilnehmerinnen und -teilnehmer** darüber, wie sie sich im Verlauf der Diskussion gefühlt haben.
10. Als nächstes kommen die **Beobachter** zu Wort. Sie melden den Diskutierenden zurück, wie sie deren Verhalten wahrgenommen haben, welche Argumente sie am meisten überzeugten und wem sie am Ende Recht geben.

Ein Frage der Verantwortung – Argumentieren heißt begründen

Myron Levoy
Der gelbe Vogel

Alan (12 Jahre) und sein gleichaltriger Freund Shaun wohnen in New York und gehen in die gleiche Schule. Beide spielen in ihrer Freizeit häufig auf der Straße mit anderen Jungen Schlagball oder lassen auf einem stillgelegten Flugplatz Modellflugzeuge steigen. Naomi (12 Jahre) wohnt seit Kurzem mit ihrer Mutter im Stockwerk über Alan. Der Roman spielt während des Zweiten Weltkriegs.

Sie aßen in der Küche. Alans Mutter sagte immer, es mache zu viele Umstände, den Wohnzimmertisch nur für sie drei zu decken. Bei Gästen war es etwas anderes. Außerdem fühlte sie sich wohler am Küchentisch, da war es gemütlicher, wärmer, näher am Herd, und im Hause ihrer Mutter war der Küchentisch immer
5 der Mittelpunkt des Familienlebens gewesen. […] In der Küche, da war man richtig daheim. An diesem Abend schien sie in Gedanken mit ganz anderen Dingen als Kochen und Essen beschäftigt. Sie aß nur wenig. Als sie abräumte, sagte sie: „Jetzt will ich reden." So, genau so, begann sie immer, wenn sie etwas Ernstes besprechen wollte. „Was ist es, Ruth, was denn?", fragte Vater. „Wieder der Hausmeister?
10 Finch?" „Nein, nein. Nicht Finch. […] Du hast deinen Kaffee, Sol. Du hast deine Milch, Alan. Und ich werde reden. Da ist Marmorkuchen, einen Tag alt, aber gut." Alan seufzte. Warum musste seine Mutter wegen jeder Kleinigkeit nur so ein Theater machen? Warum konnte sie nicht klipp und klar sagen, worum es ging? „Hört zu. Du auch, Alan. Hör zu. Aber lasst mich reden bis zu Ende!"
15 „Du hast noch nichts gesagt", bemerkte ihr Mann. „Wenn du anfängst, lassen wir dich vielleicht bis zu Ende reden."
„Gut. Ihr kennt Mrs. Kirschenbaum und ihre Tochter Naomi, ja? Sie wohnen bei den Liebmans." Alan wusste Bescheid. Das war die Verrückte.
„Ihr müsst wissen, sie haben viel mitgemacht bei der Flucht aus Frankreich. Viel.
20 Viel. Sie mussten sich verstecken unten im Abwasserkanal, vier Tage ohne Essen. Immer verstecken und immer laufen. Sie kamen über die Schweizer Grenze, irgendwie. Aber dann hat es noch drei Jahre gedauert, bis die Liebmans sie herholen konnten."
Ihr Mann unterbrach sie: „Das ist bekannt."
25 „Mir nicht", sagte Alan. „Was ist los ist mit ihr? Ich habe sie vorhin im Treppenhaus gesehen und sie sieht tatsächlich wie eine Irre aus. Und so hört sie sich auch an."
„Sie ist nicht irre", sagte seine Mutter mit Schärfe. „Und lass mich nie mehr hören, dass du das sagst–" „Also gut. Red schon weiter!", sagte Sol.
30 „Also hört zu. Heute habe ich mehr gehört von Mrs. Liebman. Das Kind hat schlimme Sachen erlebt. Das Schlimmste, was es gibt. Die Nazis haben ihren Vater umgebracht, ihr wisst das. Aber hört zu. Sie haben ihn totgeschlagen, vor den Augen dieses Kindes, acht Jahre alt. Diese Tiere … Die Mutter kommt heim, von der Nachbarin oder sonst wo, da liegt er im Blut. Das Mädchen daneben. Will das

Blut abwischen, als könnte ihn das wieder lebendig machen. Das Kind war von oben bis unten voller Blut. Das Blut ihres Vaters–"

„Gut, Ruth. Wir wissen, was sie für scheußliche Dinge machen."

Alan versuchte, sich das alles vorzustellen, aber es war unmöglich. Er sah nur schwarzweiße Bilder wie in manchen Kriegsfilmen, die er gesehen hatte. Selbst das Blut war grau.

„Ihr Mann war bei der französischen Widerstandsbewegung. Ein Jude. Das genügte ihnen. Sie fanden ihn. Sie schlugen ihn tot. So war das. Aber seine Tochter, Naomi, sie ist nie wieder so geworden, wie sie war. Nicht verrückt. Nur … anders. Das war vor vier Jahren. Es ist sehr schwer für die Mutter. Manchmal ist es besser mit dem Mädchen, manchmal schlechter."

„Ma, sie sah aus – du willst nicht, dass ich es sage, aber mir kam sie wie eine Geisteskranke vor."

„Sie braucht Hilfe. Viel Hilfe. […] Ich sage nur, sie müssen bei den Liebmans wohnen. Sie haben kein Geld. Nichts. Sie sitzen hier fest. Sie müssen damit leben."

„Genau wie wir", sagte Sol etwas spitz. „Sol, bitte. Kein Streit. Das Mädchen braucht Freunde. Andere Kinder in ihrem Alter. Nette Kinder. Ein paar nur. Eines! Aber wer ist da? Die Liebmans haben einen Sohn, der ist Soldat, das nutzt uns nicht. Niemand ist da in Naomis Alter. Bevor sie wieder in die Schule geht, sagt der Arzt, muss sie lernen zu spielen. Und vertrauen. Das ist das Wort: Vertrauen."

Alan spürte, wie sich ein Netz, eine riesiges Fischernetz, auf ihn herabsenkte, und er wusste, er musste sich jetzt ganz schnell in Sicherheit bringen. „Nicht mit mir", sagte er. „Sie ist ein Mädchen. Und hat eine Meise. Nicht mit mir."

„Alan, habe ich dich gefragt?"

„Ja."

„Lass deine Mutter reden, Alan", sagte der Vater.

„Bis zu Ende."

„Gut, Alan. Ich weiß, dein Baseball ist sehr wichtig–"

„Schlagball!"

„Aber es gibt andere Dinge auf der Welt."

„Warum gerade ich?"

„Da ist niemand sonst."
„Nein!"
„Du brauchst nur – hinaufzugehen, einmal am Tag. Nach der Schule. Eine Stunde. Eine halbe Stunde. Du gehst und sitzt da. Ganz ruhig. Vielleicht nimmst du–"
70 „Nein. Nein. Nicht mit mir."
„Ein Spielzeug, weißt du ... du hast so viele Sachen. Ein kleines Flugzeug hast du, ein Auto. Wir haben alle deine alten Autos, die ganz kleinen–"
„Das ist für Babys. Nein."
„Alan, ich bitte nicht für mich."
75 „Ich mach's nicht. Ich hab sowieso schon genug am Hals. Ein paar von den Jungs nennen mich schon einen Schisser. Eine Sache kann ich und das ist Schlagball. Das ist das Einzige, wo ich gut bin. Das Einzige. Ich habe einen Freund in der Straße und damit hat sich's. Und der lässt mich dann sitzen. Ein Mädchen! Und dann noch verrückt!" [...] „Dad, ich kann's nicht. Das ist nicht fair. Zwing mich nicht,
80 bitte!"
Sein Vater dachte nach und Alan schöpfte Hoffnung. Sein Vater dachte nach statt sofort etwas zu sagen, das war ein gutes Zeichen. Vielleicht verstand ihn sein Vater.
„Alan", sagte sein Vater.
„Wir können dich nicht zwingen. Nein. Du hast recht. Es ist nicht fair. Und dann:
85 Es ist eine heikle Sache. Wie eine Operation. Wer will denn einen Arzt, der das Schneiden verabscheut. Er schneidet dir die Nase ab, vielleicht die Ohren. Den Kopf. Pscht. Einfach so. Weg ... Nein, wir zwingen dich nicht. Aber – erlaube mir ein Aber. In unserem Leben, Alan, manchmal, wenn wir jung sind, manchmal, wenn wir alt sind. Einmal, zweimal in unserem Leben werden wir aufgerufen,
90 etwas zu tun, was wir nicht tun können. Was wir nicht tun wollen. Und wir tun es."
„Also, ich nicht."
„Wir werden sehen. [...] Warum wir es tun? Es ist ein Geheimnis. Vielleicht, um zu beweisen, dass wir doch mehr können, als wir uns zugetraut haben. [...] Ich
95 will nur, dass du an all das denkst heute Nacht. Aber ich will auch, dass du weißt: Ich zwinge dich nicht, etwas zu tun, was du nicht tun kannst. Denk darüber nach! Einverstanden?"
„Warum gerade ich?"
„Vielleicht, weil du Glück hast."
100 „Genug Philosophie", sagte die Mutter. „Ich muss Mrs. Liebman irgendetwas sagen."
„Sag ihr, wir geben ihr morgen Bescheid. Es ist eine schwere Frage. Man braucht etwas Zeit." „Gut, Sol. Ich hoffe, du weißt, was du tust. [...]"

4 Fasse den Textauszug mit eigenen Worten zusammen. Beantworte dabei folgende Fragen:
   a In welcher Situation befindet sich Naomi?
   b Warum benötigt sie Hilfe?
   c Warum will Alan nichts mit Naomi zu tun haben?

Texte zusammenfassen → S. 333

5 a Alans Eltern erwarten von ihrem Sohn, dass er Naomi hilft. Zeige mithilfe von Textbelegen, wie sie dem Sohn gegenüber ihren Wunsch begründen.
b Vergleiche die beiden Begründungen der Eltern miteinander. Welche stellt Naomis Geschichte ins Zentrum und welche Alan?
c Auf die Frage „Warum gerade ich?" erhält Alan die Antwort: „Vielleicht, weil du Glück hast." Erkläre, was der Vater damit meinen könnte.

6 Die Eltern überlassen Alan die Entscheidung. Stelle Vermutungen darüber an, wie sich die Geschichte entwickelt.

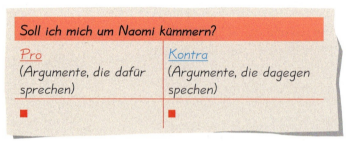

7 Alan hat eine Nacht Zeit, eine Entscheidung zu treffen. Am Abend erstellt er in seinem Tagebuch eine Pro- und Kontraliste.

a Versetze dich in Alan hinein und schreibe diese Liste – einige von Alans Argumenten lassen sich im Text finden, andere müssen erschlossen werden.
b Ergänze die Argumente jeweils um Begründungen und belege diese Begründungen mit Beispielen.

Zwickmühle und Dilemma

Als **Zwickmühle** bezeichnet man eine **Spielstellung beim Mühlespiel**. Sie besteht aus fünf Spielsteinen einer Farbe, bei der mit einem Zug eine bestehende „Mühle" „geöffnet" und dabei gleichzeitig eine „offene Mühle" „geschlossen" wird. Jedes „Schließen" einer „Mühle" erlaubt es einem Spieler, dem anderen Spieler einen Spielstein wegzunehmen.

Das heißt, dass der Spieler, der die Zwickmühle hat, dem anderen Spieler mit jedem Spielzug einen Stein nimmt und dieser dann gar nicht mehr gewinnen kann.

Wenn man **sprichwörtlich** in einer Zwickmühle steckt, befindet man sich in einer Situation, in der man eine Entscheidung (zwischen zwei oder mehr Möglichkeiten) treffen muss, obwohl keine der Möglichkeit zufriedenstellend ist.

Ein **Dilemma** (aus dem Altgr.: *di – zwischen zwei* und *lemma – Ansicht*) ist vergleichbar mit einer Zwickmühle.

Menschen in einer Dilemmasituation müssen sich ebenfalls zwischen (zwei) Möglichkeiten entscheiden, wobei oft verschiedene Werte miteinander konkurrieren. Z. B. kann es vorkommen, dass man einem Menschen nur helfen kann, indem man einem anderen oder sich selbst schadet.

Wahrheit oder Freundschaft? – Diskussion als „Fishbowl"
Jochens Problem

Text 13

Jochen und Sven sind gute Freunde, obwohl – oder gerade weil – sie so verschieden sind. Sven nimmt es mit Regeln oft nicht so genau, z. B. löst er nur selten eine Fahrkarte, wenn er U-Bahn fährt. Er sagt, dass die Kosten der Schwarzfahrer schon in den normalen Fahrpreisen einkalkuliert wären. Mit der gleichen Begründung lässt er auch manchmal in großen Kaufhäusern etwas mitgehen. Jochen will damit eigentlich nichts zu tun haben, er findet Svens Klauen unfair gegenüber allen anderen, aber Sven lässt sich nicht reinreden. Eines Nachmittags beobachtet Jochen, wie Sven im Kaufhaus eine CD einsteckt; gerade als er etwas sagen will, spürt er eine Hand auf seiner Schulter. Die zweite Hand des Verkäufers landet auf Svens Arm, der sich jedoch schnell losreißen kann und in Richtung Ausgang verschwindet. Der Verkäufer hält Jochen fest und verlangt von ihm, dass er den Namen des Diebes nennt. Wenn Jochen sich weigert, würde er die Polizei und natürlich auch seine Eltern informieren, denn schließlich würde er sich am Diebstahl mit schuldig machen. Jochen geht durch den Kopf, dass Sven schon einmal Ärger mit der Polizei hatte. Was würde passieren, wenn sie ihn ein zweites Mal erwischen?

8 a Erklärt, warum sich Jochen in einem Dilemma befindet.
  b Gibt es für ihn eine Lösung? Auf welchem Weg könnte sie gefunden werden? Macht Vorschläge.

- Wenn ich Svens Hilfe bräuchte, wäre er für mich da.
- Obwohl er einen Fehler gemacht hat, kann ich ihn doch nicht verraten.
- Ich mach mich strafbar, wenn ich nichts sage.
- Wenn ich nichts sage, werden meine Eltern enttäuscht von mir sein.
- Wenn ich seinen Namen nenne, war's das mit unserer Freundschaft.
- Ich muss lügen, damit er keine Probleme bekommt.
- Ich muss die Wahrheit sagen, weil Lügen verboten ist.
- Dass er verhaftet wird, kann ich nicht wollen.
- Ich kann nichts sagen, denn er hätte mich auch nie verpfiffen.
- Obwohl er vielleicht verhaftet wird, muss ich die Wahrheit sagen.

9 Ordnet Jochens Gedanken danach, welche eher dafür sprechen, dass er die Wahrheit sagt, und welche das Verschweigen des Namens nahe legen.

10 a Alle angeführten Sätze enthalten Konjunktionen. Sortiert die Konjunktionen nach ihrer Funktion wie im folgenden Beispiel:
Ich mache mich strafbar, wenn ich nichts sage. (Bedingung, **konditional**)

b Vergleiche den Satzbau der folgenden Sätze miteinander. Welche Unterschiede fallen auf?
- *Ich muss die Wahrheit sagen, weil Lügen verboten ist.*
- *Ich kann nichts sagen, denn er hätte mich auch nie verpfiffen.*

c Lassen sich die Konjunktionen austauschen? Begründe deine Antwort.

Konjunktionen

Konjunktionen verbinden Wörter, Satzteile oder Sätze miteinander.
Nebenordnende Konjunktionen verbinden Satzteile oder gleichwertige Sätze (Hauptsätze oder gleichwertige Nebensätze) miteinander.
Beispiel: *Sven **und** Jochen sind beste Freunde, **denn** sie kennen sich schon seit dem Kindergarten.*

Unterordnende Konjunktionen verbinden Haupt- und Nebensatz oder Nebensätze unterschiedlichen Grades miteinander.
Beispiel: *Jochen befindet sich in einer Dilemmasituation, **da** er seinen Freund nicht verraten will.*

11 Welche der Gedanken von Jochen werden durch nebenordnende Konjunktionen verbunden und welche durch unterordnende?

12 Führe die Sätze in Text 14 mithilfe der angegebenen Konjunktionen fort. Probiere im Anschluss auch andere Konjunktionen aus und vergleiche die Aussagen.

Beispiel: Das Leben in Gemeinschaften braucht Regeln.
→ **Damit** man sich darauf verlassen kann, braucht das Leben in Gemeinschaften Regeln.
→ Das Leben in Gemeinschaften braucht Regeln, **weil** man sich dann darauf verlassen kann.

Text 14 Gut miteinander reden – Diskussionsregeln

Wir hören einander zu, damit ■
Wir vermeiden Beschimpfungen, weil ■
Man redet nicht durcheinander, sodass ■
Wir kritisieren uns sachlich, da ■
5 Die Diskussion wird geleitet, indem ■
Wichtige Ergebnisse werden aufgeschrieben, damit ■
Eine Rednerliste wird geführt, sodass ■
Die Diskussion ist beendet, wenn ■

13 Versucht nun, eine Lösung für Jochens Dilemma in einer „Fishbowl"-Diskussion zu finden.

Die 10 Schritte einer „Fishbowl"-Diskussion

Bei dieser Form der Diskussion befindet sich eine kleine Gruppe in der Mitte des Raumes, umgeben von den restlichen Mitschülerinnen und Mitschülern, die das Gespräch beobachten. Im Verlauf der Diskussion können sich die Beobachter in das Geschehen einmischen, indem sie ihre Ansicht darlegen, Fragen stellen und neue Gedanken einbringen.

1. Klärt zunächst, wer die **Diskussionsleitung** übernehmen soll.
2. In einem **„Blitzlicht"** (jeder äußert knapp seine Meinung, es wird nicht diskutiert) erfahrt ihr, wie in eurer Klasse über das Problem gedacht wird.
3. Für jede der Einstellungen zu einem Problem (Möglichkeit A und Möglichkeit B oder **Pro** und **Kontra**) werden je zwei Vertreter ausgewählt.
4. Ordnet jetzt **sieben Stühle** in einem Kreis an und gruppiert weitere Stühle in einem größeren Kreis um diese herum, sodass die Mitschülerinnen und Mitschüler, die sich gerade nicht an der Diskussion beteiligen, Platz finden.
5. Besetzt die Stühle im inneren Kreis folgendermaßen:
   - Zwei Stühle werden durch Befürworterinnen und Befürworter der Möglichkeit A (**Pro-Seite**) besetzt und zwei Stühle werden von Vertreterinnen bzw. Vertreter der Möglichkeit B (**Kontra-Seite**) belegt.
   - Ein weiterer Stuhl steht für die **Diskussionsleitung** bereit.
   - Die verbleibenden Stühle bleiben zunächst **frei**.
6. Die Diskussionsleitung eröffnet das Gespräch, indem die **Fragestellung** noch einmal erläutert wird, und gibt das Wort an die Diskutierenden. Während des Gesprächs greift die Diskussionsleitung nur ein, wenn **Gesprächsregeln** verletzt werden oder wenn jemand nicht zu Wort kommt. Aus der inhaltlichen Diskussion muss die Leiterin bzw. der Leiter sich heraushalten.
7. Die Diskussionsteilnehmer **legen der Reihe nach ihren Standpunkt dar**. Im weiteren Verlauf können sich die Ansichten natürlich verändern. Jeder Teilnehmer sollte darauf achten, auf die vorherigen Äußerungen einzugehen.
8. Die **Beobachter können sich in das Gespräch einbringen, indem sie einen der freien Stühle besetzen** und zu einer der Äußerungen Stellung nehmen, eine Frage stellen oder auch einen neuen Gesichtspunkt formulieren. Hat der Hinzugetretene seine Ansicht formuliert, verlässt er die „Fischbowl" wieder.
9. Ist das Thema ausdiskutiert, **beendet** die Diskussionsleitung die Gesprächsrunde. Sie kann die Ergebnisse der Auseinandersetzung noch einmal knapp **zusammenfassen** und lässt dann alle Schülerinnen und Schüler über die Diskussionsfrage **abstimmen**.
10. In der **abschließenden Auswertungsrunde** können sich alle in Form eines **Blitzlichts** zur Diskussion äußern.
    - Haben alle fair diskutiert (= die Gesprächsregeln eingehalten)?
    - Ist es der Diskussionsleitung gelungen, dafür zu sorgen, dass die Gesprächsregeln eingehalten wurden?
    - Sind die Diskutierenden auf die Standpunkte der anderen eingegangen?
    - Gab es Beiträge, die besonders überzeugt und so die Abstimmung beeinflusst haben?
    - War die Methode Fishbowl geeignet, die Fragestellung zu diskutieren?

14 Erkläre, warum diese Form der Diskussion „Fishbowl", also Aquarium (wörtl. „Fisch-Schüssel") genannt wird.

Text 15 — Gewissensfrage an Herrn Dr. Erlinger: Geklaute Klausur

Ein Studienkollege, mit dem ich auch befreundet bin, fragte mich drei Tage vor einer Klausur, ob er sich meine Unterlagen ausleihen könne. Mich hat es viel Zeit und Mühe gekostet, diese Zusammenfassungen anzufertigen – er hat in derselben Zeit gefaulenzt. Also habe ich ihm die Unterlagen nicht gegeben. Außerdem fühlte ich mich unter Druck gesetzt, weil er seine Bitte so kurzfristig geäußert hatte. Hätte ich ihm das Material zur Verfügung stellen sollen oder habe ich richtig gehandelt?

Eine Frage des Gewissens

„Erlingers Gewissensfragen" werden wöchentlich in einer Tageszeitung veröffentlicht. In dieser Rubrik stellen Leserinnen und Leser dem Arzt, Juristen und Philosophen Dr. Rainer Erlinger ihre „Gewissensfragen". Manche wollen wissen, ob ihr Verhalten moralisch gerechtfertigt ist, und andere fragen, wie sie sich in bestimmten Situationen richtig verhalten sollen.

15 a Sucht in Text 15 Gründe für das Verweigern der Unterlagen.
    b Überlegt euch Argumente, die für das Ausleihen der Unterlagen sprechen.

16 a Versetzt euch in die Rolle von Dr. Rainer Erlinger und verfasst einen Antwortbrief, in dem ihr mindestens drei Gründe nennt und erläutert, warum der Schreiber sich in einer bestimmten Weise hätte verhalten müssen.
    b Verfasst einen Dialog zwischen den beiden Studienkollegen, nachdem der eine die Klausur ohne die Unterlagen schreiben musste.

Dialog → S. 223

Text 16 — Sie tanzte nur einen Winter

Es war Sommer. Auf einer Wiese, wo sich die Blumen im weichen Winde wiegten, saß eine Grille. Sie sang. Am nahen Waldrand eilte geschäftig eine Ameise hin und her. Sie trug Nahrung für den Winter zusammen. So reihte sich Tag an Tag. Der Winter kam. Die Ameise zog sich in ihre Wohnung zurück und lebte von dem, was sie sich gesammelt hatte. Die sorglose Grille aber hatte nichts zu nagen und zu beißen. In ihrer Not entsann sie sich der fleißigen Ameise. Sie ging zu ihr, klopfte an und bat bescheiden um ein bisschen Nahrung. „Was hast du im Sommer getan?", fragte die Ameise hintergründig, denn sie liebte die Tüchtigkeit über alles. „Ich habe gesungen!", antwortete die Grille wahrheitsgetreu. „Nun gut, dann tanze!", antwortete die Ameise boshaft und verschloss die Tür.
Die Grille begann zu tanzen. Da sie es gut machte, wurde sie beim Ballett engagiert. Sie tanzte nur einen Winter und konnte sich dann ein Haus im Süden kaufen, wo sie das ganze Jahr singen konnte. Moral: Ein guter Rat ist oft mehr wert als eine Scheibe Brot.

17 Stellt euch vor, dass Rainer Erlinger dem Fragesteller aus Text 15 als Antwort nur diese Fabel geschickt hat. Wie gefällt euch diese Idee? Begründet.

Diskutieren, argumentieren, überzeugen

Text 17

Lernen und Leben am Starnberger See

Das Internat Waldesruh bietet

- strukturiertes Lernen in kleinen Gruppen (max. 15)
- pädagogische Hausaufgabenbetreuung (tgl. 3 Stunden)
- individuelle Förderung durch geschulte Lehrkräfte
- attraktive Sportangebote (Segeln, Tennis und andere Mannschaftssportarten)
- musikalische Erziehung (Streichorchester und Einzelunterricht in Klavier, Gitarre)
- großzügige Stipendien unserer Stiftung für begabte Schülerinnen und Schüler

1 Leite aus dem Werbeplakat **Argumente** ab, die für das Internatsleben sprechen, und begründe diese. Formuliere die Verbindung von Behauptung und Begründung jeweils als Satzgefüge und verwende dabei passende Konjunktionen.

2 Du hast erfahren, dass deine beste Freundin oder dein bester Freund überlegt, ob sie oder er auf ein Internat wechseln soll. Bereite dich auf eine **Diskussion** mit deiner Freundin oder deinem Freund vor, indem du Argumente sammelst, mit deren Hilfe du sie oder ihn vom Gegenteil überzeugen willst.

3 Spielt die Diskussion im **Rollenspiel**. Dabei haben die Beobachterinnen bzw. Beobachter die Aufgabe, die jeweilige Reaktion auf ein Argument festzuhalten und am Ende wiederzugeben. Ihr könnt z. B. darauf achten, ob ein Argument entkräftet oder auch einmal eingeräumt wurde, dass dies zwar zutreffe, es aber andere, und zwar stärkere Argumente gebe.

4 Stellt euch vor, die Freundin oder der Freund geht nach dieser Diskussion skeptisch ins Internat „Waldesruh" und befragt die Internatsschüler, wie ihnen die Schule gefällt. Die Beobachterinnen und Beobachter spielen nun selbst die Rollen der Internatsschülerinnen bzw. Internatsschüler.

Und jetzt kommst du!

Der Kleine Prinz – Argumentationsweisen untersuchen

Antoine de Saint-Exupéry

Text 18 **Der Kleine Prinz**

Der König thronte in Purpur und Hermelin auf einem sehr einfachen und dabei sehr königlichen Thron.

„Ah! Sieh da, ein Untertan", rief der König, als er den kleinen Prinzen sah.

Und der kleine Prinz fragte sich: Wie kann er mich kennen, da er mich noch nie gesehen hat!

5 Er wusste nicht, dass für die Könige die Welt etwas höchst Einfaches ist: Alle Menschen sind Untertanen.

„Komm näher, dass ich dich besser sehe", sagte der König und war ganz stolz, dass er endlich für jemanden König war.

10 Der kleine Prinz schaute sich nach einer Sitzgelegenheit um, aber der ganze Planet war bedeckt von dem herrlichen Hermelinmantel.

Er blieb also stehen, und da er müde war, gähnte er.

„Es verstößt gegen die Etikette, in Gegenwart eines Königs zu gähnen", sagte der Monarch. „Ich verbiete es dir."

15 „Ich kann es nicht unterdrücken", antwortete der kleine Prinz ganz verwirrt. „Ich habe eine weite Reise gemacht und habe nicht geschlafen […]."

„Dann", sagte der König, „befehle ich dir, zu gähnen. Ich habe seit Jahren niemanden gähnen sehen, das Gähnen ist für mich eine Seltenheit. Los! Gähne noch einmal! Es ist ein Befehl!"

20 „Das ängstigt mich, ich kann nicht mehr …", stammelte der kleine Prinz und errötete. „Hm, hm!" antwortete der König. „Also dann … befehle ich dir, bald zu gähnen und bald …"

Er murmelte ein bisschen und schien verärgert.

Denn der König hielt in hohem Maße darauf, dass man seine Autorität respektiere.

25 Er duldete keinen Ungehorsam. Er war ein absoluter Monarch.

Aber da er sehr gütig war, gab er vernünftige Befehle.

„Wenn ich geböte", pflegte er zu sagen, „wenn ich einem General geböte, sich in einen Seevogel zu verwandeln, und wenn dieser General nicht gehorchte, es wäre nicht die Schuld des Generals. Es wäre meine Schuld."

30 „Darf ich mich setzen?", fragte schüchtern der kleine Prinz.

„Ich befehle dir, dich zu setzen", antwortete der König und zog einen Zipfel seines Hermelinmantels majestätisch an sich heran.

Aber der kleine Prinz staunte. Der Planet war winzig klein. Worüber konnte der König wohl herrschen?

35 „Herr", sagte er zu ihm […], „ich bitte, verzeiht mir, dass ich Euch frage …"

„Ich befehle dir, mich zu fragen", beeilte sich der König zu sagen.

„Herr … worüber herrscht ihr?"

„Über alles", antwortete der König mit großer Einfachheit.

„Über alles?"

Der König wies mit einer bedeutsamen Gebärde auf seinen Planeten, auf die anderen Planeten und Sterne.
„Über all das?", sagte der kleine Prinz. „Über all das …", antwortete der König. Denn er war nicht nur ein absoluter Monarch, sondern ein universeller.
„Und die Sterne gehorchen Euch?" „Gewiss", sagte der König. „Sie gehorchen aufs Wort. Ich dulde keinen Ungehorsam."
Solche Macht verwunderte den kleinen Prinzen sehr. Wenn er sie selbst gehabt hätte, wäre es im möglich gewesen, nicht dreiundvierzig, sondern zweiundsiebzig oder sogar hundert oder selbst zweihundert Sonnenuntergängen an ein und demselben Tag beizuwohnen, ohne dass er seinen Sessel hätte rücken müssen. Und da er sich in der Erinnerung an seinen kleinen verlassenen Planeten ein bisschen traurig fühlte, fasste er sich ein Herz und bat den König um Gnade:
„Ich möchte einen Sonnenuntergang sehen … Machen Sie mir die Freude … Befehlen Sie der Sonne, unterzugehen …"
„Wenn ich einem General geböte, nach der Art des Schmetterlinge von einer Blume zu andern zu fliegen oder eine Tragödie zu schreiben oder sich in einen Seevogel zu verwandeln, und wenn dieser General den erhaltenen Befehl nicht ausführte, wer wäre im Unrecht, er oder ich?"
„Sie wären es", sagte der kleine Prinz überzeugt.
„Richtig. Man muss von jedem fordern, was er leisten kann", antwortete der König.
„Die Autorität beruht vor allem auf der Vernunft. Wenn du deinem Volke befiehlst, zu marschieren und sich ins Meer zu stürzen, wird es revoltieren. Ich habe das Recht, Gehorsam zu fordern, weil meine Befehle vernünftig sind."
„Was ist also mit meinen Sonnenuntergang?", erinnert der kleine Prinz, der niemals eine Frage vergaß, wenn er sie einmal gestellt hatte.
„Deinen Sonnenuntergang wirst du haben. Ich werde ihn befehlen. Aber in meiner Herrscherweisheit werde ich warten, bis die Bedingungen dafür günstig sind."
„Wann wird das sein?", erkundigte sich der kleine Prinz.
„Hm, hm!", antwortete der König, der zunächst einen großen Kalender studierte, „hm, hm, das wird sein gegen … gegen … das wird heute Abend gegen sieben Uhr vierzig sein! Und du wirst sehen, wie man mir gehorcht."

1 a Beschreibe das Verhalten des Königs, indem du besonders seine Argumente und seine Argumentationsweise untersuchst.
  b An einer Stelle heißt es: „Die Autorität beruht vor allem auf Vernunft." (Z. 60) Diskutiert, ob sich der König immer vernunftgemäß bzw. vernünftig verhält. Belegt eure Meinungen mit Beispielen aus dem Text.

2 Gestaltet Rollenspiele zu diesem Textausschnitt.
  a Verfasst dazu Dialoge. Ihr könnt den König dabei unterschiedlich auftreten lassen, einmal als Narr, einmal als Weisen, einmal gütig und einmal autoritär.
  b Spielt euch die Szenen vor.

literarische Figuren
→ S. 105ff.

Das regelt sich!

Regeln in Texten und in der Kommunikation

Das regelt sich! 67

1. Chaoshäuser? – Regelmäßigkeiten und Unregelmäßigkeiten erkennen

Immer schön symmetrisch? – Gebäude beschreiben

1 a Beschreibe das hier abgebildete Gebäude so genau wie möglich.
  b Vergleiche diese Häuser mit den auf der vorhergehenden Doppelseite abgebildeten. Welche Gemeinsamkeiten und welche Unterschiede stellst du fest?
  c Welche Gebäude gefallen dir besser? Begründe deine Meinung.
  d In welcher Art von Gebäude würdest du lieber wohnen? Begründe.

2 Die Düsseldorfer „Gehry-Bauten" (benannt nach ihrem Architekten Frank O. Gehry) auf der vorhergehenden Doppelseite erregten weltweite Aufmerksamkeit. Besprecht, welche Gründe es dafür geben könnte.

Joanne K. Rowling

Text 1 **Hogwarts, das Zauberinternat**

Es gab einhundertzweiundvierzig Treppen in Hogwarts: breite, weit ausschwingende; enge, kurze, wacklige; manche führten freitags woandershin; manche hatten auf halber Höhe eine Stufe, die ganz plötzlich verschwand, und man durfte nicht vergessen, sie zu überspringen. Dann wiederum gab es Türen, die nicht aufgingen, außer wenn man sie höflich bat oder sie an genau der richtigen Stelle kitzelte, und Türen, die gar keine waren, sondern Wände, die nur so taten, als ob. Schwierig war es auch, sich daran zu erinnern, wo etwas Bestimmtes war, denn alles schien ziemlich oft den Platz zu wechseln.

3 Erkläre, warum es Harry Potter und seinen Klassenkameraden zuerst sehr schwer fällt, sich im Zauberinternat Hogwarts zurechtzufinden.

Textgebäude – Strukturen in lyrischen Texten

Paul Fleming
An sich

Text 2

Sei dennoch unverzagt, gib dennoch unverloren, weich keinem Glücke nicht, steh höher als der Neid, vergnüge dich an dir und acht es für kein Leid, hat sich gleich wider dich Glück, Ort und Zeit verschworen! Was dich betrübt und labt, halt alles für erkoren, nimm dein Verhängnis an, lass alles unbereut. Tu, was getan muss
5 sein, und eh man dir's gebeut[1]. Was du noch hoffen kannst, das wird noch stets geboren. Was klagt, was lobt man doch? Sein Unglück und sein Glücke ist ihm ein jeder selbst. Schau alle Sachen an: Dies alles ist in dir. Lass deinen eitlen Wahn, und eh du förder[2] gehst, so geh in dich zurücke. Wer sein selbst Meister ist und sich beherrschen kann, dem ist die weite Welt und alles untertan.

[1] **gebeut:** gebietet, befiehlt
[2] **förder:** vorwärts, voran

4 Der Dichter Paul Fleming, der von 1609 bis 1640 lebte, hat seinen Text „An sich" überschrieben.
  a Erkläre diese Überschrift. Welche Funktion hat die Überschrift für den Text?
  b Wer ist das „Du", das im Text angesprochen wird? Wer ist also der Adressat des Textes?

5 Lies den Text laut vor und beschreibe anschließend: Wie klingt und wie wirkt er?

6 a Zu welcher Textgattung könnte er gehören? Begründe.
  b Suche nach sprachlichen Merkmalen, die für diese Gattung typisch sind, und benenne sie.

7 Gib diesem Text eine Gestalt, die die Besonderheiten dieser Art von Texten sichtbar macht.

Texte mit dem Computer gestalten

Wenn du einen **Text am Computer** gestaltest, kannst du mit den Möglichkeiten der Textverarbeitung experimentieren, z. B.:

- Zeilenlänge,
- Abschnitte,
- Schriftart,
- Schriftgröße und
- Schriftfarbe.

Dazu musst du den Text, den du bearbeiten willst, zuerst entweder abtippen oder einscannen.

Ernst Jandl

Text 3 **my own song**

ich will nicht sein so wie ihr mich wollt ich will nicht ihr sein so wie ihr mich wollt
ich will nicht sein wie ihr so wie ihr mich wollt ich will nicht sein wie ihr seid so
wie ihr mich wollt ich will nicht sein wie ihr sein wollt so wie ihr mich wollt nicht
wie ihr mich wollt wie ich sein will will ich sein nicht wie ihr mich wollt wie ich
5 bin will ich sein nicht wie ihr mich wollt wie *ich* will ich sein nicht wie ihr mich
wollt *ich* will ich sein nicht wie ihr mich wollt will ich sein ich will *sein*

8 Auch Ernst Jandl hat seinen Text anders gestaltet, als du ihn hier siehst.
 a Lies Jandls Text laut vor. Wie klingt und wirkt er?
 b Welche sprachlichen Merkmale enthält Jandls Text?
 c Gib auch diesem Text eine Gestalt, die die Merkmale sichtbar macht und dem Leser hilft, den Text leichter zu verstehen.

9 a Stelle diese sprachlichen Merkmale aus Jandls Text (Text 3) in einer Tabelle den Merkmalen aus Flemings Text (Text 2) gegenüber.

Merkmale	Fleming	Jandl
Zeichensetzung	*Ausrufezeichen*	■
Wortwahl	■	*Wiederholungen*
■	■	■

 b Wovon sprechen die beiden Texte, was ist ihr Thema? Wo gibt es Ähnlichkeiten, wo Unterschiede?

10 Manche Textsorten, wie zum Beispiel die Fabel, enthalten eine – manchmal ausdrücklich formulierte, manchmal im Text versteckte – Lehre.
 a Diskutiert: Trifft das auch auf diese beiden Texte zu?
 b Wenn ihr der Meinung seid, dass die Texte eine Lehre enthalten, formuliert diese Lehre möglichst in einem Satz.

11 Ihr kennt Regeln, Regelmäßigkeiten und Gesetze aus den verschiedenen Unterrichtsfächern.
 a Sucht beispielhaft je eine Regel aus der Mathematik, aus den Naturwissenschaften (Biologie, Physik oder Chemie), aus den Fremdsprachen, aus der Kunst, aus der Musik und aus dem Sport heraus.
 b Worin ähneln und worin unterscheiden sie sich?

2. Das Meister Yoda sagt. – Regeln des Satzbaus

„Vergessen du musst, was früher du hast gelernt."

1 a Was meint Meister Yoda mit dieser Aussage? Notiere deine Vermutungen.
  b Die Art und Weise, wie er es sagt, ist nicht korrekt. Erkläre, was Meister Yoda falsch macht.
  c Berichtige seine Aussage, sodass sie gemäß den Regeln der deutschen Sprache korrekt ist.
  d Tauscht euch aus: Wie viele Möglichkeiten gibt es, diesen Satz mit den vorhandenen Wörtern korrekt zu formulieren?

Marko parolas Esperanton – Satzbau untersuchen

Esperanto – Eine einfache Sprache mit einfachen Regeln?

Text 4

Esperanto ist eine künstliche Sprache, die Ende des 19. Jahrhunderts von Dr. Ludovic Lazarus Zamenhof erfunden wurde. Zamenhof wollte eine leicht zu lernende Sprache mit einfachen Regeln entwickeln, damit sie viele Menschen schnell erlernen und sprechen können.
5 Esperanto-Wörter sind von verschiedenen europäischen Sprachen abgeleitet und werden gebildet, indem man Wortwurzeln, Vorsilben (Präfixe) und Nachsilben (Suffixe) zusammensetzt. Nomen enden normalerweise mit einem *-o* und Adjektive enden mit einem *-a*. Die Pluralendung der Nomen ist *-j*, die Objektendung lautet *-n*.
10 Die Adjektive werden genau wie die Nomen dekliniert.
Das Esperanto kennt drei Zeiten und drei Modi des Verbs. Gegenwart, Vergangenheit und Zukunft sind die Zeiten, in denen ein Verb stehen kann. Die Modi heißen Indikativ, Imperativ (Befehls- oder Aufforderungsform) und Konditional, eine Art

Konjunktiv. Die Personen werden beim Verb nicht unterschieden: Man bildet alle
15 Personalformen mit der Endung -s. Das Präsens wird durch den vor dem auslautenden -s stehenden Buchstaben *a* gekennzeichnet, ein *i* weist auf das Präteritum hin und das Verb steht im Futur, wenn man ein *o* vor dem -s findet.
Der Satzbau bzw. die Wortstellung im Satz ist verhältnismäßig frei. Die Reihenfolge, in der Prädikat, Subjekt und Objekt stehen müssen, ist nicht vorgegeben. Ein
20 paar einfache Regeln existieren allerdings schon: Wenn der Artikel *la* verwendet wird, steht er in der Regel vor dem Nomen, das er begleitet. Das Gleiche gilt für das Demonstrativpronomen. Eine Präposition muss sogar vor dem Nomen stehen, auf das sie sich bezieht. Ebenso muss eine Konjunktion am Anfang des Satzes stehen, der durch sie eingeleitet wird.

2 Entnimm dem Sachtext über die Sprache Esperanto alle wichtigen Informationen mithilfe der **Fünf-Schritt-Lesemethode**.
  a Zu welchen Bereichen der Sprache findest du Regeln im Text? Finde Überschriften für diese Bereiche.
  b Fasse die Regeln, über die der Text informiert, mit eigenen Worten zusammen.
  c Über welche Wortarten, die du kennst, erfährst du in diesem Text nichts?

Text 5 **Erste Sätze auf Esperanto**

Marko donas panon al Nina.
La knabo parolas Esperanton.
La kato estis en la nova domo.
La hundoj estas junaj kaj brunaj.
5 Maria kanton belan kantos.

3 a Übersetzte die Sätze in Text 5 ins Deutsche.
  b An welche dir bekannten Wörter aus anderen Sprachen erinnern dich die Wörter in Text 5? Woher könnten sie stammen?
  c Bestimme zunächst die Wortarten aller Wörter in Text 5, dann die Satzglieder.
  d Übersetze folgende Sätze ins Esperanto:
    • *Die Katzen sind schön.*
    • *Nina spricht Esperanto.*
    • *Der schöne Hund wird im Haus sein.*
    • *Die Jungen sangen ein Lied.*

4 Bestimme die Satzglieder im letzten Absatz von Text 4 (Z. 18 – 24).
  a Kläre zuerst, ob du es jeweils mit einem Haupt- oder mit einem Nebensatz bzw. mit einer Satzreihe oder mit einem Satzgefüge zu tun hast.
  b Führe an mindestens drei Sätzen die Umstellprobe und an den restlichen Sätzen die Ersatzprobe durch.

Nebensätze → S. 45 f.

5 Bestimme alle Nebensätze in Text 4 nach ihrer Form (z. B. Konjunktionalsatz) und nach ihrer Funktion (z. B. Temporalsatz).

Eine schreckliche Sprache?! – Adverbiale Bestimmung und Präpositionalobjekt

6 a Führe bei den folgenden Sätzen die Umstellprobe durch.

1. Sina wartet auf dem Schulhof.
2. Sina wartet auf Marek.

b Frage nach den einzelnen Satzgliedern in beiden Sätzen.
<u>Achtung:</u> Frage immer in einem ganzen Satz.
c Was fällt dir bei der Frage, die du in Satz 2 nach „auf Marek" stellen musst, auf?
d Erkläre deine Beobachtung mithilfe des folgenden Regelkastens.

Präpositionalobjekt

Ein **Präpositionalobjekt** ist ein **Satzglied**, das aus einem so genannten **Präpositionalausdruck** besteht, d.h. es enthält immer eine **Präposition**.

Im Unterschied zu einer adverbialen Bestimmung, die auch ein Satzglied ist, das eine Präposition enthält, ist ein Präpositionalobjekt ein Satzglied, das man **nicht weglassen** kann. Der Satz wäre ohne das Präpositionalobjekt **unvollständig**. Man sagt, ein Präpositionalobjekt ist ein **notwendiges Satzglied**.

Präpositionalobjekte machen im Gegensatz zu den adverbialen Bestimmungen keine Aussagen zu Zeit, Raum, Grund, Art und Weise usw.

Man erkennt ein Präpositionalobjekt leicht daran, dass man die jeweilige Präposition in die Frage nach diesem Satzglied einbauen muss.

<u>Beispiel:</u> *Kathrin steht **auf der Leiter**.* → **Wo** steht Kathrin? → adverbiale Bestimmung des Ortes
*Kathrin steht **auf Krimis**.* → **Worauf/auf was** steht Kathrin? → Präpositionalobjekt

7 Welche Präpositionen kennst du? Fertige eine Liste an.

Text 6 Mark Twain und die schreckliche deutsche Sprache

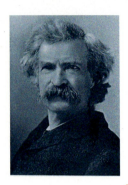

„Die schreckliche deutsche Sprache" lautet der Titel eines Aufsatzes, den der amerikanische Schriftsteller Mark Twain <u>im Jahr 1880</u> <u>in einer Sammlung von Reiseberichten</u> veröffentlichte. <u>In diesem Aufsatz</u> beklagt sich Mark Twain <u>über die Tücken der deutschen Sprache</u> und fragt zum Beispiel <u>nach den Gründen für die vier Fälle des Nomens</u>. Dabei ergeht er sich <u>in ausführlichen Beschreibungen</u> dieser Schwierigkeiten und erinnert sich <u>an seine vergeblichen Versuche</u>, die Deklination der deutschen Nomen zu meistern.

Er behauptet, dass er <u>an seiner Fähigkeit</u>, jemals richtig Deutsch lernen zu können, zweifle. <u>An jeder Ecke</u>, so Twain, träfe man <u>auf Probleme</u>, wenn man sich dieser Sprache annehme.

Besonders scheint der Schriftsteller <u>vor dem Satzbau des Deutschen</u> Angst gehabt zu haben: Der Satzbau sei deshalb so schwierig, weil <u>in deutschen Sätzen</u> <u>vor dem wichtigen Teil des Prädikats</u>, also <u>vor der Personalform des Verbs</u>, immer eine Menge anderer Wörter stehen würde, sodass man nie sicher sein könne, was <u>in solchen Sätzen</u> wirklich zusammengehört.

Man darf allerdings den Humor dieses Textes nicht übersehen und sollte diese „Abhandlung" <u>mit einem Augenzwinkern</u> lesen, denn Mark Twain kannte sich <u>mit der deutschen Sprache</u> sehr gut aus und konnte sie auch sehr gut sprechen.

8 Bestimme alle unterstrichenen Ausdrücke in Text 6. Übertrage dazu die folgende Tabelle in dein Heft und ordne die Ausdrücke ein.

adverbiale Bestimmung	Funktion	Präpositionalobjekt
Z. 2: im Jahr 1880	der Zeit, temporal	■
■		■

9 Bestimme alle übrigen Objekte in Text 6. Vervollständige dazu folgende Tabelle in deinem Heft.

Objekt	Frage	Beispiele aus Text 8
■	Wessen?	■
Dativobjekt	■	■
■	■	die Deklination der deutschen Nomen (Z. 8)

3. Wie es sich gehört – Ungeschriebene und geschriebene Regeln

Kleiderordnungen – Inhaltsangabe von literarischen Texten

Gottfried Keller
Kleider machen Leute

Text 7

An einem unfreundlichen Novembertage wanderte ein armes Schneiderlein auf der Landstraße nach Goldach, einer kleinen reichen Stadt, die nur wenige Stunden von Seldwyla entfernt ist. Der Schneider trug in seiner Tasche nichts als einen Fingerhut, welchen er, in Ermangelung irgendeiner Münze, unablässig zwischen den Fingern drehte, wenn er der Kälte wegen die Hände in die Hosen steckte, und die Finger schmerzten ihn ordentlich von diesem Drehen und Reiben. Denn er hatte wegen des Falliments[1] irgendeines Seldwyler Schneidermeisters seinen Arbeitslohn mit der Arbeit zugleich verlieren und auswandern müssen. Er hatte noch nichts gefrühstückt als einige Schneeflocken, die ihm in den Mund geflogen, und er sah noch weniger ab, wo das geringste Mittagbrot herwachsen sollte. Das Fechten[2] fiel ihm äußerst schwer, ja schien ihm gänzlich unmöglich, weil er über seinem schwarzen Sonntagskleide, welches sein einziges war, einen weiten dunkelgrauen Radmantel trug, mit schwarzem Samt ausgeschlagen, der seinem Träger ein edles und romantisches Aussehen verlieh, zumal dessen lange schwarze Haare und Schnurrbärtchen sorgfältig gepflegt waren und er sich blasser, aber regelmäßiger Gesichtszüge erfreute. […]

Als er bekümmert und geschwächt eine Anhöhe hinaufging, stieß er auf einen neuen und bequemen Reisewagen, welchen ein herrschaftlicher Kutscher in Basel abgeholt hatte und seinem Herren überbrachte, einem fremden Grafen, der irgendwo in der Ostschweiz auf einem gemieteten oder angekauften alten Schlosse saß. Der Wagen war mit allerlei Vorrichtungen zur Aufnahme des Gepäckes versehen und schien deswegen schwer bepackt zu sein, obgleich alles leer war. Der Kutscher ging wegen des steilen Weges neben den Pferden, und als er, oben angekommen, den Bock wieder bestieg, fragte er den Schneider, ob er sich nicht in den leeren Wagen setzen wolle. Denn es fing eben an zu regnen, und er hatte mit einem Blicke gesehen, dass der Fußgänger sich matt und kümmerlich durch die Welt schlug. Derselbe nahm das Anerbieten dankbar und bescheiden an, worauf der Wagen rasch mit ihm von dannen rollte und in einer kleinen Stunde stattlich und donnernd durch den Torbogen von Goldach fuhr. Vor dem ersten Gasthofe, „Zur Waage" genannt, hielt das vornehme Fuhrwerk plötzlich, und also gleich zog der Hausknecht so heftig an der Glocke, dass der Draht beinahe entzweiging. Da stürzten Wirt und Leute herunter und rissen den Schlag auf; Kinder und Nachbarn umringten schon den prächtigen Wagen, neugierig, welch ein Kern sich aus so unerhörter Schale enthülsen werde, und als der verdutzte Schneider endlich

35 hervorsprang in seinem Mantel, blass und schön und schwermütig zur Erde blickend, schien er ihnen wenigstens ein geheimnisvoller Prinz oder Grafensohn zu sein. Der Raum zwischen dem Reisewagen und der Pforte des Gasthauses war schmal und im Übrigen der Weg durch die Zuschauer ziemlich gesperrt. Mochte es nun der Mangel an Geistesgegenwart oder an Mut sein, den Haufen zu durch-
40 brechen und einfach seines Weges zu gehen – er tat dieses nicht, sondern ließ sich willenlos in das Haus und die Treppe hinangeleiten und bemerkte seine neue seltsame Lage erst recht, als er sich in einen wohnlichen Speisesaal versetzt sah und ihm sein ehrwürdiger Mantel dienstfertig abgenommen wurde.
„Der Herr wünscht zu speisen?", hieß es. „Gleich wird serviert werden, es ist eben
45 gekocht!"
Ohne eine Antwort abzuwarten, lief der Waagwirt in die Küche und rief: „Ins drei Teufels Namen! Nun haben wir nichts als Rindfleisch und die Hammelskeule! Die Rebhuhnpastete darf ich nicht anschneiden, da sie für die Abendherren bestimmt und versprochen ist. So geht es! Den einzigen Tag, wo wir keinen Gast erwarten
50 und nichts da ist, muss ein solcher Herr kommen! Und der Kutscher hat ein Wappen auf den Knöpfen, und der Wagen ist wie der eines Herzogs! Und der junge Mann mag kaum den Mund öffnen vor Vornehmheit!"

[1] **Falliment:** Pleite, Bankrott
[2] **Fechten:** Betteln

Inhaltsangabe
→ S. 233–237

Texte überarbeiten
→ S. 336

1 Verfasse eine **Inhaltsangabe** zu Text 7.
   a Erinnere dich zuvor an die **Regeln für eine gute Inhaltsangabe** und fertige eine Checkliste an.
   b Welcher der folgenden Einleitungssätze ist am besten für eine Inhaltsangabe zu Text 4 geeignet? Begründe deine Entscheidung.

   • *Die Geschichte erzählt von einem betrügerischen Schneider, der eigentlich kein Geld hat, aber sich mithilfe edler Kleidung in einem Gasthof einschleicht und ein Zimmer und etwas zu Essen geschenkt bekommt.*
   • *In dem Textausschnitt aus „Kleider machen Leute" von Gottfried Keller geht es um einen armen Schneider, der wegen seiner edlen Kleidung von dem Wirt eines Gasthofs besser behandelt wird, als er es vermutlich in ärmlichen Kleidern werden würde.*
   • *Der Bericht handelt von einem Schneider, der durch eine Reihe von Zufällen in den Genuss einer reichhaltigen Mahlzeit kommt.*

   c Formuliere deine Inhaltsangabe inklusive Einleitungssatz.
   d Überarbeitet eure Inhaltsangaben in Schreibkonferenzen oder mit der Textlupe.

2 a Erkläre: Wie behandeln die Bürger von Goldach den Schneider?
   b Welche Gründe haben sie dafür?

3 Diskutiert: Welche Regeln bricht der Schneider? Beachtet dazu den Titel des Textes: „Kleider machen Leute".

4 Hast du selbst schon einmal erlebt oder beobachtet, dass Kleidung, Schmuck, ein Handy oder auch ein Auto auf eine solche Weise wirken? Berichte darüber.

Vor allen Dingen aber ist es ungehörig – Dialoge untersuchen

Heinrich Spoerl
Die Feuerzangenbowle

Text 8

Johann Pfeiffer, ein erfolgreicher Schriftsteller, hat nie eine Schule besucht und sein Abitur bei Privatlehrern abgelegt. Aufgrund einer Wette meldet er sich an einem Gymnasium einer kleinen Stadt im Rheinland an und quartiert sich in dem dortigen Gasthof Axmacher ein. Rasch wird er zum Schulleiter bestellt.

Nun stand Hans Pfeiffer vor dem Gewaltigen.
„Sie kennen doch die Schulordnung, Pfeiffer?"
„Sie ist mir ausgehändigt worden."
„Dann dürften Sie auch wissen, dass meine Schüler nach 9 Uhr abends daheim zu bleiben haben."
5 „9 Uhr schon?"
„Sie sind gestern Abend gegen 10 Uhr im Gasthof Axmacher gesehen worden."
„Natürlich. Ich wohne doch da, Herr Direktor!"
Direktor Knauer konnte fürs erste nichts erwidern.
10 Er klappte nur den Mund auf und zu. „Das fängt ja gut mit Ihnen an."
„Herr Direktor, ich hatte gedacht–"

Sobald man sich einem Vorgesetzten gegenüber erfrecht, etwas zu denken, bekommt man nach einem unabänderlichen Naturgesetz die Antwort: „Sie haben
15 nicht zu denken." Auch Hans Pfeiffer bekam diese Antwort.
„Ganz recht, Herr Direktor, ich will es mir abgewöhnen. Ich dachte nur, weil Axmacher ein hochanständiges Hotel ist–"
„Er denkt schon wieder." […]
„Und dann dachte ich auch, weil da lauter bessere Herren verkehren – die Herren
20 Professoren […]–"
„Er denkt ja immer noch."
„Verzeihung, ich hatte nur gemeint–"
„Jetzt hat er auch noch eine Meinung."
„Ich wollte sagen, ich hatte geglaubt–" […]
25 „Nun schweigen Sie mal stille. […] Zunächst ist es viel zu kostspielig für Sie."
Hans Pfeiffer hat die Augen niedergeschlagen; aber er fühlt den prüfenden Blick über seinen Anzug. „Vor allen Dingen aber ist es ungehörig. Schüler einer höheren Lehranstalt können doch nicht in einem Wirtshaus wohnen. Was macht das für einen Eindruck? Und was sollen die Leute denken?"
30 „Daran habe ich allerdings nicht gedacht."

5 a Fasse zusammen: In welcher Ausgangssituation befinden sich die Figuren?
b Beschreibe das Verhalten des Direktors und das Verhalten von Hans Pfeiffer.

literarische Figuren
→ S. 105ff.

Gesprächsregeln
→ S. 60

6 a Welche Teile dieses Dialogs erscheinen dir typisch für ein Gespräch zwischen einem Schulleiter und einem Schüler? Begründe.
   b Welche **Gesprächsregeln** werden in diesem Gespräch verletzt? Wer verletzt sie?
   c Diskutiert: Woran könnte das liegen?

7 a Gestaltet **Dialoge** zu Vorgängen in eurer Schule (zum Beispiel über einen Konflikt oder über die Planung einer Veranstaltung) im Rollenspiel:
   - zwischen zwei Schülerinnen oder Schülern,
   - zwischen einer Schülerin bzw. einem Schüler und einer Lehrerin oder einem Lehrer und
   - zwischen einer Schülerin oder einem Schüler und der Schulleiterin oder dem Schulleiter.

   b Besprecht anschließend die Gemeinsamkeiten und Unterschiede der Gestaltung der drei Dialoge sowie die Gründe dafür.
   c In welchen Dialogen wurden Gesprächsregeln verletzt? Von wem und warum?
   d Spielt die Dialoge noch einmal, aber dieses Mal ist jeweils eine Moderatorin oder ein Moderator anwesend, die bzw. der darauf achtet, dass die Gesprächsregeln eingehalten werden.

Licht aus! – Schulordnungen untersuchen

Text 9 **Zubettgehzeiten im Internat „Waldesruh"**
(Die in Klammern gesetzten Zeiten gelten samstags.)

Klasse	im Haus	Licht aus
Sexta (5)	20.00 Uhr	21.00 Uhr (21.30 Uhr)
Quinta (6)	20.00 Uhr	21.00 Uhr (21.30 Uhr)
Quarta (7)	20.30 Uhr	21.30 Uhr (22.00 Uhr)
Untertertia (8)	20.30 Uhr	21.30 Uhr (22.00 Uhr)
Obertertia (9)	21.30 Uhr (22.00 Uhr)	22.00 Uhr (22.30 Uhr)
Untersekunda (10)	21.30 Uhr (22.00 Uhr)	22.00 Uhr (23.00 Uhr)

8 Erkläre: Welche Gründe hat das Internat „Waldesruh" wohl, diese Regelung aufzustellen?

9 a Vergleiche die Regelung mit deinen Abenden und stelle die Gemeinsamkeiten und Unterschiede heraus.
   b Was würde sich für dich ändern, wenn du dich an die vorgegebenen Zeiten zu halten hättest?

Diskussion
→ S. 48–62

10 Diskutiert die Vor- und Nachteile dieser Regelung und beachtet dabei die verschiedenen Klassenstufen.

Auszug aus der Schulordnung der Herderschule

Text 10

§1: Diese Schulordnung gilt für die Herderschule in Neustadt. Sie gilt für alle Schüler/innen, Eltern, Lehrer/innen und auch für sonstiges Schulpersonal.

§2: Keine der an der Schule beteiligten Personen (siehe 1) darf gefährdet, verletzt oder missachtet werden. Die allgemeinen Grundsätze des Umgangs miteinander sind Respekt, Freundlichkeit, Höflichkeit, Rücksichtnahme und Hilfsbereitschaft.

§3: Niemand darf beim Lernen und Arbeiten gestört werden (z. B. durch Lärm oder Unordnung).

§4: Mit dem Eigentum der Schule (z. B. Räume, Möbel, Pflanzen, Unterrichtsmaterial) ist pfleglich umzugehen. Das Eigentum anderer ist zu achten und zu respektieren. Wer Schuleigentum oder das Eigentum anderer zerstört, beschmutzt oder beschädigt, muss für den Schaden aufkommen.

§5: Gefährliche Gegenstände (z. B. Messer, Waffen), Alkohol und andere Rauschmittel dürfen nicht mit in die Schule gebracht werden. Das Rauchen im Schulgebäude und auf dem Schulgelände ist verboten.

Auszug aus der Schulordnung der Astrid-Lindgren-Schule

Text 11

1. Wir möchten gern in einer Schule leben und lernen, in der sich alle wohl fühlen und in die alle gerne kommen. Keiner soll Angst vor der Schule haben.

2. Wir wollen respektvoll und höflich miteinander umgehen und wir wollen Schwächeren helfen.

3. Wir wollen eine Gemeinschaft sein, in der jeder für den anderen da ist und Verantwortung für die Gemeinschaft übernimmt.

4. Alle Schülerinnen und Schüler sind verpflichtet, sich zu bemühen, entsprechend ihren Möglichkeiten und Fähigkeiten im Unterricht voranzukommen. Sie dürfen andere beim Lernen und Arbeiten nicht stören.

5. Die Lehrerinnen und Lehrer sind verpflichtet, die Schülerinnen und Schüler beim Lernen zu unterstützen und zu fördern. Sie dürfen nicht unfair sein und müssen die Schülerinnen und Schüler ernst nehmen.

11 a Vergleicht die beiden Auszüge aus Schulordnungen (Text 10 und Text 11) und besprecht Gemeinsamkeiten und Unterschiede
- was den Inhalt betrifft,
- was die Art der Regeln betrifft und
- was die Sprache betrifft, in der die Schulordnungen geschrieben sind.

b Diskutiert: Welche Art, Regeln zu formulieren, haltet ihr für am wirkungsvollsten?

12 Besorgt euch eure Schulordnung und vergleicht sie mit den Texten 10 und 11.

4. Im Sinne dieses Gesetzes – Die Sprache in amtlichen Texten

Das JuSchG – Gesetzestexte genau lesen

Aus dem Jugendschutzgesetz (JuSchG) Text 12

§ 1 Begriffsbestimmung
(1) Im Sinne dieses Gesetzes
1. sind Kinder Personen, die noch nicht 14 Jahre alt sind,
2. sind Jugendliche Personen, die 14, aber noch nicht 18 Jahre alt sind
[…].
3. ist personensorgeberechtigte Person, wem allein oder gemeinsam mit einer anderen Person nach den Vorschriften des Bürgerlichen Gesetzbuchs die Personensorge zusteht,
4. ist erziehungsbeauftragte Person jede Person über 18 Jahren, soweit sie auf Dauer oder zeitweise aufgrund einer Vereinbarung mit der personensorgeberechtigten Person Erziehungsaufgaben wahrnimmt oder soweit sie ein Kind oder eine jugendliche Person im Rahmen der Ausbildung oder der Jugendhilfe betreut.
[…]

§ 4 Gaststätten
(1) Der Aufenthalt in Gaststätten darf Kindern und Jugendlichen unter 16 Jahren nur gestattet werden, wenn eine personensorgeberechtigte oder erziehungsbeauftragte Person sie begleitet oder wenn sie in der Zeit zwischen 5 Uhr und 23 Uhr eine Mahlzeit oder ein Getränk einnehmen.
Jugendlichen ab 16 Jahren darf der Aufenthalt in Gaststätten ohne Begleitung einer personensorgeberechtigten oder erziehungsbeauftragten Person in der Zeit von 24 Uhr und 5 Uhr morgens nicht gestattet werden.
(2) Absatz 1 gilt nicht, wenn Kinder oder Jugendliche an einer Veranstaltung eines anerkannten Trägers der Jugendhilfe teilnehmen oder sich auf Reisen befinden.
[…]
(4) Die zuständige Behörde kann Ausnahmen von Absatz 1 genehmigen.
[…]

§ 5 Tanzveranstaltungen
Die Anwesenheit bei öffentlichen Tanzveranstaltungen ohne Begleitung einer personensorgeberechtigten oder erziehungsbeauftragten Person darf Kindern und Jugendlichen unter 16 Jahren nicht und Jugendlichen ab 16 Jahren längstens bis 24 Uhr gestattet werden.
(2) Abweichend von Absatz 1 darf die Anwesenheit Kindern bis 22 Uhr und Jugendlichen unter 16 Jahren bis 24 Uhr gestattet werden, wenn die Tanzveranstaltung von einem anerkannten Träger der Jugendhilfe durchgeführt wird oder der künstlerischen Betätigung oder der Brauchtumspflege dient.
(3) Die zuständige Behörde kann Ausnahmen genehmigen.

1 a Bist du „im Sinne dieses Gesetzes" (Z. 2) ein Kind oder eine Jugendliche bzw. ein Jugendlicher?
  b Überlegt, warum es im Jugendschutzgesetz heißt „im Sinne dieses Gesetzes".

2 a Entscheide mithilfe von Text 12, ob in den folgenden Situationen ein Verstoß gegen das Jugendschutzgesetz vorliegt.
- Die 13-jährige Katharina geht nach Schulschluss in die Gastwirtschaft „Axmacher" und isst dort zu Mittag.
- Um 23.30 Uhr bestellt der 17-jährige Marco im Lokal „Quelle" ein Wasser.
- Der 11-jährige Linus und seine Mutter besuchen um 22.00 Uhr gemeinsam eine Kinderdisko in der Turnhalle.
- Es ist 1.00 Uhr: Joanna, vor einer Woche 16 Jahre alt geworden, feiert mit ihrer Clique ihren Geburtstag in der örtlichen Disko.

b Diskutiert Gründe für die zitierten Vorschriften des Jugendschutzgesetzes.

3 Vergleiche das Gesetz mit der Situation des Schülers Pfeiffer (Text 8) und mit den Internatsvorschriften (Text 9). Was stellst du fest?

Im Plan festgelegte Umbaumaßnahmen – „Amtsdeutsch" entziffern

Text 13

Informationstafel eines Restaurants:

Die Sicherstellung der Versorgung unserer Gäste während der Renovierungsarbeiten im Restaurant erfolgt im Nebengebäude.

Text 14

Amtlicher Hinweis:

Die Durchführung der im Plan festgelegten Umbaumaßnahme im Straßenbau am Odeonsplatz führt zu der in der Mitteilung des Vormonats an die Anlieger zur Kenntnis gebrachten Beeinträchtigung der Straßennutzung sowie zur zeitweiligen Lärmbelästigung infolge des Einsatzes von Großgeräten.

4 Viele Texte dieser Art – du kennst sicher noch mehr solcher Beispiele – sind in „Amtsdeutsch" geschrieben.
  a Formuliere den Text auf der Informationstafel (Text 13) so um, dass die Gäste möglichst schnell verstehen, worum es geht.
  b Übersetze den amtlichen Hinweis (Text 14) so, dass die Anlieger schnell erkennen, was auf sie zukommt.
  c Untersucht eure Überarbeitungen. Welche sprachlichen Merkmale für typisches „Amtsdeutsch" habt ihr geändert?

	Beispiel 1	Beispiel 2	■
„Amtsdeutsch" (Infotafel/Hinweis)	*Sicherstellung der Versorgung*	■	■
ersetzt durch	■	■	■
Dadurch hat sich geändert: ■ • Satzbau • Wortarten • Zeichensetzung		■	■

Reduzierung der Haare – Nominalisierungen

Text 15 **Aus einem Polizeibericht**

Unter Zuhilfenahme einer mittels Diebstahls in den Besitz überführten Schere sorgte der Täter für die gegen den Willen des Opfers erfolgte Reduzierung der Haare.

5 a Erläutere, von welcher „Tat" in diesem Polizeibericht die Rede ist.
   b Formuliere eine besser verständliche Beschreibung der Tat.

6 Wenn Verben und Adjektive wie Nomen verwendet, also nominalisiert werden, müssen bestimmte Regeln beachtet werden.
   a Woran erkennt man, ob ein Wort als Nomen verwendet wird?
   b Welche Rechtschreibregel gilt für alle Nominalisierungen?

7 a Welche Wörter liegen den nominalisierten Wörtern im Wortspeicher zugrunde?
   b Wie sind die Nominalisierungen gebildet worden? An welchen Wortbestandteilen erkennst du, dass es sich um Nominalisierungen handelt?
   c Bilde weitere Nominalisierungen nach diesem Muster.

> *Mutmaßung, Kleinigkeit, Irreführung, Verschwiegenheit, Vernehmung, Machenschaft, Verhandlung, Verwahrung, Verlässlichkeit, Verantwortung*

8 a DER ERTAPPTE TÄTER BENUTZTE EINE SCHERE.
     Kann man diese sechs Wörter in eine andere Reihenfolge bringen, sodass trotzdem der gleiche Sinn entsteht? Probiere es aus. Wie viele Möglichkeiten gibt es?
   b Probiert das Gleiche mit diesem Satz: MIT EINER GESTOHLENEN SCHERE SCHNITT DER TÄTER DEM OPFER GEGEN DESSEN WILLEN DIE HAARE AB.
   c Wie viele Möglichkeiten gibt es, folgenden Satz durch Umstellen zu verändern? BEIM WILDEN TANZEN STOLPERN DIE JUNGEN ALTEN VOR LAUTER LACHEN ÜBER EINE FALLE. Schreibe alle Varianten auf und markiere die zusammengehörigen Wortgruppen farbig.
   d Unterstreiche in allen Sätzen die Wörter, die großgeschrieben werden müssen.
   e Überlegt: Inwiefern hilft die Umstellprobe herauszufinden, welche Wörter großgeschrieben werden?

Umstellprobe

Schreibe jedes Wort eines Satzes in Großbuchstaben auf ein einzelnes Kärtchen und verschiebe die Karten dann.
Oder du arbeitest am Computer: Schreibe den Satz in eine Zeile und kopiere die Zeile ein paar Mal. Dann kannst du die Wörter in den verschiedenen Zeilen leicht auf unterschiedliche Weise verschieben. Wortgruppen, die zusammengehören, kannst du mit besonderen Farben hervorheben.

Gesagt, getan – Eine Anekdote über Verkehrsregeln

Die Milch kommt links

Text 16

Missbilligend schaute der Lord Mayor (Oberbürgermeister) von London an einem Morgen des Jahres 1722 auf seine Teetasse.
„James, die Milch fehlt!"
„Sehr wohl, Mylord. Es gibt keine Milch heute."
Seine Lordschaft, der Oberbürgermeister, zog die Augenbrauen hoch. „Keine Milch? Weshalb in aller Welt?"
„Die Milchwagen kommen nicht durch, Sir. Die London Bridge ist seit fünf Uhr heute Morgen verstopft. Ein Stau von Fuhrwerken."
Eiligst ließ der Oberbürgermeister seine Kutsche anspannen, aber schon weit vor der Auffahrt kam das Gefährt zum Stillstand.
Bereits während seines Fußmarsches rauschten dem Stadtoberhaupt Flüche, Rufe und Diskussionsfetzen um die Ohren.
„Ich fahre immer auf dieser Seite, Sir!" „Ich auch, mein Bester, aber von der Richtung!" „Ich war zuerst hier, Gentlemen." „Platz da, meine Milch wird sauer."
„Sauer?! Sagten Sie SAUER, Sir? Ich bin hier seit sechs Uhr SAUER! Ich will fahren, und so, wie es mir passt, Sir. Jawoll, Sir!"
Keiner der Fuhrleute wollte nachgeben, jeder beharrte darauf, so zu fahren, wie er es seit jeher gewohnt war. Doch in den Jahren war der Verkehr stetig gewachsen und bedurfte angesichts des Dilemmas dringend einer Regelung. Aber welcher?
„Mylord! Wir brauchen die Milch! Regelt den Verkehr bitte, Mylord!" Eine der jungen Milchverkäuferinnen zupfte den Oberbürgermeister am Ärmel.
„Ich auch, schönes Fräulein, ich benötige auch Milch für meinen Tee. Ohne Tee mit Milch kann ich nicht regieren. Aber sagt, was soll ich tun?"
Sie stellte sich auf die Zehenspitzen und flüsterte ihm ins Ohr: „Ich hab's berechnet, wie es geht, Mylord. Befehlt: *Alle Wagen von Southwark in Richtung London fahren auf der Westseite der Brücke, alle die Stadt verlassenden Fahrzeuge auf der Ostseite!*"
Gesagt, getan. Fortan begegneten sich die Fuhrwerke und Kutschen ohne Probleme und grüßten sich die Kutscher freundlich, denn jeder musste ja in seiner Fahrtrichtung die linke Spur benutzen.
Wer heute nach London kommt, stellt fest, dass es zwar immer noch Staus um die London Bridge gibt. Aber nur böswillige Zungen behaupten, der englische Linksverkehr sei aus einer Milchmädchenrechnung entstanden.

Anekdote → S. 149

9 a Die Geschichte ist eine **Anekdote**: Welche „überraschende Pointe" enthält sie?
   b Erscheint dir diese Erklärung für die Einführung des Linksfahrgebots in England zutreffend? Begründe deine Meinung.

Recherche → S. 250

10 Recherchiert, in welchen Ländern Linksverkehr herrscht und welche (historischen) Gründe das jeweils hat.

11 a Überlege: Welche Verkehrsregelungen gibt es um eure Schule herum und in der Gegend deiner Wohnung?
    b Erstellt einen Umgebungsplan eurer Schule und tragt darin die wichtigsten Verkehrsregeln ein. Diesen Plan könnt ihr dann in der Pausenhalle aufhängen oder Kopien davon anfertigen und sie an die neuen Fünftklässler austeilen.

12 a Schildere Verstöße gegen Verkehrsregeln und ihre Folgen.
    b Achte dabei darauf, ob die Verkehrsregel, gegen die verstoßen wurde, den Beteiligten vernünftig erschienen ist oder nicht („Ich hatte es eilig, deshalb bin ich etwas schneller gefahren …").
    c Sollte man die betreffenden Regeln deshalb ändern?

5. Ein geregeltes Leben? – Das Verhalten von literarischen Figuren untersuchen

Joseph von Eichendorff

Text 17

Aus dem Leben eines Taugenichts

Das Rad an meines Vaters Mühle brauste und rauschte schon wieder recht lustig, der Schnee tröpfelte emsig vom Dache, die Sperlinge zwitscherten und tummelten sich dazwischen; ich saß auf der Türschwelle und wischte mir den Schlaf aus den Augen, mir war so recht wohl in dem warmen Sonnenscheine. Da trat der Vater
5 aus dem Hause; er hatte schon seit Tagesanbruch in der Mühle rumort und die Schlafmütze schief auf dem Kopfe, der sagte zu mir: „Du Taugenichts! Da sonnst du dich schon wieder und dehnst und reckst dir die Knochen müde und lässt mich alle Arbeit allein tun. Ich kann dich hier nicht länger füttern. Der Frühling ist vor der Türe, geh auch einmal hinaus in die Welt und erwirb dir selber dein Brot." –
10 „Nun", sagte ich, „wenn ich ein Taugenichts bin, so ist's gut, so will ich in die Welt gehen und mein Glück machen." […]
Ich ging also in das Haus hinein und holte meine Geige, die ich recht artig spielte, von der Wand, mein Vater gab mir noch einige Groschen Geld mit auf den Weg, und so schlenderte ich durch das lange Dorf hinaus. Ich hatte recht meine heim-
15 liche Freud', als ich da alle meine alten Bekannten und Kameraden rechts und links, wie gestern und vorgestern und immerdar, zur Arbeit hinausziehen, graben und pflügen sah, während ich so in die freie Welt hinausstrich. Ich rief den armen

Leuten nach allen Seiten stolz und zufrieden Adjes zu, aber es kümmerte sich eben keiner sehr darum. Mir war es wie ein ewiger Sonntag im Gemüte. […]

20 *Der Taugenichts wird Gärtnergehilfe in einem vornehmen Haus.*

[Der Gärtner] brummte was von Gesindel und Bauernlümmel unterm Bart und führte mich nach dem Garten, während er mir unterwegs noch eine lange Predigt hielt: wie ich nur fein nüchtern und arbeitsam sein, […] keine brotlosen Künste und unnützes Zeug treiben solle, da könnt ich es mit der Zeit noch einmal zu was
25 Rechtem bringen. – Es waren noch mehr sehr hübsche, gutgesetzte, nützliche Lehren, ich habe nur seitdem fast alles wieder vergessen. Überhaupt weiß ich eigentlich gar nicht recht, wie doch alles so gekommen war, ich sagte nur immerfort zu allem: Ja – denn mir war wie einem Vogel, dem die Flügel begossen worden sind. – So war ich denn, Gott sei Dank, im Brote. –
30 In dem Garten war schön leben, ich hatte täglich mein warmes Essen vollauf und mehr Geld, […] nur hatte ich leider ziemlich viel zu tun. Auch die Tempel, Lauben und schönen grünen Gänge, das gefiel mir alles recht gut, wenn ich nur hätte ruhig drin herumspazieren können […] wie die Herren und Damen, die alle Tage dahin kamen. Sooft der Gärtner fort und ich allein war, zog ich sogleich mein
35 kurzes Tabakspfeifchen heraus, setzte mich hin und sann auf schöne köstliche Redensarten, wie ich die eine junge schöne Dame, die mich in das Schloss mitbrachte, unterhalten wollte, wenn ich ein Kavalier wäre und mit ihr hier herumginge.

Oder ich legte mich an schwülen Nachmittagen auf den Rücken hin, wenn alles so still war, dass man nur die Bienen sumsen hörte, und sah zu, wie über mir die Wolken nach meinem Dorfe zuflogen und die Gräser und Blumen sich hin und her bewegten. […]

Der Taugenichts verehrt die Frauen und wird Zolleinnehmer.

Ich bezog nun sogleich meine neue Wohnung und war in kurzer Zeit eingerichtet. Ich hatte noch mehrere Gerätschaften gefunden, die der selige Einnehmer seinem Nachfolger hinterlassen, unter andern einen prächtigen roten Schlafrock mit gelben Punkten, grüne Pantoffeln, eine Schlafmütze und einige Pfeifen mit langen Röhren. Das alles hatte ich mir schon einmal gewünscht, als ich noch zu Hause war, wo ich immer unsern Pfarrer so kommode herumgehen sah. Den ganzen Tag (zu tun hatte ich weiter nichts) saß ich daher auf dem Bänkchen vor meinem Hause in Schlafrock und Schlafmütze, rauchte Tabak aus dem längsten Rohre, das ich nach dem seligen Einnehmer gefunden hatte, und sah zu, wie die Leute auf der Landstraße hin und her gingen, fuhren und ritten. Ich wünschte nur immer, dass auch einmal ein paar Leute aus meinem Dorfe, die immer sagten, aus mir würde mein Lebtage nichts, hier vorüberkommen und mich so sehen möchten. – Der Schlafrock stand mir schön zu Gesichte, und überhaupt das alles behagte mir sehr gut. So saß ich denn da und dachte mir mancherlei hin und her, wie aller Anfang schwer ist, wie das vornehmere Leben doch eigentlich recht kommode sei. […] Die Kartoffeln und anderes Gemüse, das ich in meinem kleinen Gärtchen fand, warf ich hinaus und bebaute es ganz mit den auserlesensten Blumen, worüber mich der Portier vom Schlosse mit der großen kurfürstlichen Nase, der, seitdem ich hier wohnte, oft zu mir kam und mein intimer Freund geworden war, bedenklich von der Seite ansah und mich für einen hielt, den sein plötzliches Glück verrückt gemacht hätte.

Inhaltsangabe
→ S. 232–236

1 Fasse den Auszug aus „Aus dem Leben eines Taugenichts" von Joseph von Eichendorff in einer **Inhaltsangabe** zusammen.

Erzählperspektive
→ S. 107

2 a Was glaubst du, warum Eichendorff die Geschichte in der Ich-Form geschrieben hat?
b Warum wird der Ich-Erzähler wohl nicht mit Namen vorgestellt?

3 a Wieso nennt der Vater seinen Sohn einen „Taugenichts"?
b Stelle die „Lebensregeln" des Vaters und die des Taugenichts, so wie sie aus dem Text deutlich werden, einander gegenüber.
c Besprecht, wer wohl besser bei den Menschen angesehen ist.
d Besprecht, aus welchen Gründen man in den Augen anderer manchmal „nichts taugt".

Rolf Ulrici
Kai erobert Brixholm

Text 18

Kai, ein Junge aus Deutschland, verbringt seine Sommerferien auf der schwedischen Insel Brixholm. Es ist ein Kinderstaat, den die Kinder und Jugendlichen selbst regieren, unter den wachsamen Augen der Erwachsenen auf dem Festland natürlich. Neben der Königin (16 Jahre) mit Schlossgarde gibt es einen Ministerpräsidenten und die Regierung, Bürgermeister in Dörfern und viel Ferienvolk. In den Dünen hört Kai das Bimmeln feiner Glöckchen und macht eine unerwartete Begegnung.

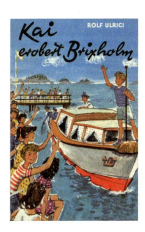

Kai legte sich flach auf den Bauch und spähte in die Mulde hinein. Was er sah, war wunderlich genug. Wie ein träumender Ziegenhirt lag dort ein Junge auf dem Rücken. In den Händen hielt er eine Flöte. Der Junge war klein wie ein Achtjähriger, aber dem Gesicht nach musste er zehn oder elf sein. Er hatte schwarzes, strubbliges Haar, wettergegerbte Haut und dunkle, leuchtende Brombeeraugen. Seine Kleidung war arg ramponiert, als sei er Tag und Nacht im Freien. Das Gepäck, das er neben sich hatte, verstärkte den Eindruck. Kai sah eine Angel, einen zusammengerollten Schlafsack und einen Tornister, an dem ein Blechtopf und ein Paar Schuhe hingen.

4 Was erfährst du in diesem Abschnitt des Jugendromans über die Hauptfigur Kai? Was erfährst du über den fremden Jungen? Fertige für beide Figuren jeweils einen Steckbrief an.

literarische Figuren
→ S. 105ff.

5 a Welche Fragen hast du an den Text? Notiere sie.
  b Was würdest du Kai gerne fragen? Was den fremden Jungen?

Fragen an den Text
→ S. 231f.

6 a Stell dir vor, Kai ist in Begleitung des Taugenichts (Text 17) und des Vaters des Taugenichts unterwegs. Verfasse jeweils einen kurzen inneren Monolog aus der Sicht des Taugenichts und aus der seines Vaters, als sie den fremden Jungen auf Brixholm zum ersten Mal sehen.
  b „Man soll ein Buch niemals nach seinem Umschlag beurteilen." – Versuche zu erklären, was mit dieser Redensart gemeint ist.

Rolf Ulrici
Kai erobert Brixholm (Fortsetzung)

Text 19

Kai lernt den Fremden näher kennen.

Ein Wanderbursch auf dieser Insel? Sonderbarer Gedanke. […] Der Junge […] hatte ihn längst gesehen. „Komm näher", sagte er. „Aber tritt dir die Füße ab, damit du mir mein Plätzchen nicht schmutzig machst. Du musst wissen, es ist mein Lieblingsplatz."

„Guten Tag", sagte Kai. „Ich heiße Kai. Ich bin der neue Ehrenbürger von Brixholm. Und wer bist du?"

Der Junge lachte. „Hoho, Ehrenbürger! Dann bin ich bestimmt kein Umgang für dich. Frag nur den Herrn Ministerpräsidenten, der wird dir was erzählen!"
„Bist du ein Pirat?" […]
Der Junge lachte wieder. „Wenn Flötenspieler und Versemacher Piraten sind, dann ja!" […]
„In welcher Inselstadt wohnst du?", fragte Kai.
„In keiner – oder in allen", sagte der Junge. „Ich bin wie eine Schnecke, ich schleppe mein Haus immer auf dem Rücken mit." Er wies auf den Schlafsack.
„Ja, ist das denn erlaubt?", fragte Kai.
„Ich erlaube es mir selbst", lächelte der Kleine.
„Wenn's dem Herrn Sven auch nicht passt. Dafür bin ich eine Art Volksliebling – wegen meiner Zauberei, verstehst du?"
„Zauberei?"
„Ach, natürlich nur ein paar harmlose Kunststücke. Aber die sind mein Ausweis vor der Welt und verschaffen mir Freiheit. So wundert es keinen, dass ich herumstromere und stundenlang in einer Mulde nach den Wolken gucke." […]
„Aber, warum bist du dann ausgerechnet auf dieser Insel?"
„Weil sie so schön ist. Die Wolken über Brixholm sind besonders schöne Wolken", lächelte der Kleine. […]
„Was kannst du denn noch für Kunststücke?", fragte er. „Übrigens hast du mir deinen Namen noch nicht genannt."
„Ich heiße Pitt, für die Kinder bin ich aber nur der Glockenkopf."
„Glocken…? Holla!", rief Kai. „Richtig, jetzt erinnerst du mich an die Bimmelei von vorhin! Die stammt natürlich auch von dir! Wo sind denn deine Glocken?"
„Das möchtest du wissen, wie?", grinste der Junge. „Da bist du aber nicht der Einzige." Er wackelte leicht mit dem Kopf hin und her, worauf das Bimmeln prompt wieder erklang. Ja, wo kam denn das her? Wenn der Bursche wenigstens eine Mütze aufgehabt hätte! So aber war es, als hätte er die Glocken tatsächlich im Kopf.
„Deshalb der Name Glockenkopf", grinste der Kleine. „Ich werde mich hüten, das Geheimnis zu lüften."

zitieren → S. 227

7 a Was ist für den Glockenkopf so reizvoll an seinem Leben? Belege deine Aussagen mit Zitaten aus dem Text.
b Weshalb aber wohnt er nicht völlig allein, sondern noch auf einer Ferieninsel und hat Kontakt mit anderen Kindern?

8 a Beschreibe die Lebensvorstellung des Jungen und erkläre seine Vorstellung von Ferien in der Natur.
b Diskutiert: Was wäre, wenn alle Menschen so lebten wie der Glockenkopf und der Taugenichts (Text 17)?

6. Mach nicht so ein Gesicht! – Regeln nicht-sprachlicher Kommunikation

Regeln im Mittelalter

Text 20

Im Mittelalter reichte es oft schon aus, eine bestimmte berufliche Tätigkeit auszuüben, um als „outlaw" (verbannt, außerhalb von Recht und Gesetz stehend) abgestempelt zu werden und damit am untersten Rand der Gesellschaft zu stehen. So waren z. B. Jongleure, Zauberkünstler und Totengräber nicht akzeptiert und wurden aus der Gesellschaft „verbannt".

Art und Umfang der Verbannung konnten unterschiedlich sein. Es gab die Verbannung aus einem bestimmten Gebiet oder die Verbannung an einen genau benannten Ort, z. B. in ferne Gebiete.

Die Verbannung aus einem bestimmten Ort oder einer Region war verbunden mit dem „Verbot von Feuer und Wasser", das heißt, dass diese Menschen innerhalb dieses Gebietes weder bewirtet werden noch Lebensmittel, Unterkunft oder Kleidung erhalten durften. Innerhalb des Gebietes, aus dem diese Menschen verbannt wurden, drohte ihnen also der Tod.

An oberster gesellschaftlicher Position standen dagegen die Ritter. Sie stellten die Führungsschicht der Gesellschaft dar.

Wer Ritter werden wollte, musste unverheiratet, draufgängerisch und kriegerisch sein und er musste sehr früh in die Lehre. Für zwei bis vier Jahre war man Junker, mit 14 wurde man Knappe und mit 20 – wenn man Glück hatte – Ritter. Der Ritterweihe, die am Abschluss der Ritterlehrzeit stand, ging ein eintägiges Fasten voraus. Die werdenden Ritter wurden dazu in weiße Gewänder gekleidet, feierten eine Messe und erhielten dann ihre Waffen. Zu guter Letzt wurde ihnen die Ritterrüstung angelegt und sie nahmen den Ritterschlag entgegen. Wichtig war vor allem der Eid, den ein Ritter zu leisten hatte: Er schwor, die Wehrlosen und Schutzbedürftigen zu schützen.

25 Nicht nur die Ritterweihe und der Kampf, sondern die gesamte Kultur der Ritter bestand aus Ritualen. Wollte ein Ritter ein Versprechen, ein Gelübde ablegen, so waren das für ihn nicht nur ein sprachlicher Akt. Das Augenmerk lag auch auf seiner Körperhaltung und auf seiner Gestik. Wenn ein Ritter sich z. B. in die Dienste eines Herrn stellte, war allein eine bestimmte Haltung und eine bestimmte Posi-
30 tion der Hände von Bedeutung: Man legte seine Hände buchstäblich in die seines zukünftigen Dienstherrn.
Die sieben Tugenden oder Fertigkeiten des Ritters waren: Reiten, Lanzengang, Fechten, Jagen zu Pferde, Schwimmen, Dichtkunst und Schachspiel.

Fünf-Schritt-Lesemethode
→ S. 244f.

1 a Entnimm Text 18 alle wichtigen Informationen mithilfe der **Fünf-Schritt-Lesemethode**.
b Fasse zusammen: Um welche zwei Hauptthemen geht es in diesem Text?

2 a Was machte einen Ritter aus? Unterteile die Anforderungen, die an einen mittelalterlichen Ritter gestellt wurden, in **Voraussetzungen**, **Ausbildung**, **Aufgaben** und **Verhaltensregeln**.
b Welche dieser Anforderungen bzw. Verhaltensregeln sind heute noch wirksam? Belege deine Behauptungen mit Beispielen.
c Was verstehen wir heute unter „ritterlichem Verhalten"?

3 Das Hände-in-die-des-Dienstherrn-Legen (Z. 30f.) ist eine symbolische Geste.
a Erkläre, was mit „symbolische Geste" gemeint ist.
b Stellt die Situation in einem Standbild nach und besprecht, warum diese Geste in diesem Zusammenhang symbolisch ist.

4 Projekt: Welche weiteren symbolischen Gesten kennt ihr? Was bedeuten sie? Legt ein kleines Lexikon an.

5 „Mach nicht so ein Gesicht!" – „Guck mich nicht so an!" – „Was ziehst du denn für ein Gesicht?"
a Erkläre, was mit diesen bildlichen Ausdrücken gemeint ist.
b Sammelt weitere Ausdrücke dieser Art und erklärt sie.

6 a Was drücken die Gesichter aus? Benenne die Gefühle bzw. Reaktionen.
b Notiere weitere Gefühle, die man am Gesichtsausdruck erkennen kann, z. B. Angst, Trauer usw.

7 Probiert aus, wie gut ihr die Regeln der Mimik beherrscht bzw. versteht: Eine oder einer von euch stellt ein Gefühl mimisch dar. Die anderen müssen herausfinden, um welches Gefühl es sich handelt.

7. Prinzipiengetreu? – Regelmäßigkeiten in der Rechtschreibung erkennen

Prinzipien der Rechtschreibung der deutschen Sprache

Text 21

Die deutsche Rechtschreibung erscheint – vor allem für Schreiber – oft kompliziert. Ihre Regeln folgen nämlich unterschiedlichen Prinzipien, die einander teilweise widersprechen. Dafür gibt es aber gute Gründe.

1. Lautprinzip
Je ein Laut wird durch einen bestimmten Buchstaben abgebildet (z. B. in den Wörtern *Oma, gut, Last*). Das funktioniert aber allein schon deshalb nicht immer, weil die deutsche Sprache 40 verschiedene Laute kennt, für die es aber nur 26 Buchstaben (plus *ä, ö, ü, ß*) gibt.

2. Stammprinzip
Viele Wörter treten in verschiedenen Formen auf. Nomen und Adjektive können z. B. dekliniert und Verben können konjugiert werden. Die Schreibung des Wortstammes bleibt dabei erhalten, auch wenn sie vom Lautprinzip abweicht (z. B. bei *Hund – Hunde, fallen – fällt*).

3. Bedeutungsprinzip
Es gibt viele Wörter, die gleich klingen, aber Unterschiedliches bedeuten, z. B. Miene (Gesichtsausdruck) und Mine (im Bleistift). Um anzuzeigen, welche der Bedeutungen gemeint ist, werden solche „Teekesselchen" (der Fachausdruck heißt „Homonyme") manchmal verschieden geschrieben: *Saite – Seite, Meer – mehr, Wal – Wahl*.

4. Grammatisches Prinzip
Bestimmte Schreibungen kommen aufgrund der Grammatik zustande und sie sind mithilfe der grammatischen Zusammenhänge zu erklären:
- Das **erste Wort im Satz** wird großgeschrieben.
- Alle **Nomen** (auch Nominalisierungen) werden großgeschrieben.
- Der Artikel und das Relativpronomen *das* werden von der Konjunktion *dass* durch die Schreibung unterschieden.
- Oft bildet die **Zeichensetzung** grammatische Strukturen ab; beispielsweise werden ganze Sätze durch Punkte beendet und Nebensätze durch ein Komma eingeleitet bzw. beendet.

5. Herkunftsprinzip
Manchmal bleibt eine alte Schreibweise erhalten (so wie man alten Häusern gern ihre alte Gestalt belässt).
Die Buchstabenkombination *ie* für den langen *i*-Laut kommt in einigen Fällen zum Beispiel daher, dass man im Mittelalter tatsächlich <i-e> aussprach, etwa in *lieben* (früher gesprochen als <li-eben>).

Und Fremdwörter, die man aus anderen Sprachen übernimmt, schreibt man oft (ungefähr) so wie in der Herkunftssprache (z. B. *cool, Computer, Pizza*).

6. Analogieprinzip
Gleiche Regeln sollen für gleichartige Fälle gelten. Beispielsweise hat sich geschriebenes *ie* für den langen i-Laut auch dort durchgesetzt, wo man im Mittelalter nicht <i-e>, sondern auch damals schon langes <i> sprach (z. B. *Biene*).

7. Ästhetisches Prinzip
Das Schriftbild soll schön aussehen. Zum Beispiel verschlankt man *sch* vor *t* und *p* zu *s* (wie in *Stuhl* und *spielen*), um eine als unschön empfundene Anhäufung von Konsonanten zu vermeiden.

1 a Erkläre: Warum gelten für die Rechtschreibung klar festgelegte Regeln?
   b Helfen diese Regeln mehr dem Schreiber oder mehr dem Leser? Diskutiert.

2 Erkläre mithilfe von Text 21:
   a Warum schreibt man *Häute* und *heute* unterschiedlich, obwohl beide Wörter gleich ausgesprochen werden? Welche Prinzipien sind dafür verantwortlich?
   b Warum schreibt man *Hand*, obwohl man doch ‹hant› spricht?
   c Wann muss man *das* schreiben und wann *dass*?

3 Welche der in Text 21 genannten Prinzipien kannst du in der Schreibung der Wörter des folgenden Satzes entdecken?

   Als wir abends auf Gut Preut in Duisburg ankamen, erzählte uns der stolze Besitzer, dass diese alte Wasserburg kürzlich grundlegend renoviert worden war.

   Tipp: Bearbeitet diese Aufgabe in Gruppen und stellt euch die Ergebnisse gegenseitig vor.

Aus Prinzip – Rechtschreibung trainieren

4 *b* oder *p*? *d* oder *t*? *g* oder *k*?
   Mache die Ableitungs- oder die Erweiterungsprobe und setze die richtigen Buchstaben in die Lücken ein.
   Beispiel: *ihr ha■t* → *haben* → *ihr ha**b**t*

b oder p?
der Stau■, du gi■st, lie■, das Sie■, der Die■, tau■, ein Kor■, sie erlau■t, das Kal■, gro■, sie schrei■t, er rau■t, er glau■t

d oder t?
das Ra■, spanne■, der Hun■, der Mun■, frem■, der Kul■, das Fel■, der Wir■, das Gel■, der gute Ra■, das Mitlei■, das Bro■, der To■

g oder k?
der Erfol■, sie kla■t, das Feuerzeu■, der Kal■, er stei■t ein, das Schiff sin■t, kran■, er sin■t ein Lied, klu■, der Betru■, mein Geburtsta■

5 **-ig oder -ich?**
Die Verlängerungsprobe hilft! Schreibe folgende Wörter richtig in dein Heft.

> ranz■, vergebl■, lust■, rost■, lächerl■, Kön■, wind■, wirkl■, sücht■,
> erfreul■, fert■, sachl■

6 **chs, cks, gs, ks oder x?**
Übertrage die Sätze in der richtigen Schreibung dein Heft.
<u>Achtung:</u> Diese Wörter kannst du nicht immer ableiten oder so erweitern, dass du etwas über die Rechtschreibung erfährst. Du musst dir diese Wörter dann merken.
1. Der La■ aus Fla■, der Da■, der Fu■, der Lu■ und die Eide■e wa■en, wenn sie dre■eln und se■ Gewä■e in Sa■en verwe■eln.
2. Die Kle■er hä■eln die geschma■neutralen Tri■ in den Do■.
3. Ein Geburtsta■geschenk, gegen das du län■t keinen Groll mehr he■t, mit Ga■ flu■ bäuchlin■ in die Mitta■sonne zu bu■ieren, ist anfan■ allerdin■ halbwe■s an■teinflößend.
4. Wenn du den Ke■ und den Ko■ wegen des Strei■ versen■t, dan■t du dir das niemals.
5. He■en, Bo■ern und Sa■ofonen schickt man keine Fa■■e voll mit verfli■tem Te■t.

Über ■ltere ■len
Text 22

■ltere ■len, das ist den meisten L■ten h■tzutage bekannt, l■gnen gerne, wenn sie an Z■nen Z■gen bed■tender Tr■me werden. D■tlicher ■ßern sich da schon die M■ten von M■sen mit den bl■lichen H■ten. Sie vers■men es ■ßerst selten, unter B■men r■mütige Gl■biger zu betr■en, denn sie haben große Fr■de an diesen absch■lichen D■mlingen.

7 Übertrage Text 22 in dein Heft und fülle dabei die Lücken (eu oder äu).
Tipp: Wörter, die mit äu geschrieben werden, sind immer von Wörtern mit au abgeleitet.

Text 23 Regeln für die Schreibung der s-Laute

Die Schreibung der s-Laute ist kein Geheimnis. Zwar ist der Hass mancher Personen auf diese Sache groß, aber der Beweis für die Lösbarkeit des Rätsels lässt sich leicht umreißen:

1. Den **stimmhaften s-Laut** schreibt man immer mit ■.
2. Dem **stimmlosen s-Laut am Wortende** schreibt man mit ■, wenn der s-Laut bei der Verlängerungsprobe (Verlängerung mit *-e, -en, -er* usw.) **im Wortinneren** zu einem stimmhaften s-Laut wird.
3. Folgt **in Wörtern mit einem langen Vokal, einem langen Umlaut oder einem Diphthong** (Doppellaut) ein **stimmloser s-Laut**, dann schreibt man ihn immer mit ■.
4. Folgt **in Wörtern mit einem kurzen Vokal** oder **Umlaut ein stimmloser s-Laut**, wird er (bis auf wenige Ausnahmen) mit ■ geschrieben. Das gilt für alle Wörter, die zu seiner Wortfamilie gehören.
5. **Ausnahmen** von Regel 4.: Einige kurze Wörter und Wörter auf ■. Man schreibt sie mit ■. Wenn man aber einen Plural bilden kann, schreibt man diesen mit ■.

> ß / einfachem s / ss / -nis / einfachem s / ss / einfachem s

8 a Übertrage Text 3 in dein Heft und ergänze dabei die Regeln zur Schreibung der s-Laute mithilfe des Wortspeichers.
   b Nenne für jede Regel ein Beispiel aus den Zeilen 1 bis 3 des Textes.
   c Notiere für jede Regel mindestens zwei weitere Beispiele.

Text 24 Der Klasenausfluk

Am 27. Ocktober fur die 7c mit ierem Deutschleerer Herrn Hummel ins Goethe-Musäum in Weimar. Obwohl sie mit der Fahrt das grosse Lohs gezogen hatten, wahren sie mit dem Ergebniß nicht glücklig. Zwar konten sie, wie sie sich ertreumt hatten, mehr über Goethe als Kint erfaren, doch hinterlies der Besuch in seinem Wonhaus eine gewisse Lehre, denn sie hatten keine Möklichkeit gehapt, in seinem Sesel ein Peuschen zu machen. Wie unerfräulich!

9 Die Schülerzeitungsredaktion bereitet die nächste Ausgabe vor. Leider ist das Rechtschreibprogramm ihres Computers ausgefallen.
   a Hilf den Schülerinnen und Schülern bei ihrer Arbeit und korrigiere den Text.
   b Ordne die Fehler in ein Korrekturblatt ein. Wo liegen die Fehlerschwerpunkte?
   c Stelle ein Trainingsprogramm für die Autoren des Textes zusammen.

Was regeln Regeln?

An der Supermarkt-Kasse

Text 25

Als ich einm■l mit meinen Mädels einkaufen ging, d■rfte jede sich im Geschäft sch■n eine Kleinigkei■ aussuchen. Vor uns war eine Mu■er mit ihrem Kin■, das so lange quengelte, bis die Mutter nachgab und ■m etwas von den an der Ka■e ausgelegten Süßi■keiten kaufte.

5 Meine Mädels sahen ihre Chance und ben■men sich wie kleine M■nster. Die Älteste ja■erte laut, die Mittlere schmi■ sich auf den Boden und schrie: „Ich will aber! Ich will aber!", die Jüngste gri■ schne■ zu.
M■r wurde heiß und kalt und ich ärgerte mich w■rklich über dieses Ben■men, weil ich dachte, das hätten wir schon hinter uns.

10 Kurz en■schlossen schmiss ich mich auf den Boden, strampelte mit Armen und Beinen und schr■: „Ich kaufe euch nichts! Ich will nicht! Ihr habt schon was!"
Meine Mädels wurden rot und weiß, ganz lei■e und b■ten mich, mich zu ben■men, aufzustehen, sie wollten gehen.
Ich bezahlte und wir gingen wortlos nach Hause.

15 Übrigens, die anderen Kunden haben erst sehr komisch geguckt und dann gelacht. Ich bekam von der Kassiererin einen Lolli, die Mädels nicht.

1 a Übertrage Text 25 in dein Heft und fülle dabei die Lücken.
  b Erkläre, welche der Prinzipien der Rechtschreibung der deutschen Sprache (Text 21) du dabei jeweils angewendet hast.
  c Welche Schreibungen kann man durch keines dieser Prinzipien erklären?

2 a Besprecht: Weshalb war den Töchtern das Verhalten der Mutter peinlich?
  b Erkläre, welche Regel(n) die Mutter durchbrochen hat.

Und jetzt kommst du!

Regel-Spiele und Spielregeln

Christian Morgenstern

Text 26 Die unmögliche Tatsache

Palmström, etwas schon an Jahren,
wird an einer Straßenbeuge
und von einem Kraftfahrzeuge
überfahren.

5 „Wie war", (spricht er, sich erhebend
und entschlossen weiterlebend)
„möglich, wie dies Unglück, ja –:
dass es überhaupt geschah?

Ist die Staatskunst anzuklagen
10 in Bezug auf Kraftfahrwagen?
Gab die Polizeivorschrift
hier dem Fahrer freie Trift[1]?

Oder war vielmehr verboten,
hier Lebendige zu Toten
15 umzuwandeln, – kurz und schlicht:
Durfte hier der Kutscher nicht –?"

Eingehüllt in feuchte Tücher,
prüft er die Gesetzesbücher
und ist also bald im Klaren:
20 Wagen durften dort nicht fahren!

Und er kommt zu dem Ergebnis:
„Nur ein Traum war das Erlebnis.
Weil", so schließt er messerscharf,
„nicht sein kann, was nicht sein darf."

[1] *Trift:* Fahrt

Gedichte
→ S. 161–179

1 Vergleiche die Überschrift des Gedichts mit den letzten beiden Versen (V. 23f.). Welche Haltung zum Wert von Recht, Regeln und Gesetzen wird deutlich?

2 Diskutiert, was man bedenken muss, wenn man glaubt, die Regeln und die Gesetze auf seiner Seite zu haben?

3 Was meint ihr: Könnte es manchmal sinnvoll sein, auf ein euch zustehendes Recht zu verzichten? Welche Gefahren könnten daraus entstehen?

Text 27 *Timm Ulrichs*

```
ordnung     ordnung
ordnung     ordnung
ordnung     ordnung
ordnung     ordnung
5 ordnung   ordnung
ordnung unordn   g
ordnung     ordnung
ordnung     ordnung
ordnung     ordnung
10 ordnung  ordnung
ordnung     ordnung
```

Carl Taylor   **Text 28**

Regel
Regel
Regel
Regel
5 Regel
   leger
Regel

4 a Erkläre, wie diese beiden Texte funktionieren.
  b Diskutiert: Handelt es sich bei diesen Texten um Gedichte?
  c Welche Haltung zu den Begriffen Ordnung und Regel zeigen die Autoren durch ihre Verwendung in dieser Form?
  d Gib den beiden Texten passende Überschriften.

5 Entwirf selbst ähnliche Texte.

Das regelt sich!

Anschließend erfolgt die Befragung der Gruppe durch die nächste Person.

Die Erreichung des Spielzieles ist derjenigen Person zu bescheinigen, die im Erraten ihrer angenommenen Identität erfolgreich war.

Nach Beschriftung der Zettel mit dem Namen einer berühmten Person oder einer literarischen Figur erfolgt der Schritt der Befestigung selbiger an der Stirn der Person, zu deren Rechten man sitzt.

Die Formulierung von Fragen, für die eine andere Antwort als „Ja" oder „Nein" zulässig ist, ist keinesfalls gestattet.

Der Zweck der Befragung ist das Erhalten von Auskünften bezüglich seiner angenommenen Identität.

Die Befragung geht so lange vonstatten, bis die fragende Person einen negativen Bescheid als Antwort erhalten hat.

Es ist eine Minimalzahl an Beteiligten von nicht weniger als zwei Personen vonnöten.

Die Beschriftung, die sich auf der Stirn einer Person befindet, gilt für die Spielrunde als angenommene Identität dieser Person.

Die Bereitstellung folgenden Gebrauchsmaterials ist erforderlich: selbstklebende Zettelchen, Stift.

Vorgangsbeschreibung → S. 19

Ablaufbeschreibung → S. 151f.

Anleitungen → S. 281

6 Verfasse einen verständlichen Text, der die Spielregeln dieses Spiels erklärt.
  a Bringe dazu die Zettel zuerst in eine sinnvolle Reihenfolge.
  b Ersetze anschließend das „Amtsdeutsch" durch verständlichere Formulierungen.

Von Freundschaft und

Epische und dramatische

Von Freundschaft und Feindschaft 99

Feindschaft

Texte

1. Die Bande – Leseerwartungen an ein Jugendbuch formulieren

1 a Was erfährst du aus dem Cover über den Inhalt des Buches? Was erfährst du über die Art des Buches – handelt es sich um ein Sachbuch oder wird eine Geschichte erzählt?
Notiere deine Vermutungen und begründe sie jeweils mit einem Satz.
  b Vergleicht eure Vermutungen: Worin stimmen sie überein? Worin unterscheiden sie sich? Woran könnte das liegen?
  c Formuliere deine Leseerwartungen:
   • Worum könnte es in diesem Buch gehen?
   • Welchen Inhalt erwartest du?
   • Welche Figuren kommen vor?
   • Wann und wo spielt die Handlung?
   • usw.

Dialog → S. 223

2 a Verfasst zu zweit einen Dialog zwischen den beiden Jungen, in dem deutlich wird, warum sie sich so grimmig anschauen.
  b Lest eure Dialoge in der Klasse vor. Überlegt euch vorher, wie ihr lesen müsst, damit die anderen beim Zuhören die Gefühle der beiden Jungen wahrnehmen können.

Louis Pergaud

Text 1 **Der Krieg der Knöpfe (Klappentext)**

Jedes Jahr bei Schulbeginn geht es wieder los: Die Jungs aus zwei französischen Dörfern treten gegeneinander an. Sie beschimpfen sich, locken sich in Hinterhalte und prügeln sich, bis die Fetzen fliegen. Den Besiegten werden als Zeichen der Niederlage die Knöpfe von den Kleidern abgeschnitten. Doch diesmal ersinnt die
5 unterlegene Bande einen Trick [...].

3 Vergleiche den Klappentext mit euren Vermutungen und Leseerwartungen. Erfährst du jetzt schon mehr über die Geschichte, die im Roman erzählt wird? Notiere alle neuen Informationen.

4 Auf welchen Trick könnte die unterlegene Bande gekommen sein? Notiert eure Vermutungen.

2. Krieg der Knöpfe – Einen Romananfang untersuchen

Louis Pergaud
Der Krieg der Knöpfe – Die Kriegserklärung

Text 2

Der Roman „Der Krieg der Knöpfe" wurde 1912 in Frankreich veröffentlicht. Louis Pergaud, der Autor, nannte ihn im Untertitel „Roman meines zwölften Lebensjahres", weil er etwas über seine Kindheit erzählen wollte, die er gegen Ende des 19. Jahrhunderts, also vor über 100 Jahren, in einem kleinen Dorf in Frankreich verbracht hatte.

> Was den Krieg betrifft ... es ist amüsant, zu beobachten, aus was für nichtigen Anlässen er zuweilen entsteht und durch was für geringfügige Zufälle er beendet wird (...).
> *Montaigne: Les Essais, 2. Buch, Kap. XII*

5 „Grangibus, warte auf mich!", rief Boulot, seine Bücher und Hefte unter dem Arm.
„Nun mach schon; ich kann nicht so lange rumtrödeln!"
„Was Neues?"
„Vielleicht."
„Was denn?"
10 „Komm doch endlich!"
Nachdem Boulot die Brüder Gibus, seine Klassenkameraden, eingeholt hatte, marschierten die drei Seite an Seite weiter in Richtung auf das Gemeindehaus.
Es war ein Oktobermorgen. Ein Himmel, über den dicke graue Wolken zogen, gab den Blick nur bis zu den Hügeln frei und verlieh der Landschaft ein melancho-
15 lisches Aussehen. Die Pflaumenbäume waren kahl, das Laub der Apfelbäume gelb und von den Nussbäumen segelten die Blätter wie im Gleitflug herab, weit ausholend und langsam zuerst, dann, wenn der Fallwinkel weniger schräg wurde, mit einem Mal herunterschießend wie Sperber. Die Luft war feucht und lau. Von Zeit zu Zeit kam ein Windstoß. Das eintönige Dröhnen der Dreschmaschinen steuerte
20 seine dumpfe Note bei, die gelegentlich, wenn die Garbe verarbeitet war, zu einem lang gezogenen Klagelaut wurde, düster wie ein verzweifelter Todesseufzer oder ein schluchzender Schmerzensschrei.
Der Sommer war zu Ende. Der Herbst begann.
Es mochte acht Uhr morgens sein. Die Sonne schlich trübselig hinter den Wolken
25 dahin und eine Beklemmung, eine undefinierbare Beklemmung, lastete auf dem Dorf und dem umliegenden Land.
Die Feldarbeiten waren beendet und seit zwei oder drei Wochen schon waren die kleinen Hirten einzeln oder gruppenweise zur Schule zurückgekehrt, sonnenge-

bräunt, die Borstenschädel mit der Schermaschine (derselben, die man auch für die Ochsen gebrauchte) fast kahl geschoren, in Drillich- oder Leinenhosen, die mit Flicken übersät, aber pieksauber waren, in neuen grauen Wollkitteln, die so abfärbten, dass ihre Träger in den ersten Tagen ständig schwarze Hände hatten, richtige ‚Krötenpfoten', wie sie sich ausdrückten.
An diesem Tage schlurften sie die Straße entlang und ihre Schritte waren so schwer, als hätten sie die ganze Melancholie des Wetters, der Jahreszeit und der Landschaft in sich aufgesogen.
Einige der Jungen jedoch, die Großen, befanden sich bereits im Schulhof und waren in eine lebhafte Diskussion vertieft. Vater Simon, der Lehrer, stand vor der Tür zur Straße, das Käppchen auf den Hinterkopf und die Brille auf die Stirn gerückt, und beobachtete alles. Er überwachte das Eintreffen seiner Schüler und putzte die Nachzügler herunter. Einer nach dem anderen lüfteten die Buben ihre Mütze, gingen an ihm vorbei und begaben sich in den Hof. Die beiden Brüder Gibus und Boulot, der sie unterwegs eingeholt hatte, sahen nicht so aus, als ließen sie sich von dieser sanften Melancholie anstecken, die die Schritte ihrer Kameraden so schleppend machte.
Sie waren mindestens fünf Minuten früher da als sonst und Vater Simon zog bei ihrem Anblick rasch seine Uhr und hielt sie gleich darauf ans Ohr, um sich zu vergewissern, dass sie tatsächlich ging und er nicht den vorgeschriebenen Zeitpunkt des Unterrichtsbeginns hatte verstreichen lassen.
Die drei Freunde traten ein und eilten mit besorgten Mienen sofort zu dem viereckigen Platz hinter den Aborten, der durch das Haus von Vater Gugu, dem Nachbarn, vor unberufenen Blicken geschützt war. Hier hatte sich bereits die Mehrzahl der Großen versammelt. Lebrac war da, der Chef und Anführer, den man auch den großen Braque nannte, und ebenso sein Erster Offizier Camus, der unnachahmliche Kletterer, der wie kein anderer die Gimpelnester aufzuspüren wusste.
Gambetta vom Hügel war da, dessen Vater, ein Republikaner von altem Schrot und Korn, selbst Sohn eines Kämpfers vom Jahre achtundvierzig, in schweren Stunden seinen Helden Gambetta verteidigt hatte. La Crique, der immer alles wusste, war da, Tintin und Guignard, der Schieler, der den Kopf zur Seite wenden musste, um einem ins Gesicht zu sehen. Tetas mit dem breiten Schädel, kurz, alle wichtigen Persönlichkeiten. Es galt, eine ernste Sache zu besprechen.
Man ließ sich durch das Eintreffen der beiden Gibus und Boulots nicht stören. Die Neuankömmlinge ihrerseits waren über das Thema der Diskussion – ein altes, viel

erörtertes Thema – offenbar im Bilde. Sie griffen unverzüglich in die Diskussion ein, denn sie hatten wichtige neue Tatsachen zu berichten.
75 Die anderen verstummten.
Der ältere Gibus, der im Unterschied zu P'tit Gibus oder Tigibus, seinem jüngeren Bruder, Grangibus genannt wurde, ergriff das Wort: „Also stellt euch das vor! Als mein Bruder und ich drüben bei den Menelots vorbeikommen, stehen da doch plötzlich die Velraner neben der Mergelgrube von Jean-Baptiste. Sie haben gebrüllt
80 wie Kälber, mit Steinen nach uns geschmissen und ihre Knüttel geschwungen. Idioten haben sie uns genannt. Schlappschwänze, Diebe, Schweine, stinkende, verreckte Hunde. Scheißkerle, Weicheier, besch…"
„Weicheier?", fiel Lebrac mit gerunzelter Stirn ein. „Und was hast du ihnen darauf geantwortet?"
85 „Daraufhin sind wir beide abgehauen, denn wir waren nur zwei und die anderen mindestens fünfzehn. Sie hätten uns bestimmt vertrimmt."
„Weicheier haben sie euch genannt!", wiederholte der große Camus, sichtlich empört, verletzt und wütend über diese Bezeichnung, die sie alle traf. Denn eins war sicher: Die Velraner hatten die beiden Gibus nur angegriffen und beschimpft, weil
90 sie zur Gemeinde und zur Schule von Longeverne gehörten.
„Aber das will ich euch sagen", erklärte Grangibus. „Wenn wir keine Schlappschwänze, Hosenscheißer und Feiglinge sind, dann zeigen wir's denen mal, ob wir Weicheier sind!"
[…]
95 „Na, zum Donnerwetter, da brauchen wir nicht mehr lange zu überlegen", erklärte Lebrac. „Wir müssen uns rächen. Was sagt ihr dazu?"
„Los, schert euch weg, ihr Bettnässer", befahl Boulot den Kleineren, die mit gespitzten Ohren herangeschlichen kamen.
Der Beschluss des großen Lebrac wurde mit ‚Einigstimmigkeit', wie sie es nannten,
100 angenommen. Jetzt erschien Vater Simon in der Türöffnung, klatschte in die Hände und gab so das Zeichen für den Beginn des Unterrichts.

1 An welchen Stellen erhältst du direkte Informationen darüber, an welchem Ort und zu welcher Zeit der Roman spielt? Aus welchen weiteren Merkmalen kannst du Informationen darüber erschließen? Erstelle zwei Mindmaps und nenne Textstellen.

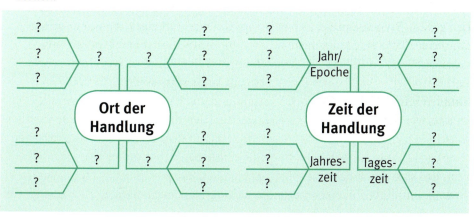

Lebrac
Anführer, Chef
genannt „der große
Braque"

Camus
erster Offizier
guter Kletterer

Drehbuch
→ S. 218–224

2 a Welche Figuren hast du bisher kennengelernt? Fertige eine Liste an.
  b Erstelle ein Organigramm, d.h. ein Schaubild über den Aufbau und die Struktur der Bande der Longeverner: Wer ist der Anführer? Wer steht unter ihm? Usw.
  c Was erfährst du noch über die Jungen? Was können sie jeweils gut? Wie werden sie genannt? Trage auch diese Informationen in das Organigramm ein.

3 Warum erklären die Longeverner Schüler den Velranern den Krieg? Haben sie einen triftigen Grund? Diskutiert.

4 a Setze den Textanfang (Z. 1 bis Z. 70) in ein Drehbuch um. Bleibt die Kameraeinstellung immer gleich oder verändert sie sich?

Die Romaneröffnung

Der Anfang eines Romans kann auf verschiedene Weise gestaltet sein, z.B.:
- **Erzählen der Vorgeschichte:** Die Vorgeschichte wird erzählt, bevor die eigentliche Romanhandlung beginnt. Der Roman beginnt mit einem Rückblick, sodass der Leser weiß, was die Handlung ausgelöst hat.
- **Zooming-In:** Die Region bzw. die Epoche, in der die Romanhandlung spielt, wird charakterisiert. Wie bei einer Weitwinkelaufnahme kann sich der Leser zuerst einen Gesamteindruck verschaffen, bevor die Aufmerksamkeit auf einen bestimmten Ausschnitt aus diesem Panorama gelenkt wird und die eigentliche Handlung beginnt.
- **Szenische Eröffnung:** Die Romanhandlung beginnt unvermittelt, die Erzählung setzt mitten in der Handlung ein.
- **Figurenbeschreibung:** Eine oder mehrere Hauptfiguren werden ausführlich vorgestellt, bevor die Handlung einsetzt.

  b Um welche Art der Romaneröffnung handelt es sich im Fall von „Der Krieg der Knöpfe"? Begründe.
  c Schreibe den Anfang um und wähle eine andere Art der Romaneröffnung.
  d Besprecht: Wie verändert sich die Wirkung des Textanfangs?

3. Der Anführer – Figurengestaltung und Erzählperspektive

Louis Pergaud
Der Krieg der Knöpfe (Fortsetzung) Text 3

La Crique hatte ihm erzählt, dass Archimedes ein berühmter Gelehrter gewesen sei, der mathematische Aufgaben auf Wagendächern gelöst habe, und diese letztere Tatsache hatte Lebrac, der für die Schönheiten der Mathematik ebenso wenig Sinn hatte wie für die Regeln der Orthografie, mit großer Bewunderung für einen so tollen Kerl erfüllt.

Dass er, Lebrac, seit einem Jahr unbestrittener Anführer der Longeverner war, hatte er anderen Vorzügen zu verdanken.

Er war starrköpfig wie ein Maulesel, schlau wie ein Affe und flink wie ein Hase. Keiner konnte mit so unfehlbarer Sicherheit auf zwanzig Schritt eine Fensterscheibe einwerfen, wobei es ganz gleichgültig war, wie er den Stein warf: Mit der Hand, mit einer Bindfadenschleuder, einer Gummischleuder oder mit einem gespaltenen Stock. Im Nahkampf war er ein gefürchteter Gegner. Er hatte dem Pfarrer, dem Lehrer und dem Flurwächter schon die unglaublichsten Streiche gespielt. Er fabrizierte aus schenkeldicken Holunderzweigen großartige Spritzen, aus denen das Wasser fünfzehn Schritt weit hervorschoss – jawohl, mein Junge, fünfzehn Schritt! –, und Pistolen, die so laut knallten wie richtige und deren Kugeln aus Werg man nie mehr wieder fand. Beim Murmelspiel hatte er das beste Fingerspitzengefühl; keiner konnte die Murmeln so dirigieren wie er; sie rollten wie von selbst und er gewann den anderen im Handumdrehen ihre Schätze ab. Zuweilen gab er dann ohne Stolz und Prahlerei seinen Partnern ein paar von den Murmeln zurück, die er ihnen abgenommen hatte, und das hatte ihm den Ruf unerhörter Großzügigkeit eingebracht.
[…]
Auf diesem schicksalhaften Boden, der von beiden Ortschaften gleich weit entfernt liegt, hatten sich seit unzähligen Jahren Generationen aus Longeverne und Velrans nach Leibeskräften verdroschen und mit Steinen beworfen – in jedem Herbst und jedem Winter begann das Spiel von neuem.
[…]
Kaum fünf Minuten nachdem die Krieger ihr Brot verzehrt hatten, signalisierte Camus der Kletterer, der auf den Zweigen einer großen Eiche seinen Wachtposten bezogen hatte, verdächtige Bewegungen am feindlichen Waldrand.
„Hab ich's euch nicht gesagt!", triumphierte Lebrac. „Nun los, versteckt euch, damit sie glauben, ich wäre ganz allein. Jetzt gehe ich vor und reize sie: Kss, kss, Hektor, fass! Und wenn sie sich dann auf mich stürzen, kommt ihr raus!"
Damit trat Lebrac aus der Deckung des Dorngebüsches hervor und die diplomatischen Gespräche begannen in den gewohnten Formen.

(Der Leser oder die Leserin möge mir gestatten, an dieser Stelle einen wohlgemeinten Rat einzuschalten. Die Bemühungen um die historische Echtheit
40 zwingen mich, eine Sprache zu gebrauchen, die keineswegs bei Hofe oder in den Salons üblich ist. Ich schäme mich ihrer nicht und habe auch keine Bedenken, sie anzuwenden [...]. Jedoch die
45 Zeiten haben sich geändert [...]. Darum rate ich Lesern mit empfindlichen Ohren und zarten Seelen, die folgenden fünf oder sechs Seiten zu überspringen. Um nun aber wieder auf Lebrac zurückzukommen, so begann er folgendermaßen:)

50 „He, du Dreckskerl, Mistbolzen, Faulpelz, verrottetes Schwein, komm doch und zeig dich! Wenn du kein Feigling bist, komm und zeig deine dreckige Arschlochschnauze!"
„Und du, altes Hundeaas, komm du doch auch näher, lass dich ansehen!", erwiderte der Feind. [...]
55 „Ach, du bist das, du Scheißkerl! Du hast die Longeverner Weicheier genannt! [...]"

zitieren → S. 227

1 a Was kann Lebrac gut, was kann er nicht? Zitiere aus Text 3.
b Warum erscheint Lebrac den Jungen aus Longeverne als idealer Anführer? Gib für deine Aussagen Textbelege an.
c Mit welchen Formulierungen wird Lebrac beschrieben?
d Könnten diese auch in einer sachlichen Personenbeschreibung vorkommen oder müssten sie umformuliert werden? Vervollständige die folgende Tabelle in deinem Heft und begründe deine Entscheidung.

Beschreibung Lebracs im Roman	sachliche Personenbeschreibung
... hatte für die Schönheiten der Mathematik keinen Sinn (Z. 3)	Lebrac ist nicht gut in Mathematik.
Er war starrköpfig wie ein Maulesel, schlau wie ein Affe und flink wie ein Hase. (Z. 8)	■
das eigene Leben	■

e Erkläre: Warum verwendet der Autor Louis Pergaud diese Formulierungen?
f Welche Informationen, die in einer Personenbeschreibung enthalten sein sollten, fehlen in der Beschreibung Lebracs?
g Fertige einen vollständigen Steckbrief, eine vollständige Figurenbeschreibung oder eine vollständige Rollenbiografie von Lebrac an. Ergänze dabei die fehlenden Angaben aus deiner Vorstellung.

2 a Wie beurteilt der Erzähler Lebrac?
   b Wie beurteilt er den ständigen Streit zwischen den Jungen aus Longeverne und denen aus Velrans? Finde Textstellen und begründe deine Einschätzung.
   c In welcher Erzählperspektive ist der Roman geschrieben?
   d Vervollständige den folgenden Informationstext in deinem Heft und belege deine Entscheidung mit Textstellen aus „Der Krieg der Knöpfe".

Erzählperspektiven

- **Auktorialer Erzähler:** Der Erzähler ist ■, er steht ■ des Geschehens und kennt die Gedanken und Gefühle aller Figuren. Er kann die Handlung kommentieren (wertend dazu Stellung nehmen). In manchen Romanen tritt der auktoriale Erzähler „an den Bühnenrand" und wendet sich direkt an die ■.
- **Personaler Erzähler:** Die Geschichte wird in der ■ aus Sicht einer der beteiligten Figuren erzählt.
- **Ich-Erzähler:** Das Geschehen wird in der ■ Person ■ erzählt, der Erzähler ist am Geschehen ■. Er erzählt aus seiner Perspektive und kennt die Gedanken und Gefühle anderer Figuren nicht.

Alle diese Erzählertypen können männlich oder weiblich sein.

3 Erzähle Text 4 aus einer anderen Perspektive. Wie verändert sich die Wirkung?

4 Erkläre den Unterschied zwischen **Autor** und **Erzähler**.

5 a „Wir erhalten nicht nur aus den Äußerungen des auktorialen Erzählers einen Eindruck von den Jungen." – Suche passende Textstellen, die diese Aussage belegen.
   b Wodurch erhältst du außerdem einen Eindruck von den Jungen (von ihren Gedanken und Gefühlen und von ihrem Wesen, ihrem Charakter)? Gib Beispiele.

6 a Untersuche die Sprache des Erzählers und die der Jungen. Welche Gemeinsamkeiten und welche Unterschiede fallen dir auf?

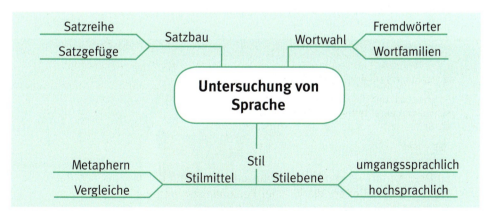

   b „Der Erzähler und die Jungen verwenden unterschiedliche Varietäten[1] derselben Sprache." Stimmt ihr dieser Aussage zu? Begründet eure Entscheidung.

[1] **Varietäten** einer Sprache nennt man besondere Teilmengen einer ganzen (z. B. der deutschen) Sprache, die nur im Zusammenhang mit der Standardsprache existieren können, z. B. Jugendsprachen oder Fachsprachen.

7 a Würdet ihr Lebrac ebenfalls als Bandenchef wählen? Haltet ihr ihn für geeignet oder fehlen ihm Fähigkeiten, die er eurer Ansicht nach unbedingt bräuchte?
b Wie stellt ihr euch den idealen Bandenchef vor?
c Bei der nächsten Wahl zum Bandenchef kandidiert nicht nur Lebrac, auch Camus, Grangibus, Gambetta und Boulot stellen sich zur Wahl. Jeder von ihnen versucht daher, die Wähler in einer Wahlkampfrede zu überzeugen, dass er der beste Bandenchef ist.

Verfasst diese Wahlkampfreden. Arbeitet dazu zunächst in Gruppen:
- Jede Gruppe bereitet den Wahlkampfauftritt für einen der Kandidaten vor.
- Schreibt eine überzeugende Wahlkampfrede und
- probiert dann aus, wie euer Kandidat vor den Wählern auftreten soll.
- Legt fest, wer von euch in der Rolle eures Kandidaten auftritt.
- Spielt dann in der Klasse die Szene, in der die Kandidaten aufeinandertreffen und sich den Wählern präsentieren.

Euer Kandidat muss		
inhaltlich durch Argumente überzeugen, z. B. durch	sprachlich und rhetorisch überzeugen, z. B. durch	körpersprachlich und stimmlich überzeugen, z. B. durch
gute Ideen, wie sich die Bande gegen die Velraner wehren kann	direkte Fragen an die Wähler, um deren Aufmerksamkeit zu erregen	Blickkontakt zu den Wählern
gute Vorschläge zur Freizeitgestaltung	den Einsatz sprachlicher Stilmittel wie Alliterationen, Vergleiche, Dreierfiguren usw.	Auftreten in hohem Status (fester Stand, erhobener Kopf, gerader Rücken …)
sinnvolle Vorschläge dafür, wie der Streit zwischen den beiden Dörfern geschlichtet werden kann	■	■
■	■	■

8 Wertet anschließend aus: Welcher der Kandidaten hat das beste Wahlprogramm? Welcher Kandidat trat am überzeugendsten auf? Notiert eure Eindrücke, diskutiert über die Auftritte und stimmt ab.

4. Der Bandenkrieg – Epische und dramatische Texte untersuchen

Die Erinnerung an gestern – Innere und äußere Handlung

Louis Pergaud
Der Krieg der Knöpfe (Fortsetzung)   Text 4

Seit der „Kriegserklärung" kämpfen die Jungen aus Longeverne unter der Führung Lebracs gegen die Velraner und ihren Anführer, den „Azteken". Beinahe täglich gehen die Jungen mit Steinschleudern, Stöcken und bloßen Fäusten aufeinander los und prügeln sich.
Gelingt es einer Bande, einen Jungen der anderen Seite gefangen zu nehmen, dann schneidet sie ihm sämtliche Knöpfe von Hemd und Hose und zerschneidet Hosenträger, Gürtel und Schnürsenkel.

Als Lebrac am folgenden Morgen aus einem Schlaf, der so bleischwer wie ein Rausch gewesen war, erwachte, streckte er sich langsam und spürte dabei den Schmerz in seinen Gliedern und die Leere in seinem Magen. Wie eine aufsteigende Hitzewelle, die ihm zu Kopf stieg und ihn erröten ließ, kam ihm jetzt die
5 Erinnerung an das, was gestern geschehen war.
Seine Kleidungsstücke, die unordentlich im ganzen Zimmer verstreut waren, legten durch ihren Zustand Zeugnis von den schlimmen Erfahrungen ab, die ihrem Besitzer, bevor er sich ihrer entledigte, zuteil geworden waren.
Lebrac überlegte, dass der väterliche Zorn nach einer gut durchschlafenen Nacht
10 wohl etwas besänftigt sein dürfte. Aus den Geräuschen im Haus und auf der Straße schloss er auf die Uhrzeit: Die Tiere kamen von der Tränke zurück, seine Mutter füllte den Kühen die Raufen. Es war Zeit, dass er aufstand und die Arbeiten verrichtete, die ihm an jedem Sonntagmorgen zukamen, wenn er sich nicht schon wieder eine harte Maßregelung zuziehen wollte; es galt, die fünf Paar Schuhe der
15 Familie zu säubern und blank zu putzen, den Holzkorb mit Scheiten und die Gießkannen mit Wasser zu füllen.
Lebrac sprang aus dem Bett und stülpte seine Mütze auf. Dann fuhr er sich mit den Händen über sein heißes, schmerzendes Hinterteil, und da er keinen Spiegel hatte, in dem er sich betrachten konnte, drehte er den Kopf so weit wie möglich
20 über die Schultern und spähte hinab:
Er sah eine rote Fläche mit violetten Streifen.
Waren das nun die Rutenhiebe des ‚Vollmonds'[1]? Oder die Keile des Vaters? Wahrscheinlich beides.
Wieder errötete er vor Scham und Wut bis an den Haaransatz.
25 Diese Mistkerle von Velranern! Das sollten sie ihm bezahlen! Jetzt zog er die

[1] einer der Jungen aus Velrans

Strümpfe an und machte sich auf die Suche nach seiner alten Hose, derjenigen, die er zu allen Verrichtungen tragen musste, bei denen er Gefahr lief, seine ‚guten Sachen' zu beschmutzen und zu verderben. Ausgerechnet heute! Aber er stellte über die Ironie seiner Lage keine Überlegungen an, sondern stieg in die Küche hinunter.

1 a „ ... die Erinnerung an das, was gestern geschehen war." (Z. 4/5) – Was war eigentlich geschehen? Sammle Textstellen, die Hinweise darauf geben, und ergänze sie mit deinen Vermutungen.
  Beispiele: „... *spürte dabei den Schmerz in seinen Gliedern" (Z. ■)*
  → *Lebrac hatte vielleicht einen Unfall.*
  „... *und die Leere in seinem Magen." (Z. ■)*
  → *Lebrac hat am Abend nichts gegessen. Es kann sein, dass ihn seine Eltern ohne Essen ins Bett geschickt haben, weil sie ihn für irgendetwas bestrafen wollten.*

  b An welchen Stellen erhält die Leserin oder der Leser direkten Einblick in die Gedanken Lebracs?
  Stelle die äußere und die innere Handlung einander gegenüber und untersuche deren sprachliche Gestaltung.

äußere Handlung	innere Handlung
Lebrac erwacht. (Z. 1/2)	*Er erinnert sich an das, was am Tag vorher geschah. (Z. ■)*
■	■

  c Erarbeitet in Gruppen jeweils drei Standbilder, die zeigen, was geschehen ist und wie sich die beteiligten Figuren dabei fühlen.
  d Präsentiert eure Standbilder in der Klasse und tauscht euch darüber aus, was ihr jeweils seht.

Standbild

Ein Standbild ist eine Art **„lebendiges Foto"**, das man von allen Seiten und aus allen Perspektiven betrachten kann.
Im Standbild kann eine **Situation** dargestellt werden, in der eine oder mehrere **Figuren** zu sehen sind.

Ein Standbild bauen:
1. Überlegt euch die **Situation**, die ihr zeigen wollt. Was tun die Figuren in dieser Situation? Sitzen, stehen oder liegen sie? Wie nah stehen sie einander? Usw.
2. Nehmt die Positionen ein und findet **Körperhaltungen** und **Gesichtsausdrücke**, die zur Situation und den Gefühlen der Figuren passen.
3. **Friert die Situation ein**, sprecht nicht mehr und bewegt euch nicht. Jetzt können euch die anderen wie ein Foto oder wie eine Statue betrachten.

Ihr könnt auch nach der **Bildhauer-Methode** vorgehen: Eine oder einer von euch modelliert die anderen nach ihren bzw. seinen Vorstellungen.

2 a „Das sollten sie ihm bezahlen!" (Z. 25).
   Was bedeuten die Wörter *sie* und *ihm* in diesem Satz? Woher weißt du das?
  b Erkläre, zu welcher Wortart diese Wörter gehören und woran du das erkennst.
  c Schreibe weitere Textstellen heraus, die ein Wort dieser Wortart enthalten. Unterstreiche das Wort in deinem Heft und markiere mit einem Pfeil, worauf es sich bezieht oder für welches andere Wort es steht.

  aus einem Schlaf, der so bleischwer wie ein Rausch gewesen war
  streckte er sich
  seiner alten Hose
  keinen Spiegel

  d Zu welcher Untergruppe der Wortart gehören die Beispiele, die du gefunden hast, jeweils? Erschließe die Bedeutung der Begriffe und erstelle eine Tabelle, in der du ihnen deine Beispiele zuordnest.

Art	Beispiele
Personalpronomen	er, ■
Possessivpronomen (besitzanzeigendes Pronomen)	■
Demonstrativpronomen (hinweisendes Pronomen)	■
Reflexivpronomen (zurückverweisendes Pronomen)	■
Relativpronomen (leitet einen Relativsatz ein)	■
Indefinitpronomen (unbestimmtes Pronomen)	■
Interrogativpronomen (Fragepronomen)	■

  e Schreibe den letzten Abschnitt von Text 4 so um, dass er kein einziges Pronomen mehr enthält. Wie wirkt der Text jetzt?
  f Schreibe eine eigene Definition, die erklärt, was der Begriff „Pronomen" bedeutet, welche Funktion Pronomen haben und worauf man bei ihrer Verwendung achten muss.

3 a Worüber schämt sich Lebrac und warum ist er wütend? Erkläre seine Gefühle, indem du einen inneren Monolog aus der Sicht Lebracs verfasst.
  b Lebracs Vater hätte am Abend in sein Tagebuch schreiben können:

  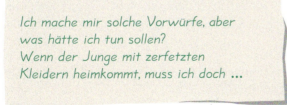

  Ich mache mir solche Vorwürfe, aber was hätte ich tun sollen? Wenn der Junge mit zerfetzten Kleidern heimkommt, muss ich doch …

  Schreibe seinen Tagebucheintrag weiter und finde dabei Antworten auf folgende Fragen:
  • Musste Lebrac wirklich so hart bestraft werden?
  • Hätte der Vater eine andere Art der Strafe wählen sollen?
  • Usw.
  c Lest euch die Tagebucheinträge gegenseitig vor und diskutiert über die Antworten.

Überrascht, erstaunt, entsetzt – Gefühle ausdrücken (Pantomime)

Louis Pergaud

Text 5 Der Krieg der Knöpfe (Fortsetzung)

Von den verschiedenen Möglichkeiten, die sich seinem Geiste anboten, wählte Lebrac, der stets für radikale Lösungen war, eine aus, und als sich nach dem Vespergottesdienst die Krieger von Longeverne bei Pépiots Steinbruch versammelten, schlug er sie ihnen klar, kühl und unumwunden vor.

5 „Es gibt nur ein einziges Mittel, unsere Sachen zu schützen: Nämlich keine zu tragen. Ich schlage also vor, dass wir nackt kämpfen!"

„Ganz nackt?", rief eine Anzahl der Kameraden überrascht, erstaunt und sogar ein wenig entsetzt über dies gewaltsame Verfahren, das möglicherweise sogar ihr Schamgefühl verletzte.

10 „Sehr richtig", versetzte Lebrac. „Wenn ihr gestern erlebt hättet, was ich erlebt habe, würdet ihr bestimmt dasselbe sagen."

Lebrac hatte nicht die Absicht, sich in Szene zu setzen, aber um seine Zuhörer zu überzeugen, berichtete er in allen Einzelheiten von den physischen und moralischen Leiden seiner Gefangenschaft am Waldrand und dem warmen Empfang,
15 der ihm zu Hause zuteil geworden war.

„Aber wenn nun jemand vorbeikommt", wandte Boulot ein. Wenn nun ein Bettler zufällig herkommt und unsere Sachen klaut oder wenn der ‚Beduine'¹ uns so erwischt!"

„Erstens werden wir unsere Sachen verstecken", entgegnete Lebrac, „und zweitens
20 werden wir, wenn's nötig ist, jemanden hinstellen, der sie bewacht. Und wenn uns irgendwelche Leute sehen und sich genieren, brauchen sie ja nur wegzugucken. Und der ‚Beduine' ... der kann uns mal! Ihr habt ja gesehen, was ich gestern Abend mit dem gemacht habe!"

„Ja, aber ...", begann Boulot wieder, der offensichtlich gar keine Lust hatte, sich
25 ohne jede Aufmachung zu zeigen.

„Aha!", fiel Camus ein und nun nagelte er den Kleinen mit einem entwaffnenden Argument fest: „Ich weiß schon, warum du nicht wagst, dich nackt auszuziehen. Du hast Angst, dass wir den Weinfleck sehen, den du auf dem Hintern hast, und dass wir dich auslachen. So'n Quatsch, Boulot! Was ist das schon, ein Fleck auf
30 dem Hintern! [...]"

¹ Spitzname eines älteren Erwachsenen aus Longeverne, der als junger Soldat an einem Afrika-Feldzug teilgenommen hat

argumentieren
→ S. 53–63

4 a Mit welchen Argumenten begründet Lebrac seinen Vorschlag und welche Gegenargumente führt Boulot an?
b Schreibe die Argumente heraus und vergleiche sie. Welche Argumente sind überzeugender – Lebracs oder Boulots?
c Welche sprachlichen Mittel wählen die Jungen, um mit ihren Argumenten zu überzeugen?
d Sammelt weitere Argumente, die für oder gegen Lebracs Vorschlag sprechen.
e Wie beurteilt ihr seinen Vorschlag? Ist er praktikabel?
f Diskutiert: Müssen alle Bandenmitglieder nackt kämpfen, wenn die Bande dem Vorschlag mehrheitlich zustimmt?

Von Freundschaft und Feindschaft — **113**

g Wie beurteilt der Erzähler Lebracs Vorschlag? Findet Textstellen, die auf die Einstellung des Erzählers schließen lassen, und erklärt, welche sprachlichen Mittel er einsetzt.

5 Welche Pronomen finden sich in diesem Text? Enthält er Pronomen, die du noch nicht in deine Tabelle aufgenommen hast? Vervollständige deine Tabelle.   *Pronomen → S. 111*

6 a Welche der unten genannten Gefühle empfinden die einzelnen Jungen, während sie über Lebracs Vorschlag diskutieren? Finde Textbelege.   *zitieren → S. 227*
   b Wähle eines der Gefühle aus und schreibe darüber: Schildere anschaulich, wie sich dieses Gefühl in Mimik und Gestik äußert.
   c Stelle das Gefühl pantomimisch dar. Können die anderen erkennen, um welches Gefühl es sich handelt, oder musst du deine Darstellung verändern?
   d Wie kann man die gesamte Szene in Text 5 ohne Worte spielen?
      • Arbeitet in Gruppen und überlegt, wie ihr das Geschehen **pantomimisch** so darstellen könnt, dass andere erkennen können, wer welchen Jungen spielt.
      • Probt eure Pantomime und spielt sie den anderen vor.

Mader und Pergaud – Über den Autor/die Autorin berichten

Text 6 „Der Krieg der Knöpfe" – Olle Kamelle oder brandaktuell?

Fast ein Jahrhundert nach der ersten Veröffentlichung erscheint das Thema des Romans von Louis Pergaud noch immer aktuell – es gibt mehrere Verfilmungen von „Der Krieg der Knöpfe", aber auch eine Dramatisierung, d. h. der Roman wurde zu einem Theaterstück umgearbeitet. Dieses Theaterstück stammt aus dem Jahr
5 2003 und wurde von der deutschen Autorin Paula Bettina Mader verfasst.

Recherche → S. 250

7 a Findet etwas über das Leben von Louis Pergaud und das von Paula Mader heraus. Überlegt, wo und wie ihr euch über die beiden informieren könnt, und sammelt biografische Hinweise, Fotos, Plakate der Verfilmungen usw.

b Informiert euch über wichtige historische Ereignisse, die sich zu Lebzeiten Pergauds und Maders ereignet haben, und stellt sie in einem Zeitstrahl dar.

Vortrag → S. 242–265

c Bereitet in Gruppen die gesammelten Informationen auf.

- Legt in der Gruppe fest, ob ihr über Paula Mader oder über Louis Pergaud informieren wollt.
- Entscheidet euch dann für eine Präsentationsform: ein Plakat, eine Computer-Präsentation, eine Broschüre, ein Referat …
- Ordnet die Informationen, die ihr gesammelt habt, und wählt die Informationen aus, die ihr präsentieren wollt.
- Gestaltet eure Präsentation. Achtet dabei darauf, dass sie immer verständlich ist und euer Publikum anspricht.

Über eine Autorin oder einen Autor berichten

- **Schritt 1: Informationen sammeln** (im Internet, in der Bibliothek, bei Verlagen, in Nachschlagewerken (z. B. Lexika) …)
- **Schritt 2: Informationen ordnen und gliedern** (zeitliche Reihenfolge? Ordnung nach Zeitgeschichte / Leben / Werke? …)
- **Schritt 3: Informationen aufbereiten:**
  - Bericht über das Leben des Autors/der Autorin verfassen, informierende Texte zu historischen Ereignissen verfassen,
  - Bilder und Texte im Präsentationsprogramm/für das Plakat/die Broschüre aufbereiten,
  - Layout erstellen, Schriftgröße und -art wählen,
  - Farbgestaltung festlegen,
  - Präsentation mit Musik/Geräuschen unterlegen …

d Stellt eure Arbeiten in der Klasse vor und beurteilt sie: Was ist gut gelungen, was könnte noch verbessert werden?

Ach so – Haupttext, Nebentext, Subtext

Paula Bettina Mader
Der Krieg der Knöpfe

Text 7

Die achte Szene des Stücks von Paula Mader deckt auf, wie es den Longevernern mit ihrem Plan, nackt gegen die Velraner zu kämpfen, ergangen ist.

8. Bild: Geldmangel

Auf dem Schulhof.

TINTIN: Ich werde nicht mehr nackt kämpfen! Ich hatte eine Gänsehaut! Und mein Pimmel war total verschrumpelt! Ohne mich!
BACAILLÉ: Mir war auch arschkalt.
CAMUS: Ja, es war nicht gerade warm. Aber was soll sein. Man muss auch Opfer
5   bringen.
TINTIN: Opfer? Du meinst wohl, es ist dir egal, ob Tote zu beklagen sind. Wer nicht von einem Stein getroffen wird, der erfriert eben. Schöne Kämpfe sind das.
LEBRAC: Na ja, es gibt Mängel. Ich hab mir auch einen Splitter in den Fuß getreten. Aber was solls? Habt ihr vielleicht eine bessere Idee?
10 LA CRIQUE: Wenn es nur jemanden gäbe, der uns hinterher die Knöpfe wieder annäht!
CAMUS: Wie wär's noch mit Arschabwischen und Naseputzen?
LEBRAC: Euch fällt mal wieder gar nichts ein. Soll ich euch sagen, was wir brauchen? Geld! Wir brauchen Geld!
15 TINTIN: Geld?
BACAILLÉ: Geld?
LA CRIQUE: Geld?
CAMUS: Ja. Mit Geld kann man Knöpfe kaufen!
LEBRAC: Und Hosenträger!
20 TINTIN: Und Sicherheitsnadeln!
LA CRIQUE: Und Nähgarn!
BACAILLÉ: Aber woher nehmen wir das Geld?
LEBRAC: Jeder hat doch in irgendeiner Sparbüchse ein paar Münzen. Das kann doch nicht so schwer sein.
25 LA CRIQUE: Hast du eine Ahnung. Ich hab alles in einen Frosch aus Ton gesteckt und der spuckt nichts mehr aus.
LEBRAC: Jeder muss irgendwie Geld beschaffen. Dann müsst ihr eben Flaschen wegbringen, Hunde ausführen, auf kleine Scheißer aufpassen, Zeitungen austragen, Fahrräder reparieren, was weiß ich. Und wenn's gar nicht
30 anders geht, dann nimmst du halt mal was aus der Tasche von deinem Alten, wenn er besoffen aus der Kneipe kommt. Das merkt der doch nicht.
LA CRIQUE: Mein Vater trinkt nicht.
TINTIN: Der hat nie einen Rausch?

CAMUS: Du Armer. Dann kannst du ja gar nichts drehn. Meiner kann sich dann immer nicht erinnern. Meine Alte schimpft zwar wie ein Rohrspatz, aber was hilfts. Wer arbeitet, soll auch leben, sagt er. Dann ist sie ruhig.
BACAILLÉ: Meine Eltern haben nie Streit.
LEBRAC: Egal. Steuern müssen gezahlt werden! Leben wir in einer Republik? Wir sind alle gleich, alle Brüder: Freiheit, Gleichheit, Brüderlichkeit. Wir müssen alle zusammenhalten, damit die Sache vorankommt! Wir werden jetzt die Höhe der Steuer festsetzen. Jeder zahlt an den Schatzmeister – das bist du, Tintin, du kannst am besten rechnen – eine bestimmte Summe, sagen wir 1 Franc, und von dem Geld kaufen wir unseren Kriegsschatz. Und weil alle gleich sind, hat jeder das Recht, seine Kleider repariert zu bekommen, damit er nach dem Kampf ordentlich bedeckt wieder zu Hause ankommt. [...]
TINTIN: Da kommt meine Schwester. Lebrac, frag sie doch.
LEBRAC: Was denn?
TINTIN: Na wegen dem Nähen und so.
LEBRAC: Ach so.
MARIE: Hallo, wie geht's?
TINTIN: Gut. Lebrac will dich was fragen.
MARIE: Ja?
LEBRAC: Hm. Na ja. Wir dachten uns. Also. Hm. Eh, vielleicht könntest du ja. Hm.
CAMUS: Es geht um's Nähen.
TINTIN: Du kannst doch Knöpfe annähen und sowas.
MARIE: Ach so. Wegen euren Kleidern?
LEBRAC: Genau, das meine ich.
MARIE: Das mach ich doch gerne. Ihr müsst mir nur sagen, wann und wo.
LEBRAC: Das würdest du wirklich? Das ist genial.
MARIE: Wenn ich von zu Hause wegkomme, kein Problem. Am besten du sagst mir dann eben Bescheid, Bruderherz.
LA CRIQUE: Vielleicht könnte sie auch einkaufen?
TINTIN: Ja, wenn wir Geld haben.
MARIE: Was?
TINTIN: Erklär ich dir später.
MARIE: Ich geh dann mal wieder. Macht's gut, Jungs.
LEBRAC: Tolles Mädchen, deine Schwester.

zitieren → S. 227

8 a Warum war Lebracs erster Plan nicht erfolgreich? Belege deine Aussagen am Text.
b Was überlegen sich die Jungen als Alternative?
c Wird der zweite Plan der Jungen erfolgreicher sein? Begründet.

Dialoge → S. 77f.

9 a Untersuche den Gesprächsverlauf in Text 7:
 • Wer hat die meisten Redeanteile?
 • Wer argumentiert sachlich, wer argumentiert unsachlich?
b Untersuche die sprachliche Form der Aussagen: Woran wird jeweils erkennbar, in welcher Stimmung und Lautstärke die Jungen miteinander sprechen?
c Lebrac behauptet, dass alle Bandenmitglieder gleichberechtigt seien. Sammle Textstellen, die seine Behauptung belegen oder widerlegen.

10 a An welcher Stelle im Text verändert sich das Sprachverhalten von Lebrac? Wie erklärst du dir das?
b Was denkt und fühlt Lebrac im Verlauf der Szene? Schreibe ab, was Lebrac sagt, und formuliere einen Nebentext (Regieanweisungen) und einen Subtext (das, was nur „zwischen den Zeilen" gesagt wird) dazu, der seine Gedanken und Gefühle wiedergibt.

Dialoge und Regieanweisungen
→ S. 223

Haupttext	Nebentext	Subtext
Na ja, es gibt Mängel. Ich hab mir auch einen Splitter in den Fuß getreten. Aber was solls? Habt ihr vielleicht eine bessere Idee?	*zuckt mit den Schultern* *fasst sich an den Fuß* *zieht die Augenbrauen hoch*	Typisch…! Haben selbst keine Vorschläge, aber maulen rum. Was für Memmen!
Euch fällt mal wieder gar nichts ein. Soll ich euch sagen, was wir brauchen? Geld! Wir brauchen Geld!	*vorwurfsvoll* *Pause* *schlägt sich auf den Schenkel*	Immer muss ich die Ideen liefern. Anführer sein ist anstrengend. Aber ich hab's – ich bin genial!
■	■	■

Dramatische Texte – Haupttext, Nebentext und Subtext

In einem epischen Text (z. B. in einem Roman) kann der Erzähler die Gedanken und Gefühle der Figuren ausführlich mit Worten schildern.
In einem **dramatischen Text** dagegen steht das, was die Figuren denken und fühlen, meist nicht im Text.
- Der **Haupttext** gibt nur das wieder, was die Figuren sagen (**Dialoge** und **Monologe**).
- Der **Nebentext** (die Regieanweisungen) gibt Hinweise auf das Verhalten und die Reaktionen der Figuren. Wenn das Theaterstück aufgeführt wird, kann das Publikum an Gestik und Mimik der Figuren erkennen, wie sich diese fühlen. Natürlich ist nicht jede kleinste Bewegung oder jede Stimmänderung in den Regieanweisungen festgeschrieben – die Schauspielerinnen und Schauspieler und die Regisseurin oder der Regisseur lesen zwischen den Zeilen und überlegen sich, wie der Haupttext am besten und wirkungsvollsten gespielt werden kann. Sie lesen den so genannten **Subtext** zwischen den Zeilen von Haupt- und Nebentext.
- Der **Subtext** ist das Ergebnis dessen, wie man das Gesagte und Gespielte (bzw. den Haupt- und den Nebentext) deutet und interpretiert. *sub* ist lateinisch und bedeutet *unter*; gemeint ist die Bedeutung, die **unter** dem Gesagten bzw. Geschriebenen liegt.
Das Ausformulieren eines **Subtextes** stellt auch eine gute Vorbereitung für Schauspielerinnen und Schauspieler dar. Wenn sie wissen, was ihre Figur denkt und fühlt, während sie spricht, können sie sich besser in sie hineindenken und sie auch besser spielen.

c Lest Lebracs Text laut vor. Wie müsst ihr eure Stimme und Lautstärke verändern, damit sie zum jeweiligen Subtext passt?
d Arbeitet in Gruppen und verfasst auch für die anderen Figuren Subtexte. Lest dann die gesamte Szene mit verteilten Rollen. Erkennen die Zuhörerinnen und Zuhörer, wie sich die einzelnen Figuren fühlen und was sie denken?

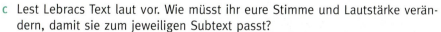

11 a Warum ist Marie sofort bereit, den Jungen zu helfen? Wie beurteilt ihr das? Tauscht eure Meinungen aus.
    b Marie könnte sich am nächsten Tag auf dem Schulhof mit ihrer besten Freundin Amélie über den Plan der Jungen unterhalten. Amélie hält es vielleicht für keine gute Idee, den Jungen zu helfen. Verfasse einen Dialog zwischen den beiden Mädchen.
    c Woran könnte es liegen, dass in der Geschichte nur selten Mädchen vorkommen? Tauscht eure Meinungen aus.

12 a Wie erfährt das Publikum davon, dass die Jungen nackt gekämpft haben? Wie erklärt ihr euch, dass dieses dramatische Stilmittel eingesetzt wurde?
    b Wie könnte man diesen Kampf dennoch auf der Bühne zeigen? Überlegt euch in Gruppen, wie man dem Publikum zeigen könnte, dass dieser Kampf unter besonderen Umständen stattfindet, ohne dass die Schauspieler nackt auftreten müssen.

Requisiten? *Kostüme?* *Mauerschau?*
In Zeitlupe kämpfen?
Choreografie mit Musik? *Andere Möglichkeiten?*

    c Bereitet eure Szene vor, probt sie und spielt sie den anderen vor: Welche Möglichkeiten habt ihr gefunden?

Louis Pergaud
Der Krieg der Knöpfe (Fortsetzung)

Lebracs Bande baut in mühevoller Arbeit eine Hütte im Wald, um einen Treffpunkt und ein Versteck für die Ersatzknöpfe und das Nähgarn zu haben. Eines Tages finden die Jungen die Hütte jedoch zerstört vor – eindeutig das Werk der Velraner.

„Jemand hat es ihnen gesagt. Wir haben einen Verräter unter uns!"
Wie ein sausender Peitschenschlag auf eine verstörte Herde knallte diese Anklage in die Stille.
Die Krieger rissen die Augen weit auf und blinzelten. Das Schweigen wurde noch drückender.
„Einen Verräter!", wiederholten fern und schwach einige Stimmen, als wollten sie diesen ungeheuerlichen Gedanken von sich weisen.
„Jawohl, einen Verräter!", donnerte Lebrac los. „Es ist ein Verräter unter uns, und ich kenne ihn!"
„Er ist hier!", kreischte La Crique und schwang mit drohender Gebärde seinen Speer.
„Schaut euch nur richtig um, dann werdet ihr ihn schon sehen, den Verräter!", rief Lebrac und richtete seine Wolfsaugen fest auf Bacaillé.
„Das ist nicht wahr, das ist nicht wahr!", stammelte der Krummbeinige, der abwechselnd rot und blass wurde und angesichts dieser stummen Anklage wie ein ganzes Bündel Espenlaub zitterte und schwankte.
„Da seht ihr's! Er gibt sich ganz von selbst zu erkennen, der Verräter! Ja, Bacaillé ist der Verräter! Seht nur, seht ihn an!"
„Judas!", schrie Gambetta wild auf, während Grangibüs, bebend vor Wut, Bacaillé mit eisernem Griff an der Schulter packte und wie einen Pflaumenbaum schüttelte.
„Das ist nicht wahr, das ist nicht wahr!", protestierte Bacaillé von Neuem. „Wann hätte ich es ihnen denn sagen können? Ich komme mit den Velranern doch gar nicht zusammen und ich kenne niemanden dort!"
„Mund halten, du Lügner!", brüllte der General ihn an. „Wir wissen alles. Am Donnerstag war die Hütte noch heil und ganz. Sie ist am Freitag geplündert worden, denn gestern war sie schon in diesem Zustand. Diejenigen, die gestern Abend mit mir hier waren, können es bezeugen!"
„Wir beschwören es!", beteuerten Camus, Tintin und La Crique wie aus einem Munde, hoben die rechte Hand, die sie zuvor mit Speichel befeuchtet hatten, und spuckten zur Bekräftigung ihres feierlichen Schwurs auf die Erde.
„Und du wirst uns sagen, du verdammter Hund – oder ich erwürge dich, verstanden? -, jetzt wirst du uns gestehen, wem du am Donnerstag auf dem Heimweg aus Baume etwas gesagt hast. Denn am Donnerstag hast du deine Brüder verraten!"
Ein derber Stoß brachte dem verschreckten Bacaillé seine furchtbare Lage zu Bewusstsein.
„Das ist nicht wahr, wirklich nicht!", leugnete er immer noch. „Und jetzt will ich hier weg, denn ich sage die Wahrheit."

„Hier kommst du nicht raus!", knirschte La Crique und erhob seinen Stock.
„Feiglinge! Elende Feiglinge seid ihr!", gab Bacaillé zurück. „Misthund! Galgen-
40 vogel!", brüllte Camus. „Er verrät uns, er verlockt die Velraner zum Diebstahl und jetzt will er uns obendrein noch beschimpfen!"
„Bindet ihn!", befahl Lebrac kurz.
Und ehe noch sein Befehl ausgeführt werden konnte, packte er den Gefangenen und gab ihm ein paar schallende Ohrfeigen.
45 „La Crique", begann er dann mit gewichtiger Miene, „du weißt doch Bescheid in der französischen Geschichte. Sag uns doch mal, was die Leute in alten Zeiten gemacht haben, um die Verbrecher zum Geständnis zu zwingen!"
„Sie haben ihnen die Zehen geröstet."
„Also, dann los, zieht dem Verräter die Schuhe aus und zündet ein Feuer an."
50 Bacaillé versuchte, sich loszumachen.
„Ja, zapple du nur", sagte der General, „du entkommst uns doch nicht. Wirst du jetzt gestehen, du Hund?" Von einem Haufen aus Moos und Blättern stieg bereits eine dicke weiße Rauchwolke auf.
„Ja", wimmerte Bacaillé verängstigt. „Ja!"
55 Und inmitten der wütenden, drohend blickenden Longeverner begann der Krummbeinige, dessen Glieder noch immer mit Bindfäden und zu Stricken gedrehten Taschentüchern gefesselt waren, stotternd und abgehackt zu erzählen [...].
„Kameraden", begann Lebrac wieder mit feierlicher Stimme. „Wir haben einen Verräter vor uns und wir werden ihn ohne Nachsicht aburteilen und bestrafen."
60 „Ohne Hass und ohne Furcht", berichtete La Crique, der sich an gewisse Ausdrücke aus der Staatsbürgerkunde erinnerte.
„Er hat seine Schuld gestanden; aber er hat nur gestanden, weil ihm nichts anderes übrig blieb und wir sein Verbrechen kannten. Welche Strafe soll er erleiden?"
„Umbringen!", brüllten einige Stimmen.
65 „Aufhängen!", schrien andere.
„Kastrieren!", ertönte es von einer Seite.
„Die Zunge abschneiden!"
„Zunächst", unterbrach der General, der etwas zurückhaltender war und sich trotz seines Zorns unbewusst eine klarere Übersicht über die Lage und die Folgen aller

Handlungen bewahrt hatte, „zunächst werden wir ihm alle Knöpfe abschneiden, um so den Grundstock für einen neuen Schatz zu haben und wenigstens einen kleinen Teil von dem zurückzubekommen, was seine Freunde, die Velraner, uns gestohlen haben."

„Mein Sonntagsanzug?", fuhr der Gefangene auf. „Das will ich nicht, das will ich nicht! Das sage ich meinen Eltern!"

„Ja, petz du nur, mein Junge! Du machst uns Spaß! Aber fang bloß nicht wieder mit deinen Angebereien an, das rate ich dir. Und wenn du uns hier die Ohren voll brüllst, werden wir dir die Schnauze mit deinem Rotzlappen stopfen, so wie wir's mit dem ‚Azteken' gemacht haben!"

Da auch diese Drohung Bacaillé nicht zum Schweigen brachte, knebelten sie ihn und beraubten ihn daraufhin aller seiner Knöpfe.

„Aber das genügt doch nicht, verdammte Scheiße!", empörte sich La Crique. „Für einen Verräter ist das viel zu wenig! Ein Verräter! […] Das ist ein Verräter, verdammt nochmal! So einer dürfte gar nicht weiterleben!"

„Wir müssen ihn auspeitschen", schlug Grangibus vor. „Und jeder darf einmal zuschlagen, weil er uns allen was angetan hat."

Nun banden sie Bacaillé nackt auf die Bretter des zerstörten Tisches.

„Anfangen!", befahl Lebrac.

Einer nach dem anderen traten die vierzig Longeverner, eine Weidengerte in der Hand, vor Bacaillé, der unter ihren Schlägen zum Steinerweichen schrie und schluchzte. Und zum Zeichen ihrer Verachtung und ihres Ekels spuckten sie ihm auf den Rücken, auf die Seiten, auf die Schenkel, auf den ganzen Körper. Inzwischen waren ein Dutzend Krieger unter Anführung von La Crique mit den Kleidungsstücken des Verurteilten hinausgegangen.

Als die Exekution beendet war, kamen sie zurück und reichten dem losgebundenen und von seinem Knebel befreiten Bacaillé an langen Stangen die einzelnen Teile seiner knopflosen Bekleidung hin. Die Richter von Longeverne hatten die Sachen von oben bis unten bepisst und auch auf andere Weise verunreinigt.

„Da, lass dich von den Velranern wieder zusammenflicken!", rieten sie ihm zum Schluss.

Paula Bettina Mader
Der Krieg der Knöpfe
Text 9

14. Bild: Die zerstörte Hütte wird entdeckt
Camus, Lebrac und La Crique gehen singend zur Hütte. Sie finden sie zerstört vor.

LA CRIQUE: Lebrac! Camus! Kommt mal her!
LEBRAC: Was ist denn das?
CAMUS: Das gibts doch gar nicht.
LA CRIQUE: Das sieht ja aus wie nach einem Erdbeben.
LEBRAC: Alles kaputt. Diese Schweine! Verbrecher! *Er weint.*
LA CRIQUE: Sogar die geklauten Kartoffeln haben sie mitgenommen. Das ist nicht wahr! Diese verrotteten Kadaver.

Lebrac: Wenn ich die erwischt hätte. Die hätten keinen Kopf mehr auf ihren Schultern!

Camus: Aber es hat doch kein Velraner gewusst, wo die Hütte ist. Der Beduine ist zu bescheuert. Der würde die Hütte nie finden, auch wenn er immer hier rumschnüffelt.

La Crique: Und der Schatz ist auch weg.

Lebrac: Wenn ich das Schwein erwische.

La Crique: Wen meinst du?

Lebrac: Dieses Mistvieh, das das getan hat!

Camus: Einen Verräter? Du meinst, wir haben mitten unter uns einen Verräter?

La Crique: Aber ja doch! Jetzt wird mir alles klar! Es gibt einen Verräter und ich weiß auch, wer es ist. Jetzt verstehe ich das Ganze. Dieser Elende, diese Mistkrücke, dieser Judas!

Lebrac: Wer?

Camus: Wen meinst du?

La Crique: Bacaillé!

Lebrac: Der Krummbeinige? Du glaubst, er hat es getan?

La Crique: Na klar! Er war doch am Donnerstag auf dem Markt. Dort hat er die aus Velrans getroffen und aus Wut, weil sich Tintins Schwester nichts aus ihm macht und weil er sauer war wegen den Knöpfen und der Ohrfeige, hat er alles ausgeplaudert. Und dann sind die Velraner, die noch ein bisschen laufen konnten, hierher und haben alles zerstört.

Lebrac: Dieser Hurensohn. Dem werd ich's zeigen! Alles zerstören. Dieser lausige Verbrecher. Der muss sich jetzt vorsehen. Wenn das wahr ist, dann ist sein Leben nicht mehr viel wert.

Camus: Wieso, wenn das wahr ist? Kein anderer kann es gewesen sein. Alle anderen waren doch immer dabei.

La Crique: Und nur der Judas hat ein Motiv.

Lebrac: Wir werden ihn unter einem Vorwand hierher locken. Dann wird er genauso behandelt, wie wir es mit seinen Freunden, den Velranern, machen.

Camus: Er darf nur keinen Wind davon kriegen. Wir müssen so tun, als ob wir gar nichts wüssten.

Lebrac: Das ist nicht leicht, für einen ehrlichen Krieger.

La Crique: Morgen gehen wir alle zur Hütte. Dann werden wir ihn zur Rede stellen!

Camus: So soll es sein!

Lebrac: Also morgen!

La Crique: Rache ist süß!

15. Bild : Der bestrafte Verräter

Mit schmerzverzerrtem Gesicht, wirrem Haar und mit seinen Kleidern unterm Arm rennt Bacaillé ins Dorf. Allen, die ihm begegnen, erzählt er unaufgefordert seinen Leidensweg und die Untaten der anderen Jungen.

Bacaillé: Aaaaah! Aaaaaaah! Schweine! Mistkäfer! Scheißer!

VATER LEBRAC: Was ist denn mit dir passiert?
BACAILLÉ: Diese Verbrecher! Sie haben meine Kleider angepisst! Aua! Aaaah! Aua!
EINE FRAU: Wer tut denn so was?
BACAILLÉ: Lebrac, Camus und all die anderen Mistbolzen. Aua! Sie schneiden anderen Kindern die Knöpfe von den Kleidern und schlagen und treten Unschuldige! Aua! Aua!
EINE FRAU: Das arme Kind!
BACAILLÉ: Und dem Beduinen haben sie den nackten Hintern gezeigt, seinen Garten verwüstet und in seinem Haus alles durcheinander gebracht.
EIN MANN: Na, das sind ja schöne Würstchen!
BACAILLÉ: Um ihre Hütte zu bauen, haben sie Werkzeug und Nägel gestohlen, jeder musste eine Steuer bezahlen und dann haben sie Feste gefeiert mit Wein und gestohlenen Kartoffeln und Schokolade und geraucht haben sie auch! Mein Kopf tut so weh!

MUTTER BACAILLÉ: Mein Kind! Mein armes Kind! Was haben sie dir getan?
BACAILLÉ: Sie haben mich mit Gerten geschlagen, genauso wie sie es beim Azteken gemacht haben. Alle Knöpfe abgeschnitten. Sie sind keine Menschen. Lebrac und Camus sind am schlimmsten. Sie führen Krieg gegen die Jungen aus Velrans. Die Hose vom Azteken haben sie dem heiligen Joseph angezogen. Ich bin unschuldig.
EINE FRAU: Das ist ja unglaublich. Der heilige Joseph. Du lieber Himmel, verzeih ihnen. Sie wissen ja nicht, was sie tun!
MUTTER BACAILLÉ: Habt ihr das gehört! Was steht ihr hier noch so rum. Eure Kinder sind Verbrecher. Mein armes Kind, so zugerichtet. Schämt euch. Eine schöne Brut, die ihr da heranzieht. Alles Verbrecher!
BACAILLÉ: Mama, Mama! Es tut so weh!
MUTTER BACAILLÉ: Mein armer Schatz. Komm nach Hause, mein Kleiner. Solche Tiere. Ein unschuldiges Kind so zu quälen.
BACAILLÉ: Camus und Lebrac, die waren es, und alle anderen. Camus und Lebrac!
MUTTER BACAILLÉ: Da hört ihr es! Camus und Lebrac! Solche Tiere!
VATER LEBRAC: Der soll mir nach Hause kommen!

13 a Welche Gemeinsamkeiten und Unterschiede von Romantext und Theaterfassung fallen beim ersten Lesen auf? Lege eine Tabelle an und halte deine Beobachtungen darin fest.
  b Was erfährt man in beiden Fassungen, was kommt nur in einer Fassung vor? Notiere deine Eindrücke in Stichpunkten und sortiere sie in deine Tabelle ein.

14 Untersuche die beiden Texte genauer.
  a Wie verläuft die Handlung im **epischen Text**, also im Romanausschnitt?
    • Welche **Handlungsschritte** ereignen sich?
    • Aus wessen **Perspektive** werden sie erzählt?
    • Fasse jeden Handlungsschritt in einem Satz zusammen und nenne die zugehörigen Zeilen.
  b Untersuche den Handlungsablauf im **dramatischen Text**, also im Theaterstück.
    • Welche **Handlungsschritte** werden auf der Bühne dargestellt?
    • Wie und von wem erfahren die Leserinnen und Leser bzw. das Publikum von Handlungsschritten, die nicht zu sehen sind?
    • Fasse die Handlungsschritte in jeweils einem Satz zusammen, nenne die zugehörigen Zeilen und zeige auf, wie man davon erfährt.
  c Welche **Figuren** kommen im Romanausschnitt vor, welche im Theatertext? Welche Rolle spielen sie? Wie erklärt ihr euch die Unterschiede?
  d An welchen Stellen in den Texten erfährt man etwas über den **Ort der Handlung**? Was erfährt man aus dem Theaterstück, was aus dem Roman?
  e An welchen Stellen der beiden Texte erfährt man etwas über die **Gefühle** der Jungen und die **Reaktionen** des Verräters? Nenne die Textstellen und zeige auf, auf welche Art und Weise die Gefühle jeweils vermittelt werden. Erkläre, ob diese Darstellungsweisen typisch für epische bzw. dramatische Texte sind.
  f Vergleicht die **sprachliche Gestaltung** der beiden Texte. Welche Gemeinsamkeiten und Unterschiede fallen euch auf?
  g Warum wird das Geschehen im Roman anders erzählt als im Theaterstück? Begründe deine Meinung.

15 Lebrac und die anderen Jungen gehen sehr brutal mit Bacaillé um.
Ist ihre Reaktion verständlich? Ist sie angemessen? Ist sie zu tolerieren?

16 a „Der soll mir nach Hause kommen!" (Text 9, Z. 85)
Lest diesen Satz von Lebracs Vater auf unterschiedliche Weisen. Wie wirken die unterschiedlichen Lesarten? Welche Lesart passt eurer Meinung nach am besten zu Lebracs Vater und der Szene? Begründet eure Einschätzung.
  b Arbeitet in Gruppen und entwickelt neue Szenen, die zeigen, was passiert, als die anderen Jungen nach Hause kommen:

• Wie reagieren die Eltern von Lebrac, Camus, La Crique und Grangibus?
• Was sagen sie ihren Söhnen?
• Wie rechtfertigen sich die einzelnen Jungen?
• Werden die Jungen bestraft?
• Welche Strafe bekommen sie?

• Einigt euch, über welchen Jungen ihr schreiben wollt, überlegt euch kurz den Ablauf eurer Szene und verfasst passende Dialoge.
• Tauscht eure Szene mit der einer anderen Gruppe und schreibt Subtexte zur neuen Szene.
• Tauscht die Szene mit der einer weiteren Gruppe aus und spielt die neue Szene. Probiert aus, wie ihr dem Publikum auch die innere Handlung verdeutlichen könnt, und erprobt unterschiedliche Darstellungsmöglichkeiten.
• Spielt die Szenen vor der Klasse und tauscht euch über eure Eindrücke aus. Welche Lösungsmöglichkeiten wurden gefunden?

Einen dramatischen Text in einen epischen umformen

Paula Bettina Mader
Der Krieg der Knöpfe

Text 10

1. Bild: *In der Mitte der Bühne ein kleiner Marienschrein, wie er an Weg- und Feldrändern steht. Davor liegt eine tote Kuh auf der Bühne. […]*

LONGEVERNER: I h r müsst das Vieh vergraben. Sonst kriegen wir alle die Murie[1].
VELRANER: Vielleicht, damit es uns erwischt? Die Murie macht keinen Unterschied zwischen Tier und Mensch.
LONGEVERNER: Sie liegt auf eurem Grund!
5 VELRANER: Aber ihr habt sie gefunden! Und überhaupt. Die Wiese ist genauso eure. Sind nicht eure Viecher da immer auf der Weide?
LONGEVERNER: Wenn sie zufällig dorthin kommen, werft ihr gleich mit Steinen und beschimpft uns. Ihr solltet keine Zeit verlieren. Die Murie wird sonst alle Tiere befallen. Sie werden krepieren und die Menschen auch.
10 VELRANER: Murie! Selber Murie!
LONGEVERNER: Ihr wollt die Kuh also nicht verscharren? Ihr Nichtsnutze und Dreckärsche.
VELRANER: Ihr seid doch Witzfiguren! Ihr habt den Kadaver gefunden. Also. Er gehört euch. Hütet ihn gut. Wir schenken ihn euch!
15 LONGEVERNER: *ballen die Fäuste* Man wird sehen. Wir werden unser Recht bekommen! Wir gehen vor Gericht! […]
Ein Richter aus der Stadt begutachtet die stinkende Kuh. Er bleibt in großem Abstand zu dem Tierkadaver stehen und hält sich ein Taschentuch vor die Nase. […]
RICHTER: Der Gestank ist ja fürchterlich. Und ihr, ihr seid Dummköpfe. Um ein
20 für alle mal Frieden zu stiften, werde ich jetzt Recht sprechen. Im Namen des Gesetzes ergeht folgender Spruch: Weil es nun mal so ist, dass die Leute aus Velrans schwören, dass der Boden ihnen nicht gehört, werden die Einwohner von Longeverne die Kuh beseitigen.
Die Velraner grinsen.
25 RICHTER: Weil dieses Stück Land nicht zu Velrans gehört, ist es damit definitiv in den Besitz von Longeverne übergegangen. Für jetzt und für alle Zeit.
Die Longeverner grinsen.
RICHTER: Besorgt mir schnell einen Wagen und entfernt diesen stinkenden Kadaver, damit nicht noch die Pest, die Murie oder sonstige Krankheiten ausbrechen.
30 Auf Wiedersehen meine Herren. Auf Wiedersehen!

[1] eine tödliche Krankheit, deren Ursache unbekannt ist

1 Wie ist diese Szene wohl im Original (Roman) gestaltet? Schreibe sie so um, dass sie zum Roman von Pergaud passt.
- Welche Stellen musst du ausgestalten?
- Welche Informationen, die das Publikum durch die Art der Darstellung auf der Bühne erhält, musst du für die Leser deines Textes sprachlich ausgestalten?
- Was musst du verändern (Figurencharakterisierung? Ortsbeschreibung? Situationsgestaltung? Schilderung der Gerüche, Geräusche usw.?)

Und jetzt kommst du!

Eine Analysekartei für literarische Texte erstellen

Analysekartei für literarische Texte

Literarische Texte kann man **besser verstehen**, wenn man sie **genauer untersucht** und sie aus unterschiedlichen Blickwinkeln betrachtet.

Eine Analysekartei kann dir dabei helfen, alle wichtigen Aspekte eines literarischen Textes zu **beschreiben** und zu **untersuchen**.

Sie erklärt die wichtigsten **Analyse-Begriffe** und schlägt eine **Untersuchungsreihenfolge** vor.

1 Erstelle eine Mindmap: Welche Aspekte eines literarischen Textes kann man genauer untersuchen?

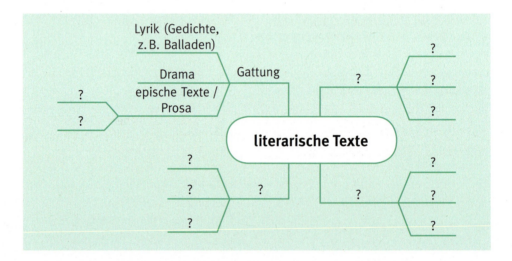

2 Arbeitet in Gruppen. Jede Gruppe beschäftigt sich mit einem Zweig der Mindmap.
  - Notiert in Stichpunkten, was ihr über die Begriffe wisst, die in eurem Zweig genannt sind.
  - Vergleicht eure Stichpunkte mit den Hinweisen und Erklärungen, die im Buch enthalten sind, und ergänzt Fehlendes.
  - Überprüft, ob ihr bei anderen Texten im Buch noch weitere Aspekte untersucht habt, und ergänzt eure Stichpunktliste.

3 a Vergleicht eure Stichpunkte. Gibt es Überschneidungen?
  b Wie erklärt ihr euch Überschneidungen?

4 Formuliert für jeden der genannten Stichpunkte eine eigene Definition, die knapp, aber präzise erklärt, was der Begriff bedeutet.
Beispiel:

auktoriale Erzählperspektive – *Der Erzähler blickt von außen auf die Handlung, er ist „allwissend", kennt die Gedanken und Gefühle aller Figuren und kann das Geschehen kommentieren und werten.*

hypotaktischer Satzbau – *Satzgefüge, bestehend aus Haupt- und Nebensätzen*

5 Übertragt die Begriffe und ihre Definitionen auf farbige Karteikarten. Legt fest, welcher Bereich welche Farbe bekommt (z.B. blau für Sprache), schreibt den Begriff auf die Vorderseite der Karteikarte und die Erklärung auf die Rückseite.

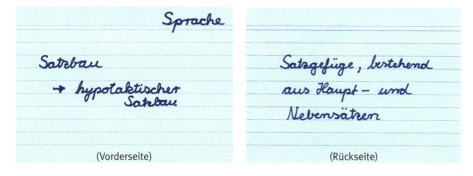

6 Sortiert eure Karteikarten nach Farben und bringt jeden farblichen Bereich in eine sinnvolle Reihenfolge: Was untersucht ihr zuerst, wenn ihr einen literarischen Text analysiert, was als Zweites usw.?

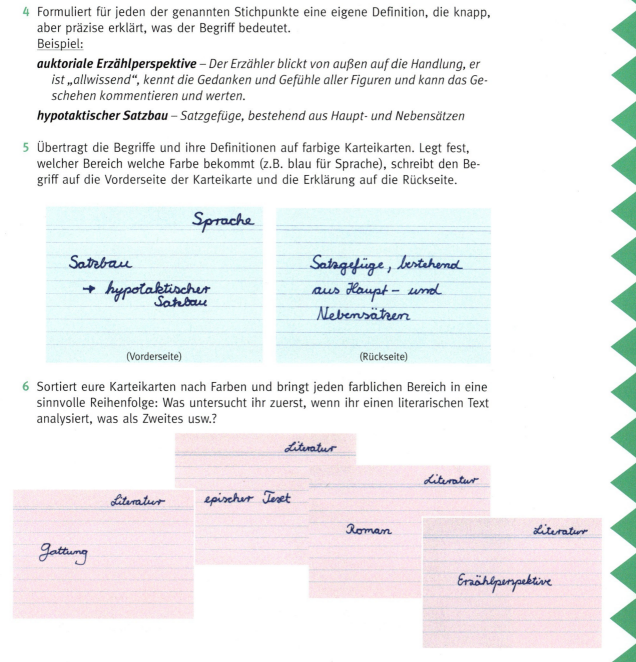

7 Die Analysekartei kann jederzeit erweitert werden: Definiert den neuen Begriff, übertragt ihn auf eine farblich passende Karteikarte und sortiert ihn ein.

Wenn einer eine Reise tut …
Texte und Statistiken

Wenn einer eine Reise tut …

1. Reisen – Ein Thema mit vielen Seiten

Ein Traumjob? – Über Reiseanlässe nachdenken

Text 1 **Eine, die es wissen muss**

Die Schülerzeitschrift „Echo" hat „Reisen als Beruf" zum Schwerpunktthema ihrer neuesten Ausgabe bestimmt. Camilla und Marc führen daher ein Interview mit einer Flugbegleiterin.

MARC: Ist dein Beruf so, wie viele ihn sich vorstellen? Mal eben Kaffee servieren, um die Welt reisen, die Urlaubsländer sehen?
CORINNA: Er ist reichlich anders. Die Crew muss in den zwei Stunden zwischen Düsseldorf und Palma de Mallorca alles zügig absolvieren: Passagiere für den
5 Start vorbereiten, Mahlzeiten und Getränke ausgeben, Souvenirs und Parfum verkaufen, Extrawünsche erfüllen, Kindern und älteren Passagieren helfen, dann alles für die Landung arrangieren usw.
CAMILLA: Aber du reist, kommst dabei herum und siehst viel.
CORINNA: Das ist der Trugschluss vieler Menschen. Von Samstag bis Mittwoch
10 sehe ich täglich Palma, aber immer nur den Flughafen. Nach 20.000 Kilometern hin und zurück werde ich meine freien Tage in Frankfurt verbringen und ausschlafen.
MARC: Welche Reisen bevorzugst du denn privat in deiner Freizeit?
CORINNA: Ich fahre gerne mal mit dem Auto, Bus oder Zug dorthin, wo nicht so
15 viele Leute sind. Dann wandere ich oder liege einfach auf einer Wiese. Und wenn hoch oben über mir eine Maschine brummt, fällt mir ein, dass ich in ein paar Stunden oder Tagen auch wieder mitfliege. Es ist halt mein Beruf. Dann wünschte ich, ich könnte noch länger im Gras liegen, ein wenig dösen oder nachdenken.
20 CAMILLA: Uniform und Image des Berufs sind aber hervorragend.
CORINNA: Überwiegend ja. Für die Passagiere ist das an Bord meistens spannend und ein Teil des Urlaubs. Die sehen uns immer, fast immer, lächeln und wissen nicht, wie es manchmal bei dir drin aussieht. Manche Geschäftsleute, die beruflich fliegen, betrachten uns aber als eine Art Kellnerin in der Luft und komman-
25 dieren herum. Bei den Flughafenarbeitern heißen wir ohnehin „Saftschubse".

1 **Flugbegleiterin – ein Traumjob**?
  a Welche Tätigkeiten nennt Corinna als Teil ihres Berufs? Erstelle auf der Grundlage des Interviews ein Tätigkeitsprofil für den Beruf „Flugbegleiter/in".
  b Informiere dich (z. B. bei der Bundesagentur für Arbeit, bei einer Fluglinie oder in Internet) über den Beruf „Flugbegleiter/in" und ergänze das Tätigkeitsprofil.
  c Wie beschreibt Corinna ihren Beruf?
  d Welche Fähigkeiten braucht man deiner Meinung nach, um diesen Beruf ausüben zu können? Begründe deine Meinung.

2 Wie unterscheidet sich Corinnas Beschreibung von deinen bisherigen Eindrücken, die du von Flugbegleiterinnen und Flugbegleitern gewonnen hast?

3 a Wie wirkt der Begriff „Saftschubse" (Z. 25) auf dich?
  b Erkläre, was für ein Bild durch Begriffe wie „Saftschubse" von anderen Menschen und ihren Tätigkeiten gezeichnet wird.
  c Überlege, was die Redaktionen von Wörterbüchern bewogen haben könnte, solche Begriffe aufzunehmen.

4 Corinna fliegt beruflich. Sammelt weitere **Reiseanlässe** (z. B. Urlaub, Umzug usw.) und **Verkehrsmittel** (z. B. Auto) und ordnet sie jeweils in einem Ideenstern an. Er besitzt so viele Enden, wie ihr Reiseanlässe oder Verkehrsmittel findet.
Beispiele:

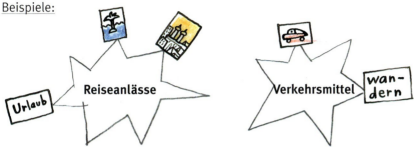

5 a Stelle in einer Tabelle Motive für Reiseanlässe gegenüber.
  b Diskutiert, welche Reiseanlässe euch am meisten und welche euch am wenigsten Spaß machen würden.

private Reisen	berufliche Reisen
Urlaubsreise	Reise als Flugpersonal
Verwandte besuchen	Dienstreise
■	■

6 Erweitere deine Ideensterne zu Mindmaps und ordne den einzelnen Reiseanlässen und Verkehrsmitteln Vor- und Nachteile sowie andere Aspekte zu.

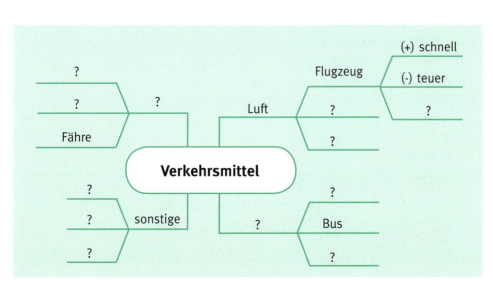

Reinhard Mey

Text 2 **Über den Wolken**

Wind Nordost, Startbahn Null-Drei
bis hier hör' ich die Motoren
wie ein Pfeil zieht sie vorbei
und es dröhnt in meinen Ohren
5 Und der nasse Asphalt bebt
wie ein Schleier staubt der Regen
bis sie abhebt und sie schwebt
der Sonne entgegen.

Über den Wolken muss die Freiheit wohl grenzenlos sein
10 *alle Ängste, alle Sorgen, sagt man,*
blieben darunter verborgen und dann
würde was uns groß und wichtig erscheint
plötzlich nichtig und klein.

Ich seh' ihr noch lange nach
15 seh' sie die Wolken erklimmen
bis die Lichter nach und nach
ganz im Regengrau verschwimmen
Meine Augen haben schon
jenen winz'gen Punkt verloren
20 nur von fern klingt monoton
das Surren der Motoren

Über den Wolken muss die Freiheit wohl … (Refrain)

Dann ist alles still, ich geh'
Regen durchdringt meine Jacke
25 Irgendjemand kocht Kaffee
in der Luftaufsichtsbaracke
In den Pfützen schwimmt Benzin
schillernd wie ein Regenbogen
Wolken spiegeln sich darin
30 Ich wär' gerne mitgeflogen.

Über den Wolken muss die Freiheit wohl … (Refrain)

© Chanson-Edition
Reinhard Mey, Berlin

7 a Stelle gegenüber, wie Corinna (Text 1) und das lyrische Ich in Reinhard Meys Lied das Flugzeug und das Fliegen sehen.
b Verfasse einen Dialog zwischen Corinna und dem lyrischen Ich aus Text 2.
c Es besteht ein wesentlicher Unterschied zwischen dem lyrischen Ich und Corinna, was das Fliegen betrifft. Welcher?

8 Vergleiche die Vorteile und Nachteile des Flugzeugs aus deiner Mindmap (Aufgabe 6, S. 131) mit dem Liedtext. Wie wirkt das Lied jetzt auf dich?

Reise! Reise! – Statistiken und literarische Texte

Reisen bildet – Dichter und Philosophen über das Reisen

Text 3

> Man reist nicht, um anzukommen, sondern um zu reisen.
> *(Johann Wolfgang von Goethe)*

> Keiner kommt von einer Reise so zurück, wie er weggefahren ist.
> *(Graham Greene)*

> Wie Blinde zu gut Sehenden, so verhalten sich die, die nie eine Reise gemacht haben, zu Vielgereisten.
> *(Philo von Alexandria)*

> Viel zu spät begreifen viele
> die versäumten Lebensziele:
> Freuden, Schönheit und Natur,
> Gesundheit, Reisen und Kultur.
> Drum, Mensch, sei zeitig weise!
> Höchste Zeit ist's! Reise, reise!
> *(Wilhelm Busch)*

> Man reist nicht billiger und nicht schneller als in Gedanken.
> *(Georg Weerth)*

9 a Welche Reiseanlässe sprechen die Autoren an?
   b Vergleicht die Aussagen mit den Reiseanlässen, die ihr selbst gesammelt habt, und stellt Gemeinsamkeiten und Unterschiede heraus.

10 a Erkläre, wie die Autoren das Reisen sehen und welche Bedeutung sie ihm beimessen.
   b Wie würde jemand, der beruflich reist, die Aussagen der Autoren kommentieren?

In Zahlen: Reisen in Deutschland

Text 4

1. Aufteilung nach Reiseanlässen:
Urlaubsreisen: 73 %
andere Reiseanlässe: 27 %

2. Aufteilung der Urlaubsreisen:
innerhalb Deutschlands 30,4 %
in das Ausland 69,6 %

3. Verkehrsmittel der Urlaubsreisen:
Pkw: 45 %
Flugzeug: 37 %
Bus: 10 %
Eisenbahn: 6 %
andere: 2 %

4. Unterbringung im Urlaub:
Hotel: 50,3 %
Privatunterkünfte: 18,4 %
andere (z. B. Camping) 31,3 %

5. Organisation der Urlaubsreise:
selbst organisiert/gebucht 56 %
über ein Reisebüro 44 %

(Quelle: destatis Wiesbaden, 2005)

11 a Formuliere mindestens fünf Sätze zu den Angaben der Statistik, z. B. „Fast drei Viertel aller Reisen sind Urlaubsreisen."
   b Über welche Angaben der Statistik wunderst du dich vielleicht? Begründe, warum du ein anderes Ergebnis erwartet hättest.

12 a Prüfe, ob folgende Aussagen laut Statistik wahr oder falsch sind oder ob man sie der Statistik gar nicht entnehmen kann.
- *Weniger als die Hälfte der Urlaubsreisen werden mit dem Flugzeug gemacht.*
- *Es fahren mehr Männer als Frauen mit dem eigenen Auto in den Urlaub.*
- *Etwas mehr als ein Viertel der Reisen sind keine Urlaubsreisen.*
- *Menschen, die älter sind als 40 Jahre, machen häufiger in Deutschland Urlaub als die unter 40-Jährigen.*
- *Fast die Hälfte aller Urlaubsreisenden wohnt im Urlaub nicht im Hotel.*

b Formuliere weitere Aussagen nach diesem Muster und lege sie deiner Banknachbarin oder deinem Banknachbarn vor. Diese(r) muss jetzt entscheiden, ob sie wahr, falsch oder der Statistik nicht zu entnehmen sind.

13 a Welche Angaben wünschst du dir noch in einer solchen Statistik?
b In welchen Formen ließe sich die Statistik noch darstellen (z. B. in einem Tortendiagramm)?

Uwe-Michael Gutzschhahn

Text 5 Drei Affen

Sommer. Ferien. Endlich keine Schule. Keine Lehrer. Keine quälgeisternden Mitschüler, die alles besser wissen und das auch noch ständig mit schnipsenden Fingern unter Beweis stellen müssen.
Wie ich das hasse. […]
5 Ab morgen sind Ferien.
Dann gibt es auch keine Ma mehr, die mir Löcher in den Bauch fragt, wenn ich nach Hause komme. Hundert Fragen. Mittags, wo alles zwischen Kopf und Bauch leer ist. Ausgehöhlt. Einschließlich Magen.
Morgen werde ich verreisen. Urlaub machen. Ja, *ich*. Nur ich. Allein.
10 Keine Ahnung, wohin. Einfach weg.
Nichts sehen, nichts hören, nichts sagen.
Wie die drei chinesischen Affen auf Mas Schreibtisch, die sich Augen, Ohren und Mund zuhalten.
Wie Ma wohl zu denen gekommen ist?
15 Drei Bronzeaffen, die sie den ganzen Tag während der Arbeit ansieht.
Ma sieht sonst alles.
Hört alles.
Weiß alles.
Aber nicht, was die drei Affen bedeuten.
20 Ma redet und redet. Wie ein Wasserfall.
Als wäre sie Lehrer.
Oder Schüler.
Warum glauben alle, alles besser zu wissen?
Ich weiß es nicht.
25 Ma fragt mich, wie es in der Schule war …
und gibt sich selbst die Antwort.

Weil sie nicht abwarten kann.
Weil sie keine Ruhe hat.
Ma macht Stillsein nervös.
30 Deshalb muss ich verreisen. Am besten zu den drei Affen.
Nach China? Ich weiß nicht. Klingt ziemlich weit. Ich habe mal im Atlas nachgeguckt. Weil ich ein Buch gelesen hatte: *Mit dem Fahrrad um die Welt*. Da ging es auch durch China. Aber mit dem Fahrrad? Ob ich das schaffe? Dreitausend Fragezeichen.
35 Doch die Affen wären es wert. Selbst wenn man über den Himalaja müsste, um hinzukommen.
Für die Affen würde sich jede Reise lohnen. Egal wie weit.
Nichts sehen, nichts hören, nichts sagen.
Aber Schnee und Eis im Sommer? Nein danke. Das ist doch zu viel verlangt, finde
40 ich.
Warm sollte es sein, wenn ich verreise. Richtig schön warm. Und trocken. Wer will schon die ganzen Sommerferien in Kälte und Nässe verbringen?
Ich habe mir überlegt, wenn ich verreise, muss es in eine Gegend sein, wo man nicht friert. Auch Regen macht keinen Spaß. […]
45 Irland, igitt. Dad hat mal gesagt, da regnet's von morgens bis abends. […]
Woanders gibt es Sonne umsonst.
Bei warmer Sonne am Strand liegen, das wär's.
Muss ja nicht der hoteleigene Luxusstrand eines Fünfsterne-Kastens in Spanien sein. Da findet man sowieso nur Leute, die von den drei Affen noch nie was gehört
50 haben.
Und trotzdem wissen sie garantiert alles besser.
Nein danke.
Lieber wär mir ein völlig einsamer Platz, getarnt zwischen Dünen am Meer.
Wo einen niemand anquatscht und Fragen stellt.
55 Wo nur der Wind im Strandgras raschelt und im Hintergrund das Meer rauscht, wenn es auf den Strand trifft.
Jede Nacht denke ich ans Meer.
Meer ist schön. Weit und groß. Endlos.
Das Meer schluckt alles andere. Rauscht einfach nur und klatscht an den Strand.
60 Hier bin ich. Das Meer. […]

literarische Figuren
→ S. 105ff.

Erzählperspektive
→ S. 107

14 a Wer ist die Figur, die hier erzählt? Fertige einen Steckbrief zu der Figur an.
b Weshalb hat der Autor ihr keinen Namen und kein Geschlecht gegeben?
c Gib der Figur einen Namen und ein Geschlecht und erkläre, welche Vorstellungen sie oder er vom Reisen hat.

15 Beschreibe die Form, die sprachliche Gestaltung und die Erzähltechnik von Text 5 und erkläre, welche Wirkung der Autor damit erzielt.

16 a Welche Gründe für den Reisewunsch werden aus der Erzählung deutlich?
b Besprecht, was das für eine Art von Wärme ist, die sich die Erzählerin oder der Erzähler von Text 5 wünscht (Z. 41–47).

2. Mallorca – Verschiedene Textsorten drücken Unterschiedliches aus

Text 6

Mallorca ist nicht Spanien ... Putzfraueninsel ... Künstlerparadies ... Massentourismus ... Sommerurlaub der spanischen Königsfamilie ... Deutschlands 17. Bundesland ... Insel der Reichen und Schönen ... verträumte Buchten, herrliche Pinienwälder ... Hotelburgen, überfüllte Strände ... viel Kultur und Natur ... Bierkneipen, Wurststände und Discos ... Chopin ... herrliches Wetter ...

1. Sammelt weitere Schlagwörter zu Mallorca, z. B. im Internet, oder fragt Mitschülerinnen und Mitschüler, Eltern und Bekannte nach ihrer Meinung über Mallorca.

2. a Besorgt euch Reiseprospekte oder -kataloge zu Mallorca (Reisebüro) und schreibt Bemerkungen über Mallorca heraus.
   b Stellt diese Angaben den von euch gesammelten Schlagwörtern gegenüber. Welche Unterschiede und Gemeinsamkeiten erkennt ihr?
   c Überlegt, woher diese Unterschiede und Gemeinsamkeiten rühren könnten.

3. Schreibe auf, welchen Eindruck von Mallorca du selbst bisher gewonnen hast, und bewahre die Notizen für spätere Ergänzungen auf.

Sebastian Münster

Text 7 Mallorca – ein besonderes Königreich
(1550, aus dem Frühneuhochdeutschen übersetzt)

Von Spanien. Von den zwei Inseln Mallorca und Menorca, die ein besonderes Königreich bilden.
Vor Zeiten sind diese zwei Inseln […] Balearen genannt worden. Und sie sind sehr fruchtbar gewesen. Man züchtet viel Vieh und besonders findet man dort große
5 und zahlreiche Maulesel. Mehr als dreißigtausend Menschen wohnen dort. Sie wohnen in den hohlen und gebogenen Felsen und haben vor Zeiten keine goldenen und silbernen Münzen verwendet. Die Frauen haben sie außerordentlich lieb, sodass sie mit drei oder vier Männern eine Frau aus der Hand der Räuber befreien. […]
10 Sie haben in Kriegen Schleudern verwendet und so hart getroffen, dass man meinte, der Stein sei aus einem Gewehr gekommen. Sie sind auch so sicher in ihrem Wurf gewesen, dass sie selten ihr Ziel verfehlt haben. Denn sie sind von Kind auf daran gewöhnt, dass ihre Mütter ihnen nichts zu essen geben, bis sie mit ihrer Schleuder ein Stück Brot von einem Pfahl herabgeschossen haben.

4. a Notiere die Eigenschaften der Mallorquiner, die Sebastian Münster ihnen in seiner Beschreibung zuschreibt.
   b Erkläre: Mit welchem Blick sieht Münster die Mallorquiner und ihr Leben?

George Sand
Ein Winter auf Majorca (1846)

Text 8

Die Schriftstellerin George Sand begleitete den Komponisten Frédéric Chopin 1838 nach Mallorca.

Die Mallorcaner[1] lebten geraume Zeit in den traurigsten Umständen: Sie verstanden weder, Ochsen zu mästen, noch die Wolle der Schafe zu gebrauchen, noch aus den Kühen Nutzen zu ziehen, […] nicht einmal Pferde hatten sie […].
Sie hielten es ferner gar nicht für nötig, einen Weg oder nur einen einzigen gangbaren Fußpfad auf ihrer ganzen Insel zu haben […].
[…], was man für uns tun konnte, war, dass man uns zwei eingerichtete oder vielmehr nicht eingerichtete Zimmer an einem verdächtigen Orte anwies, wo Fremde noch froh sein dürfen, wenn jeder ein Bett mit einem harten Kopfkissen, einen Strohsessel und als Speise ein wenig Pfeffer und Knoblauch erhält. […]
Wehe dem, der in Spanien nicht mit allem zufrieden ist! Die leichteste Grimasse, die jemand schneidet, wenn er Wanzen im Bette und Skorpionen in der Suppe findet, wird ihm die größte Verachtung und allgemeinen Hass zuziehen. […]
Man kennt daselbst weder die Herrschaft der Mode noch das Bedürfnis des Luxus und der Bequemlichkeit. […] Man besitzt das Unentbehrlichste, aber nichts weiter, und die ganze Gastfreundschaft beschränkt sich somit auf leere Worte.

[1] **Mallorcaner:** = früherer Ausdruck für Mallorquiner (Einwohner Mallorcas)

5 a Stelle in einer Tabelle die Unterschiede zwischen dem heraus, was Sebastian Münster und George Sand über die Inselbewohner sagen.
  b Beschreibe die Haltung der beiden Autoren, die durch ihre Äußerungen zum Ausdruck kommt.

Frédéric Chopin

Text 9 Brief an Julian Fontana (1838)

Ich bin in Palma, unter Palmen, Zedern, Kakteen, Oliven, Orangen, Zitronen, Aloen, Feigen, Granaten usw. […] Der Himmel ist wie Türkis, das Meer wie Azur, die Berge wie Smaragde, die Luft wie im Himmel. Am Tage herrscht die Sonne, alle gehen sommerlich gekleidet und es ist heiß; in der Nacht hört man stundenlang Gitarren und Gesang. Riesige Balkone mit Weintrauben über dem Kopf. […] Mit einem Wort, ein wundervolles Leben! Wohnen werde ich gewiss in dem wundervollen Kloster, es hat die schönste Lage auf der ganzen Welt: Meer, Berge, Palmen, […] alte, tausendjährige Olivenbäume. Oh, mein Freund, ich lebe auf!

Recherche → S. 250

6 Recherchiere in Nachschlagewerken oder im Internet, wer Frédéric Chopin war, weshalb er für kurze Zeit auf Mallorca gelebt hat und aus welchem Grund er bald wieder abgereist ist.

7 Beschreibe Chopins Stimmung, als er diesen Brief formuliert hat, und suche dazu Belege aus dem Text.

8 Was stellt er im Gegensatz zu seiner Begleiterin George Sand (Text 8) in den Vordergrund seiner Mallorca-Beschreibung?

9 Weshalb hat wohl ein Verlag für seinen Mallorca-Reiseführer gerade Chopins Brief als Vorwort ausgesucht?

Auf Felspfaden oder mit dem Bus – Reisebeschreibung und Reiseführer

Kim Rahir
Unterwegs auf Felspfaden

Text 10

Der Tag beginnt mit einem sehr bedächtigen Tankwart. Gabriel, der schon seit 6 Uhr morgens an der Tankstelle von Sóller im Nordwesten Mallorcas die Kunden bedient, erwägt ausführlich, welchen Weg nach Biniaraix er empfehlen soll. Rechtsherum sind weniger Leute unterwegs, die Strecke ist aber vielleicht nicht so
5 leicht zu finden. Linksherum es ist eigentlich ganz einfach, aber dort könnte etwas mehr los sein. Schließlich kommt der Mittvierziger mit dem Vollbart zu einem klaren Schluss: „Also, für ein erstes Mal würde ich eindeutig linksherum empfehlen."
Gesagt, getan. Durch die schmalen Straßen von Sóller, wo vereinzelte Fußgänger
10 mit vollen Einkaufstaschen vom Markt kommen, geht es leicht bergan in den Vorort Biniaraix. Ein altes Waschhaus ist der Mittelpunkt der winzigen Siedlung, gleich am Dorfausgang reihen sich Orangen- und Zitronengärten aneinander. Hier beginnt die Wanderung durch die Serra de Tramuntana in Richtung des 1098 Meter hohen Puig de l'Ofre. Das Hinweisschild am Beginn des Pfades ist ausge-
15 sprochen präzise: Bis zum Cúber, dem hinter dem Ofre liegenden Gipfel, dauert der Fußmarsch vier Stunden und fünf Minuten.
Anfangs führt der mit Natursteinen bepflasterte Weg noch durch duftende Zitronengärten, doch schon bald wachsen ringsherum wilde Olivenbäume, Kiefern und halbhohe Sträucher. Trotz der herben Natur dieses felsigen Gebirges ist der Pfad
20 überraschend gut in Schuss, fast ist es wie ein Spaziergang durch einen wilden Garten. Stetig führt der Weg bergan, an mit Mühsal und Geduld angelegten Terrassengärten vorbei, durch Schluchten und entlang rauschender Gebirgsbäche. Das Licht ist klar und mild, nur wenige Wanderer sind unterwegs.
Der Blick fällt jedoch auf ein hochgelegenes Tal mit saftig grünem Gras, wo sich
25 ein kleines Bauernhaus aus Naturstein an die gegenüberliegende Anhöhe schmiegt. Aus dem Garten ruft ein Pfau herüber, Singvögel zwitschern eifrig und ein Buchfink gesellt sich zum Picknick dazu.

10 a In welchen Zeilen beschreibt der Autor den Ort Sóller und die Reiseroute näher?
 b Worauf hat er dabei besonders geachtet?

11 Im Internet, in Reisekatalogen und Reiseführern gibt es Landkarten von Mallorca. Verfolge darauf den Weg des Wanderers und ergänze die Orts- und Wegbeschreibung.

12 Wie hat sich durch den Text dein bisheriges Bild von Mallorca verändert?

13 Was Kim Rahir erzählt, wird heute „sanfter Tourismus" genannt. Erkläre diesen Begriff anhand des Textes und weiterer Informationen, die du dir dazu beschaffst.

Text 11

Mit Bahn und Bus nach Sóller und weiter …

Abseits der Touristenzentren präsentiert sich auf Mallorca mit Sóller ein sehr pittoresker¹ Ort. Innerhalb der Bergstadt herrscht zwar eine
5 dichte Bebauung vor, sodass Sie binnen weniger Minuten durch die malerischen Gassen streifen können. Aber angesichts des geschichtlich geprägten Baustils und wegen
10 des weitgehend einheitlichen Baumaterials ergibt sich ein harmonisches Stadtbild.
Leider wählen mangels ausreichender Informationen zu viele Touristen während ihres Aufenthalts für die Ausflüge das Auto. Infolge der Miet- und Benzinkosten
15 einschließlich der Tunnelgebühren und der Parkplatzsuche ist das meistens aufwändig, stressig und auch nicht besonders umweltfreundlich.
Dabei fährt von der Plaza Espana in Palma stündlich ein Linienbus nach Sóller (Fahrtdauer ca. 20 Minuten). Neben diesem Bus bietet die bekannte Sóller-Eisenbahn mit ihrem im Jahr 1927 von der Firma Siemens gebauten Zug „Roter Blitz"
20 ein historisches Fahrterlebnis. Hinter der Pfarrkirche Sant Bartomeu in Sóller startet die nicht weniger urige Straßenbahn von 1913 und zuckelt entlang der Orangengärten zum Hafen Puerto de Sóller.
Dort reihen sich vor dem Gebirge der Tramuntana die Palmen und Pinien entlang der Uferstraße. Unter einem blauweißen Himmel spiegeln sich im Wasser die hel-
25 len Fassaden der Hotels und Restaurant. Trotz der Motorisierung liegen auch heute noch die Fischerboote am Kai, deren Segel während der Siesta eingeholt und verstaut sind.
Von der Plaza de Espana in Palma verbindet außerdem an sieben Tagen in der Woche eine moderne dieselelektrische Eisenbahn die Haupstadt Palma mit den
30 wichtigen Städten Inca, Manacor und Sa Pobla im Inneren der Insel.
Bahnen haben seit über 115 Jahren auf Mallorca ihre Tradition. Ab 1891 zogen Pferde die erste Straßenbahn Palmas über eine Strecke von 4,4 Kilometern. Ab 1916 elektrifiziert, gab es um 1935 ein Netz von 51,7 Kilometern Tram in der Inselhauptstadt. Nach 68 Jahren rollte aber im Januar 1958 die letzte Straßenbahn in
35 Palma auf das Abstellgleis, ersetzt von modernen Bussen.
Die Straßenbahn in Palma ist zwar seit einem halben Jahrhundert tot, aber ihre Enkelin wurde geboren: die neue U-Bahn.
Aufgrund des dichten Autoverkehrs denken die Politiker um und setzen auf umweltfreundliche und platzsparende Verkehrsmittel. Dank der Bürger mit ihren
40 Forderungen und Protesten lebt die Bahn auf Mallorca wieder auf.

¹ **pittoresk:** malerisch

14 a Erschließe Text 11 mithilfe der **Fünf-Schritt-Lesemethode**.
   b Vergleiche Text 10 und Text 11 inhaltlich und notiere Gemeinsamkeiten und Unterschiede.
   c Untersuche nun die sprachliche Gestaltung der beiden Texte und erkläre, warum die Texte jeweils auf eine bestimmte Art und Weise formuliert sind.

Fünf-Schritt-Lesemethode
→ S. 244f.

15 a Übertrage den Text in dein Heft und lass dabei die unterstrichenen Wörter weg.
   b Wie wirkt der Text jetzt und an welchen Stellen hast du Verständnisprobleme?

16 a Beschreibe die Funktion, die diese weggelassenen Wörter, **Präpositionen** genannt, im Text übernehmen.
   b Stelle **W-Fragen** nach den Präpositionen bzw. den präpositionalen Ausdrücken (Gruppe von Wörtern, die von einer Präposition abhängen) und ordne sie danach in die folgende Tabelle ein.

Präposition	Wo? (lokal)	Wann? (temporal)	Warum? (kausal)	Wie? (modal)
Beispiele:	*abseits*	*binnen*	*wegen*	*einschließlich*
	■	■	■	■

   c Welche Angaben aus Text 11 kannst du auf dem Foto „Hafen von Sóller" wiedererkennen?
   d Beschreibe das Bild schriftlich und verwende dabei sinnvolle Präpositionen.
   e Unterstreiche die Präpositionen in deinem Heft und bestimme sie nach ihrer Funktion (z. B. lokal).

Bildbeschreibung
→ S. 204

17 a Bestimme bei den Präpositionen im Text und in deiner Liste jeweils den Kasus, der danach folgt, z. B.: **abseits** *der Touristenzentren* → Genitiv
   b Was stellst du dazu bei den **lokalen Präpositionen** fest?
   c Formuliert anhand eurer Feststellung eine Regel zu den Präpositionen und vergleicht diese mit der Erklärung auf der folgenden Seite.

Präpositionen

Präpositionen (man nennt sie auch Verhältniswörter) drücken **Verhältnisse oder Beziehungen** zwischen Personen, Gegenständen, Sachverhalten und Vorgängen aus.

Präpositionen sind **nicht veränderlich** (man kann sie nicht konjugieren (wie Verben) und nicht deklinieren (wie Nomen und Adjektive)), sie zählen demnach zu den **Partikeln**.

Präpositionen verlangen einen bestimmten Kasus. Manche Präpositionen fordern immer denselben Kasus:

Beispiel: *entgegen deiner Meinung* → Genitiv

Manche Präpositionen fordern aber je nach Zusammenhang den Dativ oder den Akkusativ.

Beispiel: Ich steige *in das Flugzeug*. → Akkusativ (Richtung)
  Ich sitze *im* (= *in dem*) *Flugzeug*. → Dativ (Ort)

Viele Präpositionen haben je nach Verwendungsweise **verschiedene Bedeutungen** (lokal, temporal usw.), z. B. *in* Palma (lokal), *in* zwei Stunden (temporal).

Präpositionen sind nie eigenständige Satzglieder oder Attribute, sondern sie sind immer Teil eines Satzglieds oder Attributs.

Text 12 **Susanne erzählt: Unser Abflug**

■ Montag ■ sechs Uhr fuhren wir ■ zu Hause ab und ■ Flughafen. Mein Vater stellte das Auto ■ Parkhaus ■ einen gekennzeichneten Platz. Seiner Meinung ■ war das Parken nicht kostenlos. Aber ■ der Urlaubskasse hatte er kein Geld ■ der Tasche. ■ dieser Verzögerung liefen wir ■ Abfertigungsgebäude und ■ unserem Schalter.
5 ■ uns standen etwa hundert Fluggäste. ■ Geduld warteten wir ■ Ende der Schlange. ■ etwa 30 Minuten konnten wir die Koffer ■ das Rollband stellen. ■ der Wartezeit dauerte es auch nicht mehr so lange ■ zum Flug.
Wir gingen ■ die Sicherheitskontrolle ■ den Wartebereich. ■ dem Aufruf begaben wir uns ■ den Fluggaststeig („Finger") ■ Maschine.
10 ■ den Sitzen verstauten wir ■ einer Klappe die Jacken, ■ den Vordersitzen dann unser Handgepäck.
Mamas Meinung ■ dauerte es ■ doch länger ■ 20 Minuten zum Start des Flugzeugs. ■ genau 10 Uhr hob aber die Maschine ■ der Startbahn ab. Wir waren ■ dem Weg ■ Mallorca.

18 a Schreibe den Text ab und fülle dabei die Lücken jeweils durch eine passende Präposition.
  Tipp: In einigen Fällen gibt es sogar mehr als eine zur Auswahl.
  b Tauscht eure Resultate aus und korrigiert sie.

Zweckmäßig eingerichtet – Beurteilung und Stellungnahme
Der Katalog:

Text 13

Lage: Das Haus liegt in der Ortsmitte, direkt am belebten, aber verkehrsberuhigten Boulevard. Den beliebten Sandstrand erreichen Sie nach ca. 50 m. Regelmäßige Linienbusse verbinden den Ort mit der Hauptstadt Palma. Am Boulevard (ca. 2 km Länge) finden Sie zahlreiche Geschäfte, Restaurants und viel Unterhaltung.

Ausstattung/Leistungen: Spanische Kategorie: 3 Sterne; 28 Zimmer auf 2 Etagen. Das Haus, familiär vom Pächter geführt, präsentiert Ihnen neben Rezeption und Sitzecke mit Satelliten-TV ein klimatisiertes Restaurant und eine Bar mit schöner Terrasse zum Boulevard. Als Gast dürfen Sie in der ca. 30 m entfernten Hotelanlage „Andalucia" den Süßwasserpool, die Sonnenterrasse und die Bar nutzen.

Zimmer: Die Doppelzimmer sind eingerichtet mit Telefon, TV, Mietsafe, Klimaanlage (gegen Gebühr schaltbar), Heizung sowie Bad oder Dusche/WC und Balkon. Die Einzelzimmer haben bei vergleichbarer Ausstattung wahlweise Balkon. Reinigung und Wechsel der Handtücher: 6x pro Woche; Wechsel der Bettwäsche: 1x pro Woche. Babybetten auf Wunsch gebührenfrei.

Verpflegung: Frühstück in Buffetform. Bei Halbpension besteht das Abendessen aus einem Menü, das am Tisch serviert wird; die Vorspeisen können Sie sich individuell am Buffet auswählen.

Sport: Im Ort werden folgende Sportarten angeboten: Reiten, Golfen, Tennis (Preise je nach Anbieter). Fahrräder sind ebenfalls ausleihbar.

19 a Welche Informationen aus dem Text kannst du auch im Foto wiedererkennen?
   b Welche Abbildungen wären wünschenswert, um noch mehr und genauere Informationen über das Hotel zu erhalten?

20 a Sucht in Katalogen weitere Fotos von Hotels und Zimmern und haltet in einer Tabelle die wesentlichen Gemeinsamkeiten und Unterschiede bei den Informationen fest, die sie euch vermitteln.

	Hotel 1	**Hotel 2**	**Hotel 3**
Gebäude	3 Stockwerke	7 Stockwerke	■
Zimmer	groß	klein	■
■	Fernseher	kein Fernseher, Fön	■
■	■	■	■

b Wodurch haben euch die Bilder besonders beeinflusst? Was hat euch besonders angesprochen, was hat euch vielleicht eher abgeschreckt? Begründet.

Aus einem Testportal im Internet

Text 14 **Gäste bewerten die Anlage**

Gast A:
Das Frühstück ließ zu wünschen übrig, aber das ist in Spanien ja leider oft so. Negativ muss man anmerken, dass die Klimaanlage extra bezahlt werden muss. Ansonsten sehr sauber, nur nachts ganz fürchterlich laut. Bars und Restaurants, die quasi direkt unterm Balkon liegen, machen ziemlichen Krach bis 3 Uhr in der
5 Nacht […].

Gast B:
Das Hotel […] besticht durch seine exzellente Lage. Der Strand ist einsame Spitze. Allerdings hat der Kellner […] große Schwierigkeiten mit der deutschen und auch mit der spanischen Sprache. Er spuckt mehr, als er redet. Die Chefin ist eine nette
10 Frau und auch ihr Ehemann, der Chef, ist sehr nett und seriös. Der Mann, der die Nachtschicht schiebt, ist ein weiser alter Mann, der allerdings sehr gereizt sein kann, wenn man jede Nacht erst um 5 oder 6 Uhr zurückkommt. Er wird auch „das Orakel" genannt. Die Putzfrauen sind öfters aggressiv, wenn es um die Zimmer geht […].

15 **Gast C:**
Die Zimmer selbst waren katastrophal, den Make-Up-Fleck auf der Tagesdecke fanden wir selbst am Abreisetag noch wieder, die Dusche war winzig und zudem nicht sauber, der Schrank roch äußerst muffig und die komplett verrostete Metallbalkontür konnte man weder richtig schließen, geschweige denn abschließen.
20 […] Das Frühstück war zu verkraften, wenn auch nicht schmackhaft, das Abendessen hingegen war katastrophal. Am zweiten Abend durften wir ein Stück Fleisch „genießen", dazu Spaghetti, eine Soße gab es hierzu nicht, es wurde Ketchup gereicht.

Gast D:

Wir waren letztes Jahr in diesem Hotel und haben uns sehr wohl gefühlt. Nun ist das Hotel von einem englischen Paar gepachtet worden und die Atmosphäre hat sich total geändert. Man hatte das Gefühl, dass deutsche Urlauber nicht mehr so gern gesehen werden, und mit Kind (immerhin schon 10 Jahre) schon gar nicht. Das Essen im Restaurant war damals sehr gut und spanisch, jetzt ist die Karte sehr verändert worden, es ist teuer und mehr auf englischen Geschmack zugeschnitten.

21 Fasse mit eigenen Worten zusammen, was du jetzt über das Hotel erfahren hast.

22 a Stelle in einer Tabelle dar, worüber die Gäste geklagt und was sie gelobt haben.
   b Wie erklärst du dir die teilweise unterschiedlichen Meinungen der Gäste?

Was sagt ein Hoteltester?

Text 15

Es ist kein „Hotel", sondern ein „Hostal", eine Pension. Der Veranstalter darf es auch nicht selbst als „Hotel" bezeichnen. Hostales bieten in der Regel deutlich weniger Standard als Hotels. So können der Swimming Pool und die Aufenthaltsräume durchaus fehlen. Auch sind die Rezeptionen meist nur zeitweilig besetzt und Frühstück und Abendessen für Pauschalgäste entsprechen selten der gleichen Qualität und Quantität wie in hochwertigen Hotels.
Im Sommer ist der Betrieb der Klimaanlage unerlässlich, weil die Temperaturen in den Zimmern unerträglich hoch ansteigen können.
Die Lage der Unterkunft betrachten manche Gäste wegen der Nähe zum Strand und zu den Geschäften als ideal, aber die Anlage ist nur von Straßen und Gebäuden umgeben.
Für den „Boulevard", eine Einbahnstraße mit Durchgangsverkehr, gilt von 19 – 24 Uhr abends die Verkehrsberuhigung. Und diese beginnt erst hinter diesem Hostal.
Generell dürfen Taxis und Busse unbegrenzt fahren und kommen daher rund um die Uhr. Das Ein- und Aussteigen der Gäste mit ihrem Gepäck verursacht entsprechenden Lärm. Ab Sonnenaufgang ist dann mit Geräuschen durch die Straßenreinigung, Müllabfuhr und Lieferwagen zu rechnen. Direkt nebenan werden ab 20 Uhr in einem Tanzlokal Folklore, Flamenco und Unterhaltungsmusik – meistens bis Mitternacht – geboten.

23 a Wie unterscheiden sich die Stellungnahmen der Gäste und des Hoteltesters im Hinblick auf den Inhalt und die Formulierungen (Satzbau, Wortwahl usw.)?
   b Welche Gründe gibt es für diese Unterschiede?

24 a Überarbeitet die Angaben des Reisekatalogs (Text 13), indem ihr die Stellungnahmen der Reisegäste und des Hoteltesters angemessen berücksichtigt.
  b Diskutiert euer Ergebnis und beurteilt, wie eure Hotelbeschreibung wohl auf Urlauber wirkt.

25 a „Entschärft" eure Beschreibung. Findet Formulierungen, die euch dabei helfen.
  <u>Beispiel:</u> *Gegenüber dringt bis Mitternacht Lärm aus einem Lokal.* → *Genießen Sie bis Mitternacht das unterhaltsame Abendleben mit der Musik des benachbarten typisch spanischen Restaurants.*
  b Vergleicht eure „entschärfte" Beschreibung mit anderen Katalogangaben und diskutiert das Ergebnis.

Text 16 **Die „Codes" der Kataloge entschlüsseln**

> „Die Unterkunft ist lebhaft und ideal für aktiven Urlaub."
> → Hier sollten Sie mit aktivem Nachtleben und lauten Hotelgästen rechnen.
>
> **„Haus für junge Gäste"**
> → Hohe Lautstärke und geringer Komfort sind hier zu erwarten.
>
> **„Zweckmäßig eingerichtete Unterkunft"**
> → ... ist eine Umschreibung für Minimalausstattung mit geringem Komfort.
>
> **„Neu eröffnetes Hotel / gerade renoviertes Hotel"**
> → Das kann bedeuten, dass eventuell noch Bauarbeiten im Gange sind, Teile der Anlage noch nicht in Betrieb genommen werden können oder die Organisation noch nicht ganz ausgereift ist.
>
> **„landestypische Bauweise"**
> → Möglicherweise erwarten Sie hellhörige Zimmer.
>
> **„internationale Küche"**
> → Mahlzeiten auf dem Niveau einer deutschen Großküche. Einheimische Spezialitäten sollte man hingegen nicht erwarten.
>
> **„direkt am Meer gelegen"**
> → Ihr Urlaubsort kann auch an einer Steilküste oder einem Hafen liegen.
>
> **„familiäre Atmosphäre"**
> → Das Hotel ist eventuell abgewohnt und ohne Komfort.
>
> **„Bushaltestelle in der Nähe"**
> → Unter Umständen liegt das Hotel direkt an der Hauptstraße.

26 Arbeitet heraus, wie diese Formulierungen von der Wortwahl und dem Aufbau her gemacht sind.

27 a Sucht in den Katalogen nach weiteren Formulierungen dieser Art und „übersetzt" sie.
  b Wie wirken die Beschreibungen jetzt?
  c Erfinde selbst einige ähnliche Formulierungen.

3. Eine ereignisreiche Nacht –
Reiseerzählung und Anekdote

Gordon West
Eine nächtliche Begegnung Text 17

Wir hatten mit einer Übernachtung in den Bergen nicht gerechnet, da wir darauf aus gewesen waren, das Kloster (Lluc) zu erreichen. Aber Don Juan (der Maultiertreiber) warnte eindringlich vor der Gefahr des Weiterreisens bei Nacht und Regen. Wie ein gediegener Gastgeber stand der Köhler auf und bot uns in seiner
5 langsamen, sanften Stimme eine seiner Hütten für die Nacht an. [...]
Die Hütte, die uns zugewiesen wurde, ähnelte der, in welcher wir uns vorher aufgehalten hatten. Man gab uns zwei exzellente Kopfkissen aus starkem, rotweiß kariertem Stoff, dazu drei Decken. Daraus machten wir unser Bett. Nach einem Mahl – Verpflegung aus den Satteltaschen – wünschten wir Roja[1], die an einem Baum
10 angebunden und mit einer Plane zugedeckt war, gute Nacht, zogen uns die Schuhe aus und gingen zu Bett.
Es war eine ereignisreiche Nacht. Obwohl der Donner langsam abzog und der Regen fast aufgehört hatte, flackerten Blitze immer noch durch die Berge und warfen ein schwaches, gelbes Licht durch das Stroh in die Hütte hinein.
15 Wir versuchten, es uns bequem zu machen, und dachten sogar zuerst, wir hätten es geschafft. Von wegen! Das Stroh, das auf den Steinen angehäuft war, schien nur fünf Minuten weich zu sein, aber sobald unser Körpergewicht es zusammengepresst hatte, wurde es so hart wie der darunter liegende Stein.
Bald bekamen wir Besuch. Die hellwache Stimme der Fee[2] verriet ihre wachsende
20 Entrüstung, als sie fragte: „Kitzelst du mir die Fußsohlen?" Dieses leugnete ich entschieden, da ein Mann, falls er noch bei Trost ist, die Fußsohlen seiner Frau nicht kitzelt, wenn sie während eines Sturms in den Bergen auf einem Bett aus Stein liegt.
„Dann muss etwas anderes hier im Bett sein!", rief sie in Panik.
25 Ich zündete ein Streichholz an und sah in der Nähe ihrer Füße eine lange, graue Eidechse, die sich durch die Strohmatte mühte. Nie wieder habe ich jemand so schnell aus dem Bett springen sehen, wie die Fee es augenblicklich tat. Die Echse verschwand über die steinernen Seiten des Bettes in eine Ritze.

[1] Name eines Maulesels
[2] Ehefrau des Erzählers

1 Was ist das Abenteuerliche in dieser Erzählung? Berücksichtige dabei neben dem Inhalt auch die Erzählperspektive, die Form und den Spannungsbogen.

Erzählperspektive
→ S. 107

Pantomime → S. 112f.

Rollenspiel → S. 54

2 a Wie wird wohl ein Tourist in einem Hotel reagieren, wenn er eine Eidechse oder andere Tiere in seinem Zimmer oder sogar im Bett vorfindet? Stellt die Situation als **Pantomime** dar.
 b Spielt nun die Situation zwischen dem Hotelgast und a) einem Zimmermädchen, b) dem Portier oder c) der Managerin oder dem Manager des Hotels im **Rollenspiel**.
 c Eine Beobachterin oder ein Beobachter hält fest, wie sich die Beteiligten verhalten.

3 a Erzähle von einem Ereignis, das du auf einer Reise selbst erlebt oder von dem du gehört hast, z. B. von der Verspätung eines Zugs oder Flugzeugs, einem (zeitweilig) verschwundenen Koffer, einem Erlebnis im Hotel, einer neuen Freundschaft, einem Busausflug usw.
 b Rufe dir dazu die **Merkmale einer guten Erzählung** noch einmal ins Gedächtnis. Du kannst diese Liste als Checkliste für deinen eigenen Text verwenden.
 c Überarbeitet eure Arbeitsergebnisse in Schreibkonferenzen oder mit der Textlupen-Methode.

Text 18 „Burro, por favor!"

Folgende Geschichte soll sich in einem der besten Hotels Mallorcas zugetragen haben:
Direktion und sämtliches Personal hatten die strikte Anweisung, den Gästen alle Wünsche, seien sie auch noch so seltsam, ohne Kommentar oder gar Widerrede zu
5 erfüllen.
Ein sehr wohlhabendes deutsches Ehepaar saß am ersten Tag seines Urlaubs am Frühstückstisch und stellte fest, dass wohl die Butter nicht reichte. Da der Gast nicht wusste, was „Butter" auf Spanisch hieß, zog er flugs ein kleines Wörterbuch aus der Tasche, entdeckte unter „Butter" das Wort „burro" und bestellte: „Uno
10 burro, por favor!"
Der Ober runzelte nur kurz die Stirn, begab sich aber sofort in die Küche.
Wenig später kehrte er zurück und erklärte in fließendem Deutsch: „Der Koch bedauert zutiefst, Ihnen im Augenblick mit „uno burro" nicht dienlich sein zu können. Aber er wird alles Erdenkliche veran-
15 lassen, damit Sie und Ihre Gattin morgen zum Frühstück Ihren „burro" erhalten."
Das Ehepaar wunderte sich, dass es in diesem Spitzenhotel nicht zusätzliche Butter für die Gäste geben sollte, beschwerte sich jedoch
20 nicht.
Am nächsten Morgen trauten sie ihren Augen nicht. An ihrem reichhaltig gedeckten Frühstückstisch stand ein sauber gestriegelter und mit Blumen geschmückter Esel.
25 Neben ihm verbeugte sich der Ober und be-

grüßte das Paar: „Señora, Señor, ich schätze mich glücklich, Ihnen heute den verlangten „burro" präsentieren zu dürfen."
Verblüfft griff der Mann in seine Jackentasche und holte das Wörterbuch hervor: „Deutsch – Italienisch, Italienisch – Deutsch".
30 „Burro" heißt im Italienischen „Butter", im Spanischen jedoch „Esel".

4 Was möchte der Text eigentlich über das Verhalten von Hotelangestellten und Gästen aussagen?

5 Wie unterscheiden sich die beiden Reise-Abenteuer in Text 17 und Text 18? Betrachte dazu Länge, Inhalt und Aufbau der Erzählungen, vor allem das Ende.

Anekdote

Die **Anekdote** ist eine bestimmte Art von literarischem Text und behandelt eine **bemerkenswerte Begebenheit**, durch die häufig eine Figur und ihr Verhalten charakterisiert und typisiert werden.

Die Anekdote bedient sich dafür der **knappen Form** und einer **überraschenden Pointe**.

6 Sind Text 17 und Text 18 Anekdoten? Welche Merkmale weisen sie dafür auf, welche nicht?

7 Schreibe eine Anekdote über sprachliche Missverständnisse, die du selbst erlebt oder von denen du gehört hast.

8 **Projekt: Das kommt mir alles spanisch vor!**
   a Sammelt spanische Wörter und Namen, die ihr kennt. Versucht, herauszubekommen, was diese Wörter und Namen bedeuten, und erstellt so ein kleines Spanisch-Wörterbuch.
   b Beschafft euch spanische Kochrezepte, Speisekarten von spanischen Restaurants und Reisekataloge. Notiert spanische Wörter auf einem Plakat und zeichnet daneben die Bedeutung, z. B. *burro*.
   c Lasst Mitschülerinnen und Mitschüler oder Lehrerinnen und Lehrer die deutsche, vielleicht auch die englische, französische, türkische, griechische, russische, polnische usw. Bezeichnung dazu nennen und notiert diese ebenfalls.

4. Reisetechnik – Abläufe beschreiben

Heinz Görz, Stefan Thode

Text 19 **Moderner Tourismus – modernes Verhalten?**

1960: Man nimmt die Verkehrsregelung dort sehr streng. In vielen Städten bestehen Geschwindigkeitsbeschränkung und Hupverbot, auf dem Lande dagegen nicht. […] Auf den Landstraßen herrscht eine gute Verkehrsdisziplin. Fußgänger sind dort voller Selbstbewusstsein und – die Damen besonders – denken nicht daran, Ihnen auszuweichen. Man hält Sie für einen Caballero [Ehrenmann, Ritter] und es ist gut, die Menschen nicht zu enttäuschen, denn sie haben keine Vorstellung, aus welchem ständig um eine neue Ordnung ringenden „Verkehrsparadies" Sie kommen.

2000: So wird dem disziplinierten DEUTSCHEN bei einer Fahrt auf mallorquinischen Straßen einmal mehr verdeutlicht: Er stammt zwar aus Deutschland, Deutschland ist Mitglied der EU, zur EU zählt auch Spanien und Mallorca gehört zu Spanien, aber daraus lässt sich nicht der (Trug-)Schluss ziehen, auf Mallorca würden die zivilisierten Regeln der deutschen Straßenverkehrsordnung gelten. Von wegen: Die mallorquinischen Straßen gehören zu den gefährlichsten in Europa. Das Treiben im mallorquinischen Straßenverkehr entspricht somit eher dem Chaos, das man sonst nur von Weltspiegel-Berichten […] kennt.

1 a Ordne in Form von Stichwörtern in eine Tabelle ein, wie die Autoren von Text 19 die Erfahrungen mit der Verkehrssituation auf Mallorca in den Jahren 1960 und 2000 darstellen. Was hat sich verändert?
  b Überlegt gemeinsam, warum es auf Mallorca zu einer solchen Entwicklung gekommen sein könnte.
  c Diskutiert, ob ihr auch bei uns ähnliche Beobachtungen macht und wie ihr euch im Verkehr verhaltet.

Evgenia Movshovich / Anna Vondenhoff

Text 20 **(D)ein Koffer in der Unterwelt**

Nachdem du mich einfach so an einem der 146 Schalter im Flughafen abgegeben hast, fahre ich durch die mehrstufige Reisegepäck-Kontroll-Anlage, kurz MRKA, Slalom. Sofort werde ich geröntgt. Weißt du, wie unangenehm es ist, sein ganzes Inneres einfach so preiszugeben?! Da wird dann ein Foto von mir gemacht und ich sehe auf dem Monitor über mir „n.i.O. (nicht in Ordnung)" aufblinken.
Plötzlich rolle ich nicht mehr mit den meisten Koffern auf dem Fließband weiter, sondern muss durch die zweite Stufe der MRKA. Dort werden ganz sorgfältig pro Stunde höchstens 240 Gepäckstücke kontrolliert; in der ersten Stufe waren es noch etwa 1000.

10 Oh, nein! Jetzt sind zu viele Koffer da und ich muss in der Warteschlange einen Umweg fahren. Dabei studiert ein Spezialist von der Bundespolizei mein Röntgenfoto. In nur 17 Sekunden stellt er fest: Da stimmt doch etwas
15 nicht in mir! Was hast du denn da bloß in mich reingepackt?
Um das herauszufinden, werde ich zur Stufe drei der Kontrolle befördert. Dort muss ich eine dreieinhalbminütige Computertomogra-
20 fie¹ über mich ergehen lassen. Diese Anlage schafft stündlich 80 Gepäckstücke; ich bin der Zweite in der Reihe. Der Rucksack vor mir ist sehr schlecht dran: ohne Besitzer, verdächtiger Inhalt. Pech gehabt; er bleibt am Boden und wird zurückgebracht.
Aha, seufz! Jetzt stellt sich heraus, dass ich nichts Verbotenes in mir habe. Glück
25 für dich und mich, sonst hätten die Kontrolleure dich geholt und mich vor deinen Augen ausgepackt.
Ich rolle weiter. Aua! Hilfe! Ich bin mit einer dicken Reisetasche zusammengestoßen und vom Band gefallen. Jetzt muss ich wohl für immer hier liegen bleiben. Aber nein! Da steigt schon ein Flughafenangestellter zu mir hinunter und legt
30 mich auf das Förderband zurück. Woher die wohl wissen …? Richtig, der Scannercode auf der Banderole, die ich am Schalter bekommen habe, wird alle paar Meter gemessen. So haben sie gleich den Ort meines Verschwindens ermittelt.
Der letzte Schritt steht an: das Boarding. Ein Arbeiter hebt mich auf den Gepäckwagen, fährt mich zur Maschine und verstaut mich dort im Laderaum. Wenn du einsteigst, habe ich schon drei Kontrollen und acht Kilometer Bandanlage hinter mir. Mit 1,7 Metern pro Sekunde bin ich durch die „Unterwelt" des Flughafens gerauscht, unterstützt von 1.400 Motoren und 1.900 Lichtschranken.

¹ (von altgriechisch *tomé* = Schnitt, *gráphein* = schreiben; Abkürzung CT) Computer-Auswertung mehrerer Röntgenaufnahmen eines Objektes zur Erzeugung eines dreidimensionalen Bildes

2 a Notiere das, was der Koffer erzählt hat, als Ablaufbeschreibung. Liste dabei die einzelnen Stationen auf und erkläre den Ablauf in der richtigen Reihenfolge.
  b Erkläre, an welchen Stellen der Ablauf vorzeitig beendet sein kann.

3 Was musst du bei der Anfertigung einer Ablaufbeschreibung alles beachten, damit sie jeder nachvollziehen kann?

4 a Beschreibe einen ähnlichen Vorgang, z. B. das Packen eines Reisekoffers. Denke dabei an weniger empfindliche und an zerbrechliche Gegenstände, die du mitnimmst.
  b Überprüft, ob die Beschreibungen logisch und verständlich sind, und ergänzt oder berichtigt sie.

Vorgangsbeschreibung
→ S. 19

Checkliste für die Ablaufbeschreibung

Ziel einer **Ablaufbeschreibung** ist es, die Leserin oder den Leser so über einen Ablauf zu **informieren**, dass sie oder er weiß, wie genau sich der Ablauf ereignet hat.

Ablaufbeschreibungen (auch andere **Vorgangsbeschreibungen** wie Anleitungen, Gebrauchsanweisungen, Rezepte) müssen möglichst genau verfasst und logisch gegliedert sein:
- In der **Einleitung** nennst du Ort, Personen und wichtige Gegenstände, die eine Rolle spielen (z. B. **Material, Werkzeuge, Geräte, Zutaten**).
- Im **Hauptteil** erklärst du knapp, aber genau in **Einzelschritten**, was nacheinander abläuft oder zu tun ist.
- Im **Schluss** kannst du weitere Tipps zu ähnlichen Abläufen geben.

Achte auf die richtige **Reihenfolge der einzelnen Schritte**, verwende **Fachbegriffe, wo es sinnvoll ist**, und schreibe im **Präsens**.

Da ist was unterm Sitz! – Piktogramme informieren

Text 21 In jedem Flugzeug gibt es an jedem Sitz für jeden Passagier eine Sicherheitskarte. Mithilfe von Piktogrammen (Bildzeichen) erklärt dir diese Karte unter anderem, wie du im Notfall die Schwimmweste richtig anlegen sollst.

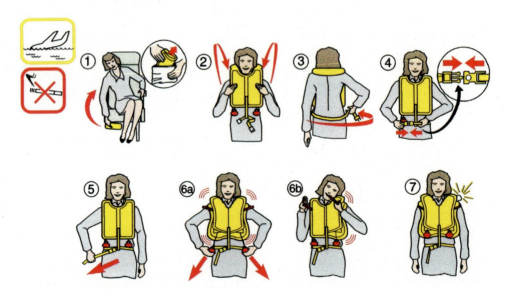

Bilder lesen → S. 24f.

5 a Beschreibe anhand der Zeichnungen 1 bis 7 den Ablauf, wie die Schwimmweste richtig angelegt wird.
   b Halte fest, an welchen Stellen du bei deiner Beschreibung Schwierigkeiten hattest oder was für dich unverständlich war.
   c Was würdest du an den Piktogrammen verbessern?

6 Erkläre, weshalb solche Abläufe nicht als Texte, sondern als Bilder gestaltet sind.

Präpositionen

Die lebenden Skulpturen von Palma

Text 22

Etwa ■ 9:30 Uhr herrscht ■ Palma ■ dem Viereck der Plaza Major noch spanische Gelassenheit. ■ der Touristen, die gleich ■ den Stadthotels oder ■ Bussen ■ außerhalb
5 kommen, erledigen die Einheimischen schnell ihre Besorgungen. Sie gehen ■ Bäcker und ■ die Bank ■ den Seitengassen, trinken rasch einen Kaffee ■ Lokal und eilen danach zurück ■ ihre Läden. Noch
10 sind die Café-Terrassen ■ dem Platz nicht besetzt, schallt noch kein Lärm ■ den hohen Fassaden und den alten Fenstern

der spanischen Herrschaftshäuser zurück und ■ den Steinplatten, ■ denen die Plaza ausgelegt ist, findet sich kein Schnipsel Papier. Auch ■ den Säulenarkaden ■ den
15 Gebäuden ist es menschenleer. Das Personal der Läden, die sich ■ einer riesigen Halle ■ dem Platz befinden, begibt sich ■ die Treppen ■ den Ecken hinab ■ die kühle Unterwelt, die ■ Schaufensterbummel einlädt.

■ Rande der Geschäftigkeit bereitet sich Joseph ■ seinen Auftritt vor. ■ Alter ■ 50 Jahren invalide geworden, zog der Engländer ■
20 Mallorca um. Er ist ■ Palma ■ der Straße tätig, als eine der „lebenden Skulpturen".

■ jedem Jahr bietet er ■ der Plaza Major oder ■ der Kathedrale eine neue Figur: mal einen schottischen Dudelsackspieler, mal einen Torero. ■ viel Mühe ge-
25 staltet er seine Kostüme selbst und unter einer halben Stunde Zeit benötigt er ■ der Schminke nie.

■ der Hauptsaison wird er ■ zu tausendmal ■ Tag ■ den Touristen fotografiert.

Neben den Boutiquen, Souvenirshops und Fachge-
30 schäften ■ der engen Fußgängerzone rund ■ die Plaza gelten „lebende Skulpturen" wie Joseph als Hauptattraktionen ■ Zentrum von Palma.

1 Schreibe den Text ab und ersetze die Lücken durch passende Präpositionen.

2 a Was erfährst du aus dem Text und durch das Foto über Joseph?
  b Wie stellt er sich mit seinen Wünschen durch seine Rolle und sein Kostüm dar?

3 Fertige anhand des Textes und des Fotos oben eine Ortsbeschreibung der Plaza Major an.

Und jetzt kommst du!

Summer in the City – Einen Reiseführer gestalten

Die Klasse 7a eines Gymnasiums in Düsseldorf hat einen alternativen Stadtführer mit verschiedenen Touren und Vorschlägen für Kinder und Jugendliche entwickelt.

Text 23

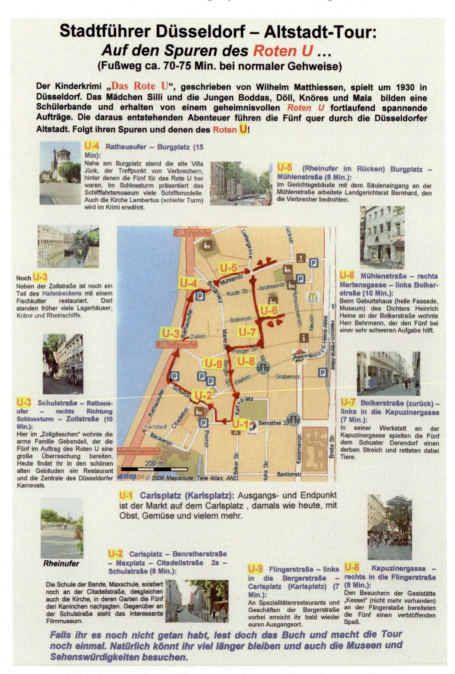

1 Beschreibt die Gestaltung der Tour und die Informationen, die ihr der Karte entnehmen könnt.

2 Welche Elemente hat die Klasse für das Layout (die grafische Gestaltung) kombiniert?

Das könnt ihr auch! – Ein Reiseführer über eure Stadt

Text 24

Es gibt keine Gegend, die uninteressant ist. Gestaltet daher zu eurer Stadt oder Gemeinde euren eigenen Reiseführer. Möglicherweise gibt es bereits Führer, Prospekte und ähnliche Informationen. Ihr solltet euch an ihnen orientieren, sie aber nicht kopieren. Geht am besten folgendermaßen vor:

- Sammelt Wichtiges und Wissenswertes. Auch etwas, das euch zunächst nebensächlich erscheint, kann für Besucher interessant sein.
- Nutzt das Internet, wertet Bücher und Zeitschriften aus, befragt Eltern, Verwandte, Bekannte, Zeitzeugen. Seht euch auch direkt in der Stadt bzw. Gemeinde um und schaut dabei wie Außenstehende, die noch nie dort waren.

3 a Gliedert dann eure Recherche-Ergebnisse in einer Tabelle, z. B.:

Natur	Sehenswürdigkeiten	Museen/Ausstellungen	Sport	■
Moor	römischer Limes	Heimatmuseum	Ballonwiese	
Wald	Geburtshaus von ■	■	■	

b Entscheidet, ob ihr Objekte (z. B. Museum) einzeln vorstellt oder eine Tour kombiniert. Eine Natur-Wanderung kann Pflanzen und Tiere in den Vordergrund stellen, aber auch Gebäude (alter Brunnen, Ruine usw.) berücksichtigen.
c Denkt daran, wie der Besucher den Besuch oder die Tour absolvieren kann oder soll: z. B. zu Fuß, per Fahrrad usw.
d Überlegt genau, wie euer Führer aussehen soll: Text, Karte, Zeichnungen, Fotos. Lesenswert wird ein Führer dann und die Tour reizvoll, wenn sich Sagen, Märchen, Mythen oder spannende Geschichten um etwas ranken und Fotos Stimmungen erzeugen (Sonnenuntergang, Nebel, Wasserspiegelungen).

4 Bildet Gruppen und verteilt die Aufgaben:

- Wer recherchiert und interviewt?
- Wer formuliert die Texte?
- Wer „schießt" Fotos? Wer zeichnet?
- Wer bearbeitet Seiten am Computer?
- Wer liest Korrektur?
- Wer stellt die Kopier- oder Druckvorlage zusammen?
- usw.

Mondbeglänzte Zaubernacht

Gedichte verstehen und schreiben

Mondbeglänzte Zaubernacht 157

1. Hasten und Ruhen – Leben bei Tag und bei Nacht

Text 1 **Ein Tag mit den Benediktinern im Kloster Andechs**

Gott suchen ist das erklärte Ziel der Benediktinermönche. Sieben Mönche zwischen 33 und 77 Jahren leben heute in Kloster Andechs. Der klösterliche Tagesablauf ist zum Einen geprägt von Zeiten, die der Mönch mit persönlichem Gebet, Meditation und Arbeit verbringt. Zum Anderen kennt der Tagesrhythmus gemeinschaftliche Elemente. Die Zeiten wechseln einander ab. So ist der Mönch ständig gerufen, seinen eigenen Weg der Gott-Suche zu finden und zu gehen. Zugleich darf er sich auch der Gemeinschaft derer versichern, die das gleiche Ziel gewählt haben. Aufgabe des Abtes ist es, den Mönchen ihren eigenen Weg der Gott-Suche zu ermöglichen und diesen in die Gemeinschaft und deren Aufgaben einzubinden.

Der Tag beginnt um 6 Uhr mit dem Morgengebet, den Laudes. Dazu treffen sich die Mönche in der Chorkapelle des Klosters. Hymnen, Psalmen, Lesungen und Gebete wechseln einander ab. Das Chorgebet mit seinen vertrauten Texten schafft Raum für die Begegnung mit Gott. Nach den Laudes treffen sich die Mönche vor der Chorkapelle zur Tagesbesprechung. Wechselseitig informieren sich die Mönche, welche Aufgaben heute auf jeden Einzelnen warten. Ab 6.30 Uhr gibt es Frühstück im Refektorium, dem Speisesaal. Gegen 8.00 Uhr nehmen die Mönche ihre Arbeit in den verschiedenen Bereichen des Klosters und seiner Wirtschaftsbetriebe auf. Die Benediktiner arbeiten heute in der Pfarr- und Wallfahrtsseelsorge, Mesnerei, Gastmeisterei sowie in der Leitung von Klosterbrauerei und Bräustüberl, im Klostergarten und im Klosterladen sowie in der Kultur- und Veranstaltungs-GmbH des Klosters.

Kurz vor 12.00 Uhr unterbrechen die Mönche ihre Arbeit und kommen für eine Viertelstunde in der Chorkapelle zum Mittagsgebet zusammen. Zeit zum Innehalten in der Tagesmitte. Gemeinsam gehen die Mönche im Anschluss zum Mittagessen ins Refektorium. Ein Segens- bzw. Dankgebet eröffnet und beendet die Mahlzeit. Eine kurze Anbetung in der Chorkapelle schließt sich an. **Der Nachmittag** ist wieder der Arbeit in den verschiedenen Bereichen vorbehalten.

Gegen 17.45 Uhr beenden die Benediktiner **ihren regulären Arbeitstag**. Um 18.00 Uhr versammelt sich die Gemeinschaft zu Vesper und Eucharistiefeier in der Wallfahrtskirche. Das Abendessen im Anschluss nehmen die Mönche schweigend zu sich. Während der Mahlzeit werden einzelne Kapitel aus der Benediktsregel oder aus verschiedenen geist-

lichen Schriftstellern vorgelesen. Nach dem Dankgebet tauschen sich die Mönche bei einer offenen Runde, der so genannten Rekreation, **über die Ereignisse des**
40 **Tages** aus. Mit der Komplet, dem Nachtgebet, in der Chorkapelle endet gegen 19.45 Uhr **der gemeinsame Tag** der Mönche.
Jeder Mönch und jede klösterliche Gemeinschaft braucht den gesunden Ausgleich zwischen Gebet und Arbeit, Anspannung und Entspannung, Individualität und Gemeinschaft wie die Luft zum Atmen. Zwischen den Polen von Gebet und Arbeit
45 entsteht eine fruchtbare Spannung, die die benediktinische Gemeinschaft auf dem Heiligen Berg seit nun mehr 550 Jahren durch Höhen und Tiefen getragen hat.

1 Erschließe den Text mithilfe der **Fünf-Schritt-Lesemethode**.

Fünf-Schritt-Lesemethode
→ S. 244f.

2 a Übertrage die folgende Tabelle in dein Heft und halte den Tagesablauf der Mönche darin fest.
  b Trage deinen Tagesablauf (vom Aufstehen bis zum Zubettgehen an einem normalen Wochentag während der Schulzeit) in die dritte Spalte der Tabelle ein.

Tageszeit	Tätigkeiten der Mönche	meine Tätigkeiten
ca. 5.30 Uhr	Aufstehen	(Schlafen)
6.00 Uhr	Laudes	(Schlafen)
6.30 Uhr	Frühstück	Aufstehen
6.50 Uhr	■	Frühstück
7.15 Uhr	■	zur Schule gehen/fahren
■	■	■
■	■	Lesen, schlafengehen

3 a Vergleicht eure Ergebnisse zum Tagesablauf der Mönche und korrigiert diese gegebenenfalls.
  b Vergleicht eure Tagesabläufe und besprecht Gemeinsamkeiten und Unterschiede.

4 a Vergleicht den Tagesablauf der Mönche mit eurem. Erklärt Gemeinsamkeiten und Unterschiede.
  b „Ihr habt ein ähnlich geregeltes Leben wie die Mönche." – Stimmt ihr dieser Aussage zu? Begründet eure Meinung.

5 a Was bezeichnen die in Text 1 hervorgehobenen Begriffe?
  b Erklärt die Rechtschreibung dieser Begriffe.
  c Erzählt kurz von einigen typischen Ereignissen eurer Woche, indem ihr die Begriffe aus dem Wortspeicher verwendet.
  d Was fällt euch bei der Rechtschreibung der verwendeten Begriffe auf?
  e Formuliert Rechtschreib-Regeln zu den verschiedenen Zeitangaben, das heißt zu Tageszeiten und Wochentagen, z. B.:

  1. Zeitangaben schreibt man groß, wenn ■
  Beispiel: Donnerstag, am Abend

  2. Zeitangaben schreibt man klein, wenn ■
  Beispiel: nachmittags

  3. Wenn Zeitangaben verbunden werden, dann schreibt man ■
  Beispiel: ■

> am Mittwoch
> der Donnerstag
> die letzten drei Freitage
> nächsten Samstag
> sonntags
> nachmittags
> montags
> morgen Nachmittag
> Freitagabend
> am Abend

Rechtschreibung: Zeitangaben

Zeitangaben werden **kleingeschrieben**, wenn man sie als **Adverbien** verstehen kann.
Beispiele: *morgens, dienstags*

Zeitangaben werden **großgeschrieben**, wenn man sie als **Nomen** lesen kann.
Beispiele: *der Morgen, am Dienstag*

Tageszeitangaben hinter den Adverbien *gestern, heute, morgen* usw. werden **großgeschrieben**.
Beispiele: *heute Morgen, morgen Abend*

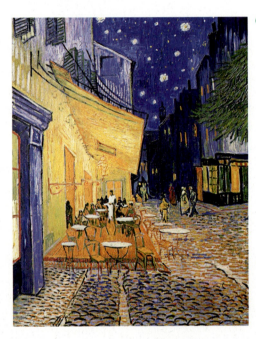

6 a Welche der folgenden Adjektive passen deiner Meinung nach zu dem Bild, welche nicht? Bei welchen ist es schwierig, das zu entscheiden? Begründe jeweils deine Antwort.

> *still, verzweifelt, hölzern, teuer, traurig, fröhlich, glänzend, aufgeregt, grün, hektisch, lustig, nass, komisch, nachdenklich, technisch, tief, laut, anstrengend, gekocht, interessant, schwerelos, unheimlich, satt, farbenfroh, raschelnd*

b Beschreibe die Stimmung auf dem Bild so genau wie möglich.

7 a Beschreibe das Café im Bild so, wie du es dir bei Tag vorstellst.
b Überlegt von euren Beschreibungen ausgehend: Was ist typisch für den Tag, was für die Nacht? Haltet eure Gedanken in zwei Ideensternen fest.

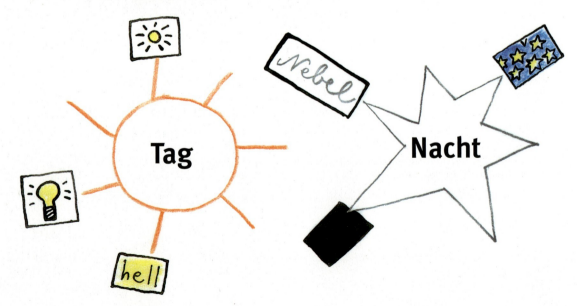

2. „Gedichte sind gemalte Fensterscheiben" – Gedichte schreiben

1 Verfasse ein Gedicht zum Thema Tagesablauf:
   a Suche Nomen aus den Ideensternen zu Tag und Nacht heraus und verbinde sie mit einem passenden Verb.
   b Sortiere die Begriffspaare aus Nomen und Verb in der zeitlichen Abfolge eines Tagesablaufs:

   Beispiel:
   Wecker klingelt
   Klamotten anziehen

   c Wähle nun einzelne Begriffspaare aus und verfasse mit diesen ein Gedicht, das aus 12 Versen besteht.
   d Verändere die Verse so, dass in jedem Vers ein so genannter 4-hebiger Jambus vorkommt.

   Beispiel:

Der	Wek-	ker	kling-	elt	laut	und	bös'
x	x́	x	x́	x	x́	x	x́
	1.		2.		3.		4.

2 Führt eine Schreibkonferenz mit euren Gedichten durch. Berücksichtigt dabei
   a die Schritte einer Schreibkonferenz:
   - **Würdigung des Textes:** Was ist gut gelungen? Was hat mir gefallen?
   - **Fragen:** Wo habe ich etwas nicht verstanden? Was müsste die Autorin bzw. der Autor ändern, damit ich es verstehe?
   - **Verbesserungsvorschläge:** Hat die Autorin oder der Autor anschaulich gedichtet? Kann ich mir das Dargestellte vorstellen? Wo könnten Ausdrücke durch verständlichere oder anschaulichere Wörter ersetzt werden? Wo müssten Wörter ergänzt werden?
   b die besonderen Merkmale von Gedichten, z. B.:
   - Metrum,
   - Reim,
   - Vielzahl sprachlicher Bilder.

   Metrum → S. 221

3 a Wählt das schönste Gedicht eurer Gruppe aus. Begründet eure Wahl.
   b Gestaltet ein Plakat zu diesem Gedicht, indem ihr
   - das Gedicht gut lesbar auf das Plakat schreibt und
   - das Gedicht entsprechend illustriert.
   c Stellt eure Gedicht-Plakate in der Klasse aus.

Kommt aber nur einmal herein! – Was ist ein Gedicht?

4 Vergleicht die Beschreibung des Tagesablaufs der Mönche (Text 1), eure Tabelle und eure Gedichte. Worin unterscheiden sich die Darstellungsformen äußerlich und in ihrer Wirkung?

5 Sammelt Kennzeichen und Merkmale von Gedichten in einer Mindmap. Unterscheidet dabei Form, Sprache und Inhalt.

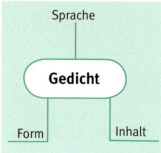

Text 2

Johann Wolfgang von Goethe
Gedichte sind gemalte Fensterscheiben

Gedichte sind gemalte Fensterscheiben!
Sieht man vom Markt in die Kirche hinein,
da ist alles dunkel und düster;
und so sieht's auch der Herr Philister[1]:
5 Der mag denn wohl verdrießlich sein
und lebenslang verdrießlich bleiben.

Kommt aber nur einmal herein!
Begrüßt die heilige Kapelle;
da ist's auf einmal farbig helle,
10 Geschicht' und Zierat glänzt in Schnelle,
bedeutend wirkt ein edler Schein;
dies wird euch Kindern Gottes taugen,
erbaut euch und ergetzt die Augen!

[1] **Philister:** Nachbarvolk der Israeliten im Alten Testament; als Philister bezeichnet man Spießbürger

6 a Formuliere eine Überschrift für jede Strophe von Goethes Gedicht.
  b Erkläre den Unterschied der beiden Strophen.

7 In dem Gedicht werden viele sprachliche Bilder verwendet. Erkläre diese:
  - *Gedichte sind gemalte Fensterscheiben (V. 1)*
  - *Sieht man vom Markt in die Kirche hinein,/da ist alles dunkel und düster (V. 2–3)*
  - *Begrüßt die heilige Kapelle;/da ist's auf einmal farbig helle,/Geschicht' und Zierat glänzt in Schnelle (V. 8–10)*

8 Welches Ziel können Gedichte laut diesem Gedicht beim Leser erreichen? Erkläre dies näher, indem du vor allem den letzten Vers berücksichtigst.

Ein riesiger Haufen Scherben – Wie schreibe ich ein Gedicht?

9 a Besprecht: Wie geht ihr beim Schreiben eines Gedichts vor?
  b Was bereitet euch Schwierigkeiten beim Gedichteschreiben, was fällt euch leicht?

Gespräch mit dem Dichter Peter Rühmkorf

Text 3

Können Sie Ihren literarischen Arbeitsprozess beschreiben?
Er gliedert sich in zwei Phasen. Die erste hat mit nichts als Spontanität zu tun, indem ich die Welt ganz schnell mitnehme, in winzigen, blitzartigen Notizen auf kleinen Zetteln, wie Sie sie hier überall herumliegen sehen. Beim Spazierengehen,
5 auf der Reise, ständig wandern die Gedanken herum, auch bei Gesprächen schreibe ich mir manchmal etwas auf. Beim Autofahren habe ich immer Stift und Papier neben mir und manchmal warte ich geradezu gierig auf ein Rot, damit ich einen Einfall schnell zu Papier nehmen kann. Die Einfälle sind also gewissermaßen Naturprodukte des Kopfes, an denen das Bewusstsein gar nicht beteiligt ist. […]
10 Ja, da sitze ich dann vor einem riesigen Haufen von […] Scherben, ungefassten Augenblicken, Fragmenten [= Bruchstücken] und Fetzchen, etwa wie ein Archäologe, dem sich ein neues Trümmerfeld aufgetan hat und der nun alles zu Vasen und Krügen und Plastiken zusammenfügen soll. Und da setzt die zweite Phase des Schreibprozesses ein, die eigentliche Arbeit, die richtige Arbeits-Arbeit. Die findet
15 zu Hause am Schreibtisch und im Zusammenspiel mit der Maschine statt. Da geht das Probieren los: Wie passen die Scherben zusammen? Wo ergeben sich vielleicht Verbindungen vom einen Stück zum anderen, was gehört gemeinsam in ein Gedicht, was entwickelt sich vielleicht zu einem Märchen?

Gespräch mit der Dichterin Hilde Domin

Text 4

Frau Domin, womit beginnen Sie, wenn Sie schreiben?
Mit dem Bleistift, der gerade da ist. Es muss ein ganz leichter Stift sein, den man gar nicht spürt.
Und Sie notieren einzelne Gedanken?
5 Nein. Gedichte schreibe ich schon in Zeilen nieder. Ich habe auch schon eine ganze Strophe auf einmal geschrieben, sogar in der Straßenbahn, wenn es sein musste. Das ist ein hervorragender Zustand.
Fiel Ihnen das Schreiben immer leicht?
Wenn man schreibt, dann ist ein Teil geschenkt. Man fragt sich nicht, ob es einem
10 leicht- oder schwerfällt, sondern man schreibt. Das kommt. Wie mit Blaulicht. Und erst hinterher kommt die Arbeit. Ich bin ein Mensch, der sehr viel streicht. […]
Also überarbeiten Sie Ihre Texte in einem zweiten Schritt?
[Domin, die bereits viele Jahre Praxis hat, streicht schon während des Schreibens.]
Dann tippe ich den Text ab. Heute hat man die Schreibmaschine, die macht alles
15 fremder, das ist wunderbar. Man muss sich dem eigenen Text nähern wie einem fremden.

Wie lange dauert es, bis ein Gedicht ausgereift ist?
Manche Texte sind sofort fertig. An „Wen es trifft", das ist immer noch eines meiner wichtigsten Gedichte, habe ich dagegen eine Woche gearbeitet. Ich habe keinerlei Prinzip. Oft wache ich nachts auf und schreibe. Man soll sich nichts vornehmen.

10 a Benenne wichtige Schritte in den Schreibprozessen von Peter Rühmkorf und Hilde Domin.
   b Welche Gemeinsamkeiten in den Schreibprozessen der Schriftstellerin und des Schriftstellers gibt es? Welche Unterschiede?

	Peter Rühmkorf	Hilde Domin
1. Schritt	■	■
2. Schritt	■	■
■	■	■

11 Rühmkorf vergleicht das Gedichteschreiben mit Tätigkeiten aus dem Bereich der Archäologie. Erklärt dieses Bild.

Kreativtechniken – Techniken zur Ideenfindung

Peter Rühmkorf beschreibt, dass er Einfälle überall, wo er hinkommt, sammelt und sofort notiert und erst später zu einem Gedicht ausarbeitet. Es gibt noch andere Techniken, um Ideen für Texte zu finden.
1. **Clustering:** Schreibe das Thema in die Mitte eines Blattes und notiere um diesen Begriff herum alles, was dir dazu einfällt. Anschließend kannst du mit anderen Begriffen, die dir eingefallen sind, genauso verfahren.
2. **Automatisches Schreiben:** Schreibe zu einem Thema einen Text, ohne über Sinn oder Zusammenhänge der Sätze oder Verse nachzudenken. Wenn du nicht mehr weiterschreiben kannst, schreibe Kringel, bis dir weitere Gedanken in den Sinn kommen.
3. **Materialsuche:** Sammle Material zu dem Thema, etwa Bilder, Fotos, Filme usw. Dadurch können dir auch Ideen für Texte oder Gedichte kommen.

12 Verfasse ein Gedicht mit dem Titel „Sternenklare Nacht".
   a Wende eine der Techniken zur Ideenfindung an und sammle Ideen.
   b Setze den Text aus den Ideen zusammen, wie es Rühmkorf in Text 3 beschreibt.
   c Überarbeite den Text, also streiche z. B. Passagen oder formuliere einzelne Begriffe um.

13 a Stelle in der Klasse mindestens zwei Versionen deines Gedichts vor und erkläre deine Überarbeitungen.
   b Beurteilt: Welche Arbeitsschritte fandet ihr schwierig, welche gut machbar?

14 Erarbeitet auf der Grundlage eurer Schreiberfahrungen und der Aussagen von Peter Rühmkorf und Hilde Domin wichtige Schritte zum Schreiben von Gedichten:
   • 1. **Schritt:** Thema und Ideen finden
   • 2. **Schritt:** ■
   • ■

Un admirador – Gedichte nach Textvorbildern schreiben

Eugen Gomringer
avenidas Text 5

avenidas
avenidas y flores

flores
flores y mujeres

5 avenidas
avenidas y mujeres

avenidas y flores y mujeres y
un admirador

15 a Lies das Gedicht laut und gestaltend vor.
   b Wie wirkt das Gedicht auf dich, auch wenn du die Wörter nicht verstehst?
   c Erkläre die Wirkung des Textes anhand des Gedichtaufbaus.

16 a Findet die Bedeutungen der Wörter heraus.
     Tipp: Vielleicht könnt ihr sie aus euch bekannten Fremdsprachen ableiten.
   b Was verbindet ihr nun – mit der Kenntnis der Wörter – mit dem Gedicht?
   c Übertragt das Gedicht ins Deutsche. Was verändert sich an der Wirkung?

Friederike Mayröcker
Wer Horror liebt muss Horror reimen Text 6

der Kuss … der Schuss
der Pfiff … das Riff
das Krachen … das Lachen
die Säge … die Schläge
5 die Schritte … der Dritte
das Klopfen … der Tropfen
das Gift … der Lift
das Beil … der Keil
das Gespenst … das Fenst--
10 die Wasserspülung … die Unterkühlung
die Schere … die Gewehre
das Blut … die Wut
das Blutbad … das Mühlrad

17 a Was verändert sich jeweils bei den gereimten Wörtern?
   b Welche Reime passen inhaltlich zueinander, welche nicht? Begründet dies.

18 a Verfasse ein Gedicht nach dem Schema von Text 6, z. B.:
     • *Wer Action liebt muss Action reimen*
     • *Wer Soaps liebt muss Soaps reimen*
     • *Wer Comedy liebt muss Comedy reimen*
   b Vergleicht eure Ergebnisse und diskutiert die Unterschiede.

3. „Es war, als hätt der Himmel …" – Merkmale von Gedichten

Text 7

Nachts

…Nacht	…Nachtgesang
…sacht	…Gang
…Wolkenhülle	…Bäumen
…Tal	…mir
…Nachtigall	…hier
…stille	…Träumen

1 a Hier siehst du nur die Reimwörter eines Gedichts. Schreibe die Reimwörter ab und halte hinter jedem Wort fest, was du damit verbindest.
b Tauscht eure Ideen zu den Wörtern in kleinen Gruppen aus.

2 Nun habt ihr eine Reihe von Ideen als Grundlage für den nächsten Schritt: Ergänzt in der Gruppe gemeinsam die Reime zu einem Gedicht.
Achtung: Bestimmt vorher ein Gruppenmitglied, das protokolliert, wie ihr die Verse erfunden habt.

3 a Haltet eure Gedichte auf großen Plakaten fest.
b Besprecht: Was ist euch beim gemeinsamen Schreiben aufgefallen?
c Stellt eure Gedichte wie auf einem Marktplatz der Klasse vor, indem ihr euer Plakat aushängt, euch die Plakate der anderen Gruppen anschaut, die Entstehung zweier Gedichte von der jeweiligen Schreib-Gruppe vorstellen lasst.

Text 8 ### Joseph von Eichendorff

Der Dichter Joseph von Eichendorff wurde am 10. März 1788 geboren und starb fast 70 Jahre später, am 26. November 1857. Er lebte zu einer Zeit, die von vielen Veränderungen geprägt war: Kurz nach seiner Geburt stürzten die Franzosen ihren König und wollten selbst den Staat lenken, Napoleon überzog kurz darauf ganz
5 Europa mit Krieg, viele Philosophen und Dichter aber wollten, dass die Menschen freier und selbstbestimmter lebten. Die Menschen sollten selbst denken und sich nicht ihre Lebensweise von der Kirche vorschreiben lassen. Ein Zeit lang wurden nur noch der Verstand und die Wissenschaft betont, Gefühle und Fantasie wurden als nicht so wichtig betrachtet. Dies störte viele junge Schriftsteller, die wieder von
10 Zauberkräften, Träumen und Göttlichem erzählten und dichteten. Sie wollten auch von einfachen Menschen verstanden werden und schrieben deshalb viele einfache und volksliedhafte Gedichte und etwa Märchen. Ganz berühmt sind z. B. die Märchen der Brüder Grimm, die durch das Land zogen, sich Märchen von den Menschen in Dörfern und Städten erzählen ließen, diese aufschrieben und sprach-
15 lich überarbeiteten. Einer dieser jungen Schriftsteller war auch Eichendorff. Er

wurde christlich erzogen, studierte Jura (Rechtswissenschaften) in Jena und Heidelberg, heiratete und arbeitete schließlich in der Verwaltung in verschiedenen Städten. Er führte also ein ganz normales bürgerliches Leben, das durch Berufs- und Familienalltag geprägt war.

Im Gegensatz zu diesem reglementierten Leben handeln seine literarischen Werke vom Streben nach einem harmonischen Leben in der Natur und von der Sehnsucht nach einem Ausbrechen aus einem streng durchgeplanten Leben, aber auch immer wieder von der Hoffnung auf ein erfülltes Leben im Jenseits.

Sein berühmtester Erzähltext ist die Novelle „Aus dem Leben eines Taugenichts", in der ein junger Mann, der Taugenichts, in die Welt hinauswandert, einige Abenteuer erlebt, sich zunächst unglücklich verliebt und schließlich von Heimweh und Sehnsucht getrieben zu der geliebten Frau zurückkehrt und diese doch heiraten darf.

Sein bekanntestes Gedicht heißt „Mondnacht" und ist oft vertont worden.

4 Erschließe den Text mithilfe der Fünf-Schritt-Lesemethode.

Fünf-Schritt-Lesemethode
→ S. 244f.

5 Strukturiere den Text inhaltlich noch etwas stärker, indem du folgende Aspekte benennst:
  a die Ideen der jungen Schriftsteller, zu denen auch Eichendorff zählte,
  b die Textarten der jungen Romantiker,
  c die Themen von Eichendorffs Dichtung.

Joseph von Eichendorff
Mondnacht

Text 9

Es war, als hätt der Himmel
Die Erde still geküsst,
Dass sie im Blütenschimmer
Von ihm nun träumen müsst.

5 Die Luft ging durch die Felder,
Die Ähren wogten sacht,
Es rauschten leis die Wälder,
So sternklar war die Nacht.

Und meine Seele spannte
10 Weit ihre Flügel aus,
Flog durch die stillen Lande,
Als flöge sie nach Haus.

6 Finde Beispiele für folgende Stilmittel im Gedicht:
- Enjambement,
- Metapher,
- Personifizierung,
- Wortneuschöpfungen.

7 a Formuliere Überschriften für die Strophen.
  b Was unterscheidet die mittlere von den beiden anderen Strophen?

sprachliche Bilder
→ S. 225ff.

8 Erkläre folgende sprachliche Bilder:
- *Es war, als hätt der Himmel/Die Erde still geküsst (V. 12)*
- *Flog durch die stillen Lande/Als flöge sie nach Haus. (V. 11/12)*

Modus → S. 186f.

Tipp: Achte dabei vor allem auf den Modus der Verben.

9 Verbindet die formal-sprachlichen und inhaltlichen Aspekte des Gedichts, indem ihr folgende Fragen beantwortet:
- Welche Gesamtaussage lässt sich aus dem Text herauslesen?
- Durch welche formalen Aspekte (Reim usw.) wird diese Aussage bestätigt?
- Welche sprachlichen Mittel (Vergleich usw.) unterstützen die Aussage?

Joseph von Eichendorff

Text 10

Winternacht

Verschneit liegt rings die ganze Welt,
ich hab' nichts, was mich freuet,
verlassen steht der Baum im Feld,
hat längst sein Laub verstreuet.

5 Der Wind nur geht bei stiller Nacht
und rüttelt an dem Baume,
da rührt er seinen Wipfel sacht
und redet wie im Traume.

10 a Schreibe den Text ab und notiere nach jedem Vers deine Gedanken, Fragen und Ideen zum Inhalt oder zu einzelnen Worten.
Tipp: Besonders übersichtlich wird dies, wenn du die Gedichtverse in Schwarz oder Blau und deine eigenen Gedanken in einer anderen Farbe festhältst.

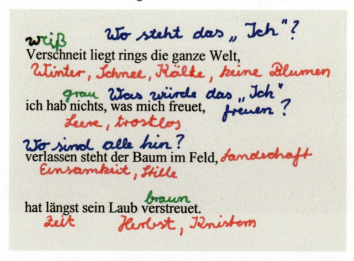

b Bildet Kleingruppen und vergleicht eure Ergebnisse innerhalb eurer Gruppe.
c Haltet die eurer Meinung nach wichtigsten Gedanken schriftlich fest.
d Präsentiert eure Ergebnisse in der Klasse.

11 a Verfasse eine dritte Strophe zu Eichendorffs Gedicht (Text 10). Berücksichtige dabei die bisherigen Strophen und beginne folgendermaßen: „Er träumt …"
b Bildet Gruppen und führt in eurer Gruppe eine kurze Schreibkonferenz durch, in der ihr eure dritten Strophen dahingehend untersucht, ob sie zu den ersten zwei Strophen passen. Berücksichtigt dabei folgende Aspekte:
  • **Form** (Reim, Versanzahl pro Strophe, Metrum, Alliteration),
  • **Stilmittel**, z. B. Personifikation,
  • **Inhalt**, z. B. logische Verbindung zum Inhalt der ersten beiden Strophen.
c Überarbeitet eure Gedichte, falls nötig.
d Vergleicht eure Strophenfassungen mit Eichendorffs dritter Strophe (S. 340).

Joseph von Eichendorff
Frühlingsnacht

Text 11

Übern Garten durch die Lüfte
Hört ich Wandervögel ziehn,
Das bedeutet Frühlingsdüfte,
Unten fängts schon an zu blühn.

5 Jauchzen möcht ich, möchte weinen,
Ist mirs doch, als könnts nicht sein!
Alte Wunder wieder scheinen
Mit dem Mondesglanz herein.

Und der Mond, die Sterne sagens,
10 Und in Träumen rauschts der Hain,
Und die Nachtigallen schlagens:
Sie ist deine, sie ist dein!

12 a Vergleiche dieses Gedicht mit Eichendorffs „Winternacht" (Text 10).

	Winternacht	Frühlingsnacht
Form	3 Strophen mit 4 Versen Kreuzreim ■	3 Strophen mit 4 Versen Kreuzreim ■
sprachliche Bilder/ Besonderheiten	■	■
Pflanzen	*verschneit* (V. 1) ■	*blühn* (V. 4) ■
Tiere	■	■
Gefühle	■	■

b Erkläre die Gemeinsamkeiten und Unterschiede. Beachte dabei insbesondere die jeweils letzte (dritte) Strophe der beiden Texte.

Eduard Mörike

Text 12 Um Mitternacht

Gelassen stieg die Nacht ans Land,
Lehnt träumend an der Berge Wand,
Ihr Auge sieht die goldne Waage nun
Der Zeit in gleichen Schalen stille ruhn;
5   Und kecker rauschen die Quellen hervor,
    Sie singen der Mutter, der Nacht, ins Ohr
    Vom Tage,
    Vom heute gewesenen Tage.

Das uralt alte Schlummerlied,
10 Sie achtet's nicht, sie ist es müd;
Ihr klingt des Himmels Bläue süßer noch,
Der flücht'gen Stunden gleichgeschwungnes Joch.
    Doch immer behalten die Quellen das Wort,
    Es singen die Wasser im Schlafe noch fort
15 Vom Tage,
    Vom heute gewesenen Tage.

13 Wie wird die Nacht in der ersten Strophe beschrieben? Berücksichtige dabei insbesondere die Verben.

14 a Unterteile die Strophen in Abschnitte und gib diesen Abschnitten Überschriften.
b Erkläre: Was kann man an den Abschnitten ablesen?

15 Warum wiederholen sich manche Verse?

16 a Bestimme die sprachlichen Besonderheiten, vor allem Enjambement und Personifikation.
b Erkläre den Sinn dieser sprachlichen Besonderheiten.

```
xx́ | xx́ | xx́ | xx́
xx́ | xx́ | xx́ | xx́
xx́ | xx́ | xx́ | xx́ | xx́
xx́ | xx́ | xx́ | xx́ | xx́
x | x́xx | x́xx | x́xx | x́
x | x́xx | x́xx | x́x(x) | x́
x | x́x
x | x́xx | x́xx | x́x
```

Metrum → S. 219 **17** Diese Grafik bildet das metrische Schema des Gedichts „Um Mitternacht" ab.
a Benenne die Elemente, aus denen das Metrum dieses Gedichts besteht.
b Vergleiche das Metrum der einzelnen Verse. Was fällt dir auf?
c Inwiefern unterstützt das Metrum den Inhalt des Gedichts? Beachte dabei, wann langsam vorgetragen wird, wann schneller.

Robert Gernhardt

Text 13

Verlassen stieg die Nacht an Land,
der Tag war ihr davongerannt.
Durchs Dunkel tönte ihr Geschrei,
wo denn der liebe Tag wohl sei.

5 Indessen saß der Tag bei mir,
bei weißem Brot und hellem Bier
hat er die Suchende verlacht:
Die säh doch nichts, es sei ja Nacht.

18 a Vergleiche Mörikes Gedicht (Text 12) mit dem von Robert Gernhardt, indem du die Tätigkeiten der Nacht gegenüberstellst.
  b Was übernimmt Gernhardt von Mörike, was nicht?
  c Wie wirkt Gernhardts Gedicht auf euch?
  d Muss man Mörikes Gedicht kennen, um Gernhardts Gedicht lustig zu finden?

> **Literarische Parodie**
>
> **Parodie** bedeutet allgemein **die verzerrte oder übertriebene Nachahmung** bestimmter Eigenschaften einer Person, sodass die Eigenschaften witzig oder mitunter lächerlich wirken.
>
> Die **literarische Parodie** zielt ebenfalls auf Witz und Komik. Die komische Wirkung wird dadurch erzielt, dass ein vorhandener Text in seiner Form nachgeahmt, aber inhaltlich teilweise oder völlig verändert wird.

Ernst Jandl

oktobernacht

Text 14

sessel, bring mir einen gast.
tisch, bring mir ein fröhliches mahl.
lampe, zeig mir ein freundliches gesicht,
nicht mich im spiegel. spiegel, dreh dich zur wand.

5 sessel, bring mir einen gast.
tisch, bring mir ein fröhliches mahl.
fenster, geh auf in ein wärmeres land.
koffer, nimm mich bei der hand und flieg mich nach
ägypten.

10 sessel, bring mir einen gast.
tisch, bring mir ein fröhliches mahl.
telefonvogel, sing für mich.
oder bring mir einen kellertiefen winterschlaf, bett.

19 a Wie wirkt das Gedicht „oktobernacht" auf dich?
  b Passt der Titel „oktobernacht" zum Gedichtinhalt? Begründe deine Meinung.
  c Finde weitere passende Titel für dieses Gedicht und begründe deine Vorschläge.

4. „Ein Werwolf eines Nachts entwich" – Metaphern und Spiel mit Sprache

Marie Luise Kaschnitz

Text 15 **Der Schritt um Mitternacht**

Hörst du den Schritt um Mitternacht,
Der Toten, die sich aufgemacht?

Das Land, das ewig Frieden hat,
Ist nicht mehr ihre Ruhestatt.

5 Die Liliengärten liegen brach,
Und als ein Kreuz und Ungemach

Ein Pfad, der in den Abgrund weist,
Ein Sog, der in die Tiefe reißt,

Ein Feueratem überm Moor,
10 Ein Schrei nach Blut, ein Schlag am Tor,

Ein Griff, der nach der Kehle drängt,
Ein Jammer, der das Herz zersprengt:

So sind sie uns gesendet.
Weh, wie das endet.

Fünf-Schritt-Lesemethode
→ S. 244f.

1 Fasse die Handlung des Gedichts kurz zusammen. Die Fünf-Schritt-Lesemethode hilft dir dabei.

2 Erkläre:
- Wer sind die „Toten, die sich aufgemacht" (V. 2)?
- Welches ist das „Land, das ewig Frieden hat" (V. 3)?

3 Warum bestehen die Strophen nur aus zwei Versen und sind im Paarreim gehalten?

4 a Was verbindet ihr mit dem Nomen *Feueratem* (V. 9)?
 b Falls ihr mehrere Ideen zu dem Wort habt, diskutiert: Warum verbindet ihr verschiedene Dinge mit *Feueratem*?
 c Es gibt andere Wörter, die wie Feueratem funktionieren, z. B. *Hoffnungsschimmer, Baumkrone, Redefluss.* Wie sind alle diese Wörter gebaut?
 d Erklärt die einzelnen Teile dieser **Komposita**, z. B.: *Baum* – großes Gewächs mit vielen Ästen, Zweigen und Blättern; *Krone* – Zeichen des Königs, das dieser auf dem Kopf trägt.
 e Was passiert jeweils mit der Bedeutung der zwei Wörter (z. B. *Baum* und *Krone*), wenn man sie zu einem **Kompositum** verbindet? Ist eine *Baumkrone* eher ein *Baum* oder eine *Krone*? Welcher neue Sinn ergibt sich?
 f Welcher Artikel begleitet das Kompositum nach der Zusammensetzung der beiden Begriffe: der des ersten Bestandteils oder der des zweiten Bestandteils?

5 a Im Alltag verwenden wir häufig Wörter wie z. B. *Stuhlbein, Flussbett, Flaschenhals, Baumkrone, narrensicher, spiegelglatt.* Erkläre, wie sie gebildet werden und was sie bedeuten.
 b Sammelt weitere Beispiele für solche Wörter in unserer Alltagssprache.

6 Folgende Begriffe funktionieren ähnlich wie die Komposita: *dunkle Worte, schattige Träume, blasser Morgen, modrige Nacht, helle Gedanken.*
   a Erkläre, wie diese Begriffe genau funktionieren.
   b Sammelt weitere Begriffe dieser Art.

Metaphern

Eine Metapher (altgr. *meta – hinüber* und *pherein – tragen*) ist ein sprachliches Bild. Bei einer Metapher werden **zwei Begriffe** aus oft ganz verschiedenen Bereichen **miteinander verbunden**, die man normalerweise nicht aufeinander bezieht. Die Bedeutung des einen Begriffs wird auf diese Weise eng mit der des anderen verbunden, die kombinierten Bedeutungen der beiden Begriffe werden auf ein neues Drittes **übertragen**.
Dadurch entstehen **neue Vorstellungen und Bilder**, die man sprachlich sonst nicht so ausdrücken könnte.
Beispiel: Das Wort *Stuhlbein* ist aus *Stuhl+Bein* zusammengesetzt. Ein *Stuhlbein* ist weder ein Stuhl noch ein Bein, sondern „das Bein eines Stuhls".

Metaphernbaukasten

Der Metaphernbaukasten enthält zwei Kästen mit Wörtern.
- Im ersten Kasten befinden sich die so genannten **Bildspender**, d.h. die Begriffe, die das Bild für eine Erfahrung darstellen sollen.
- Der zweite Kasten enthält die so genannten **Bildempfänger**, d.h. die Begriffe, die von den Wörtern des ersten Kastens Bilder empfangen sollen.

Beispiel: *milchiger Mond*
Den Metaphernbaukasten kannst du verwenden, um auf **Schreibideen** zu kommen.

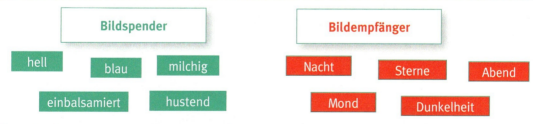

7 a Wähle ein Wort aus dem Kasten „Bildspender" und eines aus dem Kasten „Bildempfänger" und bilde daraus einen Begriff.
   b Verfasse zu diesem Wortpaar ein Gedicht bzw. ein Gedicht, das dieses Wortpaar zum Titel hat.
   c Stellt euch eure Gedichte gegenseitig vor und vergleicht sie.

8 a Überlegt, was die Metaphern in euren Gedichten bewirken.
   b Erklärt nun die Wirkung und die Bedeutung von *Feueratem* in Kaschnitz' Gedicht (Text 15).

Christian Morgenstern

Text 16 Der Werwolf

Ein Werwolf eines Nachts entwich
von Weib und Kind und sich begab
an eines Dorfschullehrers Grab
und bat ihn: „Bitte, beuge mich!"

5 Der Dorfschulmeister stieg hinauf
auf seines Blechschilds Messingknauf
und sprach zum Wolf, der seine Pfoten
geduldig kreuzte vor dem Toten:

„Der Werwolf", - sprach der gute Mann,
10 „des Weswolfs, Genitiv sodann,
dem Wemwolf, Dativ, wie man's nennt,
den Wenwolf, damit hat's ein End."

Dem Werwolf schmeichelten die Fälle,
er rollte seine Augenbälle.
15 „Indessen", bat er, „füge doch
zur Einzahl auch die Mehrzahl noch!"

Der Dorfschulmeister aber musste
gesteh'n, dass er von ihr nichts wusste.
Zwar Wölfe gäbs in großer Schar,
20 doch „Wer" gäbs nur im Singular.

Der Wolf erhob sich tränenblind -
er hatte ja doch Weib und Kind!
Doch da er kein Gelehrter eben,
so schied er dankend und ergeben.

9 Um welches grammatische Phänomen geht es in diesem Gedicht?

10 Erklärt den Witz in diesem Gedicht.

11 Bereitet in kleinen Gruppen einen **gestaltenden Gedichtvortrag** mit verteilten Rollen (Werwolf, Dorfschullehrer, Erzähler) vor.
Beachtet dabei die Tipps zum Gedichtvortrag:
- Überlegt, welche Wörter von ihrem Sinn her **betont** werden müssen.
- Berücksichtigt bei der Betonung auch das **Metrum**, ohne dabei das Gedicht herunterzuleiern.
- Macht sinnvolle **Lesepausen**, etwa nach Satzzeichen oder Strophen-Enden.
- Betont die **Gefühle** oder die **Stimmung** des Gedichts beim Vortrag durch **Stimmlage** und **Lesegeschwindigkeit**.
- Tragt das Gedicht so oft laut vor, bis ihr den richtigen „Ton" gefunden habt.

Christian Morgenstern

Text 17 Gruselett

Der Flügelflagel gaustert
durchs Wiruwaruwolz,
die rote Fingur plaustert,
und grausig gutzt der Golz.

12 Lies das Gedicht in verschiedenen Stimmungen vor, z. B. *bedrohlich, ängstlich, lustig, schnell dahineilend, langsam, getragen.*

13 a Bildet Gruppen und stellt in eurer Gruppe eure Lieblingslesart vor.
    b Entscheidet euch in eurer Gruppe für die Lesart, die euch am besten gefällt.
    c Stellt eure Lesart des Gedichts in der Klasse vor.
    d Diskutiert in der Klasse, welche Lesart ihr insgesamt am besten findet.

14 Gestalte eine Wort-Bild-Collage zu einem der beiden Gedichte von Morgenstern (Text 16 oder Text 17), indem du folgende Schritte verbindest:
    - Male ein Bild zu dem gewählten Gedicht oder fertige eine Collage aus passenden Fotos an.
    - Füge dabei einzelne Verse, die dir wichtig sind, in das Bild oder die Collage ein.

15 a Bestimme die **Wortarten** in Text 17.
    b Erkläre, wie du beim Bestimmen der Wortarten vorgegangen bist und woran du sie jeweils erkannt hast.

16 a Vergleiche: Wie geht Kaschnitz in Text 15 mit dem **Motiv** „Nacht" um, wie Morgenstern in den Texten 16 und 17?
    b Welche Merkmale besitzt die Nacht, sodass sie die Zeit solch unterschiedlicher Handlungen wird?

5. „Singet leise, leise, leise" – Gedichte mit langen und kurzen Vokalen

Clemens Brentano
Wiegenlied   Text 18

Singet leise, leise, leise,
singt ein flüsternd Wiegenlied,
von dem Monde lernt die Weise,
der so still am Himmel zieht.

5 Singt ein Lied so süß gelinde,
wie die Quellen auf den Kieseln,
wie die Bienen um die Linde
summen, murmeln, flüstern, rieseln.

1 a Trage das Gedicht laut vor. Was fällt dir auf?
   b Welche Wirkung übt das Gedicht auf dich aus?

2 a Welche Wirkung geht von den verschiedenen Vokalen aus?
   b Welche Vokale kommen sehr häufig vor? Erkläre dies.

3 a Übertrage das Gedicht in dein Heft.
  b Unterstreiche in deinem Heft die langen Vokale/Umlaute und die Diphthonge sowie die kurzen Vokale/Umlaute jeweils mit einer anderen Farbe.
  c Trage die Wörter mit langen Vokalen/Umlauten, mit Diphthongen und die Wörter mit kurzen Vokalen/Umlauten in eine Tabelle ein.

lange Vokale/Umlaute und Diphthonge	kurze Vokale/Umlaute
leise	*singet*
■	■

  d Achte auf die Rechtschreibung: Welche Unterschiede gibt es zwischen den Wörtern mit langen und denen mit kurzen Vokalen/Umlauten?

Text 19

Clemens Brentano
Abendständchen

Hör, es klagt die Flöte wieder,
und die kühlen Brunnen rauschen!
Golden weh'n die Töne nieder,
stille, stille, lass uns lauschen!

5 Holdes Bitten, mild Verlangen,
wie es süß zum Herzen spricht!
Durch die Nacht, die mich umfangen,
blickt zu mir der Töne Licht!

4 Trage das Gedicht gestaltend vor. Wie wirkt es auf dich?

zitieren → S. 225 5 Welche Gefühle werden hier ausgedrückt? Belege deine Behauptungen mit Zitaten aus dem Gedicht.

6 a Findet ihr eure Vermutung über die Schreibweise der Wörter mit langen und kurzen Vokalen/Umlauten hier bestätigt?
  b Überprüft eure Vermutungen, indem ihr bei folgenden Begriffen die entsprechenden Vokale/Umlaute einsetzt:

> K■l, L■nd, m■r, r■t, l■se, n■dlich, j■ng

  c Formuliert nun eine Regel zu Wörtern mit kurzen Vokalen/Umlauten und zu denen mit langen und vergleicht sie mit der folgenden Sachinformation.

Kurze und lange Vokale/Umlaute

Wörter mit langen Vokalen/Umlauten oder Diphthongen

Lange Vokale/Umlaute können auf verschiedene Art und Weise für den Leser gekennzeichnet werden:
- durch die **Dehnungsbuchstaben** „e" oder „h", z. B. *Wiege* oder *Fahne*,
- durch **Verdoppelung des Vokals**, z. B.: *See, Meer*.

Die Länge eines Vokals wird aber nicht immer schriftlich gekennzeichnet, der einfache Vokal kann manchmal auch ausreichen, z. B.: *Buch, Suche, Klage*.

Die **Diphthonge** (Doppellaute) *au, ei, ai, eu* und *äu* sind grundsätzlich lang, z. B. *Frau, Mai*.

Wörter mit kurzen Vokalen/Umlauten

Kurze Vokale/Umlaute werden nur gekennzeichnet, wenn die Silbe des kurzen Vokals/Umlauts betont wird. Folgende Möglichkeiten gibt es:
- **Verdoppelung des folgenden Konsonanten:** *Himmel, Kamm,*
- **Häufung der folgenden Konsonanten:** *Kante, Land*.

Rainer M. Schröder
Das Geheimnis der weißen Mönche

Text 20

W■der erh■te ein Blitz für kurze Momente die F■nstern■s der N■cht, die ■m w■ der schwarze, g■rige Schl■nd des Verderbens vork■m. Jakob k■nnte erk■en, dass der schl■mmige Pfad vor ihm auf die K■pe eines sanft ansteigenden H■gels f■rte. Ein mächtiger Eichenbaum mit ausladender Krone erh■b sich auf der kleinen Anh■
5 ■e, die wie der Rest des Eifellandes unter einer knöchelt■fen D■cke alten, harschen Schn■s lag. Dahinter zeichnete sich ein Waldstück ab, schw■rz wie ein Henkerstuch und abweisend wie eine Wand aus Festungspalisaden.
An jedem anderen Tag wäre es für Jakob ein Leichtes gewesen den Eselsk■en mit dem eingef■enen, alten Mönch den Hügel hochzuz■en. In dieser Nachtstunde je-
10 doch bewirkte der Anblick der Steigung, dass ihn ein Gef■l der Verzweiflung und des zornigen Aufbeg■rens gegen ein allzu ungnädiges Sch■ksal überkam.

7 Setze die richtigen Vokal- und Konsonantbuchstaben in die Lücken ein. Achte dabei auf die Regeln zu Wörtern mit langen und kurzen Vokalen/Umlauten, aber auch auf die Bedeutung des Satzes.

8 a Schreibe den Text nun einmal ohne **Adjektive** auf
   b Vergleicht den Originaltext mit eurer Version. Wie unterscheidet sich die Wirkung?

6. „Tage wie dieser" – Gedichte über den Tag

Joachim Ringelnatz

Text 21 **Im Park**

Ein ganz kleines Reh stand am ganz kleinen Baum
still und verklärt wie im Traum.
Das war des Nachts elf Uhr zwei.
Und dann kam ich um vier
5   Morgens wieder vorbei,
Und da träumte noch immer das Tier.
Nun schlich ich mich leise – ich atmete kaum –
gegen den Wind an den Baum
und gab dem Reh einen ganz kleinen Stips.
10 Und da war es aus Gips.

1 a Tragt das Gedicht so vor, dass der Witz des Gedichts im Vortrag deutlich wird.
  b Wodurch entsteht der Witz in Ringelnatz' Gedicht?

2 Erkläre: Was hat Ringelnatz' Gedicht mit dem Tag zu tun?

3 Verfasse ein Parallelgedicht zu Ringelnatz' Gedicht, indem du den Schauplatz und das angesprochene „Lebewesen" veränderst, z. B. Titel: „In der Fußgängerzone", angesprochenes „Lebewesen": Person auf Werbeplakat.

Robert Walser

Text 22 **Helle**

Graue Tage, wo die **Sonne**
sich wie eine blasse **Nonne**
hat gebärdet, sind nun **hin**.
Blauer Tag steht blau da **oben**,
5   eine Welt ist frei **erhoben**,
Sonn' und Sterne blitzen **drin**.

Alles das vollzog sich **stille**,
ohne Lärm, als großer **Wille**,
der nicht Federlesens **macht**.
10 Lächelnd öffnet sich das **Wunder**,
nicht Raketen und nicht **Zunder**
braucht's dazu, nur klare **Nacht**.

4 Lies zunächst nur die hervorgehobenen Reimwörter in Text 22 und leite daraus einen ersten Sinn ab.

5 a Erkläre folgende Verse:
  • „wo die Sonne/sich wie eine blasse Nonne/hat gebärdet" (V. 1–3),
  • „eine Welt ist frei erhoben" (V. 5),
  • „alles das vollzog sich stille/...als großer Wille" (V. 7/8).
  b Verbinde diese Verse mit den letzten drei Versen des Gedichts und leite daraus eine Grundaussage des Gedichts ab.

Gedichte analysieren

Wolfgang Bächler
Der Abend im Frack

Text 23

Der Abend geht im Frack durch unsre Straße
und steckt die Sonne in die Hintertasche.
Er fängt die Vögel unter den Zylinder
und heftet sich voll Sterne das Revers
5 und einen goldnen Halbmond auf die Brust.

Im schwarzen Lackschuh tänzelt er vorbei
und trinkt die Lichter aus den Fenstern,
säuft die Laternen aus, frisst die Geräusche
und nimmt die keusche Nacht in seine Arme.

10 Am Morgen gleitet er betrunken aus
und fällt kopfüber in die Straßenrinne.
Da platzt die Hintertasche auf:
Die Sonne rutscht ihm wieder raus
und steigt ganz unbeschädigt
15 langsam über Haus und Dach
und lacht den Abend einen Tag lang aus.

1 Erarbeite das Gedicht, indem du **Methoden der Texterschließung** wählst und anwendest, z. B.:
- über Reimwörter den Sinn erschließen,
- Überschriften zu den Strophen bilden,
- wichtige Begriffe benennen und erklären,
- wichtige Verse benennen und erklären,
- formale und sprachliche Mittel bestimmen und in Bezug auf den Inhalt erklären.

2 a Verfasse zwei **Parallelgedichte** zu diesem Gedicht, indem du
- ein Gedicht mit dem Titel „Der Abend in Jeans" und
- ein Gedicht mit dem Titel „Der Tag im Frack" schreibst.

b Stellt eure Gedichte in der Klasse vor.
c Diskutiert: Ändert sich die Grundaussage des Gedichts „Der Abend im Frack" bei eurem Gedicht „Der Abend in Jeans"?
d Besprecht: Hat euer Gedicht „Der Tag im Frack" eine ähnliche Aussage wie „Der Abend im Frack"?

Und jetzt kommst du!

Stimmung und Atmosphäre in einem Jugendroman

Rainer M. Schröder

Text 24 **Das Geheimnis der weißen Mönche**

Im Folgenden sind die ersten Seiten des Romans abgedruckt. In diesem Roman geht es um einen Jungen namens Jakob Tillmann, der den todkranken Bruder Anselm zum Kloster Himmerod (Eifel) bringt und dadurch in große Gefahren gerät.

Zitternd vor Kälte und Erschöpfung, stand Jakob in der stürmischen Februarnacht und rang nach Atem, während der Himmel in wildem Zorn Blitze wie Speere aus gleißendem Licht nach ihm schleuderte. Ein böiger Wind schlug ihm den Regen, der halb Schnee und halb Hagel war, wie eine Peitsche aus messerscharfen Eisschnü-
5 ren schmerzhaft ins Gesicht.
Sie würden beide elendig in dieser eisigen Sturmnacht zugrunde gehen, wenn das Kloster nicht bald auftauchte! Jakob war am Ende seiner Kraft und konnte den einachsigen Eselskarren mit der Last des alten Mönches nicht länger ziehen! Er hatte in den Händen, die wie festgefroren um die Deichsel des Karrens und den ledernen
10 Zuggurt lagen, kaum noch Gefühl.
Wieder erhellte ein Blitz für kurze Momente die Finsternis der Nacht, die ihm wie der schwarze, gierige Schlund des Verderbens vorkam. Jakob konnte erkennen, dass der schlammige Pfad vor ihm auf die Kuppe eines sanft ansteigenden Hügels führte. Ein mächtiger Eichenbaum mit ausladender Krone erhob sich auf der kleinen Anhö-
15 he, die wie der Rest des Eifellandes unter einer knöcheltiefen Decke alten, harschen Schnees lag. Dahinter zeichnete sich ein Waldstück ab, schwarz wie ein Henkerstuch und abweisend wie eine Wand aus Festungspalisaden.
An jedem anderen Tag wäre es für Jakob ein Leichtes gewesen, den Eselskarren mit dem eingefallenen, alten Mönch den Hügel hochzuziehen. In dieser Nachtstunde je-
20 doch bewirkte der Anblick der Steigung, dass ihn ein Gefühl der Verzweiflung und des zornigen Aufbegehrens gegen ein allzu ungnädiges Schicksal überkam.
„Ich kann nicht mehr!", schrie er in die Nacht hinaus, als dem Blitz nun ein scharfer Donner folgte, der wie das Krachen von Kanonen über das bergige Eifelland rollte. Er hatte Tränen der Erschöpfung in den Augen. „Ich will nicht mehr! Ich habe mich
25 genug geplagt!" Und in Gedanken stieß er eine lästerliche Verwünschung aus. Verflucht sei der Morgen vor drei Tagen am Laacher See, als er sich hatte beschwatzen lassen, dem alten Kuttenträger seine Dienste zu verkaufen!
Jakob wandte sich um und warf einen gehetzten Blick auf das gekrümmte Bündel, das unter zwei räudigen Pferdedecken auf den Brettern seines Wagens lag. Deichsel
30 und Zuggurt entglitten seinen kraftlosen Händen und fielen in den Schlamm des aufgeweichten Weges.
Mit tauben Fingern zog er die nassen Decken über dem Kopf des alten Mannes zurück. Er konnte dessen ausgezehrtes Gesicht in der Öffnung der Kapuze nicht sehen, doch er spürte, dass die Augen des Klosterbruders ihn anblickten, und er hörte ihn
35 etwas murmeln.

Mondbeglänzte Zaubernacht

Jakob beugte sich zu ihm hinunter. „Ich kann nicht weiter. Es tut mir leid, ich bin am Ende meiner Kräfte, Bruder Anselm", sagte er keuchend und dachte an den versprochenen Lohn.

Der Mönch hatte einen kleinen Beutel um den Hals hängen, in dem Jakob vor drei Tagen den verlockenden Klang von Münzen vernommen hatte.

„… heilige Jungfrau … an dem Busen der Gottesmutter …" Bruder Anselm stieß die Worte abgehackt hervor und war offensichtlich nicht mehr fähig, einen ganzen Satz zu formulieren. „… auch die grässlichste Schuld … barmherzige Aufnahme … Hort der Gnade und Sicherheit … mich ihr anvertrauen … Ihr Angesicht … dein Erbarmen … deine Huld …" Er versuchte, sich aufzurichten, fiel jedoch mit einem schwachen Stöhnen sofort wieder auf die harten Bretter zurück.

„Schon gut, schon gut, der Herr wird sich Eurer gewiss erbarmen", antwortete Jakob und berührte die Stirn des alten Mönches. Er zuckte zurück, als hätte er eine feuerrote Herdplatte berührt. Der Mann glühte vor Fieber!

Dem Mönch war nicht mehr zu helfen! Er war schon so gut wie tot. Es machte also keinen Sinn mehr, sich weiter mit ihm abzuplagen. Bruder Anselm würde ihn bloß noch mit sich ins Grab ziehen, wenn er sich seiner Last nicht endlich entledigte. Der kranke Mönch war für ihn zu einem lebensbedrohlichen Ballast geworden, denn wer weiß, wie weit es noch bis zu dieser Abtei Himmerod war. Wenn er sich verirrt hatte, konnte das Kloster im Salmtal noch viele Meilen entfernt sein.

Ich werde ihn dort oben unter der Eiche zurücklassen, beschloss Jakob. Bis dahin bringe ich ihn noch. Dann möge ihm der Herr gnädig sein!

Er zog den Ledergurt aus dem Schlamm, legte ihn sich wieder über die linke Schulter, packte mit der Rechten die Deichsel und setzte sich mühsam in Bewegung.

Das Gewitter tobte mit unverminderter Gewalt. Immer wieder rissen grelle Blitze die Nacht auf und tauchten das Land in ihren gespenstisch hellen Schein. Das Krachen des Donners, der nun fast gleichzeitig mit jedem Blitz erfolgte, war so ohrenbetäubend, als wollte das Himmelsgewölbe in tausend Stücke zerbersten und auf ihn niederstürzen.

Jakob quälte sich den Hügel hinauf. Bei jedem Schritt verfluchte er den maulfaulen Fuhrmann, der ihm am Nachmittag beim Hunnenkopf den Weg gewiesen hatte.

1 Was erfährst du in diesem Romananfang über die weitere Handlung des Romans?

Romananfang
→ S. 104

2 a Wie wird die Nacht beschrieben? Schreibe die entsprechenden Wörter heraus.
b Verfasse mit diesen Wörtern ein Gedicht zur Nacht.
c Vergleicht die Darstellung der Nacht im Romananfang und in euren Gedichten.

3 Plant eine mögliche Fortsetzung dieses Romananfangs: Erstellt aufgrund dieses Textausschnitts einen **Schreibplan**. Beachtet dabei die **Textsignale:**
- den Titel des Romans,
- die Rollen der beiden Figuren,
- Zeit und Ort der Handlung,
- das Ziel der Reise und
- weitere Vorausdeutungen, die der Textausschnitt enthält.

Schöne neue Zukunftswelt?
Science-Fiction, Konjunktiv II, Passiv

Schöne neue Zukunftswelt? 183

1. Was wäre, wenn …? – Der Konjunktiv macht's möglich

1 Wie wünschst du dir die Welt der Zukunft? Schreibe deine Wünsche auf.
So könnten deine Sätze anfangen:

*In meiner Welt der Zukunft gäbe es … Alle hätten … Man könnte …
Niemand müsste … Ich würde … leben …*

2 Tauscht euch in Gruppen über eure Wünsche aus. Auf folgende Fragen solltet ihr dabei eingehen:
   a Auf welche Themen beziehen sich eure Wünsche? Mithilfe einer Mindmap könnt ihr sie sortieren und den einzelnen Themen zuordnen, z. B.:

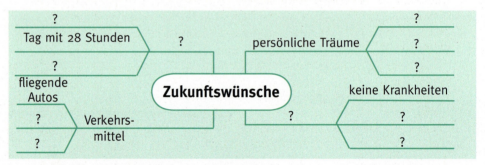

   b Welche der Zukunftswünsche sind eurer Meinung nach erfüllbar und welche eher nicht? Begründet eure Meinungen.
   c Wovon hängt die Erfüllung jeweils ab?

3 Nehmt an, ihr hättet die Sätze anders formuliert. Nämlich so:

*In meiner Welt der Zukunft gibt es … Alle haben … Man kann …
Niemand muss … Ich lebe …*

   a Worin besteht der Unterschied zu den Satzanfängen oben (Aufgabe 1)?
   b Warum wählt man für die Formulierung von Wünschen eher die erste Form?

4 Zwischen Wunsch und Wirklichkeit besteht häufig ein Unterschied. Erzählt euch daher auch, wie ihr glaubt, dass die Welt in Zukunft (z. B. im Jahr 2030) wirklich aussehen könnte.

	Indikativ Präsens	Indikativ Präteritum	Konjunktiv II
geben	es gibt	es gab	es gäbe
haben	alle haben	alle hatten	alle hätten
können	man kann	man konnte	man könnte
müssen	niemand muss	niemand musste	niemand müsste
leben	ich lebe	ich lebte	ich würde leben

5 a Untersucht die Verbformen in der Tabelle und beschreibt, was euch auffällt.
   b Formuliert eine Regel zur Bildung des Konjunktivs II.
   c Was ist beim Verb *leben* anders als bei den anderen Verben?

6 Ihr habt sicherlich auch für euch privat Wünsche für die Zukunft. Ein Schüler hat folgenden Zukunftsplan aufgestellt:

Mein Zukunftsplan

Text 1

Ich würde ein großes Haus haben. Vor dem Haus würden ein Motorrad und ein Sportwagen stehen. Ich würde mir das leisten können, weil ich ein erfolgreicher Tennisspieler sein würde. Ich würde ständig von Turnier zu Turnier reisen. Viele junge Menschen würden mich beneiden, denn ich würde viele berühmte Men-
5 schen treffen. Der Bundespräsident würde mich zu Empfängen einladen, denn ich würde mit meinem Geld viel Gutes tun.

a Was fällt euch an den Formulierungen des Schülers auf?
b Überarbeitet den Text in Schreibkonferenzen, sodass er besser klingt.
c Lest euch eure Verbesserungen vor und erklärt, wodurch der Text besser geworden ist.
d Welche Formulierungen habt ihr nicht verändert? Begründet, warum ihr sie habt stehen lassen.
e Verfasst eure eigenen Zukunftspläne.

7 Suche aus den folgenden Verben diejenigen heraus, bei denen es sinnvoll ist, im Konjunktiv II die Ersatzform mit *würde* plus Infinitiv zu verwenden.

suchen, springen, besitzen, lachen, finden, helfen, reisen, sein, beneiden

Tipp: Zum Herausfinden bildest du am besten eine Personalform des Präteritums.

Beispiel:	**Infinitiv**	**1. Pers. Sg. Prät. Indikativ**	**Konjunktiv II**
	suchen	ich suchte	ich würde suchen
	springen	ich sprang	ich spränge

8 Untersucht die Wörter aus Aufgabe 6 genauer: Teile die Verben in zwei Gruppen ein. Wodurch unterscheiden sich die Gruppen?

Starke und schwache Verben

Man unterscheidet starke und schwache Verben.
- **Starke** Verben sind „unregelmäßige" Verben, bei denen sich der Stammvokal im Wortstamm ändert, wenn man sie im Präterium oder im Perfekt verwendet.
  Beispiel: f**a**hren – er, sie es f**u**hr – er, sie, es ist g**e**fahren
- **Schwache** Verben ändern den Stammvokal nicht.
  Beispiel: k**o**chen – er, sie, es k**o**chte – er, sie, es hat gek**o**cht

Modus: Konjunktiv II

9 a Übertrage die folgende Tabelle in dein Heft und vervollständige sie.

	Präsens	**Indikativ Präteritum**	**Konjunktiv II**
1. Person, Singular	ich ■	ich ■	ich spräng-e
2. Person, Singular	du ■	du ■	du läs-est
3. Person, Singular	er ■	er brachte	er ■
1. Person, Plural	wir müssen	wir ■	wir ■
2. Person, Plural	ihr ■	ihr ■	ihr führ-et
3. Person, Plural	sie wuchsen	sie ■	sie ■

b Was fällt euch bei den Endungen der Konjunktiv-Formen in der Tabelle auf? Prägt euch diese Formen ein.

10 Formuliere für die unten stehenden Sätze Wünsche und verwende dabei die richtige Konjunktivform.
<u>Beispiel:</u> Im Jahr 2100 gibt es keinen Hunger mehr auf der Welt. → *Ich wünschte, es gäbe keinen Hunger mehr auf der Welt.*
- *Alle Menschen leben in großen, hellen Häusern.*
- *Niemand braucht mehr zur Schule zu gehen, und jeder lernt trotzdem alles, was er braucht.*
- *Man kommt in alle Gegenden der Welt, ohne lange Reisen in Kauf nehmen zu müssen.*
- *Man muss nicht mehr arbeiten und hat trotzdem alles, was man braucht.*
- *Alle Menschen lächeln den ganzen Tag freundlich.*

Modus – Konjunktiv II

Verben können in drei Aussageweisen (**Modi**, Sg.: **Modus**) verwendet werden:
- im **Indikativ** (der so genannten Wirklichkeitsform, z. B.: *ich gebe*),
- im **Imperativ** (Befehls- oder Aufforderungsform, z. B.: *Geh(t)!*) und
- im **Konjunktiv**.

Beim Konjunktiv unterscheidet man weiter zwischen **Konjunktiv I** und **Konjunktiv II**.

Verwendung des Konjunktivs II

Verwendet man den Konjunktiv II, kann man damit zeigen, dass
- **etwas nicht so ist** oder war: *Wenn ich rote Haare hätte, dann sähe ich anders aus. Hätte ich dich doch angerufen! Hätte ich doch Flügel, dann könnte ich schneller bei dir sein.*
- man sich etwas **wünscht**: *Ich hätte gerne rote Haare.*
- einen **höflichen Wunsch** vorträgt: Beim Frisör: *„Ich hätte gerne rote Haare!"* (statt der Aufforderung: *„Färben Sie mir die Haare rot!")*

> **Bildung des Konjunktivs II**
> Bei starken Verben leitet man den Konjunktiv II von der **Präteritumform** durch **Umlautbildung** ab.
>
> Beispiele: er, sie, es k**o**nnte → er, sie, es k**ö**nnte;
>   er, sie, es g**a**b → er, sie, es g**ä**b-e
>
> Aber der Stammvokal kann sich nur bei starken Verben verändern, bei schwachen Verben (z. B. *leben*) bleibt er immer gleich. Daher bildet man bei den meisten schwachen Verben den Konjunktiv II mithilfe der so genannten **Ersatzform**, weil sonst die Form des Präteritums Indikativ und die Form des Konjunktivs II nicht unterschieden werden könnten.
> Die Ersatzform wird mit der **Personalform von *würden*** und dem **Infinitiv des jeweiligen Vollverbs** gebildet.
>
> Beispiel: er, sie, es leben → er, sie, es würde leben

11 a Bilde von folgenden Verben den Konjunktiv II in der 3. Person Singular. Sieh dazu in der Konjugationstabelle eines Wörterbuches nach, wenn du dir nicht sicher bist.
Beispiel: *schließen – er, sie, es schlösse*

> beginnen, empfehlen, helfen, rennen, stehen, schwimmen, verderben, werben, werfen

b Beschreibe, was bei der Bildung der Konjunktiv-II-Form auffällt. Vergleiche hierzu mit der Regel zur Bildung des Konjunktivs II.

12 a Suche zehn weitere starke Verben aus der Konjugationstabelle heraus und notiere auf einem anderen Blatt die richtige Konjunktivform (z. b. in der 3. Person Singular) dieser Verben.
b Tausche mit deiner Banknachbarin oder deinem Banknachbarn deine Verben aus, natürlich ohne Lösung.
c Schreibe nun für die Verben deiner Nachbarin oder deines Nachbarn die richtige Konjunktivform auf, ohne die Konjugationstabelle zu benutzen.
d Tauscht dann eure Lösungen aus und korrigiert sie gegenseitig.

2. Klonträume: Jonas x 2? – Modalverben

Text 2 **Klappentext zu „Duplik Jonas 7" von Birgit Rabisch**

Jonas 7 ist ein Duplik. Er lebt mit vielen anderen Dupliks in einem so genannten Hort, abgeschottet von der Welt, […] eine Bedrohung gibt es in diesem idyllisch anmutenden Leben: den FRASS. Eine Krankheit, die plötzlich und völlig unbemerkt auftritt, die alle Organe befallen und die nur mit der sofortigen Entfernung des
5 *jeweiligen Körperteils „geheilt" werden kann. Die grausame Wirklichkeit, die dahinter steckt, ahnt keiner der Dupliks: Sie sind genetische Zwillinge von in der „normalen" Welt lebenden Menschen und müssen jederzeit als deren Ersatzteillager fungieren. Eines Tages ist auch Jonas vom FRASS befallen …*

Birgit Rabisch

Text 3 **Duplik Jonas 7**

Der folgende Ausschnitt handelt von einem Gespräch zwischen dem „normalen" Menschen Jonas und dessen Vater, in dem Jonas erfährt, dass er einen Duplik hat, von dem ihm neue Augen eingesetzt worden sind.

„[…] Aber nachdem ich bei einem Bekannten erlebt hab, dass seine Tochter im Alter von vier Jahren sterben musste – elendiglich sterben musste –, nur weil kein genidentisches Knochenmark zur Verfügung stand, hab ich zu eurer Mutter gesagt: Von unserem zweiten Kind wird ein Duplik gemacht, sonst sind wir ge-
5 schiedene Leute!"
Genauso, wie du durchgesetzt hast, dass sie eine Eispende annimmt, denkt Jonas, aber er fragt nur: „Und sie hat nachgegeben?"
„Aber sicher doch. Als du geboren wurdest, war die ganze Aufregung und die ewige Diskussion um die Ethik der Duplikhaltung auch schon wieder abgeflaut.
10 Es ist doch ganz klar, dass es geradezu eine moralische Pflicht ist, alles medizinisch und technisch Mögliche zu tun, um die Gesundheit eines Menschen zu erhalten, oder etwa nicht? In ein paar Jahren sind übrigens ganz entscheidende neue Schritte in dieser Richtung zu erwarten, wie mir Professor Reimann vorhin erklärt hat."
15 „Als da wären?"
„Nun, bisher kann man ja nur aus Embryonalzellen Dupliks herstellen, die dann von einer Leihmutter ausgetragen werden. Bald wird man aber auch aus Zellen Erwachsener Dupliks produzieren! Der Vorteil liegt auf der Hand: Du kannst zum Beispiel von einem Fünfzigjährigen einen Duplik erzeugen. Phänomenal, nicht?
20 Das löst endlich das bisher größte Problem: die Gleichaltrigkeit. Es wird zwar in den Horten alles getan, um die Gesundheit der Dupliks zu gewährleisten. Aber

trotzdem ist das Duplikherz eben auch siebzig Jahre alt, wenn es von einem Menschen eventuell gebraucht wird."

„Hört sich gut an. Ein entscheidender Fortschritt."

„Eben! Der Fortschritt ist nicht aufzuhalten. Sich ihm entgegenzustellen, ist lächerlich.

[…] Du wirst wieder gesund und voll leistungsfähig sein, und das ist schließlich die Hauptsache. Und wenn du später mal Probleme mit anderen Körperteilen hast, wird sich die Unterhaltung deines Dupliks auch weiterhin auszahlen. […] So, ich fürchte, ich muss jetzt gehen. Halte die Ohren steif, mein Junge! Ich schau morgen wieder bei dir rein."

Jonas spürt kurz die Hand seines Vaters auf seiner Wange, dann ist er allein. Plötzlich fühlt er sich leer, ausgepumpt. Zuerst dieser Schock: transplantierte Augen! Abstoßungsgefahr! – und dann die Erlösung: Duplikaugen! Das ist ein bisschen viel auf einmal.

Erst jetzt, im Nachhinein, erlebt er in vollem Ausmaß die Angst und die Erleichterung, die ihn eben nur kurz angerührt haben. Zurück bleibt eine völlige Gedanken- und Gefühllosigkeit.

Doch dieses Vakuum füllt sich plötzlich mit einem Bild, dem Bild seines Dupliks, der jetzt wohl auch in einem Klinikbett liegt, mit einem Verband um die Augen. Aber er wird nicht sehen können, wenn man ihn von dem Verband befreit.

Ob sein Duplik darunter leidet, blind zu sein? Natürlich hat Jonas schon in der Schule gelernt, dass Dupliks völlig andersartige Lebewesen sind als Menschen. Äußerlich zwar ähnlich, ja sogar identisch mit dem Menschen, dessen Gesunderhaltung sie dienen. Aber von ihrem Gefühlsleben weiß man ebenso wenig wie von den Gefühlen eines Schimpansen. Oder einer Katze. Natürlich haben die auch Gefühle. Aber eben keine menschlichen. Ilka würde allerdings sagen, dass auch

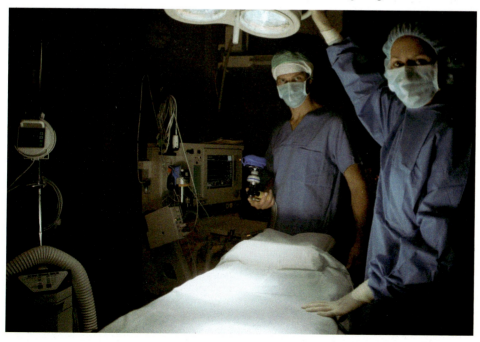

Argument → S. 53–63
fremde Wörter
entschlüsseln → S. 271

Dupliks eine Seele hätten. Aber Ilka behauptet das auch von ihren beiden Katzen. Und was ist das überhaupt für ein Begriff: Seele. Völlig unwissenschaftlich! <u>Jonas versucht, den Gedanken an Ilka zu verdrängen und noch einmal dieses wunderbare Gefühl der Erleichterung und Dankbarkeit dafür hervorzuzaubern</u>, dass ihn die Duplikaugen vor einem Leben in Finsternis bewahren werden. Aber das Unbehagen bleibt. Jetzt ist er Nutznießer eines Systems, das Ilka ebenso heftig ablehnt wie die Massentierhaltung oder die Embryonutzung. <u>Aber, verdammt noch mal, er lässt sich keine Schuldgefühle einreden.</u> Nicht, wenn er ein Schnitzel verzehrt, nicht, wenn er im Studium das Testen von Impfstoffen an Embryonen erlernt, und auch nicht, wenn er mit den Augen seines Dupliks sehen wird!

1 a In diesem Gespräch geht es schnell zwischen Vater und Sohn hin und her. Mache dir noch einmal klar, wer was sagt.
  b Suche die Argumente heraus, die der Vater für die Duplikhaltung vorbringt.
  c Schlage die Fremdwörter oder andere Wörter, die du nicht verstehst, nach.

2 Welche Bedenken kommen Jonas und wie versucht er, diese zu zerstreuen?

3 Ein Schüler hat seine Meinung zu Jonas' Verhalten aufgeschrieben:

Text 4 **Jonas sollte …**

Ich finde, Jonas <u>sollte</u> seinem Vater einmal klar seine Meinung sagen. Er <u>dürfte</u> nicht einfach immer seinem Vater zustimmen. Er <u>müsste</u> sich einmal in die Lage seines Dupliks versetzen und nachempfinden, wie es diesem jetzt geht, denn er <u>wollte</u> bestimmt auch nicht, dass man ihm einfach ein Organ wegnimmt, um es jemandem einzupflanzen, der angeblich mehr wert ist. Er <u>könnte</u> ja versuchen, sein Duplik einmal kennenzulernen, um sich dann ein Bild davon zu machen, was für ein Lebewesen er ist. Ich glaube, dass Jonas eigentlich ganz anders sein möchte, aber sich nicht gegen seinen Vater behaupten <u>kann</u>.

  a Was kommt durch die unterstrichenen Verben zum Ausdruck?
  b Nehmt an, der Schüler hätte seinen Text wie im folgenden Abschnitt formuliert. Was ist hier anders?

  Ich finde, Jonas sagt seinem Vater einmal klar die Meinung. Er stimmt seinem Vater nicht immer zu und versetzt sich einmal in die Lage seines Dupliks. Er versucht einfach mal, seinen Duplik kennenzulernen.

  c Formuliere die in Text 3 unterstrichenen Sätze so um, dass die in den Sätzen enthaltene Aussage durch die Verwendung von Verben aus dem Wortspeicher deutlicher wird.
  Beispiel: *Von unserem zweiten Kind wird ein Duplik gemacht, sonst sind wir geschiedene Leute! (Z. 4/5)* → *Von unserem zweiten Kind muss ein Duplik gemacht werden, sonst möchte ich die Scheidung.*

> dürfen, können, mögen, müssen, sollen, wollen

Modalverben

Modalverben sind Verben, die in Sätzen **in Verbindung mit anderen Verben** verwendet werden und die Aussage dieser Verben **modifizieren, verfeinern** bzw. **näher bestimmen.**
Modalverben drücken häufig Wünsche, Befehle, Aufforderungen u. ä. aus.

Beispiele: Jonas **soll** seinem Vater die Meinung **sagen**.
Duplik Jonas 7 **darf** den Hort nicht **verlassen**.

Mit dem Infinitiv des Vollverbs bilden die Modalverben ein zweigeteiltes Prädikat.

Achtung: Das Modalverb bildet die zusammengesetzten Tempora Perfekt und Plusquamperfekt immer mit der Personalform von *haben* und seiner Infinitivform, nicht mit einem Partizip!

Beispiele: Er **hat** sich in die Lage von Duplik Jonas versetzen **müssen**. (Perfekt)
Er **hatte** sich in die Lagen von Duplik Jonas versetzen **müssen**. (Plusquamperfekt)

4 Betrachte noch einmal den Satz des Vaters in Z. 4/5:
„Von unserem zweiten Kind wird ein Duplik gemacht, sonst sind wir geschiedene Leute!"
Stellt euch vor, die Mutter hätte ihm folgende Antwort gegeben:
„Ja bitte, am besten wir lassen uns sofort scheiden, denn mit einem Mann, der erst solche Dinge von mir verlangt und es dann noch auf diese Art und Weise tut, kann ich nicht zusammenleben."
a Worauf spricht die Mutter hier an?
b Eine andere Antwortmöglichkeit wäre gewesen:
„Ja, am besten wäre es, wir ließen uns sofort scheiden, denn mit einem Mann, der erst solche Dinge von mir verlangt und es dann noch auf diese Art und Weise tut, könnte ich nicht mehr zusammen leben."
Welche der beiden Äußerungen erscheint euch konsequenter und wird vom Vater wohl ernster genommen? Woran könnte dieser Unterschied liegen?

5 In welche Gruppen teilt Jonas' Vater menschliche Lebewesen ein und in welcher Beziehung stehen diese zueinander?

6 a Überlege: Was würdet ihr an Stelle von Jonas dem Vater sagen?
  b Wie würde der Vater wohl reagieren? Schreibt das Gespräch zwischen beiden um oder spielt es im Rollenspiel.

Rollenspiel → S. 54

7 Wie stellst du dir die Welt vor, in der Jonas lebt? Vergleiche sie mit der Welt, die du dir zu Anfang des Kapitels vorgestellt hast. Wo gibt es Unterschiede, wo Gemeinsamkeiten?

3. Unendliche Weiten – Geschichten aus dem Weltraum

Außerirdische auf der Erde – Literarische Texte erschließen

Jörg Weigand
Ein Fall für den Tierschutzverein

Auf den Sichtschirmen zogen die graublauen Schlieren des Mahlstroms vorbei, auf dem die Schiffe durch den Hyperraum ritten. [...] In diesem sensitiven Eins-sein war die Reise durch den Hyperraum jedes Mal eine wahre Erholung von den physischen Strapazen des bewohnten Alls, das wie eine gigantische Blase im über-
5 geordneten Kontinuum schwamm. Lotos, die grüne Welt im Zentrum der Milch-straße, gehörte zu den Gründungsmitgliedern der galaktischen Konföderation; und die Lotonen bildeten dank ihrer sensitiven und telepathischen Fähigkeiten die Kundschaftertruppe des Sternenreiches. Späher-3 von Lotos befand sich auf einer Routinefahrt als Kurier zwischen der Zentralverwaltung auf Bor-X-5 und einer der
10 neuen Kolonialwelten gegen die Magellansche Wolke zu [...]. Der Lotone genoss die Fahrt. Da wurde das Schiff brutal aus dem Hyperraum herausgestoßen und in den Normalraum gedrückt. [...] Etwas Unfassbares war geschehen: Späher-3 von Lotos war mit seinem Schiff havariert; irgendwo, weitab von den bekannten Verkehrswegen. [...] Eine erste Orientierung in der kosmischen Nachbarschaft er-
15 laubte eine ungefähre Positionsbestimmung: Das Schiff war am Rande eines dünnen Seitenarms der Galaxis in den Normalraum gefallen. Unweit leuchtete eine gelbe Sonne, die von mehreren Planeten umkreist wurde. Der Lotone musste eine Notlandung versuchen. Da die Maschinen nicht mehr ansprachen, war vom Schiff kein Funkkontakt mehr möglich. War er erst gelandet, gab es vielleicht Hilfe für
20 ihn.

Der Stadtobersekretär a. D. Wilhelm Schmitz erwachte an diesem Morgen sehr früh. [...] Wilhelm Schmitz schwang sich aus dem Bett. Auch wenn heute Sonntag war, er musste aufstehen und nach dem Rechten sehen. In den vergangenen Nächten war mehrmals in den Taubenschlag eingebrochen und mehrere Tiere waren
25 gerissen worden. Schmitz tippte auf einen Marder, doch hatte er auch mit einer raffiniert aufgestellten Falle den Räuber bisher nicht erwischen können. Der Taubenschlag hatte einen Zugang vom Anbau aus, der nachträglich hinten ans Haus angeklebt worden war. [...] Bei den Tauben war alles in Ordnung [...]. Dann stieg Schmitz wieder nach unten, in den Garten, wo die Schneeglöckchen in voller Blüte
30 standen und die Krokusse in verschiedenen Farben leuchteten. Der Flieder hatte schon dicke Knospen und auch die Edelrosen waren für die Jahreszeit sehr weit. Ganz besonderen Spaß bereitete ihm die Akelei, deren Blätter bereits einige Zentimeter aus dem Boden lugten. [...]

1 Vergleiche die beiden Absätze in Text 1 (Z. 1–20 und Z. 21–33).
   a Formuliere die ersten Sätze der beiden Absätze jeweils in Ich-Form.
   b Wer spricht jeweils? In welcher Form wird erzählt?
   c Wessen Perspektive nimmt der Leser in den beiden Absätzen ein?
   d Auf welche Fähigkeiten des Erzählers lassen eure Ergebnisse schließen?
   • Was weiß der Erzähler über den Verlauf der Geschichte? Was weiß er eventuell nicht?
   • Die Gedanken und Gefühle welcher Figuren kennt der Erzähler?

Erzählperspektive
→ S. 107

2 a Wie werden jeweils das All und die Erde beschrieben? Lege eine Tabelle an, in der du die Wörter, die zu der jeweiligen Welt gehören, einträgst.

Weltall	Erde
graublaue Schlieren	■
■	■

   b Vergleiche die beiden Darstellungen. Was fällt dir auf?
   c Betrachte folgende Wortpaare. Welcher Welt – dem Weltall oder der Erde – würdest du die einzelnen Wörter jeweils zuordnen?
   *Verlorenheit – Geborgenheit   Unbarmherzigkeit – Barmherzigkeit
   Ödnis – Fruchtbarkeit*
   d Finde weitere ähnliche Wortpaare und ordne die Wörter zu.
   e Tauscht euch über eure Zuordnungen aus und begründet sie.

Jörg Weigand
Ein Fall für den Tierschutzverein (Fortsetzung)

Text 6 (Fortsetzung)

Er stutzte. Etwas war nicht so, wie es sein sollte. Eine Schleifspur führte quer übers Beet, einige Pflanzen waren umgedrückt. Die Spur führte offensichtlich vom Haus weg in Richtung auf den nahen Wald. Sollte das etwa der freche Taubenmörder sein?
5 Schmitz besorgte sich aus dem Gartenhäuschen einen kräftigen Stock und machte sich auf die Suche.
Doch als er den vermeintlichen Räuber gefunden hatte, stand er wie erstarrt. Nein, ein Marder war das nicht!

Es war kalt auf dieser Welt.
10 Späher-3 kauerte am Rande eines Waldes unter einem Strauch und hoffte, dass die Strahlen der Sonne ihn bald besser wärmen würden.
Auf Lotos kannte man keine Kleidung, die milde Witterung das ganze Jahr über machte solchen Schutz überflüssig. […]
Der dritte Planet der gelben Sonne hatte schließlich geeignete Bedingungen für
15 eine Landung geboten; darüber hinaus war er auch noch bewohnt, was die Chancen des Lotonen erheblich verbesserte. […]
Das Randgebiet einer ausgedehnten Siedlung schien ihm geeignet, um dort niederzugehen. Auf dieser Hälfte des Planeten war noch Nacht, kurz vor Aufgang des Tagesgestirns, der richtige Zeitpunkt zur Landung. Doch kurz vor dem Aufset-

20 zen schmierte das Schiff ab und zerschellte dicht bei einem Steinbruch, wobei die Überreste in Flammen aufgingen – ein Hinweis auf den ziemlich hohen Sauerstoffgehalt der Atmosphäre.
Späher-3 kam mit dieser Luftzusammensetzung zurecht, brauchte keinen Schutzanzug und keine Atemmaske, da sein Körper mit unterschiedlichen atmosphä-
25 rischen Mischungen fertig wurde.
Doch nun trauerte er der Kleidung nach, die in dem Wrack verbrannt war, denn es war empfindlich kalt. Er hatte sich am Rande der Siedlung umgesehen, doch nicht in die Häuser getraut. Dann hatte er sich hierhin zurückgezogen.
Seine Sensoren signalisierten ihm das Nahen eines Lebewesens, wie das Nach-
30 prüfen ergab, eines intelligenten Eingeborenen. Der Lotone erkannte die Gestalt schon auf einige Entfernung. Das Wesen schien irgend etwas zu suchen. Es war von gedrungener Gestalt, etwa um die Hälfte größer als er, Späher-3, selbst. Und es trug feste Kleidung, was den Schiffbrüchigen wieder an sein eigenes Frieren erinnerte.
35 Ein telepathisches Sondieren zeigte dem Lotonen, dass die „Menschen", so nannten sich die Eingeborenen, offensichtlich noch nie Kontakt mit Außerirdischen gehabt hatten. Späher-3 musste bei seiner Erforschung des fremden Bewusstseins vorsichtig vorgehen, damit seine Neugier nicht bemerkt wurde, denn auch Telepathie gehörte hier nicht zum Allgemeingut.
40 Der Lotone haderte innerlich mit sich: was für ein Pech! Nicht genug, dass eine Havarie ihn aus dem Hyperraum geworfen und letztendlich auch sein Schiff zerstört hatte, die Notlandung hatte ihn – weitab von der Konföderation – auch noch auf einen Hinterwäldlerplaneten geführt, mit dessen unwissenden Eingeborenen er sich nun herumzuschlagen hatte. […]

45 So etwas Hässliches hatte Wilhelm Schmitz in seinem ganzen 68-jährigen Leben noch nicht gesehen.

Unter dem Haselstrauch saß etwas wie ein Haufen Gelatine, fast durchsichtig. Obenauf klebte ein kleineres
50 Häufchen, vielleicht eine Art Kopf, doch Augen waren nicht zu erkennen. Es war einfach abstoßend und spottete aller Naturgesetze. Und als Gartenbesitzer und Taubenzüchter
55 bildete sich Schmitz ein, davon eine ganze Menge zu verstehen. So etwas durfte es einfach nicht geben!
Der Ekel stieg in ihm hoch, es würgte ihn im Hals. Fast automatisch
60 hob er den Stock, um loszuschlagen. Was so aussah, raubte auch Taubenschläge aus.

Zweiter Lesehalt

3 „Was so aussah, raubte auch Taubenschläge aus." (Z. 61/62)
  a Kennt ihr ähnliche Bemerkungen? Sammelt sie an der Tafel oder auf Kärtchen.
  b In welchen Zusammenhängen wurden diese Bemerkungen geäußert?
  c Diskutiert: Als welche Art von Aussage würdet ihr diese Bemerkungen beschreiben?
   • Urteil   • Vorurteil   • Tatsache   • begründete Meinung   • Behauptung
  d Wie verhält es sich mit der Bemerkung aus der Geschichte? Um welche Art von Aussage handelt es sich da?

Jörg Weigand
Ein Fall für den Tierschutzverein (Fortsetzung)

Text 7 (Fortsetzung)

Da hörte er von hinten seinen Namen rufen. Er drehte sich um und sah einige Nachbarn auf sich zulaufen, allen voran den fünfzehnjährigen Bengel vom Nachbarhaus, Jochen Brunne, mit dem er schon ein paar Mal aneinandergeraten war, weil jener behauptete, Tauben übertrügen Krankheitskeime und gehörten daher
5 abgeschossen. Dann kamen da der Bäcker Schmacke und der Elektromeister Proll gelaufen; Schmacke war wie Schmitz ein begeisterter Gärtner und Proll war Mitglied im Kaninchenzüchterverein. Ganz am Schluss keuchte die alte Müllersche, die wegen ihrer 220 Pfund, die sie spielend auf die Waage brachte, immer leicht aus der Puste geriet. Sie zerrte das Jockelchen hinter sich her, eine total verfettete
10 Promenadenmischung, die nur noch entfernt Ähnlichkeit mit einem Hund aufwies.
Während die anderen drei Neuankömmlinge wie gebannt auf das Etwas unter dem Haselbusch blickten, war es natürlich die Müllersche, die als erstes begierig fragte: „Na, haben Sie den Taubenmörder gefunden, Herr Schmitz?"
15 Der Stadtobersekretär a. D. deutete nur stumm unter den Busch, doch noch ehe er etwas sagen konnte, fragte der junge Brunne: „Was ist denn das? Ein solches Tier hab' ich ja noch nie gesehn!"
„Ein Scheusal ist das, ein Monstrum", schrie die alte Müller mit überkippender Stimme, kaum dass ihr Blick den Lotonen gestreift hatte.
20 „Nun tun Sie nicht so!" Das war Schmacke, der sich auf seine Ruhe immer etwas zugute hielt. „Wir wissen ja noch nicht einmal, worum es sich da handelt."
„Aber Frau Müller hat recht", behauptete nun auch Schmitz. „Ich kenne kein Tier, das so aussieht."
„Muss ja kein Tier sein", kam nun Jochens helle Stimme. „Unser Besserwisser!"
25 Auch Proll hatte mit dem jungen Brunne keine guten Erfahrungen gemacht; er konnte außerdem nicht verwinden, dass sich auch Brunnes Eltern schon mehrfach wegen des Gestanks beschwert hatten, der angeblich von seinen Kaninchenställen ausging.
„Was ist es denn dann?" „Vielleicht kommt's von einem anderen Planeten." „So ein
30 Quatsch!"
„Hör dir mal den an!"
„Womöglich soll dieses Etwas auch noch denken können …"

Und Wilhelm Schmitz knurrte nur: „Idiot!" Und lauter: „Hau ab, ehe ich dir Beine mache, frecher Kerl!"

Jochen Brunne wich vorsorglich einige Schritte zurück, denn der Beamte außer Diensten hatte seinen Stock gehoben.

Die Aufmerksamkeit der Erwachsenen wandte sich wieder dem Ding unter dem Haselstrauch zu.

Späher-3 schöpfte Hoffnung, als er die Gruppe herbeilaufen sah. Von seiner Heimatwelt her wusste er, dass das Gruppenbewusstsein in der Regel zu mehr Besonnenheit und Hilfsbereitschaft führt. Das mochte den zuerst herbeigekommenen Menschen in Zaum halten. [...] Während die vier Menschen nun laut überlegten, was sie mit ihm anfangen sollten, wandte der Lotone seine Aufmerksamkeit dem Hund zu. Das vierbeinige Wesen schien ihm friedlicher, artverwandter als die Menschen, doch sprach es nicht auf telepathische Kontaktversuche an. Späher-3 kam sogar auf die Idee, dass dieses Lebewesen möglicherweise überhaupt nicht dachte, doch das schien ihm unsinnig zu sein: Was tat es dann in der Gesellschaft der hier versammelten Eingeborenen ...

Der Lotone wagte einen weiteren Versuch: Er entrollte eine seiner Gliedmaßen, um zumindest einmal in körperlichen Kontakt mit dem Vierbeiner zu treten – als Anfang zu Weiterem. Gleichzeitig sandte Späher-3 beruhigende Gedankenströme aus.

Schmitz hatte sich inzwischen in Wut geredet. Er war nun überzeugt davon, dass jener Gelatineklumpen der Mörder seiner Tauben war.

„Die Polizei muss her", sagte er. „Schließlich, vielleicht gehört das Vieh irgend jemandem. Ich habe gehört, dass sich die Leute inzwischen sogar Schlangen und Krokodile in der Wohnung halten." „Igittigitt!", schrie die dicke Müller und warf gleichzeitig einen liebevollen Blick auf ihr Jockelchen. „Herr Schmitz, das darf doch nicht wahr sein!"

„Doch, das hab' ich auch gelesen", bestätigte Proll. „Was ist das?" Wieder Proll. Aus dem Etwas unter dem Haselbusch wand sich ein Tentakel hervor, schnurstracks auf die Müller zu, und senkte sich auf das Jockelchen.

„Zu Hilfe, Polizei, Mörder", schrie die Frau in höchsten Tönen. „Das Ding will meinem Jockelchen was antun."

Der Tentakel hatte den Hund erreicht und schien ihn zu streicheln. „Herr Proll, Sie sind doch im Tierschutzverein", schrie die Müllersche weiter und zerrte an ihrem Hund, doch dem schien die Berührung durch den Lotonen zu gefallen. „So helfen Sie doch, Herr Proll. Das ist ein Fall für Sie!"

„Ja, ja", war alles, was von Proll kam.

Nun würgte es auch ihn. Und auch Schmacke wurde ganz grün im Gesicht.

Nur von hinten schrie der junge Brunne: „Da seht ihr es, es kommt von woanders her!"

Schmitz übermannte die Wut: „Halt's Maul, du Rotzlöffel", schrie er. „Was verstehst du schon davon?"

Er hob den Stock und drosch mit aller Kraft auf das Etwas ein. Die Außenhaut platzte und der Stock drang tief ein. Eine helle Flüssigkeit spritzte aus der Wunde und sickerte in den Waldboden.

„Ja, Herr Schmitz, weiter drauf", feuerte die Müller an, unterstützt von den anderen beiden Männern, die sich rasch bückten, scharfkantige Steine auflasen und damit in die zuckende Masse warfen, bis schließlich nur noch Fetzen übrig blieben. Und zwanzig Meter entfernt stand Jochen Brunne, erstarrt vor Schreck. Das war so schnell gegangen, dass er gar nicht hatte reagieren können.
Jetzt war ihm schlecht.

Ende

4 In Zeile 39–41 hat der Außerirdische folgenden Gedanken: „Von seiner Heimatwelt her wusste er, dass das Gruppenbewusstsein in der Regel zu mehr Besonnenheit und Hilfsbereitschaft führt."
  a Betrachte, was passiert, als die Nachbarn hinzukommen. Hat der Außerirdische recht? Belege deine Einschätzung mit Zitaten aus dem Text.
  b Wie erklärst du dir das Verhalten von Herrn Schmitz und seinen Nachbarn?
  c Der junge Brunne hat eine eigene Haltung zu dem Außerirdischen. Wie gehen die anderen mit ihm und seiner Meinung um? Beschreibe das Verhalten der Figuren so genau wie möglich.

zitieren → S. 227
literarische Figuren → S. 105ff.

5 Betrachtet noch einmal die Zuordnungen aus Aufgabe 2c (S. 193). Würdet ihr nach dem Lesen der ganzen Geschichte die Begriffe in Aufgabe 2c wieder genau gleich zuordnen?

6 a Was ist das Thema dieser Geschichte? Formuliere einen Satz, mit dem du versuchst, das Thema zu treffen.
  b Welcher der folgenden Sätze trifft am ehesten den Kern der Geschichte? Welche Sätze findet ihr nicht so gelungen? Begründet eure Einschätzung.
    • *Die Geschichte handelt von einem Außerirdischen, der auf der Erde notlandet.*
    • *Die Geschichte beschreibt das Aufeinandertreffen von Menschen und Außerirdischen.*
    • *In der Geschichte wird ein Außerirdischer von Menschen getötet, weil sie mit seiner Andersartigkeit nicht umgehen können.*
    • *In der Geschichte geht es um einen ekligen Außerirdischen, der zum Glück von den Menschen am Ende getötet wird.*
    • *In der Geschichte sucht ein Mensch nach dem Mörder seiner Tauben und hält am Ende einen Außerirdischen dafür, weshalb er ihn tötet.*

„Was verstehst du schon davon?" – Inhaltsangaben überarbeiten

Inhaltsangabe
→ S. 232–236

7 Im Folgenden findest du die Zusammenfassung einzelner Handlungsabschnitte von Text 5 bis 7. Leider sind sie durcheinandergeraten, einige fehlen auch.
  a Sortiere sie in die richtige Reihenfolge und überlege, auf welche Textabschnitte in Text 5 bis 7 sie sich beziehen. Schreibe dazu die Zeilenangaben heraus.
  b Verfasse für die fehlenden Textabschnitte eigene Zusammenfassungen.

Text 8

A Die Gruppe streitet sich darüber, was dieses Etwas sei. Alle lehnen entrüstet die Vermutung eines Nachbarjungen ab, es könne ein Außerirdischer sein.

B Zur gleichen Zeit steht Herr Schmitz, ein pensionierter Beamter, sehr früh auf, um im Taubenschlag, in dem in den letzten Wochen mehrfach Tauben gerissen wurden, nach dem Rechten zu sehen.

C Die Gruppe bemerkt dies, und obwohl die Kontaktaufnahme dem Hund zu gefallen scheint, steigern sich die Entrüstung und der Ekel der Gruppe so sehr, dass sie auf den Außerirdischen einschlagen und ihn mit Steinen bewerfen, bis von diesem nur noch Fetzen übrig bleiben.

D Er fällt aus ungeklärter Ursache mit seinem Raumschiff in den Normalraum und muss notlanden.

E Er bemerkt den sich nahenden Herrn Schmitz und erkennt durch telepathisches Sondieren, dass er auf einem „Hinterwäldlerplaneten" gelandet ist, auf dem die Eingeborenen nichts über Außerirdische wissen.

F Ein Außerirdischer mit Namen Späher-3 befindet sich als Kurier für die galaktische Konföderation auf einer Reise durch den Hyperraum.

G Weil sich die Menschen streiten, versucht der Außerirdische, über seine Tentakel Kontakt mit dem Hund aufzunehmen, der einer Nachbarin gehört, wobei er beruhigende Gedankenströme aussendet.

8 Sieh dir für den Satz **F** noch einmal den zugehörigen Abschnitt in Text 5 und die darin unterstrichenen Wörter an.
  a Was fällt dir auf?
  b Warum wurden alle anderen Informationen weggelassen?

9 a Verfasse eine schriftliche Inhaltsangabe der gesamten Geschichte „Ein Fall für den Tierschutzverein" (Text 5 bis 7). Ordne dabei die einzelnen Teile deiner Zusammenfassung und verbinde sie so miteinander, dass sie einen sinnvollen Zusammenhang ausdrücken. Folgende Wörter können dir dabei helfen:

Adverbien → S. 318
Konjunktionen → S. 60

> *zuerst, dann, danach, bevor, nachdem, später, vorher, weil, denn, sodass, darum, deshalb, obwohl, während, schließlich, als, trotzdem, trotz*

  b Bestimme die Wortarten der Wörter im Wortspeicher und sortiere sie in Gruppen.

Schöne neue Zukunftswelt? 199

10 Im Folgenden liest du einige Ausschnitte aus Inhaltsangaben zu „Ein Fall für den Tierschutzverein" (Texte 5 bis 7). Benenne die Fehler, die hier gemacht wurden. Vergleiche, falls nötig, mit den Sätzen in Text 9.

- *Als Herr Schmitz in den Garten geht, wo alles blüht und leuchtet und auch schon die Akelei aus dem Boden lugt, entdeckt er eine Schleifspur.*

- *Herr Proll sagt: „Was ist das? Was ist das?" Daraufhin schreit Frau Müller: „Zu Hilfe, Polizei, Mörder!" Sie fordert von Proll: „So helfen Sie doch, das ist ein Fall für Sie!"*

- *Der süße, kleine, erbarmungswürdige Außerirdische kauerte sich dicht unter den Busch.*

- *Herr Schmitz ging erst einmal in den Taubenschlag. Da war alles in Ordnung. Er ging dann in den Garten. Er bemerkte dort eine Schleifspur.*

- *Ich fand die Geschichte gut, weil man sich irgendwie alles so gut vorstellen konnte.*

- *Der Autor wollte damit erreichen, dass man sich nicht vor Außerirdischen ekeln soll.*

11 Formuliere abschließend deine eigenen Gedanken zur Geschichte. Dabei können dir folgende Fragen helfen:
- Wie hat die Geschichte auf dich gewirkt?
- Welche Aussageabsicht hat der Text? Begründe deine Auffassung mit Textbelegen.
- Wie hat dir die Geschichte im Ganzen gefallen?

12 a Verfasse einen neuen Schluss, in dem die Geschichte für den Außerirdischen glücklich ausgeht. Überlege dazu, von welcher Textstelle an du die Geschichte umschreiben musst.
b Vergleicht eure neuen Schlüsse. Besprecht, was jeweils zu dem glücklichen Ausgang geführt hat.

13 a Warum heißt die Geschichte „Ein Fall für den Tierschutzverein"?
b Findet weitere passende Titel und sprecht darüber.

4. Erdlinge im Weltall – Was ist Science-Fiction?

1 Welche Erfahrungen mit Science-Fiction habt ihr bereits gemacht?
   a Tauscht euch darüber aus, wo ihr Zukunftswelten bereits begegnet seid, z. B. in Comics, Romanen, Filmen, Computerspielen …
   b Sammelt, welche Gemeinsamkeiten vorkommen.
   c Was ist das Reizvolle an diesen Comics, Romanen, Filmen und Computerspielen?

Text 9 **Raumschiff Enterprise – Die neuen Abenteuer: Todeszone Galaxis**

[…] Noch zu kartographieren – zum gegenwärtigen Zeitpunkt keine genauen Angaben vorhanden. […]
Der weiße Punkt bewegte sich weiterhin unaufhaltsam über das Gitter, wie angezogen – wodurch? Eine Fingerspitze würde genügen, das riesige Sternenschiff auf
5 dem Schirm vor Blicken zu verbergen. Während er das dachte, fasste er einen Entschluss. Was immer es war, das sie vom Kurs abbrachte, hatte zwar sonst nichts getan, das sich als feindliche Maßnahme auslegen ließe – wahrscheinlich handelte es sich ohnedies um ein natürliches Phänomen –, trotzdem war es angebracht, sich dem zu widersetzen.
10 „Mr. Sulu, klar zum Rückwärtsschub." „Bereit, Sir." Sulu teilte seine Aufmerksamkeit zwischen dem Schirm und seinen Kontrollen. „Rückwärtsschub!"
Die Hände des Rudergängers wanderten über die Navigationskonsole und drehten einen Knopf um hundertachtzig Grad. Ein leichter Ruck durchzog die Brücke und ein fernes Dröhnen ertönte. Jeder hielt sich instinktiv irgend-
15 wo fest. Doch nur der Ruck verriet die ungeheuren Kräfte, die im Sternenschiff ausgelöst wurden. Kirk starrte angespannt auf das Netzgitter. Der weiße Punkt wurde merklich langsamer, immer langsamer – setzte seinen falschen Kurs jedoch unaufhaltsam fort. „Mr. Spock", fragte Kirk heftig, „haben Sie
20 schon etwas in Erfahrung gebracht?" Wir würden verdammt mehr ausrichten können, wenn wir wüssten, womit wir es hier zu tun haben, dachte er. Spock hatte den Blick keine Sekunde lang von den laufenden Daten auf seinem überschirmten Monitor genommen, doch jetzt schaute er auf und wandte
25 sich dem Kommandosessel zu. „Im Augenblick kann ich nur sagen, dass wir auf Kurs zu einem unbekannten Objekt sind – wahrscheinlich natürlichen Ursprungs, wahrscheinlich zumindest von planetarer Masse –, das eine starke Hypergravitation erzeugt. Eine stärkere als jede andere, mit der wir es bis-

her zu tun hatten." „Also, wenn irgend etwas da draußen ist", Kirk deutete auf den Schirm, „das zu einer derartigen Zugkraft und zu diesen Radio-emissionen fähig ist, warum nehmen es dann unsere Sensoren nicht auf?" Er presste einen Finger gegen sein Bein. „Öffnen Sie die Bugtaster ganz, Mr. Sulu, und schließen Sie alle anderen. Konzentrieren Sie die gesamte Sensorenergie nach vorn." „Die gesamte, Sir?" „Die gesamte!" Sulu hantierte eilig an seinen Kontrollen, um den Befehl auszuführen. [...] Der Schirm flackerte. Das Netzgitter verschwand. Von der linken Schirmseite bis etwa zwei Drittel zur rechten war nun der äußerste Ausläufer der Milchstraße als ferner zusammengeballter, regenbogenfarbiger Staubschleier zu sehen. Das übrige Drittel, von vereinzelten, funkelnden Punkten abgesehen, war dunkel von der Schwärze des intergalaktischen Abgrunds. Aber in der Mitte des Schirms fraß etwas einen glatten, halbmondförmigen Bissen aus dem glühenden Sternennebel, der diesen Ausläufer bildete. Etwas Rundes, Kleines – das anwuchs. Eine Kugel aus Nichts, die Stern um Stern verschwinden ließ. Nein, jetzt nicht mehr ein völliges Nichts. Als sie näher kamen, verriet ein fernes, schwaches Schimmern eine feste Oberfläche. [...] Die Ausstrahlung des Objekts vor ihnen war ebenso natürlich wie Sonnenprotuberanzen oder der Arm eines Menschen. Auf keinen Fall kam es von einem Leuchtfeuer oder einer Station. Alle lauschten dem Summen, während die Umrisse auf dem Schirm das ferne Sternenfeld verschlangen. „Mr. Scott, Maschinen klar für maximale Belastung." „Aye, Sir." Scott wandte sich seiner Direktleitung zum Maschinenkontrollraum zu. „Davis, Grader, erhebt euch von euren faulen Hintern. Der Captain hat gleich Arbeit für euch …" „Mr. Sulu", fuhr Kirk fort, „bleiben Sie auf Rückwärtsschub!" „Jawohl, Sir." „Mr. Spock", Kirk bemühte sich, nicht verzweifelt zu klingen. „Haben Sie schon was?" [...] „Es ist eine negative Sternenmasse, Captain. Die Spektralanalyse ergibt mit siebenundneunzig Komma acht Prozent Wahrscheinlichkeit, dass das Objekt vor uns aus implodierter Masse besteht. Jegliche Materiemessung zeigt negativ an."
„Großartig! Das bedeutet also, dass wir auf eine ungeheuerlich starke Anhäufung von Nichts zubrausen?" „Mit diesen Worten hätte ich es zwar nicht ausgedrückt, Captain, aber es ist eine treffende Beschreibung."
Sulu wählte diesen Moment, sie mit einer weiteren erfreulichen Neuigkeit zu unterbrechen: „Captain, wir werden wieder schneller!"
„Alle Maschinen voller Rückwärtsschub!" Längeres Schweigen setzte ein, als ein neuerlicher Ruck, dem ein Dröhnen folgte, durch die Enterprise ging. Dann blickte Sulu von seinen Kontrollen auf. Er zeigte keine Panik – dazu war er ein zu guter Offizier –, aber er war offensichtlich beunruhigt.
„Es nützt nichts, Sir. Wir fallen immer noch darauf zu." „Mr. Scott", sagte Kirk angespannt, „was ist mit Ihren Maschinen los?" „Mit den Maschinen ist alles in Ordnung, Sir", antwortete der Chefingenieur ruhig. „Sie tun ihr Bestes, Sir, aber sie werden überfordert. Sie sind für Schub konstruiert – nicht, um gegen einen Gravitationszug dieser Stärke anzukämpfen! Ich bin mir nicht sicher, dass wir loskämen, selbst wenn wir zehnmal mehr Energie hätten." [...] „Wie viel Zeit haben wir?" Spock antwortete ruhig, unbewegt, ohne von seinem Monitor aufzublicken: „Zusammenprall in dreiundneunzig Sekunden, Captain. Zweiundneunzig – einund-

neunzig ..."

Lähmendes Schweigen füllte plötzlich die Brücke. Es war alles so schnell gegangen. Vor einer Minute erst hatten sie sich in scheinbar nur geringfügigen Schwierigkeiten durch eine eigenartige, unbedeutende Kursabweichung befunden, und jetzt ...

[...] „Neununddreißig – achtunddreißig ...". Innerlich kochte Kirk. Was sie brauchten, war Zeit, nur Zeit! Sie konnten nicht nach vorne und nicht zurück. Blieb nur ...

„Mr. Sulu!", rief er abrupt. „Seitwärts volle Kraft voraus! Neigung dreißig Grad!" „Voraus, Sir?" „MACHEN SIE SCHON, MR. SULU!" Der Rudergänger beeilte sich. Vielleicht half die Hypergravitation. „Wir haben hier nur eine Chance: in eine sichere Umlaufbahn zu gelangen. Danach können wir uns in aller Ruhe etwas ausdenken, das uns hilft, von dem Schwerefeld loszukommen. Dazu brauche ich länger als dreißig Sekunden." [...]

„Neun Sekunden", erklang Spocks ruhige Stimme. Lediglich die kaum merkliche Veränderung der Tonhöhe verriet eine Spur von Besorgnis oder Erregung. „Acht – sieben ..."

Wie absurd, mich am Kommandosessel festzuhalten, dachte Kirk. Das würde sein Leben nicht einmal um einen Sekundenbruchteil verlängern. Trotzdem umklammerten seine Hände auch weiterhin das unnachgiebige Metall.

Eine elektrische Entladung, Tausende von Kilometern lang und bedrohlich nah, erhellte einen Augenblick lang den Schirm. Dann war sie verschwunden – ebenso wie die Schwärze. Vor ihnen lagen die freundlichen, fluoreszierenden Nebel der Galaxis und die wahre Schwärze des leeren Weltraums.

Aber Kirk wusste, dass sie nur scheinbar entkommen waren. Und Sulu bestätigte es eine Sekunde später. „Kein Entkommen, Captain, aber wir sind vorerst davongekommen."

2 Worum geht es bei diesem kurzen Abenteuer des Raumschiffs Enterprise?

Fragen an Texte stellen → S. 231f.

3 Mache dir zu folgenden Fragen Notizen:
a Wo und wann spielt die Handlung des Abschnitts?
b Welche Figuren sind beteiligt, welche Funktion haben sie und welche Charaktereigenschaften werden hier deutlich? Notiere hierzu die Zeilenangaben.
c In welcher Beziehung stehen die Figuren zueinander? Erstelle ein Organigramm der Enterprise-Crew.

 Ihr könnt euch näher über die einzelnen Figuren und ihre Charaktere im Internet informieren. Wer ist z. B. dieser Captain Kirk oder Mr. Spock? Welche Eigenschaften haben sie noch, außer denen, die man im Textausschnitt erfährt?

d Aus welcher Perspektive wird erzählt? Von welcher Figur erfährt man am meisten, vor allem in Bezug auf ihre Gedanken und Gefühle? Welche Wirkung hat das auf den Leser?

Erzählperspektive
→ S. 107

4 Welche Elemente dieses Ausschnitts machen ihn eurer Meinung nach zum Teil einer typischen Science-Fiction-Geschichte?

5 *Sonnenprotuberanzen, Spektralanalyse ...*
   a Sammelt weitere solche Begriffe aus der Welt der Science-Fiction. Ihr könnt sie dem Text entnehmen und/oder auf eure Erfahrungen mit Science-Fiction zurückgreifen.
   b Diskutiert, ob solche Begriffe zu einer guten Science-Fiction-Geschichte gehören.

6 a Was ist das Spannende an diesem Abenteuer?
   b Wie wird die Spannung aufgebaut und gesteigert? Gliedere den Text in Handlungsschritte und zeichne einen Spannungsbogen, in den du Stichpunkte aus diesen Abschnitten einträgst.
   c Wie wird die Spannung aufgelöst?
   d Betrachte die Stelle kurz vor Auflösung der Spannung genauer. Wie verläuft an dieser Stelle der Spannungsbogen?

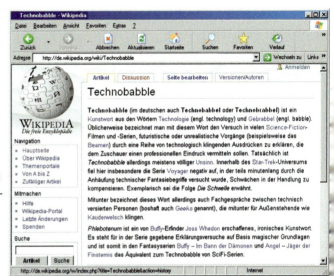

7 Verfasse eine vollständige Inhaltsangabe mit Einleitung, Hauptteil und Schluss. Suche dazu die wichtigen Abschnitte heraus, fasse sie kurz zusammen und bringe alles in eine sinnvolle Reihenfolge.

Inhaltsangabe
→ S. 232–236

8 Vergleicht die Enterprise-Episode mit dem Ausschnitt aus „Duplik Jonas 7" (Text 3) und der Geschichte „Ein Fall für den Tierschutzverein" (Texte 5 bis 7).
Wo bestehen Unterschiede und wo seht ihr Gemeinsamkeiten? Eine Tabelle kann euch helfen:

	Duplik Jonas 7	**Ein Fall für den Tierschutz**	**Episode aus Raumschiff Enterprise**
Thema	Klonen	■	Bewältigung eines schwierigen Problems
Inhalt der Handlung	■	Ein Außerirdischer wird von angeekelten Menschen umgebracht.	■
Erzählinhalte, die auf Science-Fiction hindeuten	■	■	■
Wirkung auf die Leserin/den Leser	■	■	■
Erzählabsicht	■	■	■
■	■	■	■

Text 10

Science-Fiction (engl.), naturwiss.-techn. Zukunftsroman (-erzählung), auf den möglichen oder phantast. Folgen des wiss.-techn. Fortschritts beruhende Zukunftsbilder und Spekulationen über die Überwindung von Raum und Zeit, neue Erfindungen und Entdeckungen in Weltraumabenteuern, Weltraumeroberungen, Weltraumkriegen, Invasionen außerird. Intelligenzen und Zeitreisen mit globalen Katastrophen und Vernichtungskriegen mit futurist. Waffen, mit biologisch entwickelten neuen Menschentypen (Superman, Roboter, Androide [...]) in e. Welt der Denkmaschinen, der Computer [...], von der reinen Fantasiedichtung durch die wiss. mögliche oder wenigstens dem Leser plausibel gemachte Begründung der phantast. Elemente unterschieden (z. T. Vorwegnahme späterer Erfindungen). Im Ggs. zur reinen, unrealisierbaren Utopie menschl.-gesellschaftl. Art schildert die mehr naturwiss.-techn. interessierte S.F. eine in Zukunft denkbare, nach den Fortschritten von Wissenschaft und Technik mögliche Welt [...].

9 a Schreibe auf der Grundlage des Lexikonartikels einen ausformulierten Informationstext zur Science-Fiction-Literatur. Achte dabei auf Folgendes:
 • Erschließe dir die Bedeutung der Abkürzungen.
 • Schlage Wörter und Abkürzungen, die du nicht kennst, nach.
 • Formuliere kurze, verständliche Sätze.

b Der Text erwähnt verschiedene Arten von Science-Fiction-Texten. Zu welcher Art gehören jeweils die Geschichten bzw. Ausschnitte aus diesem Kapitel? Begründe deine Zuordnung.

The Making of Star Trek – Videospiel und Kinofilm entstehen

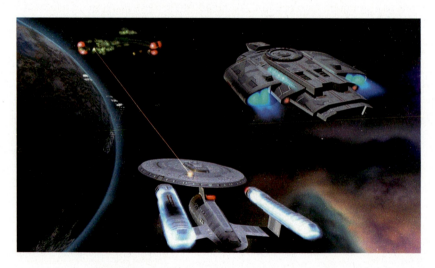

Bilder lesen → S. 24f.

10 a Beschreibe genau, was auf dem Bild zu sehen ist. Folgende Fragen helfen dir:
 • Was zeigt das Bild?
 • Wie ist das Bild aufgeteilt? Was ist vorne/hinten, rechts/links zu sehen?
 • Wie ist der Hintergrund gestaltet?
 • Welche Farben bestimmen das Bild? • Welche Rolle spielt das Licht?
 • Wie sind die Raumschiffe gestaltet und in welcher Beziehung stehen sie wohl zueinander? Welches Raumschiff ist wohl das „gute", welches das „böse" und welches ist die Enterprise?
 • Welche Rolle spielt der Planet links im Bild und wie ist er gestaltet?

b Das Bild zeigt die Grafik eines neuen Videospiels zu Star Trek (Raumschiff Enterprise). Welche Überlegungen hatten wohl die Gestalter? Begründe deine Vermutungen mit Verweisen auf das Bild.

Ein *Star Trek*-Film wird produziert

Text 11

Wenn ein *Star Trek*-Kinofilm produziert wird, dann durchwandert er viele ähnliche Prozesse wie eine Fernsehepisode – nur dass man für ihn ‚ein wenig' mehr Geld ausgibt. Für einen Film gibt es üblicherweise eine Vorbereitungsphase von rund 16 Wochen, in denen alle Dekorationen, Requisiten, Kostüme, Masken für
5 Aliens, grafische Designs, Modelle, Matte-Zeichnungen und (mechanische und optische) Spezialeffekte entwickelt und abgesegnet werden müssen. Zwei bis vier Wochen werden für die Konzeptions- und Zeichnungsphase eingeräumt, in den verbleibenden zwölf bis 14 Wochen wird fieberhaft an der Umsetzung gearbeitet. Die Konzepte, Pläne und Zeichnungen werden weiterentwickelt, nachdem die
10 Konstruktion schon begonnen hat, und die verschiedenen Abteilungen befinden sich im ‚Alarmzustand'. Selbst nach den 55 bis 65 Tagen der ‚Principal Photography'[1] arbeitet die Design-Abteilung normalerweise immer auf Hochtouren. Was den Produktionsplan antreibt, ist die sinnvolle Nutzung der Zeit, in der das Filmteam anwesend ist. Alle Maßnahmen werden von dem Tag an zurückgerechnet, an
15 dem die Filmcrew ihre Arbeit aufnehmen soll. Der Film befindet sich manchmal mitten in der Produktion, wenn sich herausstellt, dass das Drehbuch zu hohe Kosten verursacht. Alles wird neu beurteilt und reorganisiert, die Budgets werden gekürzt. Die Drehbuchänderungen beginnen meist genau in dem Moment, da der Leiter dieser Abteilung zu wissen glaubt, worum es geht, und einen funktionie-
20 renden Plan hat, demzufolge alles erledigt werden kann. [...] Viele gute Designideen werden in diesem Prozess geopfert [...]. Verglichen mit der Produktion von komplexen Industriegütern, zum Beispiel der eines neuen Autos, wird den Entwürfen für einen Film nur minimale Vorlaufzeit gewährt. Arbeit, für deren Erledigung man bei General Motors drei oder vier Jahre benötigen würde, muss inner-
25 halb weniger Monate erledigt werden.

[1] Hauptdrehzeit, in der alle Szenen aufgenommen werden, bevor sich die Spezialeffekte-Profis an die Arbeit machen – also alle Aufnahmen, in denen die Schauspieler aktiv sind

11 a Beschreibe mit eigenen Worten das Vorgehen beim Drehen eines Star Trek-Filmes.
b Welche Probleme können auftreten?

Vorgangsbeschreibung
→ S. 19

12 a Versuche, folgende Fragen mithilfe des Textes zu klären:
- Wer produziert den Star Trek-Film?
- Wer entwickelt Dekorationen, Requisiten, Kostüme usw.?
- Wer segnet sie ab?
- Wer rechnet alle Maßnahmen zurück?
- Wer beurteilt und reorganisiert alles neu?
- Wer erledigt alles?
- Wer opfert viele gute Designideen?
- Wer gewährt den Entwürfen nur minimale Vorlaufzeit?
- Wer erledigt die Arbeit?

b Was fällt dir beim Versuch der Beantwortung dieser Fragen auf?

c Suche die Sätze aus dem Text heraus, auf die sich die oben gestellten Fragen beziehen, und beschreibe das Besondere an ihnen.

Spocks Maske – Passivsätze

13 *Ein Star Trek-Kinofilm wurde produziert.*
Ein Star Trek-Kinofilm ist produziert worden.
Ein Star Trek-Kinofilm war produziert worden.
Ein Star Trek-Kinofilm wird produziert werden.

a Diese Sätze stehen in verschiedenen Zeiten: Plusquamperfekt, Präteritum, Futur, Perfekt.
Ordne die Tempora jeweils richtig den Sätzen zu, indem du die Sätze abschreibst und dahinter das korrekte Tempus notierst.

b Forme drei weitere Passiv-Sätze aus Text 11 in unterschiedliche Tempora um.

14 Erkläre mithilfe des Beispiels, wie aus einem Aktivsatz ein Passivsatz wird.

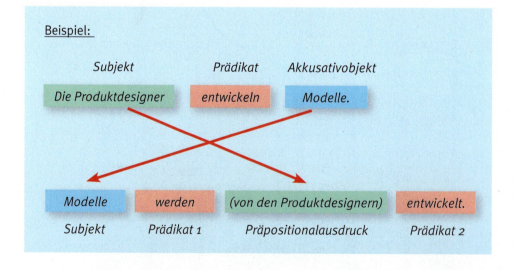

Spocks Maske

Text 12

1. Bild: Aufsetzen der Ohren	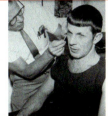	Der Maskenbildner bringt Einweg-Ohraufsätze aus Schaumgummi an den echten Ohren des Schauspielers an.
2. Bild: Abrasieren der Augenbrauen	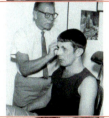	Der Maskenbildner rasiert die echten Augenbrauen des Schauspielers zur Hälfte ab.
3. Bild: Zeichnen der neuen Form mit einem Augenbrauenstift	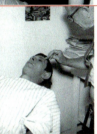	Der Maskenbildner zeichnet die neue Form der Augenbrauen mit einem Augenbrauenstift nach und trägt darauf Klebstoff auf.
4. Bild: Teile von Yak-Haaren werden aufgeklebt.	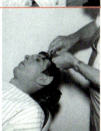	Der Maskenbildner legt dann auf den Klebefilm Yakhaare auf und schneidet sie passend ab.

15 Verfasse eine Anleitung (Vorgangsbeschreibung) für die Maske von Mr. Spock (Text 12) im Passiv.
   a Mache dir klar, welcher Satzteil in den Sätzen in der rechten Spalte jeweils das Akkusativobjekt darstellt.
   b Forme die Sätze dann ins Passiv um.
   c Verbinde deine Sätze mit passenden, sinnvollen Konjunktionen.
   So kannst du beginnen: *Zunächst werden Einweg-Ohraufsätze aus Schaumgummi an den echten Ohren des Schauspielers angebracht.*

Vorgangsbeschreibung
→ **S. 19**
Anleitung → **S. 281**

16 Beschreibe das letzte Bild, indem du formulierst, in welchem Zustand sich die Maske von Spock jetzt befindet.
   Beispiel: *Die Einweg-Ohraufsätze sind nun an den Ohren des Schauspielers angebracht.*
   Setze die korrekten Verbformen ein.
   • *Die Augenbrauen sind (abrasieren).*
   • *Die Yak-Haare sind (aufkleben).*
   • *Die Yak-Haare sind passend (abschneiden).*

Bildbeschreibung
→ **S. 204**

Das Passiv

Verwendung

Das Passiv ist eine Handlungsart des Verbs. Beim Passiv ist, im Gegensatz zum Aktiv, nicht der „Täter" wichtig, sondern der Betroffene oder die behandelte Sache.

> Beispiel: *Masken werden entwickelt.* → Hier ist die behandelte Sache *Masken*.

Die Handelnden können unerwähnt bleiben bzw. verschwiegen werden. (**Wer** die Masken entwickelt, erfahren wir nicht.)
Besonders oft findet man das Passiv bei Vorgangsbeschreibungen aller Art, z. B. bei Bastel- oder Gebrauchsanleitungen.

Das Passiv kann einen Vorgang (**Vorgangspassiv**) oder einen Zustand (**Zustandspassiv**) ausdrücken.

Bildung

Das **Vorgangspassiv** ist zusammengesetzt aus der **Personalform von *werden*** plus **Partizip II des Vollverbs**.

> Beispiele: *Die Ohren werden angebracht. Die Maske wird (vom Maskenbildner) gestaltet.*

Das **Zustandspassiv** ist zusammengesetzt aus der **Personalform von *sein*** plus **Partizip II des Vollverbs**.

> Beispiele: *Die Ohren sind angebracht. Die Maske ist (interessant) gestaltet.*

17 a Bestimme bei folgenden Sätzen die Art des Passivs und das jeweilige Tempus. **Achtung:** Nicht alle Sätze, in denen eine Form von *sein* oder *werden* vorkommt, sind Passivsätze.
- *Ich werde vielleicht noch darauf zurückkommen.*
- *Wir sind vorerst davongekommen.*
- *Da wurde das Schiff brutal aus dem Hyperraum herausgestoßen und in den Normalraum gedrückt.*
- *In den vergangenen Nächten war mehrmals in den Taubenschlag eingebrochen und mehrere Tiere waren gerissen worden.*
- *Die Kleidung war im Wrack verbrannt.*
- *Wir sind auf Kurs zu einem unbekannten Objekt.*

b Erkläre, woran man erkennt, dass einige Sätze nicht im Passiv stehen.

Andrian Kreye   Text 13
Mein Gott, es windet sich wie eine Schlange

Der Aufruhr gilt als Meilenstein in der Geschichte der Massenmedien: Als die American Broadcasting Corporation am Abend des 30. Oktober 1938 Orson Welles' Hörspielfassung des Science-Fiction-Romans „Krieg der Welten" ausstrahlte, brach an der Ostküste eine Massenpanik aus. Der damals 24-jährige Filmregisseur hatte
5 die Geschichte vom Angriff der Marsmännchen aus dem Buch des britischen Science-Fiction-Schriftstellers H. G. Wells für amerikanische Radiohörer nach New Jersey verlegt und als fiktive Reportage inszeniert.

Die Sendung begann mit einem prosaischen Wetterbericht und der Ansage, man werde nun aus dem Meridian Room des New Yorker Park Plaza Hotels die Musik
10 von Ramón Raquellos Tanzorchester übertragen. Nun gab es weder das Hotel noch das Orchester, auch hatte ein Sprecher zu Anfang der Sendung deutlich darauf hingewiesen, dass nun ein Hörspiel des bekannten Mercury Theater on the Air übertragen werde. Doch als die belanglose Tanzmusik von mehreren Nachrichtendurchsagen unterbrochen wurde, die von mysteriösen Gasexplosionen auf dem Planeten
15 Mars und von einem Meteoriteneinschlag auf eine Farm bei Grovers Mill in New Jersey berichteten, machte sich im ganzen Land Unruhe breit.

Mit dramaturgischer Raffinesse dehnte Welles über eine Stunde hinweg einen grandiosen Spannungsbogen. Er platzierte einen Reporter und einen Astronomieprofessor neben den Einschlagskrater, die einen metallischen Zylinder beschrieben, der
20 sich vor den Ohren der Zuhörer mit lautem Ächzen öffnete, woraufhin der vermeintliche Reporter mit hörbarem Entsetzen in der Stimme berichtete: „Mein Gott, da windet sich irgend etwas wie eine graue Schlange aus dem Schatten." Dieser erste Außerirdische setzte zunächst eine Scheune und ein Feld in Flammen. [...] Im gesamten Großraum New York und New Jersey häuften sich noch während der Sen-
25 dung die Meldungen von panischen Reaktionen. Gläubige flüchteten sich in die Kirchen. Hunderte bestürmten die Polizeireviere. Tausende flohen in die städtischen Parks. Viele hatten ihre wichtigsten Habseligkeiten zusammengerafft und wollten wissen, wohin sie sich nun retten könnten. Andere wollten sich freiwillig an die intergalaktische Front melden. [...]

1 Überlege, was die Hörerinnen und Hörer hätten machen können, anstatt in Panik auszubrechen. Formuliere im Konjunktiv II in der Ich-Form, wie du reagiert hättest. Beginne so: *Wäre ich damals Hörerin/Hörer gewesen, hätte ich ....*

2 Könnte eine solche Situation auch heute entstehen? Begründe deine Meinung.

3 Formuliere Tipps und Hinweise an die Hörspiel-Hörer, wie sie heute auf ein solches Hörspiel reagieren könnten. Verwende Modalverben. Beginne so: *Liebe Hörspielhörer, bevor Sie gutgläubig auf etwas aus den Medien reagieren, sollten Sie ...*
<u>Möglichkeiten:</u> Fernsehnachrichten schauen, Polizei anrufen, Freunde anrufen, Hotline des Radiosenders anrufen, auf die Homepage des Radiosenders gehen, eine E-Mail an den Radiosender schreiben, weitere Internetquellen hinzuziehen ...

Und jetzt kommst du!

Zukunftsabenteuer 2030 – Ein Schreibprojekt

Es ist das Jahr 2030. Eure Wunschwelt ist Realität geworden. Doch sie wird bedroht ...

Bildet Autorenteams und entwickelt gemeinsam eine Science-Fiction-Geschichte mit diesem Thema.

1 Folgende Fragen solltet ihr zusammen klären:

Technisches:
- Wie lang soll die Geschichte werden, wer soll wie viele Zeilen schreiben?
- Auf welche Schriftart, -größe und welchen Zeilenabstand wollt ihr euch einigen?
- Welches Erzähltempus soll gewählt werden?

Inhaltliches:
- Wie sieht eure Wunschwelt aus?
- Welche Details sollten in eurer Geschichte vorkommen?
- Welche Figuren spielen die Hauptrolle? Welche Charakterzüge tragen sie?
- Wovon wird diese Wunschwelt bedroht?
- Welches Ende soll die Geschichte haben: Rettung, Untergang oder etwas dazwischen?
- Wer rettet sie und wie wird sie gerettet?

2 Entwerft dann gemeinsam ein Handlungsgerüst in der Art einer Inhaltsangabe. Das heißt, ihr solltet für jeden Handlungsabschnitt ein bis zwei Sätze formulieren.

3 Teilt dann jeder Autorin / jedem Autor einzelne Handlungsabschnitte zu, die dann als Geschichte ausgestaltet werden sollen.

4 Trefft euch zu einer Schreibkonferenz. Es müssen inhaltliche und stilistische Brüche besprochen und mit Überarbeitungsvorschlägen versehen werden. Hier solltet ihr auch überprüfen, ob die Anforderungen an eine gute Science-Fiction-Geschichte erfüllt werden.

5 Überarbeitet dann wieder eure Geschichtenteile.

6 Fügt am Ende alles zusammen und nehmt eine Endredaktion vor, bei der ihr die Feinarbeit macht und Rechtschreibung und Zeichensetzung korrigiert.

Schöne neue Zukunftswelt? 211

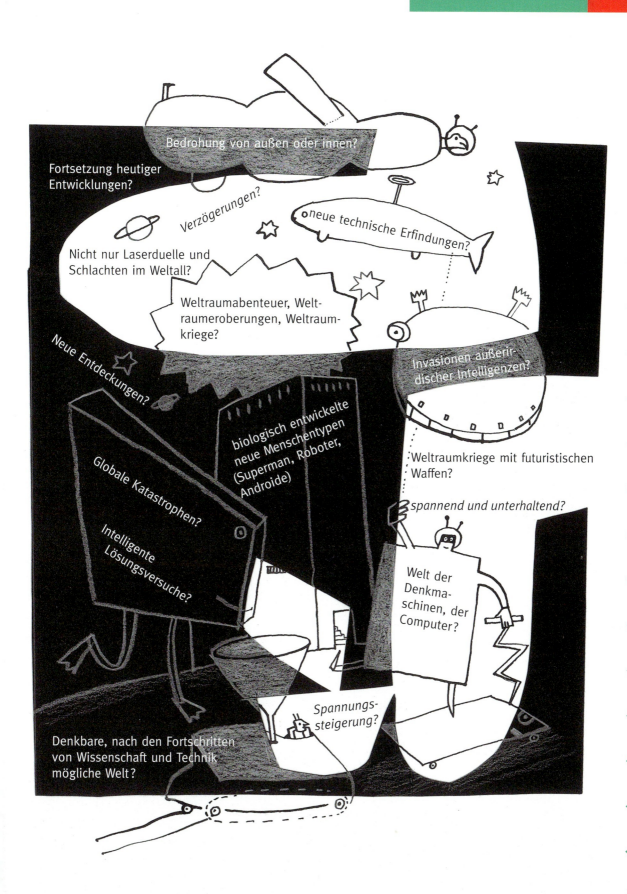

Auf dich kann man zählen!

Balladen

Auf dich kann man zählen! 213

Denkmäler

1. Ein Denkmal! – Handlung und Gestaltung einer Ballade

Wer ist Johanna Sebus? – Die Handlung einer Ballade

Text 1

1811 wurde für die 17-jährige Johanna Sebus in ihrem Heimatort Rindern-Wandhausen ein Denkmal errichtet.

In Kleve gibt es ein Johanna-Sebus-Gymnasium.

Johanna Sebus

Mit einer Rose mit goldenen Blättern, einem goldenen Ring und einer Aussteuer wurden nach dem Willen Napoleons besonders tugendhafte junge Frauen ausgezeichnet. Johanna Sebus wurde stattdessen nach ihrem Tod ein Stein mit einer französischen und einer deutschen Inschrift und einem Marmormedaillon, in dem eine weiße Rose auf dem Wasser treibt, gewidmet.

Auf einer Tafel mit lateinischer Inschrift ist nachzulesen, dass das Haus der Mutter von Johanna Sebus nach der Zerstörung durch die Flut im Auftrag der französischen Regierung wieder aufgebaut wurde.

Fragen an Texte stellen → S. 231f.

1 a Was erfährst du aus Text 1 über Johanna Sebus? Notiere alle Informationen, die dir die Textteile liefern, in Stichpunkten.
  b Stellt aufgrund der Informationen Vermutungen über Johanna Sebus an und notiert diese an der Tafel, in euren Heften oder auf Kärtchen.
  c Welche Fragen bleiben noch unbeantwortet? Formuliert diese Fragen und notiert sie ebenfalls.

2 Findet heraus, für wen und zu welchem Zweck Denkmäler errichtet werden. Erstellt dazu in eurer Klasse eine Liste von Denkmälern, von denen ihr gehört oder gelesen oder die ihr vielleicht schon selbst gesehen habt. Notiert, woran oder an wen sie jeweils erinnern sollen.

> *Goethe-Schiller-Denkmal in Weimar:*
> *Für wen:* Johann Wolfgang von Goethe und Friedrich Schiller,
>   berühmte deutsche Dichter
> *Zweck:* erinnern (haben beide in Weimar gelebt), ehren

3 a Trägt eure Schule den Namen einer Person? Wenn ja, findet heraus, wie der Name eurer Schule entstanden ist.
  b Was bedeutet die Namensgebung eurer Schule für euch?
  c Falls eure Schule keinen Personennamen trägt, recherchiert den Namen einer Schule, die nach einer Person benannt wurde, und klärt, woher dieser Name kommt.

Johann Wolfgang von Goethe
Johanna Sebus

Text 2

Zum Andenken der siebzehnjährigen Schönen, Guten aus dem Dorfe Brienen, die am 13. Januar 1809 bei dem Eisgang des Rheins und dem großen Bruche des Dammes von Cleverham, Hilfe reichend, unterging.

Der Damm zerreißt, das Feld erbraus't,
5 Die Fluten spülen, die Fläche saus't.
„Ich trage dich, Mutter, durch die Flut;
Noch reicht sie nicht hoch, ich wate gut." –
„Auch uns bedenke, bedrängt wie wir sind,
Die Hausgenossin, drei arme Kind!
10 Die schwache Frau! ... Du gehst davon!" –
Sie trägt die Mutter durch das Wasser schon.
„Zum Bühle[1] da rettet euch! harret[2] derweil[3]!
Gleich kehr' ich zurück, uns allen ist Heil.
Zum Bühl' ist's noch trocken und wenige Schritt;
15 Doch nehmt auch mir meine Ziege mit!"

Der Damm zerschmilzt, das Feld erbraus't,
Die Fluten wühlen, die Fläche saus't.
Sie setzt die Mutter auf sichres Land;
Schön Suschen[4], gleich wieder zur Flut gewandt.
20 „Wohin? Wohin? die Breite schwoll;
Das Wasser ist hüben und drüben voll.
Verwegen ins Tiefe willst du hinein!" –
„Sie sollen und müssen gerettet sein!"

Der Damm verschwindet, die Welle braus't,
25 Eine Meereswoge, sie schwankt und saus't.
Schön Suschen schreitet gewohnten Steg,
Umströmt auch, gleitet sie nicht vom Weg,
Erreicht den Bühl und die Nachbarin;
Doch der und den Kindern kein Gewinn!

30 Der Damm verschwand, ein Meer erbraus't,
Den kleinen Hügel im Kreis umsaus't.
Da gähnet und wirbelt der schäumende Schlund
Und ziehet die Frau mit den Kindern zu Grund;
Das Horn der Ziege fasst das ein',
35 So sollten sie alle verloren sein!
Schön Suschen steht noch strack[5] und gut:
Wer rettet das junge, das edelste Blut!
Schön Suschen steht noch wie ein Stern;
Doch alle Werber[6] sind alle fern.
40 Rings um sie her ist Wasserbahn,
Kein Schifflein schwimmet zu ihr heran.
Noch einmal blickt sie zum Himmel hinauf,
Dann nehmen die schmeichelnden Fluten sie auf.

Kein Damm, kein Feld! Nur hier und dort
45 bezeichnet ein Baum, ein Turm den Ort.
Bedeckt ist alles mit Wasserschwall;
Doch Suschens Bild schwebt überall. –
Das Wasser sinkt, das Land erscheint,
Und überall wird schön Suschen beweint. –
50 Und dem sei, wer's nicht singt und sagt,
Im Leben und Tod nicht nachgefragt!

---

[1] Hügel, auf dem man vor Hochwasser Schutz suchen kann
[2] wartet [3] währenddessen;
[4] Kosename für Johanna [5] gerade, aufrecht
[6] junge Männer, Verehrer

4 Halte deine ersten Leseeindrücke schriftlich fest:
  a Vergleiche deine Vermutungen über Johanna Sebus (Aufgabe 1, S. 214) mit dem Bild, das du nach dem ersten Lesen der Ballade von ihr gewonnen hast.
  b Welche deiner Fragen aus Aufgabe 1 (S. 214) wurden durch den Balladentext beantwortet? Welche sind noch offen?
  c Welche Fragen hast du darüber hinaus an den Text?
  d Notiere auch, was dir an der Ballade besonders gefällt oder missfällt.

Leseeindrücke
→ S. 100f.

Fragen an Texte stellen → S. 231f.

5 Um genauer zu klären, welche Handlung Goethe in seiner Ballade darstellt, erschließe den Kern des Geschehens mithilfe von **W-Fragen**. Belege deine Antworten mit Zeilenangaben.
- **Wer** sind die handelnden Figuren?
- **Wo** spielt die Handlung?
- **Wann** spielt die Handlung?
- **Was** löst die Handlung aus?
- **Worin** besteht das Problem?
- In **welchen** Handlungsschritten entwickelt sich das Geschehen?
- **Was** ist das Ergebnis der Handlung?
- **Wie** endet die Ballade?

Eine Ballade als Denkmal? – Formale Gestaltung

6 Goethe wurde gebeten, Johanna Sebus mit einer Balllade ein Denkmal zu errichten, das „….in jedes fühlenden Menschen Brust Bewunderung für die Heldin und heißen Dank für den großmütigen Dichter erwecken würde."
   a Formuliere mit eigenen Worten, welche Erwartungen der Auftraggeber der Ballade an Goethe herangetragen hat.
   b Welche Rolle spielt dabei der Dichter selbst (also der Gestalter des literarischen Denkmals)? Diskutiert, ob sich ein Dichter mit einer solchen Ballade auch selbst ein Denkmal setzt.

Fragen an Texte stellen
→ S. 231f.

7 a Welche Fragen musst du an den Text stellen, um beurteilen zu können, ob Goethe diese Bitte erfüllt hat?
   b Hat Goethe eurer Meinung nach diese Bitte und damit seinen Auftrag erfüllt? Begründet.

8 Stellt euch vor, eurer Schule fehle noch ein Name. Ein Vorschlag ist, sie Johanna-Sebus-Schule zu nennen. Begründe, warum du diesen Vorschlag unterstützen oder ablehnen würdest.

9 Welche sprachlichen und formalen Mittel tragen dazu bei, dass der Text der Ballade gut im Gedächtnis bleibt?

a Wähle dazu die Werkzeuge aus dem Analyse-Werkzeugkasten aus, die Goethe in seinem Gedicht verwendet hat, und beschreibe ihre Wirkung.

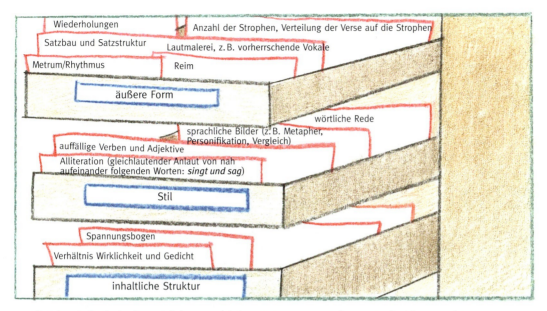

b Eine Schülerin hat sich bereits einige Notizen zu „Johanna Sebus" gemacht. Übertrage ihre Liste in dein Heft und vervollständige sie.

- *Gab es diese Flut wirklich?*
- *Was wird wiederholt? Warum?*
- *Die Anzahl der Verse in den ersten drei Strophen sinkt, wie passt das zur Entwicklung der Handlung?*
- *Mit welchen Adjektiven wird Suschen beschrieben?*
- *Welche Verben kennzeichnen besonders eindringlich die Situation?*
- *Was kommt im Dialog zum Ausdruck?*
- *Paarreim? Kreuzreim? Umarmender Reim?*
- *Bis wohin steigt die Spannung? Wo ist der Höhepunkt? Womit endet die Ballade?*

c Beantworte die Fragen, die du notiert hast.

Was ist eine Ballade?

Das Wort *Ballade* kommt von dem italienischen Wort *ballata* (Tanzlied); es ist z. B. mit den Wörtern *Ball* und *Ballett* verwandt. Seit dem 18. Jahrhundert bezeichnet man damit ein **erzählendes Gedicht** in **Strophenform**, das ein ungewöhnliches Ereignis **dramatisch zugespitzt** darstellt.
In **historischen Balladen** werden oft vorbildhafte Menschen bei der Bewältigung von Gefahren oder Konflikten dargestellt.

10 Besprecht: Handelt es sich bei „Johanna Sebus" um eine typische Ballade?

2. „Und mit goldner Schrift in den Marmorstein" – Ein Drehbuch gestalten

Text 3

Der Film begeistert auf ganzer Länge!

Die Schauspieler sind sehr überzeugend (alle), ebenso wie die Darstellung der Ereignisse. ...

Für alle, die ihn noch nicht gesehen haben, kann es nur heißen:

AB INS KINO!!!

18.01.2007, 15:50 Uhr

Der Film begeistert auf ganzer Länge – Film und Ballade

1 Was haben Film und Ballade gemeinsam, worin unterscheiden sie sich? Übertrage die Tabelle in dein Heft und ergänze sie.

Ein Film erzählt	Eine Ballade erzählt
• eine Geschichte	• eine Geschichte
• durch handelnde Figuren,	• von ■
• hat eine Handlung, die in einem Spannungsbogen verläuft,	• hat ■
• erzählt durch bewegte Bilder, die durch die Kameraperspektive vermittelt werden,	• erzählt durch ■
• erzählt durch Ton/Sprache (Dialoge) und Musik.	• erzählt durch ■

Plot und Drehbuch

Ein Film muss eine Grundidee haben (einen Handlungskern und ein Handlungsgerüst – den so genannten **Plot**), die dann in einem **Drehbuch** ausgestaltet wird.
In einem Drehbuch findet sich das, was in dem geplanten Film zu hören und zu sehen ist. Außerdem enthält das Drehbuch genaue Angaben zu Kameraeinstellungen und Kameraperspektiven, Hinweise zu Drehorten, Raumgestaltungen und Requisiten sowie detaillierte Regieanweisungen zu Stimme, Mimik, Gestik und Körperhaltung der Schauspielerinnen und Schauspieler.

Gerettet alle, nur einer fehlt – Aufbau und Struktur

Theodor Fontane
John Maynard

Text 4

I. John Maynard!
  „Wer ist John Maynard?"

II. „John Maynard war unser Steuermann,
  Aushielt er, bis er das Ufer gewann,
5 Er hat uns gerettet, er trägt die Kron,
  Er starb für uns, unsre Liebe sein Lohn.
      John Maynard."

III. Die „Schwalbe" fliegt über den Eriesee,
  Gischt schäumt um den Bug wie Flocken
10   von Schnee;
  Von Detroit fliegt sie nach Buffalo –
  Die Herzen aber sind frei und froh,
  Und die Passagiere mit Kindern und Fraun
  Im Dämmerlicht schon das Ufer schaun,
15 Und plaudernd an John Maynard heran
  Tritt alles: „Wie weit noch, Steuermann?"
  Der schaut nach vorn und schaut in die Rund:
  „Noch dreißig Minuten ... halbe Stund."

IV. Alle Herzen sind froh, alle Herzen sind frei –
20 Da klingt's aus dem Schiffsraum her wie Schrei,
  „Feuer!" war es, was da klang,
  Ein Qualm aus Kajüt und Luke drang,
  Ein Qualm, dann Flammen lichterloh,
  Und noch zwanzig Minuten bis Buffalo.

V. Und die Passagiere, buntgemengt,
  Am Bugspriet stehn sie zusammengedrängt,
  Am Bugspriet vorn ist noch Luft und Licht,
  Am Steuer aber lagert sich's dicht,
  Und ein Jammern wird laut: „Wo sind wir? Wo?"
30 Und noch fünfzehn Minuten bis Buffalo. –

VI. Der Zugwind wächst, doch die Qualmwolke
      steht,
  Der Kapitän nach dem Steuer späht,
  Er sieht nicht mehr seinen Steuermann,
35 Aber durchs Sprachrohr fragt er an:
  „Noch da, John Maynard?"
      „Ja, Herr. Ich bin."
  „Auf den Strand! In die Brandung!"
      „Ich halte drauf hin."
40 Und das Schiffvolk jubelt: „Halt aus! Hallo!"
  Und noch zehn Minuten bis Buffalo. –

VII. „Noch da, John Maynard?" Und Antwort schallt's
  Mit ersterbender Stimme: „Ja, Herr, ich halt's!"
  Und in die Brandung, was Klippe, was Stein,
45 Jagt er die „Schwalbe" mitten hinein.
  Soll Rettung kommen, so kommt sie nur so.
  Rettung: der Strand von Buffalo!

VIII. Das Schiff geborsten. Das Feuer verschwelt.
  Gerettet alle. Nur einer fehlt.

IX. Alle Glocken gehn; ihre Töne schwell'n
  Himmelan aus Kirchen und Kapell'n,
  Ein Klingen und Läuten, sonst schweigt die Stadt,
  Ein Dienst nur, den sie heute hat:
  Zehntausend folgen oder mehr,
55 Und kein Aug im Zuge, das tränenleer.

X. Sie lassen den Sarg in Blumen hinab,
  Mit Blumen schließen sie das Grab,
  Und mit goldner Schrift in den Mamorstein
  Schreibt die Stadt ihren Dankspruch ein:
60 „Hier ruht John Maynard! In Qualm und Brand
  Hielt er das Steuer fest in der Hand,
  Er hat uns gerettet, er trägt die Kron,
  Er starb für uns, unsre Liebe sein Lohn.
  John Maynard!"

2 a Formuliere nach dem ersten Lesen deinen Eindruck von der Ballade „John Maynard".
  b Was eignet sich deiner Meinung nach zur Umsetzung in einen Film? Begründe.
  c Diskutiert: Handelt es sich bei „John Maynard" um eine typische Ballade?

3 Du weißt, wie spannende Geschichten aufgebaut sein müssen. Leite daraus Regeln für das Schreiben eines Drehbuchs ab:
- Häufig hat eine Filmhandlung drei Teile:
  1. die **Exposition**, das ist die Einleitung, in der das Thema, die Figuren und die Handlungsorte vorgestellt werden,
  2. den Mittel- oder **Hauptteil**, in dem ■,
  3. einen **Schluss**, der ■.
- Die Handlung ■
- Eine Szene muss ■

4 Um zu überprüfen, wie man aus der Ballade eine Filmgeschichte machen kann, gehe in folgenden Arbeitsschritten vor:
   a Fasse den Inhalt der einzelnen Strophen jeweils mit einem Satz zusammen.
   b Zeichne den Spannungsbogen der Ballade.
   c Halte fest, in welcher Zeit die einzelnen Teile des Textes jeweils spielen.

5 a Welche Funktion haben die Strophe I sowie die Strophen VIII bis X?
   b Gestalte ein Schaubild, das zeigt, wie die Ballade aufgebaut ist, d.h. welche Struktur sie hat.

Zeitangaben → S. 159f.

6 Um entscheiden zu können, wie ihr den Spannungsbogen der Ballade im Drehbuch umsetzen könnt, müsst ihr die Gestaltung der Ballade noch genauer untersuchen. Mit welchen Mitteln baut Fontane Spannung auf?
   a Welche Rolle spielen die Zeitangaben?
   b Inwiefern passt sich die Sprache der jeweiligen Situation an? Untersuche den Satzbau.
   c Das Adverb „noch" wird häufig verwendet. Lies die Sätze, in denen das Adverb vorkommt, laut und gib den Adverbien die jeweils sinngemäß passende Betonung. Beschreibe und begründe deine Lesart.

7 Untersuche das Versmaß (Metrum) der Ballade exemplarisch anhand der Strophe III. Schreibe die Verse ab und setze dabei jede Silbe in eine Zelle einer Tabelle. Wie ist der Schüler im Beispiel vorgegangen?

Und	die	Pas-	sa-	gie-	re,		bunt	ge-		mengt,
x	x	x́	x	x́	x		x́	x		x́
Am		Bug-	spriet	stehn	sie	zu-	sam-	men-	ge-	drängt,
x		x́	x	x́	x	x	x́	x	x	x́

Versmaß (Metrum)

Um das **Metrum** bestimmen zu können, untersucht man die Anzahl der **Hebungen**, also der betonten Silben, und die Verteilung der Senkungssilben in den Versen des Gedichts.
Ist diese Verteilung regelmäßig, spricht man davon, dass ein Versmaß (lat. *metrum* – Maß) eingehalten ist.
Ein Vers kann aus einer unterschiedlichen Anzahl von **Takten** (man sagt auch: Versfüße) bestehen.
Ein Takt enthält immer nur eine einzige Hebung.
Für die unterschiedlichen Taktarten werden Begriffe aus der Antike verwendet:
- Jambus   x x́   – unbetont, betont: z. B. ge**nau**
- Trochäus   x́ x   – betont, unbetont: z. B. **Wa**sser
- Anapäst   x x x́   – unbetont, unbetont, betont: z. B. Ana**päst**, lichter**loh**
- Daktylus   x́ x x   – betont, unbetont, unbetont: z. B. **Dak**tylus, **Bu**ffalo

Eine einzelne unbetonte Silbe am Versanfang wird als **Auftakt** bezeichnet.

8 a Die meisten Verse der dritten Strophe enthalten vier Hebungen. Suche den Vers heraus, der nur drei Hebungen enthält.
  b Welche inhaltliche Bedeutung wird durch die dadurch entstehende Pause hervorgehoben oder „verdichtet"?
  c Überprüfe die metrische Gestaltung der anderen Strophen. Wann verwendet Fontane rein jambische Verse, also Verse, die nur aus Jamben (Sg. Jambus) bestehen?

Wer ist John Maynard? – Rollen, Handlungsstränge, Szenen

9 Durch die Ballade ist der Stoff bereits vorstrukturiert. Es bleiben jedoch Leerstellen, die für ein Drehbuch gefüllt werden müssen.

Welche Figuren spielen die Hauptrolle(n)?
Die Rollen von Kapitän und Steuermann können unterschiedlich ausgestaltet werden:
- Der Kapitän beherrscht die erste Szene auf dem Schiff, er begrüßt alle Gäste, ist derjenige, der auf Fragen antwortet usw.
- Schon in der ersten Szene steht der Steuermann im Vordergrund, der Kapitän tritt noch nicht auf, die Fragen der Passagiere beantwortet der Steuermann.

  a Welcher Fassung gibst du den Vorzug? Begründe.

literarische Figuren → S. 105ff.

Wie soll die Exposition des Films ausgestaltet werden?
Vorschlag: Eine Familie mit zwei Kindern befindet sich im Urlaub. Sie besichtigen einen Friedhof, auf dem ein Dichter, den die Mutter sehr schätzt, begraben ist. Sie suchen das Grab des Dichters. Die Kinder langweilen sich. Sie entfernen sich von den Eltern und entdecken einen Grabstein mit dem Namen „John Maynard". Die Frage: „Wer ist John Maynard?" schließt die erste Szene.

b Diskutiert in der Klasse, ob der Vorschlag die Funktion einer Exposition erfüllt.
c Entwerft einen eigenen Vorschlag.

Wie könnte eine Nebenhandlung aussehen?

d Wie viele Figuren sollen mitspielen?
e Welche Figurengruppen sollen auftreten? Notiert ihre „Geschichte" in einer kurzen **Rollenbiografie**, z. B.
- drei Geschäftsleute (ca. 36, 45 und 50 Jahre alt), sie feiern auf dem Schiff einen Geschäftsabschluss, sind lustig, prosten sich zu
- Familie mit Kindern (Junge von 5 Jahren, Mädchen von 8 Jahren), Ausflug, Mutter sonnt sich im Liegestuhl, Kinder toben, Vater liest

Szene

Eine **Szene** ist ein **in sich geschlossener Abschnitt** in einem Theaterstück oder in einem Film. Der Beginn einer neuen Szene ist oft dadurch gekennzeichnet, dass eine Figur hinzukommt oder dass eine Figur den Ort der Handlung verlässt. Auch ein Ortswechsel kann Ende bzw. Beginn einer Szene kennzeichnen.

Man kann die Szene mit einem **Handlungsschritt einer Erzählung** vergleichen. Eine Szene muss entweder die **Haupthandlung** oder eine der **Nebenhandlungen** voranbringen.

„Wie weit noch, Steuermann?" – Dialoge und Regieanweisungen

Text 5

10 a Was stimmt hier nicht?
b Überarbeite den Dialog, sodass das, was die Figuren sagen und tun, zu dem passt, was geschieht.

11 Überprüft, welche sprachlichen Mittel aus der Ballade ihr in eure Dialoge übernehmen könnt. Nutzt eure Arbeitsergebnisse aus Aufgabe 6 (S. 220). Sollte z. B. das Adverb „noch" eine Rolle spielen?

12 Überprüft auch, welche Hinweise euch die Untersuchung der Balladengestalt für die Formulierung der **Regieanweisungen** gibt.

Dialoge und Regieanweisungen

Bei **Dialogen** gilt: Man muss sich überlegen, was die Situation und die Figuren für ein Gespräch hergeben und was die Situation von den Figuren fordert (z. B. wie sie sich bewegen oder wie sie sprechen müssen), wenn die Dialoge **glaubwürdig** sein sollen.
Vieles wird durch Gestik, Mimik, Körperhaltung und manchmal durch Schweigen gesagt. Das muss in den **Regieanweisungen** festgeschrieben werden.
Die Regieanweisungen gehören nicht zum so genannten Haupttext, also zu dem Text, den die Figuren sprechen und den das Publikum hört. Da sie aber oft Entscheidendes für die **Handlung** enthalten, also ein wichtiger Teil des Gesamttextes sind, spricht man in ihrem Fall von **Nebentext**.

Gischt schäumt um den Bug – Filmische Mittel

Festlegung der Drehorte

13 Um den Aufwand so gering wie möglich zu halten, denkt über möglichst einfache Lösungen nach. Überlegt, wie die Atmosphäre zum Beispiel im Klassenzimmer oder auf der Bühne in der Aula hergestellt werden kann.

Festlegung der Kameraeinstellungen

Detail	groß	nah	halbnah (amerikanisch)

normal	halbtotal	total	weit
		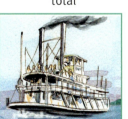	

14 a Beschreibe möglichst genau die Wirkung der einzelnen Kameraeinstellungen.
   b Legt fest, welche Kameraeinstellungen ihr wann verwenden wollt.
   c Stellt euch vor, ihr entscheidet, die Zeitangaben der Ballade zur Spannungssteigerung zu nutzen, indem ihr an verschiedenen Stellen eures Films eine Uhr einblendet. Welche Kameraeinstellung für die Uhr wählt ihr? Begründet.

Kostüme und Kulissen

15 a Stimmt die Kostüme aufeinander ab. Legt dazu fest, in welcher Zeit euer Film spielen soll.
   b Besprecht, mit welchen Requisiten ihr den Spielort andeuten wollt.

Das war doch ganz anders! – Das Drehbuch

Text 6 John Maynard – der Film

Szene 1	Ort: Museum Fontane-Haus			
Figur(en)	Regieanweisungen	Text	Kamera/Ton	Requisiten/Kostüme
Schulklasse, Lehrer, Museumsführer	Halbkreis um den Museumsführer, er zeigt auf ein Gemälde 3 Schüler streiten, einer isst heimlich ein Butterbrot und krümelt, mehrere reden leise, einer guckt aus dem Fenster	Gemurmel, nicht deutlich zu verstehen	zunächst weit Zoom halbnah	■
Museumsführer	bedeutungsvoll vortragend	„Am 9.8.1841 fing das Passagierschiff „Erie" auf dem Eriesee Feuer. Der Kapitän befahl dem Steuermann Luther Fuller, das Schiff auf Land zu setzen. Aber bevor er die Küste erreichen konnte, brannte die Steueranlage durch, und 249 Passagiere kamen ums Leben. Der Steuermann verließ mit schweren Verbrennungen als letzter das Schiff, überlebte und starb 1900 als Trinker in einem Armenhaus unter dem angenommenen Namen James Rafferty."	zoomen: nah auf Gemälde halbnah auf Museumsführer	uniformiert gekleidet
Peter und Anne	gleichzeitig, protestierend	Das war doch ganz anders! So war das nicht!	halbnah	

16 a Verfasst euer eigenes Drehbuch für eure „John Maynard"-Verfilmung.
   b Überlegt euch einen treffenden Titel für euren Film.
   c Gestaltet ein Plakat, mit dem ihr für euren Film werben könnt.

3. Eine ausweglose Situation? – Sprachliche Bilder

Otto Ernst
Nis Randers

Text 7

Krachen und Heulen und berstende Nacht,
Dunkel und Flammen in rasender Jagd –
Ein Schrei durch die Brandung!

Und brennt der Himmel, so sieht man's gut.
5 Ein Wrack auf der Sandbank! Noch wiegt es die Flut;
Gleich holt sich's der Abgrund.

Nis Randers lugt – und ohne Hast
Spricht er: „Da hängt noch ein Mann im Mast;
Wir müssen ihn holen."

10 Da fasst ihn die Mutter: „Du steigst mir nicht ein!
Dich will ich behalten, du bliebst mir allein,
Ich will's, deine Mutter!

Dein Vater ging unter und Momme, mein Sohn;
Drei Jahre verschollen ist Uwe schon,
15 Mein Uwe, mein Uwe!"

Nis tritt auf die Brücke. Die Mutter ihm nach!
Er weist nach dem Wrack und spricht gemach:
„Und seine Mutter?"

---

1 a Schreibe auf, was dir beim ersten Lesen durch den Kopf geht.
   b Welche Fragen hast du an den Text? Notiere auch diese.
   c Fasse anschließend kurz zusammen, worum es in diesem Balladen-Anfang geht.

Fragen an Texte stellen → S. 231f.

2 Diskutiert in der Klasse, ob Nis Randers sein Leben riskieren sollte oder nicht.

diskutieren → S. 48–62

3 a Um sich die Situation besser vorstellen zu können, ist es notwendig, sich in die handelnden Figuren hineinzuversetzen. Probiert das im Rollenspiel aus. Geht dazu arbeitsteilig vor. Eine Hälfte der Klasse versetzt sich in die Mutter, die andere Hälfte in die Situation des Schiffbrüchigen.
   b Besprecht nun in einem Blitzlichtverfahren, was ihr erlebt habt. Wie hat sich „Nis" gefühlt, wie hätten sich die anderen in seiner Situation gefühlt? Was glaubt ihr, wie Nis sich entscheidet? Begründet eure Einschätzung.

4 a Erkläre, inwiefern Nis sich in einer Zwickmühle bzw. in einer **Dilemma**-Situation befindet.
   b Schreibe nun aus der Perspektive von Nis auf, was du der Mutter sagst, um zu begründen, dass du gehst.   **Dilemma** → S. 58

5 Schreibe die Ballade mit mindestens drei Strophen weiter und beachte dabei die formalen Kriterien der ersten sechs Strophen:
- die Verszahl pro Strophe,
- die ungefähre Verslänge,
- die Reimordnung,
- das Tempus.

Rollenspiel zu „Nis Randers"

- Jeder schreibt für sich aus der Sicht der Figur einen oder mehrere Sätze auf eine Karte, die er Nis in der geschilderten Situation zurufen würde.
- Eine Schülerin oder ein Schüler übernimmt die Rolle von Nis Randers.
- Die übrigen Schüler stellen sich nun alle um „Nis" herum.
- Nacheinander tritt im Wechsel eine Schülerin oder ein Schüler auf „Nis" zu, äußert ihren oder seinen Beitrag laut und möglichst sinnbetont und wirft „Nis" dann die Karte vor die Füße.
- Alle bleiben an ihrem neuen Platz stehen, bis sich auf diese Weise alle „Nis" angenähert haben. Vielleicht gelingt es, dass nach den ca. ersten zehn Beiträgen die Zurufer in steigernder Geschwindigkeit sprechen und die letzten fast gleichzeitig rufen.
- Zum Schluss wird das Bild „eingefroren".

„Mit feurigen Geißeln peitscht das Meer" – Sprachliche Bilder im „Kopfkino"

Otto Ernst

Text 8 **Nis Randers (Fortsetzung)**

Nun springt er ins Boot und mit ihm noch sechs:
20 Hohes, hartes Friesengewächs;
Schon sausen die Ruder.

Boot oben, Boot unten, ein Höllentanz!
Nun muss es zerschmettern…! Nein, es blieb ganz!
Wie lange? Wie lange?

25 Mit feurigen Geißeln peitscht das Meer
Die menschenfressenden Rosse daher;
Sie schnauben und schäumen.

Wie hechelnde Hast sie zusammenzwingt!
30 Eins auf den Nacken des anderen springt
Mit stampfenden Hufen!

Drei Wetter zusammen! Nun brennt die Welt!
Was da? – Ein Boot, das landwärts hält –
Sie sind es! Sie kommen!

35 Und Auge und Ohr ins Dunkel gespannt …
Still – ruft da nicht einer? – Er schreit's durch
die Hand: „Sagt Mutter, 's ist Uwe!"

6 a Vergleiche deine Balladenfortsetzung (Aufgabe 5, S. 223) mit der von Otto Ernst. Worin ähneln sie sich, worin unterscheiden sie sich?
b Wie gefällt dir der Originalschluss der Ballade (Text 8)?

7 Schreibe als Reporter für die örtliche Zeitung einen Bericht über die Geschichte von Nis Randers.
Erinnere dich vorher, was die **Merkmale eines guten Berichts** sind:
- Ein Bericht beantwortet die W-Fragen.
- In der Einleitung ■
- Der Stil eines Berichts ist ■
- Besonders wichtig ist, dass ■
- Tempus: ■

berichten → S. 27–32

8 Ihr habt im Rollenspiel zur Dilemma-Situation von Nis Randers schon Sprecherfahrungen gesammelt. Nutze diese, um die gesamte Ballade lebendig vortragen zu können. Untersuche für den Vortrag die Sprachgestalt der Ballade:
a Was fällt dir an folgenden **Sätzen** auf? Warum werden sie verwendet?
- „Boot oben, Boot unten, ein Höllentanz!" (V. 22)
- „Nun muss es zerschmettern …! Nein, es blieb ganz!" (V. 23)
- „Wie lange? Wie lange?" (V. 24)

Zitieren

Wenn du eine Textstelle deuten willst, solltest du mitteilen, auf welchen Vers du dich bezieht. Dazu verwendest du ein Zitat, d. h. du gibst die Textstelle im Anschluss an die Deutung wörtlich wieder.
- Der Textbeleg muss durch **Anführungsstriche** „xxx" gekennzeichnet werden.
- Ist das Zitat ein vollständiger Satz, werden die Anführungsstriche hinter das Satzschlusszeichen gesetzt.
- Wenn das Zitat wörtliche Rede enthält, setze halbe Anführungsstriche um die wörtliche Rede „ ‚xx' ".
- Damit man das Zitat im Originaltext wiederfinden kann, gibst du die Stelle im Text in Klammern an und setzt diese Information hinter das Zitat. (Vers xx)

b Wähle weitere Textbelege für deine Deutung aus.
c Wie sollten diese Sätze deiner Deutung entsprechend gesprochen werden? Übertrage das Gedicht in dein Heft oder auf ein Extrablatt und markiere, wie du es sprechen willst.

9 a Welche **Vokale** dominieren die erste Strophe? Wie wirkt das auf dich? Lies diese sinntragenden Vokale verstärkt betont.
b Lies die Ballade noch einmal laut und achte auf die Verwendung von **s- und Zischlauten**. Wo kommen sie gehäuft vor? Welcher Eindruck wird dadurch lebendig? Auch diesen Effekt kannst du beim Vortrag nutzen.
c Mit welchen **stilistischen Mitteln** arbeitet der Autor in Strophe 9 und 10?

lange und kurze Vokale
→ S. 175ff.

10 Worin unterscheiden sich die hervorgehobenen Wörter in den beiden Spalten? Welche unterschiedliche Wirkung kannst du erkennen?

„**berstende** Nacht"
„**rasender** Jagd"
„Die **menschenfressenden** Rosse"   „**Hohes, hartes** Friesengewächs"
„**hechelnde** Hast"   „Mit **feurigen** Geißeln"
„**stampfenden** Hufen"

Partizip I (Partizip Präsens)

Das **Partizip I** oder auch **Partizip Präsens** eines Verbs wird gebildet, indem man an den Infinitiv ein *-d* anhängt.
Das Partizip gehört zu den **infiniten Verbformen** (*infinit* = unbestimmt, nicht bestimmt nach Person und Zahl) und kann **adjektivisch gebraucht** werden.

11 Welchen Wortarten sind die hervorgehobenen Wörter also zuzuordnen?

12 a Ergänze die Regel aufgrund der Erkenntnisse, die du aus der Anwendung der Partizipien in dieser Ballade gewonnen hast. Was drücken die adjektivisch gebrauchten Partizipien hier aus?
b Welches sprachliche Bild liegt in diesen Wörtern vor? Erkläre.

13 Versuche nun, die sprachlichen Bilder, die dir besonders eindrucksvoll erscheinen, in Bänkeltafeln für einen Balladenvortrag umzusetzen.

4. Die Bürgschaft – Gestaltendes Interpretieren und Inhaltsangabe

Ein treuer Freund – Annäherung an Schillers Ballade

1 Notiere, was dir spontan zu dieser Medaille einfällt, z. B. in Form eines Clusters.

2 Arbeitet in Gruppen: Tauscht euch zu dritt über eure Gedanken aus.

3 Einigt euch in euren Gruppen auf eine Aussage, die euch zu dem Thema wichtig ist, und stellt sie in einer gemeinsamen Collage dar.

4 a Stellt euch gegenseitig eure Collagen vor. Lasst die Mitschülerinnen und Mitschüler zuerst beschreiben, was sie sehen, bevor sie eure Collage deuten.
  b Besprecht dann, inwiefern die anderen euer Bild so wahrgenommen haben, wie ihr es beabsichtigt habt, oder wann und wo die Wahrnehmung anders war.

5 Die Collagen-Galerie könnt ihr im weiteren Verlauf des Unterrichts nutzen.

6 Antworten die Collagen auf folgende Fragen oder werfen sie andere Fragen auf?
  • Wie wichtig ist Treue in einer Freundschaft?
  • Wann wird sie wichtig?
  • Gehört auch Mut dazu?
  • Wovon hängt Treue ab?
  • ■ ?

Friedrich Schiller
Die Bürgschaft

Text 9

Zu Dionys, dem Tyrannen, schlich
Damon, den Dolch im Gewande;
Ihn schlugen die Häscher in Bande.
„Was wolltest du mit dem Dolche, sprich!"
5 Entgegnet ihm finster der Wüterich:
„Die Stadt vom Tyrannen befreien!"
„Das sollst du am Kreuze bereuen."

„Ich bin", spricht jener, „zu sterben bereit
Und bitte nicht um mein Leben,
10 Doch willst du Gnade mir geben,
Ich flehe dich um drei Tage Zeit,
Bis ich die Schwester dem Gatten gefreit,
Ich lasse den Freund dir als Bürgen,
Ihn magst du, entrinn ich, erwürgen."

15 Da lächelt der König mit arger List
Und spricht nach kurzem Bedenken:
„Drei Tage will ich dir schenken.
Doch wisse! Wenn sie verstrichen, die Frist,
Eh' du zurück mir gegeben bist,
20 So muss er statt deiner erblassen,
Doch dir ist die Strafe erlassen."

Und er kommt zum Freunde: „Der König gebeut,
Dass ich am Kreuz mit dem Leben
Bezahle das frevelnde Streben,
25 Doch will er mir gönnen drei Tage Zeit,
Bis ich die Schwester dem Gatten gefreit,
So bleib du dem König zum Pfande,
Bis ich komme, zu lösen die Bande."

Und schweigend umarmt ihn der treue Freund
30 Und liefert sich aus dem Tyrannen,
Der andere ziehet von dannen.
Und ehe das dritte Morgenrot scheint,
Hat er schnell mit dem Gatten die Schwester vereint,
Eilt heim mit sorgender Seele,
35 Damit er die Frist nicht verfehle.

Da gießt unendlicher Regen herab,
Von den Bergen stürzen die Quellen,
Und die Bäche, die Ströme schwellen.
Und er kommt ans Ufer mit wanderndem Stab,
40 Da reißet die Brücke der Strudel hinab,
Und donnernd sprengen die Wogen
Des Gewölbes krachenden Bogen.

Und trostlos irrt er an Ufers Rand,
Wie weit er auch spähet und blicket
45 Und die Stimme, die rufende, schicket,
Da stößet kein Nachen vom sichern Strand,
Der ihn setze an das gewünschte Land,
Kein Schiffer lenket die Fähre,
Und der wilde Strom wird zum Meere.

50 Da sinkt er ans Ufer und weint und fleht,
Die Hände zum Zeus erhoben:
„O hemme des Stromes Toben!
Es eilen die Stunden, im Mittag steht
Die Sonne, und wenn sie niedergeht
55 Und ich kann die Stadt nicht erreichen,
So muss der Freund mir erbleichen."

Doch wachsend erneut sich des Stromes Wut,
Und Welle auf Welle zerrinnet,
Und Stunde an Stunde entrinnet.
60 Da treibt ihn die Angst, da fasst er sich Mut
Und wirft sich hinein in die brausende Flut
Und teilt mit gewaltigen Armen
Den Strom und ein Gott hat Erbarmen.

Und gewinnt das Ufer und eilet fort
65 Und danket dem rettenden Gotte,
Da stürzet die raubende Rotte
Hervor aus des Waldes nächtlichem Ort,
Den Pfad ihm sperrend, und schnaubet Mord
Und hemmet des Wanderers Eile
70 Mit drohend geschwungener Keule.

„Was wollt ihr?", ruft er für Schrecken bleich,
„Ich habe nichts als mein Leben,
Das muss ich dem Könige geben!"
Und entreißt die Keule dem nächsten gleich:
75 „Um des Freundes willen erbarmet euch!"
Und drei mit gewaltigen Streichen
Erlegt er, die andern entweichen.

Und die Sonne versendet glühenden Brand,
Und von der unendlichen Mühe
80 Ermattet sinken die Kniee.
„O hast du mich gnädig aus Räubershand,
Aus dem Strom mich gerettet ans heilige Land,
Und soll hier verschmachtend verderben,
Und der Freund mir, der liebende, sterben!"

85 Und horch! da sprudelt es silberhell,
Ganz nahe, wie rieselndes Rauschen
Und stille hält er zu lauschen,
Und sieh, aus dem Felsen, geschwätzig, schnell,
Springt murmelnd hervor ein lebendiger Quell,
90 Und freudig bückt er sich nieder
Und erfrischet die brennenden Glieder.

Und die Sonne blickt durch der Zweige Grün
Und malt auf den glänzenden Matten
Der Bäume gigantische Schatten;
95 Und zwei Wanderer sieht er die Straße ziehn,
Will eilenden Laufes vorüberfliehn,
Da hört er die Worte sie sagen:
„Jetzt wird er ans Kreuz geschlagen."

Und die Angst beflügelt den eilenden Fuß,
100 Ihn jagen der Sorge Qualen,
Da schimmern in Abendrots Strahlen
Von ferne die Zinnen von Syrakus,
Und entgegen kommt ihm Philostratus,
Des Hauses redlicher Hüter,
105 Der erkennet entsetzt den Gebieter:

„Zurück! du rettest den Freund nicht mehr,
So rette das eigene Leben!
Den Tod erleidet er eben."
Von Stunde zu Stunde gewartet' er
110 Mit hoffender Seele der Wiederkehr,
Ihm konnte den mutigen Glauben
Der Hohn des Tyrannen nicht rauben."

„Und ist es zu spät und kann ich ihm nicht
Ein Retter willkommen erscheinen,
115 So soll mich der Tod ihm vereinen.
Des rühme der blutge Tyrann sich nicht,
Dass der Freund dem Freunde gebrochen die Pflicht,
Er schlachte der Opfer zweie
Und glaube an Liebe und Treue."

120 Und die Sonne geht unter, da steht er am Tor
Und sieht das Kreuz schon erhöhet,
Das die Menge gaffend umstehet,
An dem Seile schon zieht man den Freund empor,
Da zertrennt er gewaltig den dichten Chor:
125 „Mich, Henker", ruft er, „erwürget!
Da bin ich, für den er gebürget!"

Und Erstaunen ergreift das Volk umher,
In den Armen liegen sich beide
Und weinen vor Schmerzen und Freude.
130 Da sieht man kein Auge tränenleer,
Und zum Könige bringt man die Wundermär,
Der fühlt ein menschliches Rühren,
Lässt schnell vor den Thron sie führen.

Und blicket sie lange verwundert an.
135 Drauf spricht er: „Es ist euch gelungen,
Ihr habt das Herz mir bezwungen,
Und die Treue, sie ist doch kein leerer Wahn,
So nehmet auch mich zum Genossen an
Ich sei, gewährt mir die Bitte,
140 In eurem Bunde der Dritte."

7 Schreibe deine ersten Leseeindrücke auf.
   a Welche Fragen hast du an den Text? Schreibe deine Fragen oder auch Bemerkungen auf ein Blatt und stecke es in einen Briefumschlag.
   b Sammelt die Umschläge aller Mitschülerinnen und Mitschüler ein. Am Schluss der Unterrichtseinheit werden sie geöffnet und ihr könnt überprüfen, ob eure Fragen beantwortet worden sind oder ob es noch offene Fragen gibt.

> Warum hat der Freund für Damon gebürgt?

> Wie kann Damon fast verdursten, wenn er eben noch einer Überschwemmung entkommen ist?

> Was hat der Tyrann Schlimmes getan?

> Woher wussten die Häscher, dass Damon mit dem Dolch unterwegs war?

Und zum Könige bringt man die Wundermär – Schritte einer Inhaltsangabe

Worum geht es denn eigentlich?

8 a Welcher der drei Sätze scheint dir der treffendste zu sein? Begründe deine Meinung und belege sie durch Zitate aus der Ballade.
  - *In der Ballade geht es um zwei Freunde, die treu zueinander stehen.*
  - *In der Ballade geht es um Freundschaft und ein gegebenes Versprechen, die dem Helden wichtiger sind als das eigene Leben.*
  - *In der Ballade geht es um einen Tyrannen, der die Treue des Helden zu seinem Freund auf die Probe stellt.*

  b Formuliere in einem Satz, worum es in „Die Bürgschaft" geht.

Inhaltsangabe – erster Lesedurchgang

Wenn man sich vergewissern will, worum es in einem Text geht, ist es wichtig, den Textinhalt genau zu erfassen.
Den ersten Schritt habt ihr schon getan, indem ihr eure ersten Leseeindrücke formuliert und Fragen an den Text gestellt habt.

	Welcher Arbeitsschritt?	Warum?	Mit welchen Methoden?
1	erstes Lesen	Text kennenlernen, erste Leseeindrücke gewinnen	bekannte Lesemethoden, Aufschreiben erster Leseeindrücke, Thema formulieren

Das verstehe ich nicht!

fremde Wörter entschlüsseln → S. 271

Ihn schlugen die Häscher in Bande. *(Strophe I, V. 3)*

9 Kläre unbekannte Wörter.
  a Versuche, sie aus dem **Textzusammenhang** (= Kontext) zu erschließen.
  Beispiel:
  Wenn der Tyrann Damon danach fragt, was er mit dem Dolche gewollt habe, muss er festgenommen worden sein. Also sind die *Häscher* seine Soldaten oder seine Leibwache, und *in Bande schlagen* heißt *festnehmen, fesseln* (vergleiche: *binden, Band*).
  b Wenn es dir nicht gelingt, schlage in einem **Wörterbuch** nach.

Hartherzigkeit 152

Hartherzigkeit; das **Hartholz,** die …hölzer; **hartlöten; hartnäckig** (beharrlich, stur); die **Hartnäckigkeit**
Harz, das: -es, -e (klebrige Absonderung von Nadelbäumen); **harzen** (Harz absondern); **harzig**
Ha·sar·deur franz. [haßardör], der: -s, -e (Glücksspieler); die **Hasardeurin,** die Hasardeurinnen; das **Hasardspiel** (Glücksspiel)
Ha·schee franz., das: -s, -s (fein gehacktes Fleisch)
ha·schen: (fangen, jagen); das **Haschen:** Haschen spielen; der **Häscher** (Verfolger, Gerichtsdiener)

Torerfolg hintereinander in einer Halbzeit durch denselben Spieler beim Fußball)
Hau·be, die: -, -n (Kopfbedeckung für Frauen); *unter die Haube kommen* (geheiratet werden); das **Häubchen;** die **Haubenlerche**
Hau·bit·ze tschech., die: -, -n (Geschütz)
Hauch, der: -(e)s, -e; ein sanfter Hauch (Luftzug) – der Hauch (die Andeutung) eines Lächelns; **hauchdünn; hauchen; hauchfein; hauchzart**
hau·en: du haust, er haute/hieb, sie hat gehauen, hau(e)!; einen Jungen hauen (prügeln) – Holz hauen (Bäume fällen) – einen Nagel in die Wand hauen (schlagen) – je-

G

10 Lies die Ballade noch einmal. Fasse mithilfe von **W-Fragen** den Kern des Geschehens mit eigenen Worten zusammen.
- **Was** ist wichtig, was ist unwichtig?
- **Wer** sind die handelnden Figuren?
- **Wo** spielt die Handlung?
- **Wann** spielt die Handlung?
- **Was** löst die Handlung aus?
- **Worin** besteht das Problem?
- **Wie** endet die Ballade?

Inhaltsangabe – zweiter Lesedurchgang

	Welcher Arbeitsschritt?	Warum?	Mit welchen Methoden?
2	zweites gründliches Lesen	Vorstellung von Kernaussagen gewinnen: Was ist wichtig?	unbekannte Wörter klären, W-Fragen stellen und wichtige Textstellen notieren

11 a Gliedere die Ballade in ihre Handlungsschritte (Strophen- und Versangaben).
b Welche Sinnabschnitte bezeichnen die folgenden Überschriften? Mache Strophen- und Versangaben.

Was gehört zusammen?

- Heftige Regenfälle zerstören die Brücke
- Der Strom schwillt noch mehr an
- Er irrt am Ufer umher
- Kein Boot zum Übersetzen ist in Sicht.
- Gott hat Erbarmen
- Gebet um Hilfe in Gedanken an Freund
- Immer mehr Zeit vergeht
- Sturz in die Fluten, Überqueren gelingt

c Bringe die Überschriften in deinem Heft in die richtige Reihenfolge.

12 a Überprüfe, ob alle diese Überschriften wichtig sind, um den gesamten Textabschnitt zusammenzufassen.
b Streiche die Überschriften, die du für unwichtig hältst, in deinem Heft durch.
c Formuliere Überschriften für die Sinnabschnitte der Ballade, die eventuell fehlen.

	Welcher Arbeitsschritt?	Warum?	Mit welchen Methoden?
3	Text gliedern, in Sinnabschnitte einteilen	Aufbau des Textes erkennen	Handlungsschritte festlegen, Teilüberschriften formulieren

Figuren-, Orts- und Themenwechsel sind häufig Signale für einen Abschnittwechsel.

13 Welcher der folgenden drei Sätze scheint dir für die Inhaltsangabe des Sinnabschnittes V. 36–63 geeignet? Begründe.
- *Ein großes Unwetter bricht aus, das die Flussüberquerung unmöglich macht. Nachdem er diese Strapaze hinter sich hat, ...*
- *Ein großes Unwetter zerstört die Brücke über den Fluss. Es gelingt ihm jedoch, den Fluss zu durchschwimmen.*
- *Aus Sorge um den Freund überwindet er mutig einen reißenden Fluss.*

	Welcher Arbeitsschritt?	Warum?	Mit welchen Methoden?
4	Zusammenfassung der Sinnabschnitte	Handlungsschritte vollständig und genau wiedergeben	über Schlüsselbegriffe und Teilüberschriften zu einem eigenen Text kommen

Er sagt, er wolle – Indirekte Rede im Konjunktiv I

Wie drücke ich das aus?

14 a *Der König bietet den beiden seine Freundschaft an.*
Beschreibe, auf welche Weise die Rede des Königs wiedergegeben worden ist. Welche der folgenden Bezeichnungen trifft am besten?
- wörtliches Zitat
- *dass*-Satz
- Zusammenfassung des Gesagten mit eigenen Worten
- Wiedergabe des Gesagten in indirekter Rede

b Ordne die Formulierungen aus dem Wortspeicher den vier genannten Möglichkeiten, direkte Rede wiederzugeben, zu.

> *Er sagte, dass er die Stadt vom Tyrannen befreien wollte. / Er sei, gab er an, zu sterben bereit. / Sein einziger Wunsch war, vorher noch seine Schwester mit ihrem zukünftigen Ehemann zusammenführen zu dürfen. / Und er kommt zum Freunde: „So bleib du dem König zum Pfande."*

15 In welchem der beiden folgenden Sätze wird besonders deutlich, dass das Geschehen nur indirekt wiedergegeben wird? Begründe.
- Der König sagt: „Ich will euer Freund sein."
- Der König sagt, er wolle ihr Freund sein.

16 Betrachte die folgende Tabelle genau und formuliere deine Beobachtungen zur Wiedergabe der direkten Rede als **indirekte Rede** im **Konjunktiv I**.

direkte (wörtliche) Rede	Infinitiv	indirekte Rede (Konjunktiv I)
Ich freue mich über die Quelle.	(sich) freuen	Er freu-e sich ...
Ich will euer Freund sein.	wollen	Er woll-e ihr Freund sein.
Ich habe nichts als mein Leben.	haben	Er hab-e nichts als sein Leben.
Es ist euch gelungen ...	sein	Es sei ihnen gelungen ...

Pronomen → S. 111 **17** Vergleiche die Pronomen der direkten (wörtlichen) Rede mit denen der indirekten Rede. Was ändert sich?

Konjunktiv I

Es gibt drei **Aussageweisen des Verbs**: den Indikativ (die so genannte Wirklichkeitsform), den Konjunktiv und den Imperativ (die Befehls- oder Aufforderungsform). Man nennt diese Aussageweisen auch die **Modi** (sg.: **Modus**) des Verbs. Das Wort Modus kommt aus dem Lateinischen und bedeutet *Art und Weise*.
Im Modus Konjunktiv unterscheidet man **Konjunktiv I** und **Konjunktiv II**.
Der **Konjunktiv I** vom Präsensstamm eines Verbs abgeleitet.

Präsens	Indikativ	Konjunktiv I	Ersatzformen	
			Konjunktiv II	mit *würde*
1. Sing.	ich geh-e	ich geh-e	ich ginge	– –
2.	du geh-st	du geh-est	– –	– –
3.	er, sie, es geh-t	er, sie, es geh-e	– –	– –
Plural	wir geh-en	wir geh-en	wir gingen	wir würden gehen
	ihr geh-t	ihr geh-et	– –	– –
	sie geh-en	sie geh-en	sie gingen	sie würden gehen

Wenn der Konjunktiv I nicht vom Indikativ Präsens zu unterscheiden ist, verwendet man den **Konjunktiv II** als **Ersatzform**.
Wenn auch diese Form schon „vergeben" ist (siehe Konj. II, S. 187), verwendet man auch hier die Ersatzform mit *würde*.

18 Forme folgendes Gespräch in die indirekte Rede um und prüfe, wo Ersatzformen notwendig sind. Beginne so: *Damon sagte zu seiner Schwester, er sei ...*

DAMON: Liebe Schwester, ich bin gekommen, um dich mit dem dir versprochenen Mann zu verheiraten. Ich muss jedoch auf schnellstem Wege wieder zurück. Den Grund dafür kann ich dir jedoch nicht sagen. Ich gebe dir aber das Versprechen, dass die Zeremonie wie nach Väter Sitte durchgeführt
5 wird.
SCHWESTER: Und wir versprechen dir, dass wir dich bald besuchen.
DAMON: Oh nein, das wird nicht möglich sein.
SCHWESTER: Dann lassen wir dich nicht gehen.

Text 10

19 a Schreibe den Brief aus der Sicht von Damons Freund weiter.
b Übertrage die folgende Tabelle in dein Heft und ergänze die fehlenden Sätze.

Lieber Philistos, du glaubst nicht, was ich in der letzten Woche erlebt habe.

direkte Rede	indirekte Rede
Damon fragte mich: „Kannst du für mich bürgen, bis ich meine Schwester verheiratet habe?"	Damon fragt mich, ob ■
Ich antwortete: „Geh' du ruhig!"	Ich antworte, er solle ■
■	Er betonte, er sei unendlich dankbar für meine Hilfe.
■	Der König sagte, solch einen Treuebeweis habe er noch nie erlebt.
Meine Schwester rief: „Gott sei Dank ist alles gut gegangen."	Meine Schwester rief, es ■

Tempusfolge in der indirekten Rede

Einleitungssatz
Damons Freund erzählt,
- was vorher passiert ist (Vorzeitigkeit) **Konjunktiv I Perfekt**
- was gleichzeitig passiert (Gleichzeitigkeit) **Konjunktiv I Präsens**
- was nachher, später passieren wird (Nachzeitigkeit) **Konjunktiv I Futur**

Wiedergabe (Nebensatz)

→ *er sei von Soldaten zum Schafott geführt worden.*

→ *er freue sich so sehr.*

→ *er werde noch oft davon träumen.*

Das Tempus des Nebensatzes ist unabhängig von dem Tempus, in dem der übergeordnete Satz steht.

20 Übe die Zeitenfolge der indirekten Rede an Strophe X von „John Maynard" (Text 4, Z. 56–64), indem du die wörtliche Rede in indirekte umwandelst.

21 Verfasse nun eine vollständige Inhaltsangabe zu Schillers Ballade „Die Bürgschaft" (Text 8).
  a Formuliere einen **Einleitungssatz**, der den **Autor** und den **Titel** des Textes, dessen Inhalt du wiedergeben willst, sowie das **Thema** möglichst in einem Satz nennt. Du kannst dabei auf deine Arbeitsergebnisse aus Aufgabe 8 (S. 232) zurückgreifen.
  b Fasse, der Reihenfolge der Balladen-Handlung folgend, **die wichtigen Sinnabschnitte mit deinen eigenen Worten zusammen** (Aufgabe 11, S. 233).
  c Achte dabei darauf, dass du keine direkte (wörtliche) Rede verwendest, sondern Kernaussagen der Figuren in **indirekter Rede** wiedergibst. Überprüfe, ob du die richtigen Konjunktivformen verwendet hast.

Der Aufbau einer Inhaltsangabe

1. **Einleitung**: Sie enthält den Namen der Autorin/des Autors, den Titel des Textes und den Handlungskern (möglichst in einem Satz zusammengefasst).
2. **Hauptteil**: Hier werden die wichtigsten Inhalte zum Verständnis des Textes im Zusammenhang und in geordneter Reihenfolge wiedergegeben.
3. **Schluss**: Hier wird das Ergebnis der Handlung kurz zusammengefasst.
4. Um etwas **wiedergeben** zu können, was ein anderer gesagt oder gedacht hat, ohne selbst zum Gesagten Stellung zu nehmen, verwendet man die **indirekte Rede im Konjunktiv I.** Die Pronomina werden dabei aus der Sicht des Berichtenden gewählt.
<u>Beispiel:</u> *Damon sagte, er wolle nur seine Schwester verheiraten.*

22 Diskutiert, ob Schillers Idee von dem treuen Freund heute noch Gültigkeit hat.

23 Öffnet nun eure Fragen-Umschläge aus Aufgabe 7 (S. 231) und überprüft, welche Fragen offen geblieben sind. Versucht, Antworten zu finden.

Projekt: Pausen-Theater – Balladentheater

Eine nicht ganz alltägliche Veranstaltung ist das Pausen-Theater: An einem festzulegenden Tag gestaltet eure Klasse in einer Ecke der Pausenhalle eine Pausenaufführung.

1 a Inhaltliche Planung: In welcher Form sollen die Balladen zur Aufführung kommen?

Beispiel: **Johanna Sebus**

1. Szene:
An einem Tisch wird – laut mitlesend – ein Brief an Goethe geschrieben.

2. Szene:
Schüler stellen ein Denkmal dar, eine kleine Feierstunde wird gespielt, bei der als Höhepunkt die Ballade vorgetragen wird.

3. Szene: ■

Überlegt euch weitere Inszenierungsmöglichkeiten.

b Technische Planung:
- Absprache mit Lehrern
- Werbung
- Spielort einrichten?
- Requisiten
- Aufgaben verteilen: Wer macht was bis wann?

2 bis 4 Vorbereitung, Durchführung und Präsentation
Lernt eure Texte auswendig und bereitet euch auf einen gestaltenden Vortrag vor. Für alle Fälle braucht ihr einen Souffleur/eine Souffleuse. Ihr solltet ausprobieren, wie laut er/sie sprechen muss, damit bei den Akteuren die Hilfe auch wirklich ankommt.

5 Bewertung
Was hat schon gut geklappt? Was könnt ihr noch besser machen?

Die Ballade, das „Urei der Dichtung"?

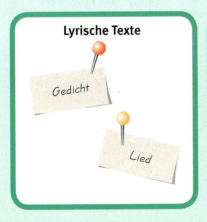

6 Überlege, warum Goethe die Ballade das „Urei" der Dichtung genannt hat, und begründe deine Meinung mithilfe von Textbeispielen aus diesem Kapitel.

Und jetzt kommst du!

Helden gegen den Strich? – Eine Ballade schreiben

In einer Jubiläumsausgabe einer Schülerzeitung zum 40-jährigen Bestehen seiner Schule erinnert sich ein ehemaliger Schüler:

Text 11

Zeugnistag

Als ich ungefähr 12 Jahre alt war, hatte ich ein wichtiges Erlebnis. Ich wusste von mir selbst, dass ich ein fauler Hund und obendrein auch noch ziemlich eigenwillig war. Aber dass ich so schlecht war, dass ich sitzenbleiben würde, war mir bis zum Ende des Schuljahres nicht klar. Das Zeugnis war grottenschlecht und ich fühlte mich als hundsmiserabler Versager.
Dieses Zeugnis wollte ich meinen Eltern nicht vorlegen, also fälschte ich kurzerhand ihre Unterschrift. Natürlich flog meine Tat schon am nächsten Tag auf und meine Eltern wurden zur Schule bestellt. Der damalige Direktor erwartete voller Genugtuung, dass er zusammen mit meinen Eltern mich, diesen missratenen Urkundenfälscher, zur Strecke bringen könnte. Meine Eltern jedoch sahen mich ruhig an und bestätigten übereinstimmend, dass es sich um ihre Unterschriften unter dem Zeugnis handele.
Ob ihr Tun rechtens war, weiß ich nicht. Ich weiß nur, dass ich allen Kindern auf der Welt Eltern wünsche, die aus diesem Holz geschnitzt sind.

1. Was hältst du von dem Verhalten der Eltern?

literarische Figuren → S. 105ff.

2. Ist der Wunsch des Verfassers des Zeitungsartikels im letzten Absatz eurer Auffassung nach angemessen? Diskutiert.

3. Überlege, ob dieser Text Stoff für eine Ballade enthält.

4. Forme diesen Zeitungstext in eine Ballade um. Wende dabei deine Kenntnisse über Balladen an.

Wir Sind Helden
Denkmal

Text 12

Komm mal ans Fenster komm her zu mir
Siehst du da drüben gleich da hinter dem Wellblechzaun
Da drüben auf dem Platz vor Aldi haben sie
5 Unser Abbild in Stein gehaun

Komm auf die Straße komm her zu mir
Überall Blumen und Girlanden halb zerknüllt
Sieht so aus als hätten die unser Denkmal heute Nacht
10 Schon ohne uns enthüllt

Hol den Vorschlaghammer
Sie haben uns ein Denkmal gebaut
Und jeder Vollidiot weiß dass das die Liebe
15 *versaut*

Ich werd die schlechtesten Sprayer dieser Stadt engagiern
Die sollen nachts noch die Trümmer mit Parolen beschmiern
20 Komm auf die Beine komm her zu mir
Es wird bald hell und wir haben nicht ewig Zeit
Wenn uns jetzt hier wer erwischt sind wir für immer vereint
In Beton und Seligkeit

25 *Hol den Vorschlaghammer ...*

Siehst du die Inschrift da unten bei den Schuhen
Da steht in goldener Schrift
Wir sollen in Ewigkeit ruhen

Hol den Vorschlaghammer ...

Judith Holofernes (Text)
© Freudenhaus Musikverlag Patrik Majer, Berlin / Wintrup Musikverlag Walter Holzbaur, Detmold

5 a Welche Einstellung zu Denkmälern wird in diesem Lied deutlich?
  b Stelle Vermutungen über die Gründe für diese Einstellung an.

6 Ist dieses Lied eine Ballade? Begründe deine Meinung.

Hans Manz
Gedenkstätte

Text 13

Warum heißt ein Denkmal
Denkmal?
Denk mal!
Denk mal nach!

5 Zum Gedenken an jemand,
den wir sonst aus dem
Gedächtnis verlören?

Zum Gedenken an jemand,
der uns nachdenklich machen sollte,
10 weil vieles an ihm bedenklich war?

Zum Gedenken an jemand,
der mehr und besser nachgedacht hat
als wir?

7 Gib dem lyrischen Ich in Text 13 Antwort auf seine Fragen, z. B. in einem Brief oder in Gedichtform.

8 Vergleiche die Balladen-Heldinnen und Balladen-Helden, die du in diesem Kapitel kennengelernt hast, und setze sie in Bezug zu diesem Gedicht.

Der verkleidete Körper

Präsentieren und diskutieren

Der verkleidete Körper | 241

1. Mode und Individualität? – Kurzvorträge benötigen eine Ausgangsfrage

Alina Groß, Clarissa Bledow

Text 1 **Sei hip – und du bist beliebt**
Der Zwang zum Markenartikel: Auf den Schulhöfen ist Individualität nicht gefragt

Überall ähneln sich auf den Schulhöfen die Bilder: gleiche Hose, gleiche Frisur, gleiche Schuhe. Individualität? Fehlanzeige! Zumindest in den meisten Fällen. Bloß nicht auffallen, nirgends anecken, heißt die Devise. Der Markenartikel-Druck ist enorm.

5 Wenn man den Schulhof auf und ab läuft, begegnet man täglich den gleichen Leuten, die meist auch alle gleich aussehen. Und immer das tragen, was die Freunde bevorzugen, beziehungsweise der Führer des willenlosen Rudels von Nicht-Denkern. Wahrscheinlich wird die Kleidungswahl dieser Personen von einschlägig bekannten „Teeniezeitschriften" bestimmt.

10 Die Modeindustrie schreibt alles vor, wie ein unbarmherziger Diktator, der nur eins will: das Geld seiner Hörigen. Und diejenigen, die sich nicht beugen, werden mit Styling-Tipps, Styling-Shows oder Styling-Contests bombardiert.
So „züchtet" sich die Modeindustrie quasi ihre Anhänger, die mehr oder weniger willenlos alles kaufen. Den Käufern wird eingeredet: Sei hip und du bist beliebt

15 und hast Freunde. Jetzt hat wahrscheinlich jeder das typische Klischee einer Mode-Barbie vor Augen, deren Mund herrlich unlogische Sprüche entschlüpfen wie: „Ich achte nicht auf das Aussehen, der Charakter ist viel wichtiger."

Fünf-Schritt-Lesemethode
→ S. 244f.

1 a Erschließe Text 1 mithilfe der **Fünf-Schritt-Lesemethode**.
b Fasse die Hauptaussagen des Textes kurz zusammen.

2 In einem späteren Absatz des Zeitungsartikels heißt es: „Vielleicht sollte man sich einmal darüber Gedanken machen – oder besser gesagt, unsere Generation sollte sich Gedanken machen –, dass ..."
  a Wie haben die Schülerinnen den Satz wohl beendet? Setze ihn fort.
     Tipp: Dazu musst du die **Intention**, also die **Absicht** von Text 1 herausarbeiten.
  b Vergleiche Text 1 mit einem typischen Leserbrief. Welche Gemeinsamkeiten und welche Unterschiede kannst du feststellen?
  c Schreibe einen Leserbrief, in dem du zu dem Zeitungsartikel (Text 1) der beiden Schülerinnen Stellung nimmst. Beachte: Leserbriefe sollten nicht zu lang sein, aber begründet die eigene Meinung darlegen.

3 Stimmt ihr den Aussagen des Textes zu? Diskutiert über die Meinung der beiden Schülerinnen Alina Groß und Clarissa Bledow (Klasse 10).

diskutieren
→ S. 48–62

4 a Welche **Fragen** sind in eurer Diskussion aufgetaucht? Notiert sie (z.B. an der Tafel oder auf Kärtchen).
  b Arbeitet in Gruppen: Ergänzt diese Fragen durch weitere Fragen, die beim zweiten Lesen des Textes auftauchen. Z.B. könnten aus der Aussage „Die Modeindustrie schreibt alles vor" (Z. 10) folgende Fragen abgeleitet werden:
  • *Welche Vorschriften meinen die Verfasserinnen?*
  • *Wie können solche Vorschriften durchgesetzt werden?*
  • *Gibt es jemanden, der sich nicht daran hält? Was passiert mit ihr oder ihm?*
  • *Wer ist „die Modeindustrie"?*

5 a Stellt eure Fragen in der Klasse vor und ergänzt gemeinsam eure Fragensammlung.
  b Sortiert die Fragen nach folgenden Gesichtspunkten:
  • Fragen, die vermutlich interessant zu klären sind,
  • Fragen, die sich nur sehr schwer klären lassen,
  • Fragen, die weitere Recherchen erfordern, und
  • Fragen, die verschiedene Menschen unterschiedlich beantworten.
  c Entscheidet gemeinsam, welche Fragen ihr weiterverfolgen wollt. Zu diesen Fragen bereiten einzelne Schülerinnen und Schüler aus eurer Klasse oder kleinere Gruppen von zwei bis vier Schülerinnen und Schülern kurze Vorträge vor.

2. Was ist Markenbewusstsein? – Informationsquellen nutzen

Erste Orientierungen – Sachtexten Informationen entnehmen

Thomas Bamert, Petra Oggenfuss

Text 2 **Der Einfluss von Marken auf Jugendliche**
Ergebnisse einer Befragung von Jugendlichen im Alter von 15 bis 22 Jahren

Das <u>Image einer Marke</u> besitzt eine starke <u>Orientierungsfunktion</u>, welche hilft, die ‚richtige' Kaufentscheidung zu treffen. Dies ist <u>besonders bei Jugendlichen</u> von Bedeutung. Die Lebensphase zwischen dem zehnten und dem zwanzigsten Altersjahr, oft wird auch der Abschnitt bis zum 25. Lebensjahr hinzugenommen, wird
5 als ‚Jugend' definiert. Die Jugendlichen befinden sich in einer Phase von Neuorientierung und Identitätssuche auf dem Weg von der Kindheit zum Erwachsensein, wobei sie sich noch in vielen Lebensbereichen unsicher fühlen.
Diese Unsicherheit zeigt sich auch in der Konsumwelt. Jugendliche stehen unter Druck, die richtige Entscheidung zu treffen. Marken bieten hier Unterstützung
10 und Sicherheit bei der Kaufentscheidung und dienen gleichzeitig als Symbole, mit deren Hilfe sich Jugendliche abgrenzen resp. die Zugehörigkeit zu einer ‚Peer-Group'[1] demonstrieren können. […]
Allgemein kann festgestellt werden, dass Marken bei allen Jugendlichen einen hohen Stellenwert einnehmen. Dieses ausgeprägte Bewusstsein für Marken unter-
15 scheidet sich jedoch je nach Altersklasse bzw. Schultyp sowie zwischen den Geschlechtern. […]
Marken, welche Jugendliche erreichen wollen, müssen auf eine Zielgruppe mit sehr heterogenen Ansprüchen und Bedürfnissen eingehen können. […] Eine Marke ist für Jugendliche besonders dann relevant, wenn sie sowohl im persön-
20 lichen Umfeld als auch in den Medien präsent ist: Für rund 67 Prozent der Jugendlichen ist eine Marke relevant, wenn sie alle tragen, haben oder wollen, und für rund 36 Prozent der Jugendlichen muss die Marke in Werbung und Medien präsent sein. Will man auf dem Jugendmarkt bestehen, muss die Marke in Produkt und Kommunikation den ständig wechselnden Trends angepasst werden. Gleich-
25 zeitig muss aber die Identität der Marke konstant sein, damit sie den Jugendlichen eine „emotionale Heimat" bieten kann.

[1] **Peer-Group:** Bezugsgruppe, z. B. die Clique, nach der man seine Verhaltensweisen ausrichtet

1 Erschließe den Text mithilfe der **Fünf-Schritt-Lesemethode**.
   a Verschaffe dir beim ersten Lesen einen **Überblick** über das **Thema** des Textes. Wie lautet es?
   b Notiere, was dir **besonders wichtig** erscheint. (**Tipp:** Die Unterstreichungen im ersten Abschnitt helfen dir dabei.) Was dir unklar ist oder Wörter, die du nicht verstehst, notiere mit einer anderen Farbe.

c **Kläre Verständnisschwierigkeiten** entweder mithilfe des Textzusammenhangs oder mithilfe von Nachschlagewerken (Wörterbücher, Lexika, Internet usw.). Was bedeuten die folgenden Wörter?
- *Image* (Z. 1)
- *Neuorientierung* (Z. 5f.)
- *Identitätssuche* (Z. 6)
- *Konsumwelt* (Z. 8)
- *heterogen* (Z. 18)
- *relevant* (Z. 19)
- *emotional* (Z. 26)

d **Gliedere** den Text in Abschnitte (Zeilenangaben) und gib ihnen passende **Überschriften**.

e Notiere zu jeder Überschrift **die wichtigsten Informationen** aus dem zugehörigen Absatz und fasse die Absätze dann kurz zusammen.

2 Prüfe, ob der Text schlüssig ist und Begründungen für seine Aussagen enthält.

3 a Welche Fragen beantwortet der Text?
  b Welche weiteren Fragen kannst du aufgrund von Text 2 entwickeln?

Fragen an Texte stellen → S. 231f.

4 Fasse zusammen: Auf welche Weise erreichen Markenproduzenten, dass ihr Produkt Zuspruch findet? Wie bewertest du das?
  a Formuliere deine Meinung in Stichworten. Achte auf gute Begründungen und darauf, dass du deine Argumente durch Beispiele belegst.
  b Trage deine Meinung in der Klasse vor. Du darfst dabei nicht unterbrochen werden, es sollten keine Zwischenbemerkungen gemacht werden.
  c Erst wenn mehrere von euch ihre Meinung vorgetragen haben, beginnt die Diskussion. Beteiligt sind nun alle, nicht nur die „Referentinnen und Referenten".

Zwang zum Markenartikel? – Statistiken auswerten

Lieblingsmarken bei Mode (Top Ten)

Text 3

Befragt wurden 524 repräsentative junge Erwachsene im Alter von 18-22 Jahren August/September 2005

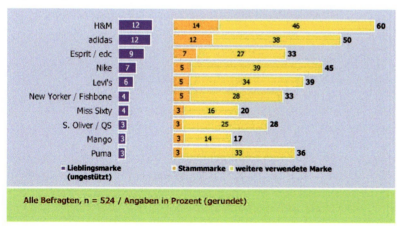

5 Erkläre, was mit den Begriffen *Lieblingsmarke, Stammmarke* und *andere verwendete Marke* gemeint ist.

6 a Erläutere die Statistik, indem du die Aussagen in Sätzen formulierst, z. B.: *Die Lieblingsmarke von 12 Prozent der Befragten ist H&M.*
  b Warum wurden wohl Jugendliche im Alter von 18 bis 22 Jahren befragt und keine 14-Jährigen? Begründe deine Meinung.
  c Welche Fragen hast du an die Statistik? Was würdest du noch gerne wissen?

7 Die Befragung nach den beliebtesten Marken stellt zwar eine „Beliebtheitsrangliste" dar, sagt aber nichts darüber aus, wie diese Vorlieben zustande kommen. Versuche, Gründe dafür zu finden.

8 Welche der von euch im Zusammenhang mit Text 1 gesammelten Fragen lassen sich mithilfe dieser statistischen Angaben beantworten?

9 Notiere neue Fragen, die sich aufgrund des Balkendiagramms ergeben.

Text 4

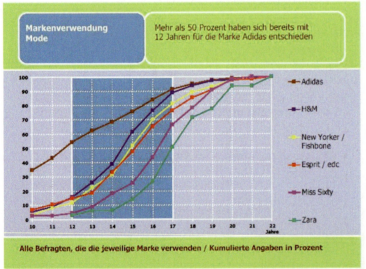

10 Erläutere die Ergebnisse der Befragung, die in der Grafik dargestellt werden. **Tipp:** Es geht nicht um die Rangfolge der Marken.
  a Welche Größe ist auf der x-Achse vermerkt, welche auf der y-Achse?
  b Beschreibe eine der Kurven in der Grafik von ihrem Anfang bis an ihr Ende. Beginne so: *Von allen Befragten, die angegeben haben, die Marke* ■ *zu verwenden, haben mit 12 Jahren bereits* ■ *Prozent diese Marke verwendet. Mit 13 Jahren waren es ...*
  c Erkläre, warum ein bestimmter Bereich der Grafik dunkler eingefärbt ist. **Tipp:** Die nötige Information findest du rechts, am Ende der dunklen Fläche.
  d Fasse zusammen: Auf welche Fragen gibt diese Statistik Antworten?

11 Notiere neue Fragen, die sich aus dieser Statistik ergeben.

12 a Erkläre, wie man eine solche Untersuchung durchführen könnte.
  b Führt eine Umfrage durch: Einigt euch auf die Frage, die ihr stellen wollt, und auf die Gruppe von Menschen, die befragt werden soll.
  c Warum ist es wichtig, allen Befragten die gleiche Frage zu stellen, nichts oder möglichst wenig zu erklären und auch nicht mit den Befragten zu diskutieren?

13 Stell dir vor, du hättest zur Untersuchung „Faktor Jugend 8" eine Frage. Formuliere einen sachlichen Brief an die Verfasser der Studie. Nenne darin den Bezug (also warum du dich an sie wendest), stelle deine Frage und begründe kurz, warum dich die Antwort interessiert.

Marken und mehr – Informationsquellen in Beziehung setzen

Bundesministerium für Familie, Senioren, Frauen und Jugend
Zwölfter Kinder- und Jugendbericht vom 7. 10. 2005

Text 5

„Kaufkraft" nachschlagen

Jugendliche im Alter von 13 bis 17 Jahren bekommen durchschnittlich 40 Euro Taschengeld im Monat und verdienen sich etwa 90 Euro monatlich hinzu. Damit verfügen sie insgesamt über eine jährliche Kaufkraft von 7,5 Mrd. Euro […]. Das Geld
5 wird meist für Kleidung, Handy, CDs sowie Essen und Trinken ausgegeben; viele sparen aber auch das verdiente Geld.

Stimmt das in unserer Klasse? → Umfrage anfertigen!

Sagt nichts darüber aus, wer die Marken aussucht! – Oder doch?

Wer bezahlt eigentlich die Kleidung? Ist im Taschengeld auch Kleidergeld enthalten?

Norbert Welsch, Claus Chr. Liebmann

Text 6 Farben. Natur – Technik – Kunst

Randnotiz: Welche Farbe trage ich nie?

In Paris wurde Schwarz zur Modefarbe des Jahres 2001 kreiert[1]. Zusätzlich haben sich Institute etabliert, die eine Farbberatung hinsichtlich Kleidungsfarbe und Schmuck, angepasst an bestimmte Haarfarben und Hauttypen, anbieten. […]
Farbpsychologen raten beispielsweise Ärzten davon ab, ihre Wartezimmer vorwiegend in Rot zu gestalten, weil diese Farbe zu stark aufregend wirkt. In lärm- und schmutzgeprägte Fabrik- und Arbeitsräume ziehen zunehmend beruhigende Farben ein, die die Arbeitsumwelt annehmbarer gestalten. […]

Randnotiz: Welche Bedeutungen haben Farben? Welche Wirkungen gehen von ihnen aus?

In der Mode offenbart Schwarz ebenfalls sein Zwitterwesen: Besonders im Mittelalter war es einerseits die Textilfarbe für die demütigen und weltentsagenden Mönche sowie für unfreie Lakaien, andererseits aber auch die Kleidungsfarbe des Adels und des hohen Klerus, von Personen also, die sich vom gemeinen Volk abheben wollten. Eine gewisse Würde und Unnahbarkeit strahlen heute noch schwarze Anzüge vieler Spitzenmanager aus. Als Modefarbe hat sich Schwarz immer wieder behauptet.

[1] **kreiert:** geschaffen, gemacht

Randnotiz: Modefarben: Dieses Jahr, letztes Jahr? → Farben aufschreiben. Sagen die Namen etwas?

Stefanie Schütte

Text 7 Im Winter ist für Modefans Geisterstunde

Hamburg. Bisher ließen vor allem jugendliche „Grufties" mit ihrem gruseligen Aussehen ihre Eltern erschauern. Doch bald könnten erwachsene Frauen ihrem Umkreis eine ähnliche Art von „Geisterstunde" zumuten, zumindest wenn sie modebegeistert sind. Dunkle „Gothic"-Kleidung ist einer der großen Trends der kommenden Saison. Zum Glück nur einer unter mehreren: Neue Sachlichkeit, 60er-Jahre-Chic oder klassische Eleganz lauten die weniger schrillen Alternativen. Und so mag man es mit Gelassenheit ertragen, wenn einem plötzlich ein Abklatsch von Morticia aus der „Addams-Family" auf der Straße begegnet. […]
Eins verbindet allerdings diese Mode-Richtungen: Der Wunsch, dem nüchternen Alltag zu entfliehen. Und der scheint heute besonders stark zu sein.

Randnotiz: Kann man durch Mode dem Alltag entfliehen?

Randnotiz: Jugendmode für die Eltern? Sind Jugendliche die Trendsetter für ihre Eltern? Kann ich mir nicht vorstellen.

Randnotiz: Wie beeinflussen Filme die Mode?

Monika Hillemacher
Zwischen flach und „gerade noch geländegängig"

Text 8

Offenbach. Schwarz ist die Modefarbe für Schuhe im Winter 2006/2007. […] Ein weiteres Muss der Wintersaison: Stiefel, Stiefeletten oder die neuartigen, knöchelhohen Ankle Boots.
Die Schafthöhe der Stiefel variiert passend zu den aktuellen Hosen- und Rock-
5 längen. […]
In Formen und Farben lehnen sich die Designer an englischer Country-Mode und einem reduzierten Uniformstil an. Bei den Stoffen feiert Tweed ein Comeback, Karo, Glencheck und Fischgrätmuster tauchen wieder auf. […]
Neben Schwarz bieten sich Brauntöne – die Farben des Herbstlaubs – oder Tan-
10 nengrün und Aubergine als Alternativen an. […]. Lack ist nach Einschätzung des Schuhinstituts wieder auf dem Vormarsch. […] Wer der Zeit vorausgehen will, deckt sich mit blauen Schuhen ein – der Farbe für das Frühjahr 2007. […]
Zusätzlich lassen Spuren von Kalk derbe Männerboots strapaziert aussehen. Nach Meinung der Modeexperten vermittelt ein solcher Auftritt den Eindruck „von
15 Echtheit und Authentizität". Im Unterschied dazu bevorzugt Mann im Büro eher die klassische Linie.

Was unterliegt außer Kleidung und Schuhen noch der Mode?

Kann man schon jetzt die Modefarbe für das nächste Jahr bestimmen?

Ist Schwarz immer Modefarbe? Passen die Modefarben zueinander? Wer bestimmt die Modefarbe?

14 Zu allen Texten und Statistiken haben Schülerinnen und Schüler bereits Fragen notiert.
   a Formuliere kurze Antworten auf die Fragen, die du mithilfe der Texte 5 bis 8 oder mithilfe deines Vorwissens beantworten kannst.
   b Manches lässt sich nur in der Gruppe klären, z. B. ob ihr eine Umfrage machen wollt (siehe Text 5). Notiert, was für und was gegen die Durchführung einer Umfrage spricht, und diskutiert, wie ihr weiter vorgehen wollt.

Umfrage → S. 246

15 Auf welche der von euch bisher gesammelten Fragen und Probleme gehen die Texte 5 bis 8 jeweils ein? Notiere jeweils eine kurze Zusammenfassung.

16 Die Texte 5 bis 8 können aufeinander bezogen werden. Formuliere dazu **Thesen**[1]:
   These 1: *Text 7 stellt dar, dass Jugendliche die Mode für Erwachsene anregen. Bei der Schuhmode (Text 8) fällt aber auf, dass die Country-Mode wiederkommt, die bei Jugendlichen eher keine Rolle spielt.*
   These 2: *„Der Wunsch, dem nüchternen Alltag zu entfliehen", sei bei allen Mode-Richtungen enthalten (Text 7). In Text 1 ging es darum, dass Mode im Alltag eine Rolle spielt. Wie passt das zusammen?*

17 Wenn ihr euch aufteilt, sodass jeder nur einen Text genauer untersucht, dann müsst ihr anschließend eure Ergebnisse in einem Kurzvortrag referieren. Dabei stellst du zunächst in eigenen Worten dar, was im Text steht, und anschließend, wie der Text in den Zusammenhang eurer bzw. deiner Ausgangsfrage passt.

[1] **These**: im 18. Jahrhundert aus dem Französischen (*thèse*) entlehnt, das wiederum von dem griech. *thésis* stammt; Eine These stellt eine noch nicht bewiesene Behauptung dar.

diskutieren → S. 48–62

18 Bereite einen Kurzvortrag zum Thema „Kleidung und Mode" vor, der eine Diskussion einleitet.
   a Formuliere einen Arbeitstitel für deinen Kurzvortrag, z. B. „Mode in anderen Zeiten". Der Titel antwortet auf die Ausgangsfrage „Wie verhielt es sich in anderen Zeiten mit der Mode?".
   b Begib dich auf Recherche, also auf die Suche nach Informationen. Erinnere dich, wo man überall Informationen finden kann:

Orte, an denen man Informationen findet	Quellen, die Informationen enthalten
Bibliothek	Lexikon
■	■

   c Werte das Informationsmaterial, das du gesammelt hast, aus: Welche der Informationen kannst du für deine Fragestellung verwenden, welche nicht?
   d Ordne das Informationsmaterial: Was ist wichtig, was weniger wichtig? Was gehört zusammen?
   e Überlege dir schon jetzt, wie du die Frage, mit der du von deinem Vortrag zur anschließenden Diskussion überleitest, formulieren könntest.

3. Werbung mit Schlips und Kragen
– Wirkungsabsicht von Texten

Text 9

**Auswärts sind wir stark.
Zu Hause fast unschlagbar.**

Unserer Heimstärke verdanken wir den Aufstieg. Unseren Auswärtserfolgen einen vorderen Platz im Finanzgeschäft. Die Mannschaft der BayernLB steht erfolgreich im nationalen und internationalen Wettbewerb – und überzeugt durch Leistungsbereitschaft, Teamgeist und kluge Strategien zur Unternehmensfinanzierung. Die Ergebnisse stimmen. Und das Publikum ist zufrieden. Das Erfolgsrezept? Ganz einfach: Unsere Kunden sind unsere Partner – und spielen mit im Team.

Finanzgruppe Bayern   Bayern LB

www.bayernlb.de

Der verkleidete Körper | **251**

1 Notiere, auf was du als erstes bei dieser Werbeanzeige achtest, d. h. worauf dein Blick als erstes fällt.

Notizen zu Texten machen → S. 277

2 Für wen oder was wird hier geworben? Nenne **Firma** (z. B. *Milichoc*) und **Produkt** (z. B. *Schokolade*).

3 a Welche Bedeutung haben die abgebildeten Kleider und Schuhe? Passt die Kleidung (in dieser Anordnung) zu dem Raum? Begründe.
  b Was fällt dir bei Bildausschnitt und Blickrichtung, bei der Farbgestaltung und bei den anderen Gegenständen auf?

4 Welche Geschichte könnte das **Bild** erzählen? Sammle Ideen, entwickle daraus einen Erzählplan (z. B. in einer Mindmap) und erzähle die Geschichte mündlich.

Bilder lesen → S. 24f.

5 Untersuche nun die **Texte** in der Anzeige: die Überschrift und den Werbetext.
  a Erkläre, was die Überschrift aussagt.
  b Fasse zusammen, was du aus dem Werbetext erfährst.
  c Aus welchem Bereich stammen die verwendeten Begriffe?
  d Welches Image (welches Bild oder welchen Eindruck von sich) will die werbende Firma mit dieser Anzeige vermitteln?
  e In welchem Zusammenhang stehen Text und Bild? Diskutiert.

6 a Fasse zusammen: Wodurch wird in der Anzeige **Aufmerksamkeit** erzeugt?
  b Formuliere in einem Satz die Intention (die Absicht) der Werbung: Was soll der Betrachter bzw. die Betrachterin denken oder tun?

7 **AIDA – Eine Formel für den Erfolg?**
  a Erläutere mithilfe der folgenden Tabelle, wie die Werbe-Formel AIDA funktioniert. Übertrage dazu die Tabelle in dein Heft und vervollständige sie.

	steht für	englisch	deutsch	Werbung
A	→	Attention	Aufmerksamkeit	Die Werbung soll beim ■ schnell große ■ wecken.
I	→	Interest	Interesse	Dadurch soll ■ erzeugt werden, damit ■.
D	→	Desire	Wunsch, Verlangen	Beim Betrachter soll ■ nach dem Produkt, für das geworben wird, ■.
A	→	Action	Handlung	Schließlich soll ■, meistens: *das Produkt kaufen*.

  b Erkläre, wie die Anzeige in Text 7 mit dem AIDA-Prinzip arbeitet. Welche Elemente übernehmen welche Aufgaben?
  c Gestalte eine Werbeanzeige, die nicht <u>mit</u>, sondern <u>für</u> Kleidung wirbt. Beachte dabei das AIDA-Prinzip.

8 „Auch eine gute Präsentation beachtet das AIDA-Prinzip."
  Übertrage das AIDA-Prinzip auf die Präsentation bzw. den gelungenen Kurzvortrag, indem du eine Tabelle wie in Aufgabe 7 anlegst und die letzte Spalte (Werbung) durch „Präsentation" ersetzt.

4. Mode lebt und Leben modelt – Eine Präsentation erstellen

Es lebe die Mode! – Einen interessanten Einstieg wählen

Joachim Ringelnatz

Text 10 **Es lebe die Mode!**

Für die Mode, nicht dagegen
Sei der Mensch! – Denn sie erfreut.
Wenn sie sich auch oft verwegen
Vor dem größten Kitsch nicht scheut.

5 Ob sie etwas kürzer, länger,
Enger oder anders macht,
Bin ich immer gern ihr Sänger,
Weil sie keck ins Leben lacht.

Durch das Weltall sei's gejodelt
10 Allen Schneidern zum Gewinn:
Mode lebt und Leben modelt,
Und so haben beide Sinn.

Gedichte → S. 161–179

1 a Worum geht es in Ringelnatz' Gedicht? Nenne das Thema mit einem Satz.
  b Von **Ironie** spricht man, wenn man etwas anderes meint, als man sagt (z. B. man lobt, will aber eigentlich kritisieren: „Na, das hast du aber wieder mal ganz toll gemacht!") oder wenn man stark übertreibt, es aber nicht so meint. Inwiefern trifft das auch auf dieses Gedicht zu?

2 a Passt das Gedicht zu deiner/eurer Ausgangsfrage? Begründe deine Meinung.
  b Diskutiert: Eignet sich Text 10 als Einstieg für einen Kurzvortrag zu einem Thema aus dem Bereich „Mode"?
  c Stell dir vor, eine Schülerin oder ein Schüler hat dieses Gedicht als Einstieg in ihren oder seinen Kurzvortrag gewählt.
    • Wie könnte sie oder er das Gedicht präsentieren? Sammle Ideen.
    • Wie könnte sie oder er von diesem Einstieg aus zum eigentlichen Kurzvortrag überleiten?
    • Welche Diskussionsfrage könnte die Schülerin oder der Schüler am Ende des Vortrags für die Klasse stellen?
  d Welche anderen Möglichkeiten für einen interessanten Einstieg in deinen Kurzvortrag fallen dir ein? Sammle Ideen und entscheide dich dann für eine davon.

Bin ich immer gern ihr Sänger – Anschaulich präsentieren

3 Wie in der Werbung sind auch für eine wirkungsvolle Präsentation eines Kurzvortrags **Veranschaulichungen** hilfreich.
Überlege dir, wie du die Informationen, die du in deinem Kurzvortrag weitergeben möchtest, in deiner Präsentation anschaulich machen (**visualisieren**) kannst: Verwende bei der Präsentation z. B. Kleidungsstücke, die einmal modisch waren, und welche, die modisch sind, oder führe ein Rolleninterview mit dem lyrischen Ich in Ringelnatz' Gedicht …

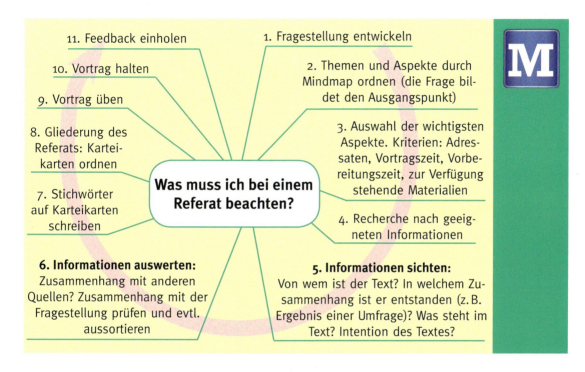

4 a Erläutere die Grafik, indem du für die Schritte 1 bis 11 Begründungen notierst.
  b Tragt die Begründungen zusammen und besprecht, welche schlüssig sind.

5 Tipp-Börse: Sucht die Schritte für ein Referat heraus, die ihr noch wenig geübt habt, und gebt euch Tipps, wie man das am besten macht.

Anschaulich Präsentieren

Bei der Präsentation von Informationen, z. B. bei einem Kurzvortrag, oder bei der Gestaltung eines Plakats, solltest du dich um möglichst **große Anschaulichkeit** bemühen. Denn anschaulich Präsentiertes **erreicht** die Zuhörerinnen und Zuhörer oft besser und **bleibt** ihnen auch meist besser **im Gedächtnis**.
Wenn du eine gelungene Präsentation gestalten willst, sind gründliche Überlegungen notwendig, wie du den Zuhörerinnen und Zuhörern die Inhalte auf eine interessante Weise darbieten kannst.
Möglichkeiten der Veranschaulichung sind z. B. *Plakat, Folie, Tafelanschrieb, Fotos, Zeichnungen …*

5. Gab es Mode schon immer? – Kurzvorträge logisch aufbauen

Christoph Wulf

Text 11 **Herkunft des Wortes „Kleid"**

Zur Herkunft des Wortes „Kleid" (Kleidung, Kleider) meldet das Deutsche Wörterbuch von Hermann Paul, dass es erst seit dem 12. Jahrhundert nachweisbar sei (in der Grundbedeutung von „Zeug"): „Dann ist es zur Bezeichnung für ein daraus gefertigtes Gewandstück geworden, zunächst ganz allgemein, wie noch im
5 Plural […]. Jetzt wird der Singular in Norddeutschland gewöhnlich nur für das weibliche Oberkleid gebraucht, in Süddeutschland noch wie früher für den Rock des Mannes. Die allgemeine Bedeutung liegt auch dem Verb kleiden (ank., ausk., bek., verk.) zugrunde" (Paul 1935, S. 228).
Kleid bzw. Kleidung wäre demzufolge eine vergleichsweise allgemeine Bezeich-
10 nung, die für das Phänomen der Körperverhüllung und -schmückung gefunden werden kann. Ihrem Bedeutungsspektrum entspricht heute sowohl das Phänomen des Lendenschurzes wie auch das der Abendgarderobe, während die ältere Bezeichnung „Gewand" im gegenwärtigen Sprachgebrauch […] Einschränkungen (Bühnenkleidung, feierliche Kleidung, Amtskleidungen) aufweist und allenfalls
15 noch in seiner mundartlichen Verwendung auf Alltagsbekleidungen bezogen ist. Auch das Wort „Tracht" ist reduziert auf spezifische Varianten (regionale, volkstümliche Bekleidungen, Berufskleidungen).
Interessanter ist das Verhältnis der Bezeichnungen *Kleidung* und *Mode*. Der Begriff *Mode* kommt im 15. Jahrhundert in Frankreich auf, abgeleitet von *modus*,
20 und setzt sich im 17. Jahrhundert auch in den germanischen Ländern durch – zu einer Zeit also, in der die ständischen[1] Kleiderprivilegien (Kleiderordnungen) zunehmend unterlaufen und abgebaut wurden.

[1] **ständisch** (adj. zu *Stand*): Das Adjektiv bezieht sich auf die mittelalterliche Ständeordnung. Jeder gehörte einem der drei Stände an: Geistliche dem ersten Stand, Adlige dem zweiten und alle anderen dem dritten Stand.

visualisieren → S. 253

1 Visualisiere den Text. Erstelle z. B. eine Mindmap, in deren Mitte das Wort „Kleid" steht, und entnimm dem Text wichtige Angaben über die Wort- und Bedeutungsgeschichte des Wortes „Kleid".

Michael Jäckel
Der Begriff Mode

Text 12

Etymologisch[1] betrachtet leitet sich der Begriff Mode von dem lateinischen Wort „modus" (gleich *Art und Weise, Sitte, Brauch*) her. Die Bezeichnung setzt sich etwa ab dem 17. Jahrhundert, von den höfischen Zentren Frankreichs ausgehend, auch in Deutschland durch und wird zunächst zur Beschreibung des sich wandelnden
5 Geschmacks und der verschiedenen Erscheinungsbilder von Kleidung, Schuhen, Haarpracht, Kopfbedeckung und Schminke verwendet […]. Der Geltungsbereich des Begriffs wurde sukzessive[2] ausgeweitet, sodass heute auch verschiedene musikalische Stilrichtungen, neue Freizeitentwicklungen, aber auch politische Einstellungen mit dem Begriff Mode zumindest umschrieben werden. Häufig ist dann
10 auch von modischen „Strömungen" die Rede; wer also über Moden spricht, verweist gleichzeitig auf einen zeitlichen Aspekt. Mode meint als Allgemeinbegriff einen Komplex zeitweise gültiger Kulturformen. Es handelt sich um Interessen, die langsam entstehen und wachsen und eine Zeit lang Beliebtheit genießen, danach aber allmählich absterben. Der Gegensatz zu Mode wäre in diesem Sinne mit
15 „zeitlos" zu umschreiben. Mode ist ein zyklisches Phänomen, wobei sich in historischer Hinsicht die Phasen des Modewechsels (Modezyklen) deutlich verkürzt haben. […]
Eine Mode wird erst dann wirklich sichtbar, wenn sie von mehreren Individuen getragen bzw. angenommen wird.

[1] **Etymologie** (aus dem Altgriech.): Die Etymologie untersucht die Herkunft eines Wortes und damit seine ursprüngliche Bedeutung.
[2] **sukzessive** (lat. *successive* „nachfolgend, einrückend"): allmählich, nach und nach

2 a Fasse zusammen, um was es in den Texten 11 und 12 geht.
  b Erstelle eine **grafische Darstellung**, in der es um „Mode" geht und die wichtige Angaben aus Text 12 enthält. Übertrage dazu folgende Tabelle in dein Heft und vervollständige sie.

17. Jahrhundert:	⟶	heute:
Frankreich		■
Begriff für den sich verändernden Geschmack und für ■	■	■

  c Erkläre: In welchem Zusammenhang stehen die Begriffe *Kleid – Kleidung – Kleiderordnung – Mode*?

3 a Wie hängen die beiden Texte (Text 11 und 12) mit dem Thema „Mode im Wandel der Zeiten" zusammen? Begründe deine Erklärung mit Belegen aus den Texten.
  b Welche Informationen aus diesen beiden Texten kannst du für einen Kurzvortrag zu diesem Thema nutzen? Schreibe sie heraus.
  c Welche der bisher untersuchten Texte in diesem Kapitel kannst du für dieses Thema verwenden? Lege eine Tabelle an und notiere in jeweils einem Satz, was aus dem betreffenden Text verwendet werden kann.

4 Diese Karten enthalten vorläufige Gliederungspunkte eines Kurzvortrags zu einem Thema aus dem Bereich Mode.

a Wähle die Karten aus, die für einen Kurzvortrag zum Thema „Mode im Wandel der Zeiten" geeignet sind.
b Füge bei Bedarf noch Karten hinzu. Achte aber darauf, dich nicht zu „verzetteln".

5 a Bringe die ausgewählten Karten in eine sinnvolle Reihenfolge, also ordne sie so, wie du sie in einem Kurzvortrag zum Thema „Mode im Wandel der Zeiten" präsentieren würdest.
b Begründe deine Auswahl und die Gliederung deines Kurzvortrags.

AIDA-Prinzip → S. 251

6 a Überlege dir einen Einstieg, der dem **AIDA-Prinzip** entspricht: Wodurch kann bei den Mitschülerinnen und Mitschülern **Aufmerksamkeit** erzielt werden? Wie kann diese Aufmerksamkeit in **Interesse** am Thema verwandelt werden?

Tipp: Wenn etwas ganz anders als vermutet eintritt, weckt dies Interesse. Das kann z. B. eine zunächst nicht einleuchtende Behauptung sein: „Nur wenn ich mich unmodern kleide, falle ich richtig auf – sonst bemerkt mich keiner."

b Wie kannst du am Schluss deines Vortrags zu einer Diskussion überleiten?

Tipp: Verbinde den **Anfang** des Referats mit den wichtigsten **Ausführungen** und stelle dann die **Frage** so, dass du die dargelegten Informationen kurzgefasst einbaust. Z. B. „Ich hatte ja behauptet, dass ich nur auffalle, wenn ich mich unmodern kleide. Wir haben gesehen, dass etwas erst dann zur Mode wird, wenn viele das Gleiche anhaben. Aber wenn das so ist, muss ich wieder etwas anders machen. Wohin könnte das führen? Wo ist die Grenze? Das sollten wir uns gemeinsam überlegen."

Aufbau eines Kurzvortrags

- Die **Gliederung** eines Kurzvortrags muss **logisch** sein, damit die Zuhörerinnen und Zuhörer gut folgen können.
- Sie muss außerdem **abwechslungsreich** sein, damit die Zuhörerinnen und Zuhörer motiviert bleiben.
- Sie sollte darüber hinaus **einprägsam** sein, damit man sich die Inhalte gut merken kann.
- Der Kurzvortrag sollte einen **interessanten Einstieg** besitzen, **am Schluss** das Wichtigste **zusammenfassen** und eine **These** oder eine Diskussionsfrage für die anschließende Diskussion enthalten.

6. Über Mode streiten – Präsentationen leben von Visualisierungen

Kurfürst Maximilian
Die Kleiderordnung von 1626

Text 13

Wir, Von Gottes Gnaden Maximilian, Pfalzgraf bei Rhein, Herzog in Ober- und Niederbayern, des Heiligen Römischen Reichs Erztruchsess und Churfürst[1], entbieten allen unseren Landhofmeistern, Hofratspräsidenten, Vitzthumben, Hauptleuten, Rentmeistern, Pflegern, Richtern, Bürgermeistern und überhaupt allen unseren Amtsinhabern, Dienst- und Amtsleuten, Untertanen, Gemeinden und Angehörigen zunächst unseren Gruß und unsere Gnade.
Wir befehlen ihnen, zur Kenntnis zu nehmen, dass wir schon geraume Zeit beobachtet haben, dass sowohl bei hohen als auch niederen Ständen in unseren Fürstentümern und Landen, entgegen den im Heiligen Römischen Reich und in unseren Fürstentümern und Ländern veröffentlichten Policeyordnungen, allerhand ärgerliche und strafbare Missbräuche eingerissen sind, insbesondere aber die hochverderbliche Pracht in der Kleidung und anderem Schmuck bei fast allen nach eigener Willkür und Laune so überhand genommen hat, dass man sowohl in der Form als auch im Material in Bezug auf das, was vor Jahren in unseren Fürs-

---

[1] Es handelt sich um eine Person. Maximilian hatte alle diese Ämter inne.

15 tentümern und Landen einem jeden Stand angemessen, gebräuchlich und zulässig gewesen ist, die genannten nützlichen Verordnungen überschritten hat.
Fast täglich ist man anderen, ausländischen, zum Teil unsittlichen Formen der Kleidung angehangen und hat sie getragen, was zur Folge hatte, dass viel Geld sinnlos und zum offensichtlichen Schaden und Verderben vieler ausgegeben und
20 den ausländischen Handelsleuten in die Hand gedrückt wurde.
Das hat auch anderes Unheil und Nachteile nach sich gezogen, besonders aber der lieben Jugend Anlass und Ansporn zu Üppigkeit, Hoffart und leichtfertigem Wandel gegeben.
Auch wird dadurch das Geldvermögen zu solcher unnötigen Pracht mehr als zum
25 täglichen Lebensunterhalt ihrer selbst und ihrer Hausgenossen aufgewendet.
Also haben wir nicht länger warten wollen, zur Unterbindung dessen – und auch in Anbetracht der Gefahr der bei solchem verderblichen, ärgerlichen Wesen unausbleiblichen Strafe und Zorn Gottes – aus landesfürstlicher väterlicher Fürsorge Abhilfe zu schaffen und nach folgender Ordnung zu verbieten bzw. festzuschrei-
30 ben, dies auch in Zukunft mit allem Nachdruck befolgen zu lassen, damit künftig der Unterschied zwischen den Personen hohen und niederen Standes besser gesehen und erkannt werden möge.

Fünf-Schritt-Lesemethode
→ S. 244f.

1 a Dieser Text ist nicht ganz einfach zu lesen und zu verstehen. Erschließe ihn mithilfe der **Fünf-Schritt-Lesemethode**.
  b An wen richtet der Verfasser, Kurfürst Maximilian, sein Schreiben?
  c Über welche Gruppen von Personen wird im Text darüber hinaus gesprochen?

argumentieren → S. 53–63

2 Untersuche den Text genauer:
  a Welche Gründe führt Kurfürst Maximilian für die Kleiderordnung an?
  b Beurteile die Argumente des Kurfürsten: Wer hat Vorteile, wer Nachteile, wenn die Ordnung des Kurfürsten durchgesetzt wird?

W-Fragen → S. 216

3 Forme das Vorwort zur Kleiderordnung in eine Zeitungsmeldung um.
  Tipp: Du solltest auf die Klärung der „W-Fragen" achten.

4 Welche Vorschriften könnte Maximilian in seiner Kleiderordnung gemacht haben? Formuliere sie mithilfe der Informationen aus Text 15. Du kannst so beginnen: *Meine Untertanen dürfen nicht … / Meine Untertanen müssen … / Es ist verboten …*

Antje Stannek

Text 14 **Die höfische Mode im 17. Jahrhundert**

Die höfische Mode unterlag während des siebzehnten Jahrhunderts einem Trendwandel, der – grob skizziert – von einer Dominanz[1] spanischer Kostüme zur Vorherrschaft französischer Entwürfe verlief. Die höfische Garderobe wurde vielfältiger und differenzierte sich nach den gesellschaftlichen Anlässen des höfischen
5 Lebens. Der stetige Wandel der höfischen Moden rief sogleich Kritik hervor.

[1] **Dominanz:** Vorherrschaft

Ein Nürnberger Kupferstich aus dem Jahre 1650 macht sich über die alten und neuen Trachten und vor allem über den beschleunigten Wandel der Kleidungsgewohnheiten lustig (vgl. die Abb.). Wie dem [im Original] beigefügten Spottgedicht zu entnehmen ist, trägt das in der Mitte dargestellte Paar die „traditionellen, alten Trachten". […] Flugschriften wie diese, die sich über die neuen und alten Moden lustig machten, waren Ausdruck eines Beharrungswillens und der Angst vor jeglicher Veränderung. Außerdem sind sie wohl auch dem Umstand zu schulden, dass die auswärtigen Luxusprodukte den einheimischen Gewerben zunehmend Konkurrenz machten.

5 Die Abbildung auf dem Flugblatt stellt eine Situation dar, die kritisiert wird.
  a Beschreibe zunächst das Bild. Verwende dabei u.a. folgende Bezeichnungen: *Umhang, Barett, Haube, Pluderhosen („rhingraves"), Wams*.
  b Was kritisiert die Abbildung?
  c Wodurch veranschaulicht der Künstler seine Kritik?
  d Warum ist diese Kritik für uns heute nur schwer zu erkennen? Denke daran, dass sich Mode sehr schnell ändert.

Bildbeschreibung → S. 204

Bilder lesen → S. 24f.

6 Man muss manchmal nicht lange zurückgehen, um Unmodernes zu entdecken.
  a Sicherlich findest du Familienbilder oder Fotos in Büchern oder Zeitschriften, bei denen Kleidung und Frisuren für uns heute sehr erstaunlich aussehen. Bereite einen Kurzvortrag zum Thema „Mode im Wandel der Zeiten" vor und setze diese Bilder bei deiner **Präsentation** als Visualisierung ein.
  b Schließe deine Präsentation mit einer Diskussionsfrage an die Klasse, z.B.: *„Warum lachen wir, wenn wir diese Kleidung anschauen?"* oder *„Wann werden wir über unsere heutige Kleidung lachen?"*

7 Manchmal ist es sinnvoll, für ein Referat einen **Handzettel** (ein so genanntes **Handout**) für die Zuhörerinnen und Zuhörer zu erstellen.
  • Welche Vorteile hat ein Handout? Wann nützt dir als Zuhörerin oder Zuhörer eine solche schriftliche Ausarbeitung?
  • Welche Nachteile könnte ein Handout eventuell auch haben? Wann lenkt dich z.B. das Lesen vom Zuhören ab?
  • Welche Angaben sind in einem solchen Handzettel sinnvoll?

8 Erstelle ein Handout für einen Kurzvortrag über Text 13 und 14.

7. Modenschau – Feedback und Diskussion

1 Beschreibe, was bei einer Modenschau passiert.
   a Welche Personen oder Personengruppen sind daran beteiligt?
   b Wie verhalten sich die beteiligten Personen?
   c In welcher Beziehung stehen die Beteiligten zu dem, **was** gezeigt wird?
   d Ordne den Personen zu, was von ihnen erwartet wird (z. B. *Die Modeschöpferin erwartet, dass die Gäste ihre Kreationen …*)

Bericht → S. 27–32

2 a Berichte über eine Fantasie-Modenschau und beschreibe in deinem Bericht sowohl die gezeigte Mode als auch das Verhalten der Models und des Publikums.
   b Erstelle eine Werbeanzeige für die Fantasie-Modenschau. Achte dabei darauf, das AIDA-Prinzip (siehe S. 251) bei der Gestaltung deiner Anzeige anzuwenden.

AIDA-Prinzip → S. 251

3 Vergleiche Modenschau und Präsentation:
   a Welche Erwartungen kann man an denjenigen stellen, der einen Kurzvortrag präsentiert?
   b Welche Erwartungen kann man an die Zuhörerinnen und Zuhörer stellen?
   Tipp: Vergleiche dazu im Kapitel „Vom Feuerzeichen zur E-Mail" die Tabelle *Referate halten – zuhören können" (S. 288)*.

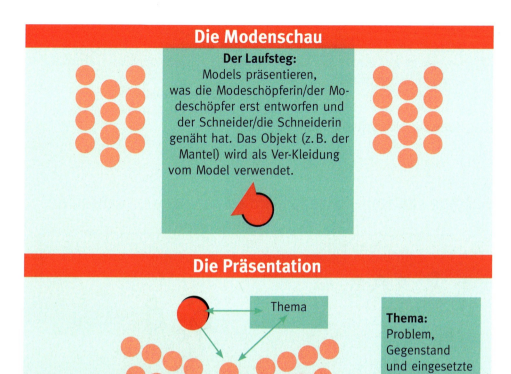

4 Erläutere die beiden Grafiken.
  a Arbeite die Unterschiede und Gemeinsamkeiten von Modenschau und Kurzvortrag/Präsentation heraus. Dazu kannst du eine Tabelle anlegen oder Stichworte zu einzelnen Aspekten aufschreiben.
  b Welche Ratschläge kann man einem Vortragenden geben, damit die Kommunikation mit den Zuhörerinnen und Zuhörern reibungslos gelingt? Gestaltet Plakate, die diese Ratschläge visualisieren, und hängt sie im Klassenzimmer auf.

5 a Beschreibe, was die Zeichnung rechts darstellt.
  b **Feedback** (engl. *feed-back* ≈ Nahrung zurückgeben) in einer Modenschau könnte das Klatschen des Publikums sein. Fehlt es, könnte dadurch Kritik zum Ausdruck gebracht werden. Welche Formen des Feedbacks kann es bei einem Referat oder einer Präsentation geben?
  c Wie sollte man mit Feedback umgehen? Warum ist das manchmal schwierig?

6 Entwirf eine Radionachricht darüber, dass in einer Schule eine Kleiderordnung eingeführt wurde. Die Nachricht sollte vier Teile enthalten:
  1. Informationen zu dem, was wo wie geregelt wurde,
  2. Stellungnahme der Schulleitung,
  3. Stellungnahme des Elternvertreters/der Elternvertreterin,
  4. zwei unterschiedliche Stellungnahmen aus Schülersicht.

Achte darauf, dass der Radiosprecher/die Radiosprecherin die Stellungnahmen in indirekter Rede wiedergibt.

diskutieren → S. 48–62

7 a Bereitet eine Diskussion zum Thema *„Für oder gegen eine Kleiderordnung in der Schule?"* vor. Erstellt dazu Thesen und Begründungen (Argumente), die ihr aus den Texten in diesem Kapitel entnehmt und durch weitere, selbst recherchierte Informationen ergänzt.
  b Vor oder nach der Diskussion kann eine Umfrage zu „Kleiderordnung in der Schule?" wichtige Erkenntnisse bringen. Überlegt, wie man die Ergebnisse **während**, wie **nach** der Diskussion nutzen kann.

Auf dem Laufsteg – Standpunkte einnehmen und vertreten

Text 15 Zwei Schülerinnen bzw. Schüler stehen sich bei dieser Diskussion gegenüber, jeder/jede vertritt eine Position. Die restlichen Schülerinnen und Schüler der Klasse entscheiden sich nach jedem Argument, zu welcher Position sie sich stärker hingezogen fühlen. Manche sind ganz von der einen Seite überzeugt, dann stehen sie …

8 Vervollständige die Beschreibung dieser Diskussionsanordnung mithilfe der Abbildung.

9 Führt eine solche Diskussion zum Thema „Kleiderordnung in der Schule?".
  a Dazu müsst ihr **Thesen** und **Gegenthesen** vorbereiten.
  b Bezieht eure „Standpunkte" so im Raum, wie es eurer Meinung entspricht. Je näher ihr einer Position seid, umso stärker stimmt ihr zu. Die Unentschiedenen stehen in der Mitte. Vielleicht werden sie durch die Argumente „bewegt".
  Tipp: Ihr könnt auch eine noch nicht bearbeitete und umstrittene Fragestellung auf diese Weise diskutieren, die ihr selbst gefunden habt.

Ein gelungener Kurzvortrag

Tipps	Das kommt vor ...	Referate halten und präsentieren ...	Das kommt vor ...	Tipps
Karteikarte anfertigen für jeden Schritt der Präsentation	Ich weiß nichts mehr.		Blickkontakt mit Zuhörern verloren	Sich vornehmen, alle anzuschauen, Blick schweifen lassen. Das ist normal, geht jedem so ...
sich an etwas festhalten, aber nicht am Tageslichtprojektor	Hände schwitzen		Materialien zu Hause vergessen	**Checkliste** erstellen: Was brauche ich wann?
die Präsentation vor Freund oder Freundin proben	Im Fußboden versinken		Ich fühle mich am Ende des Referates leer.	**Feedback** einholen und als Hilfe für weitere Präsentationen verwenden
			Das Publikum erscheint unruhig.	• Anschauliche Materialien? • Abwechslungsreich? • Richtige Betonung? • Haltung zum Inhalt und zum Publikum?
Anforderungen herunterschrauben	Gefühl, überfordert zu sein			

1 a Ordne die **Tipps** den Problembereichen beim Vortragen oder Präsentieren zu.
   b Fallen dir weitere Ratschläge ein? Sammele sie und ordne sie den Problembereichen zu.
   c Erstelle ein **Plakat** mit den wichtigsten Problemen und Tipps. Wähle deine persönlichen Schwerpunkte aus und hebe sie grafisch deutlich hervor.

2 **Übung macht den Meister ...**
   a Erstelle deinen persönlichen **Übungsplan**, der möglichst viele Bereiche der Präsentation umfasst. Schaue dir dafür nochmals die 11 Schritte in der Grafik auf S. 251 an. Du kannst viele Schritte auch unabhängig von einer Präsentation üben – allein, vor Freunden oder in der Gruppe. Das Feedback der anderen hilft, den Fortschritt zu beobachten.
   b Suche dir für die Übung Themen heraus, die dich interessieren und bei denen du dich schon ein wenig auskennst.
   c Arbeitet mit der Videokamera: Zeichnet eure Präsentationen auf und besprecht anschließend vor dem Bildschirm, was euch schon gut gelungen ist und was ihr noch verbessern könnt.

Und jetzt kommst du!

Trachten – Digitale Präsentation

Spiegel online

Text 16 **Nicht ohne meinen Schottenrock**

US-Schüler Nathan Warmack war auf einer Tanzveranstaltung der Jackson High School in der Kleinstadt Jackson im US-Staat Missouri verboten worden, seinen heißgeliebten Schottenrock zu tragen. Der 18-Jährige hatte bei der Schulfeier im Herbst seinen Kilt mit Hemd und Krawatte kombiniert, um seine Verbindung zu seinen schottischen Vorfahren zu demonstrieren.

5 Schulleiter Rick McClard befahl ihm daraufhin, den rotkarierten Rock gegen eine ordentliche Anzughose einzutauschen – sonst drohe ihm der Rausschmiss. Seine Begründung: Das Schottenmuster errege unnötiges Aufsehen und er werde es nicht dulden, dass sich Schüler auf dem Ball wie Clowns kleideten.

Doch der Schulleiter hatte nicht mit den Exil-Schotten aus aller Welt gerechnet,
10 die in Sachen Nationalkleidung wenig Spaß verstehen. Mit seinem Verbot löste er Online-Petitionen und den Protest vieler Organisationen aus, die sich für das schottische Kulturerbe einsetzen. Auf Scotsman.com erschien ein Spendenaufruf, damit Warmack vor Gericht ziehen konnte. Knapp 12.000 Menschen unterschrieben einen Online-Protestbrief, der eine Entschuldigung des Schulleiters forderte.

15 Daraufhin gab der Direktor nach – er entschuldigte sich öffentlich bei Warmack. „Nathan kann seinen Schottenrock tragen, wo er will – im Unterricht, beim Basketballspiel oder beim Abschlussball", sagte der Anwalt der Schule, Steve Wright. Allerdings könne ihn die Schulleitung bitten, die Kleidung zu wechseln, sollte sein Outfit zu Unruhen oder Problemen in der Schule führen.

20 Der Leiter des Schuldistrikts versprach, künftig die Lehrer besser über die Kleiderordnung aufzuklären, damit sich solche „Diskriminierungen" nicht wiederholten. Mitglieder der schottisch-amerikanischen „Clan Gunn Society" in Texas und andere Schottland-Aktivisten trommeln nun eifrig alle Teile ihrer Nationalkleidung zusammen, die sie Nathan Warmack zu seinem nächsten Schulball schenken wol-
25 len. Dann könnte Warmack nicht nur Kilt, sondern auch den traditionellen Tartan-Umhang, eine Gürteltasche und vielleicht ja auch einen Dudelsack tragen.

Tra·cht, die; -, -en [mhd. traht(e), ahd. draht(a), zu tragen, eigtl. = das Tragen, Getragenwerden; das, was getragen wird]:
  1. *für eine bestimmte Volksgruppe o. Ä. od. bestimmte Berufsgruppe typische Kleidung* […]
  2. (Imkerspr.) *von den Bienen eingetragene Nahrung, bes. Nektar, Pollen, Honigtau: eine Biene, die reichlich T. gefunden hat (Natur 78).*
  3. (Landw.) *Stellung einer Fruchtart in der Anbaufolge [u. deren Ertrag].* […]
  6. *Erscheinungsbild, Habitus*

---

1 Erläutere den Begriff „Tracht" mit eigenen Worten.

2 Bereite einen Kurzvortrag zum Thema „Trachten" vor.
   a Recherchiere nach den in deiner Region noch vorhandenen Trachten.
   b Sammle Informationen darüber, wann eine Tracht getragen wurde und warum sie nicht mehr getragen wird.

Der verkleidete Körper 265

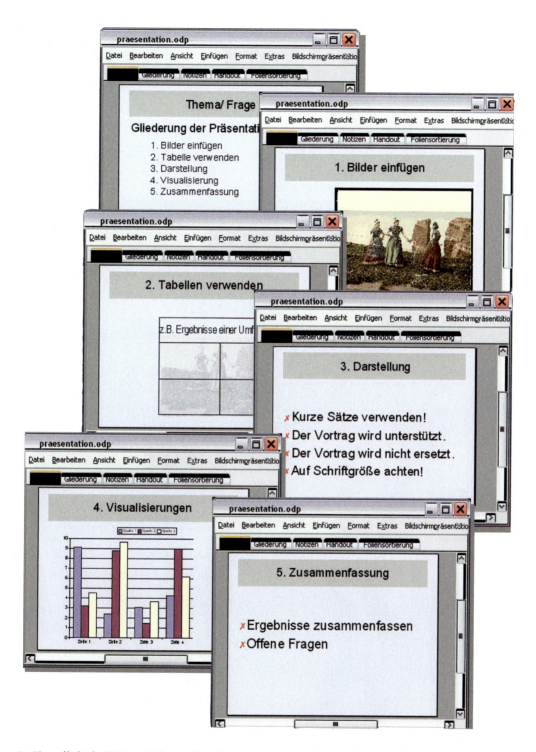

3 Eine **digitale Präsentation** sollte klar aufgebaut sein und den mündlichen Vortrag durch Visualisierungen unterstützen – nicht ersetzen (siehe Folie 4).
   a Erläutere die Schritte der digitalen Präsentation, die du der Abbildung entnehmen kannst.
   b Inwiefern kann das AIDA-Prinzip bei der Gestaltung einer digitalen Präsentation helfen?

AIDA-Prinzip
→ S. 251

Vom Feuerzeichen

Mithilfe von und über Technik

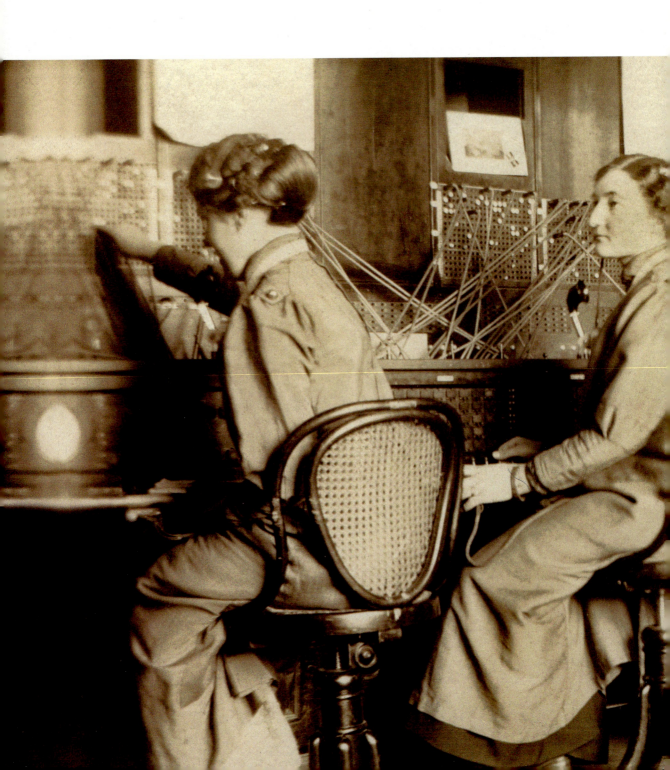

Vom Feuerzeichen zur E-Mail 267

zur E-Mail

ommunizieren

1. Feuerzeichen – Fremde Wörter entschlüsseln

Aischylos

Text 1 **Agamemnon**

Ein 2500 Jahre altes Drama erwähnt bereits Techniken, die Menschen verwendeten, um über große Entfernungen hinweg zu kommunizieren.
Die griechische Prinzessin Helena wurde von dem trojanischen Prinzen Paris nach Troja entführt, das damals eine sehr bedeutende Stadt in Kleinasien war. Unter der Führung von Agamemnon wollten die Griechen Helena zurückholen. Von der Königsburg Mykene aus starteten sie ihren Feldzug.
Klytaimnestra, Agamemnons Frau, erwartet zu Hause in Mykene Nachricht aus Troja.

Königspalast zu Argos [1]. Auf dem flachen Dach der Wächter

WÄCHTER: Die Götter bitt' ich um ein Ende dieser Müh'n:
    Ein langes Jahr nun lieg' ich auf dem Dache hier
    Des Atreushauses [2], lagernd wie ein Wächterhund.
    Der Sterne nächtliche Versammlung kenn' ich jetzt,
5   Wie sie wechselnd Winter, Sommer bringen Sterblichen,
    Strahlende Herrscher, funkelnd in des Äthers [3] Raum.
    Auch heute späh' ich nach des Flammenzeichens Schein,
    Dem Strahl des Feuers, das Bericht von Ilion [4]
    Und Siegesbotschaft bringen soll
10   […]
    O käme heut ein glücklich Ende meiner Mühn,
    Erschiene froher Botschaft nächtger Feuerglanz!

Pause.
Dann flammt in der Ferne ein Feuer auf.

15 O sei gegrüßt mir, Flamme! Aus dem Dunkel weckst
Du Tageshelle, weckst in Argos weit und breit
Festchorgesänge, diesem Glück zu frohem Dank!
Jo! Jo!

Der Wächter erhebt sich ...

20 Agamemnons Gattin will ich es laut verkünden,
Dass schnell ihr Lager sie verlasse, im Palast
Den freudenhellsten Jubel dieser Fackel Strahl
Entgegenjauchze, da die Troerfeste[5] nun
Gefallen ist, wie das Fanal[6] uns kündete!
25 [...]

CHORFÜHRER: [...]
Doch ob du Glaubenswertes hörtest oder nicht,
Dass du in botschaftsfroher Hoffnung Opfer bringst,
Das gern erfür' ich; schweigst du, so bescheid' ich mich.
30 KLYTAIMNESTRA: Ein Freudenbote, wie's im Sprichwort heißet, soll
Das Morgenrot uns kommen von der Mutter Nacht!
Ja, Freude höret über alle Hoffnung groß:
Des Priamos' Feste[7] hat erobert unser Heer.
CHORFÜHRER: Du meinst–? Vergib! Ich traue meinem Ohre nicht!
35 KLYTAIMNESTRA: Die Achaier[8] haben Troja! Sprach ich nun es klar?
CHORFÜHRER: Freude durchdringt mich; Tränen ruft sie mir hervor!
KLYTAIMNESTRA: Dass du es wohl meinst, zeigt dein Aug' mir unverstellt.
CHORFÜHRER: Und was verbürgt dir's? Hast du Zeugnis und Beweis?
KLYTAIMNESTRA: Gewiss, wie sonst denn? Wenn ein Gott mich nicht betrog.
40 [...]
CHORFÜHRER: Seit welcher Zeit ist's, dass die Stadt vernichtet ward?
KLYTAIMNESTRA: Seit dieser Nacht ist's, welche diesen Tag gebar.
CHORFÜHRER: Doch welcher Bote mochte sich so schleunig nahn?
KLYTAIMNESTRA: [...] her geschickt hat in der Feuer Wechselpost
45 Ein Brand den andern [...]

Sie beschreibt Stationen der Feuer von Troja nach Mykene.

[...]
Und weckte schnell der Flammenboten Wechsel auf.
Fernhin erkennbar neues Feuer schürte dort
50 Die Wache; aufschlug's höher hier denn irgendwo
[...]
So war die Ordnung dieses Fackellaufs bestimmt
Und so, mit Flamme Flamme wechselnd, schnell erfüllt;
Im Flammenlauf die erst' und letzte hat den Preis.
55 Ein solches Zeugnis, solches Zeichen nenn' ich dir
Aus Troja mir voraus von meinem Mann gesandt.
[...]

CHORFÜHRER: Bald offenbart sich's, ob der Botenfackellauf,
Die Wachtfanale und die Feuerwechselpost
60 Wahrhaftig waren oder ob nach Traumes Art
Des frohen Lichtes Kommen nur getäuscht den Sinn.
[…]
Ich seh' den Herold vom Gestade schon sich nah'n,
Das Haupt vom Ölzweig überschattet; […]

1 Lies dir den Text genau durch.
   a Einiges wirst du nicht gleich verstehen können, denn „fremde Wörter" erschweren neben der Versgestaltung das Verständnis. Du kannst aber aus dem Zusammenhang (dem Kontext) und mit einigen Zusatzinformationen die Bedeutung dieser Wörter erschließen.
   Übertrage die folgenden Worterklärungen in dein Heft und vervollständige sie.

1) *zu Argos*	Der Palast und die Burg Mykene befinden sich auf einem Hügel in der Landschaft Argolis. *Argos* muss also ein ■ sein, der sich in dieser Landschaft befindet.
2) *Atreushaus* (V. 3)	Atreus war vor der Zeit, in der die Geschichte spielt, König von Mykene, seine Söhne hießen Agamemnon und Menelaos. Da Atreus als König kein einfaches Haus, sondern einen ■ bewohnt hat, befindet sich der Wächter auf dem Dach des ■.
3) *Äthers* (V. 6)	Zuerst muss man den Kasus des Wortes bestimmen: Es handelt sich um ■. Im Fremdwörterlexikon findet sich die Bedeutung *Äther* – „der Brennende, Glühende, Leuchtende". Dies passt hier aber nur im übertragenen Sinne. Der Wächter befindet sich nachts ■ und über ihm ist der ■.
4) *Ilion* (V. 8)	Die Geschichte vom Kampf um die Stadt Troja wird in der „Ilias" von Homer erzählt. „Ilion" könnte also ein anderer Name für ■ sein.
5) *Troerfeste* (V. 23)	Wenn man das Wort in seine Bestandteile teilt, erhält man ■ und ■. „Troer-" erinnert an ■, „-feste" bedeutet nicht etwa „Feiern". Es gibt ein Gebäude, das besonders „fest" ist, damit es nicht eingenommen werden kann. „Feste" ist also ein anderes Wort für ■.
6) *Fanal* (V. 24)	Aus dem Zusammenhang lässt sich entnehmen, dass das „Fanal" von etwas „künden", also etwas mitteilen soll. Der Wächter hatte bereits am Anfang von ■ gesprochen, die die ■ bringen sollen. Fanal bedeutet hier also ■.
7) *Priamos' Feste* (V. 33)	Priamos ist der König von Troja. Der Kasus von „Feste" ist ■. Es handelt sich also um ■.
8) *Achaier* (V. 35)	Kasus und Numerus des Wortes: ■ ■. Troja ist besiegt worden, und zwar von den Achaiern. Das ist ein anderes Wort für ■.

   b Helft einander mit Umschreibungen und Erklärungen der Wörter an weiteren schwierigen Stellen.

Tipps für das Entschlüsseln von fremden Wörtern

In manchen Texten begegnen dir Wörter, die du nicht verstehst. In vielen Fällen kannst du sie aufgrund der **Bedeutung von einzelnen Bestandteilen** oder aus dem **Kontext** (also aus den Informationen, die im Text um diese Wörter herumstehen) erschließen. Gehe dabei folgendermaßen vor.

- Kommt dir ein **Wortteil** bekannt vor? Gehe von diesem Bestandteil des Wortes aus, um die Gesamtbedeutung zu erschließen. (*Atreushaus* → *Haus*)
- Suche dem ganzen Wort oder einzelnen Wortteilen **verwandte Wortformen**, die du verstehst. (*Troerfeste* → *Feste* → *Festungen*)
- Bestimme die **Wortart** und bestimme gegebenenfalls **Numerus** und **Kasus** (*des Priamos* (Gen. Sg.) *Feste* (Nomen: Akk. Sg.)).
- Versuche, den **Zusammenhang** ohne das fremde Wort zu klären, baue dann das fremde Wort ein und probiere verschiedene „Übersetzungen" aus *(Die ??? haben Troja erobert, das haben wir freudig gehört)*.
- Wenn kein Ergebnis zufriedenstellend ist, solltest du das Wort im Fremdwörterbuch oder in einem Lexikon **nachschlagen**.

2 Hört euch in die Sprache dieses antiken Drama ein:
   a Lest einander die Verse in kleinen Gruppen laut vor. Was fällt euch schwer?
   b Bestimmt das Metrum dieser Verse. Was fällt euch auf?
   c Übt, die Verse gestaltend vorzutragen, und tragt die Szene dann mit verteilten Rollen in der Klasse vor.

Metrum → S. 221
gestaltend vortragen
→ S. 174f.

3 Der Wächter auf dem Dach des Königspalasts, die Fragen des Chorführers und die Antworten von Agamemnons Frau Klytaimnestra geben Auskunft darüber, wie die Botschaft von Troja nach Mykene gelangt sein soll.
   a Worauf genau wartet der Wächter?
   b Wovor hat er Angst?

4 a Was „sagt" das Feuerzeichen dem Wächter und Klytaimnestra? Formuliere den Inhalt seiner Botschaft in einem Satz.
   b Was hält der Chorführer von der Botschaft? Erkläre seine Reaktion.

5 Klytaimnestra weist die Bedenken des Chorführes zurück.
   a Welche Worte wählt sie für die Übermittlungsart der Nachricht? Ergänze die Mindmap in deinem Heft:

   b Wie lauten entsprechende Fachwörter? Schreibe Fachwörter, die du kennst, zu den jeweiligen Begriffen in deiner Mindmap.
   c Wie wirken Klytaimnestras Worte im Vergleich zu den Fachausdrücken?

Vorgangsbeschreibung
→ S. 19

6 a Wie genau, mit welchem Zweck und unter welchen Umständen wird die Nachricht in Text 1 übermittelt? Dabei können dir die **W-Fragen** helfen *(Wer? Was? Wann? Wo? Wie? Warum? Wozu? Welche Folgen?)*.
  b Beschreibe dann in wenigen sachlichen Sätzen den Vorgang der Übermittlung.

7 Auf welche der W-Fragen gibt der Text keine Antwort der Übermittlung?
  a Recherchiert nach Antworten und ergänzenden Informationen in Lexika, Sachbüchern (z. B. in der Stadtbibliothek oder in der Schülerbücherei) oder im Internet.
  b Vervollständigt eure Vorgangsbeschreibungen aufgrund dieser zusätzlichen Informationen.
  c Erstelle eine tabellarische Übersicht zur antiken Nachrichtentechnik der Feuerzeichen.

Was konnte die antike Nachrichtentechnik leisten?	Worin bestanden ihre Schwächen?
Grenzen der Reichweite der menschlichen Stimme überwinden	■
unabhängig von der Schnelligkeit und Ausdauer eines Boten sein	■
das eigene Leben ■	störanfällig, weil ■
■	■

2. Zeichen missverstehen –
Bedingungen von Kommunikation

Sehr oft verarbeiten wir sichtbare oder hörbare Zeichen so, dass sie der Verständigung dienen und dass dadurch die Kommunikation gelingt. Für den Wächter und Klytaimnestra in dem Drama „Agamemnon" (Text 1) ist die Bedeutung des Feuerzeichens eindeutig, d. h. es enthält nur eine einzige, vorher festgelegte Information.

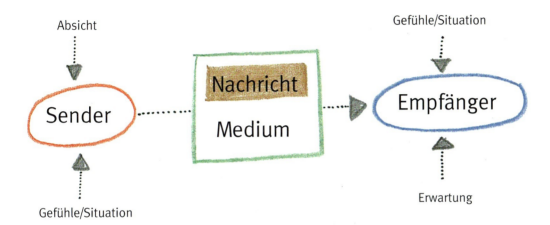

Friedemann Schulz von Thun
Zwischenmenschliche Kommunikation   Text 2

Der Grundvorgang der zwischenmenschlichen Kommunikation ist schnell beschrieben. Da ist ein Sender, der etwas mitteilen möchte. Er verschlüsselt sein Anliegen in erkennbare Zeichen – wir nennen das, was er von sich gibt, seine Nachricht. Dem Empfänger obliegt es, dieses wahrnehmbare Gebilde zu entschlüsseln.
5 In der Regel stimmen gesendete und empfangene Nachricht leidlich überein, sodass eine Verständigung stattgefunden hat. Häufig machen Sender und Empfänger von der Möglichkeit Gebrauch, die Güte der Verständigung zu überprüfen: Dadurch, dass der Empfänger zurückmeldet, wie er die Nachricht entschlüsselt hat, wie sie bei ihm angekommen ist und was sie bei ihm angerichtet hat, kann der
10 Sender halbwegs überprüfen, ob seine Sende-Absicht mit dem Empfangsresultat übereinstimmt. Eine solche Rückmeldung heißt auch Feed-back. […]"

1 a Erläutere mithilfe der Grafik und der Informationen aus Text 2, wie zwischenmenschliche Kommunikation im Idealfall funktioniert.
  b Erkläre die Begriffe „entschlüsseln" (Z. 4), „Güte der Verständigung" (Z. 7) und „Feed-back" (Z. 11) im Zusammenhang mit Situationen, in denen Menschen kommunizieren.

Vier Ohren? – Eine Nachricht, mehrere Informationen

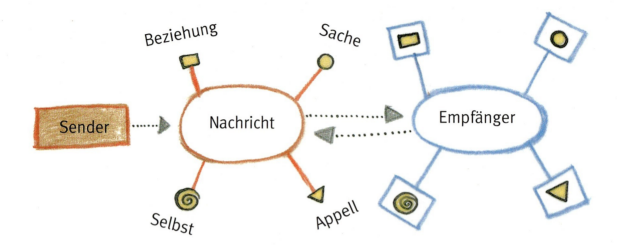

Ein Beispiel:
Die Lehrerin (= **Sender**) sagt zu ihren Schülern Lena und Martin (= **Empfänger**): „Da liegt ein Stück Kreide auf dem Fußboden." – Lena antwortet: „Stimmt." Martin antwortet: „Das war diesmal aber der Philipp!"

2 a Was steckt alles drin in dem, was die Lehrerin sagt? Welche Botschaften vermittelt ihr Satz?
  • Die Lehrerin macht eine Feststellung. Sie stellt fest, dass ■
  • Die Lehrerin ■
  • ■
  b Was können die Empfänger der Nachricht entnehmen?

Bilder lesen → S. 24f.   3 Erklärt das in der Grafik dargestellte Vier-Informationen-Modell nach Friedemann Schulz von Thun mithilfe des Beispiels.
  a Überlegt euch, wie ihr die Äußerung der Lehrerin (= Sender) auffassen würdet.
Rollenspiel → S. 54   b Versetzt euch dann in die Rolle von Lena und Martin als Empfänger. Wie würdet ihr reagieren? Spielt die Szene im Rollenspiel.

4 Wendet das Vier-Ohren-Modell auf die folgende Szene an:
Morgens kurz vor eurem Aufbruch zur Schule – ihr seid fertig angezogen und wollt gerade zur Tür hinaus – sagt eure Mutter oder euer Vater zu euch: „Draußen ist es kalt."
  a Vier Paare spielen den Fortgang der Szene vor, und zwar so, dass jedes Mal mit einem anderen Ohr hingehört wird.
  b Wie ändert sich der Verlauf der Szene dadurch? Erkläre, woran genau das jeweils liegt.
  c Was passiert, wenn du mit allen vier Ohren zugleich hörst? Probiert es aus.

5 Schulz von Thun nennt seine vier Ohren auch:
Beziehungs-Ohr   Sach-Ohr   Selbstoffenbarungs-Ohr   Appell-Ohr
Übertrage die Zeichnung mit den vier Ohren in dein Heft und ordne diese Begriffe den Ohren in deiner Zeichnung zu.

Kommunikation

Unter Kommunikation versteht man den **Austausch von Informationen**. Dies setzt einen **Sender** und einen **Empfänger** voraus, ein **Medium**, mit dessen Hilfe die Information transportiert wird, und **Zeichen**, die sowohl Sender als auch Empfänger verstehen.

Bei einer einfachen Kommunikation übermittelt der Sender (z. B. ein Sprecher) einem Empfänger (z. B. einem Zuhörer) eine Information (z. B. dass jemand gewonnen hat), indem er als Medium *Stimme* und als Zeichen die gemeinsame *Sprache* (bestehend aus Lauten/Silben, Wörtern, Sätzen) verwendet. Oft werden mehrere Informationen gleichzeitig übertragen, z. B.: „Dein Zimmer ist unordentlich."
  → Dein Zimmer ist unordentlich.
  → Du bist eine unordentliche Person.
  → Mir gefällt nicht, dass dein Zimmer unordentlich ist.
  → Räum dein Zimmer auf.

Missverständnisse können eintreten, wenn die Zeichen, aus denen die Information besteht, nicht verstanden werden (z. B. die Sprache nicht bekannt ist), wenn der Sprecher noch etwas anderes ausdrücken will oder der Hörer meint, dass es nicht nur um den Informationsaustausch geht (z. B. einen Vorwurf in der Äußerung „hört").

6 a Muss man auf die vier Ohren oder die vier Zungen nur dann achten, wenn Menschen miteinander kommunizieren oder auch, wenn Menschen auf Zeichen reagieren, die aus Dingen, z. B. aus Schildern oder Signalen bestehen? Begründe deine Antwort und belege deine Begründung mit Beispielen.
  b Diskutiert diese Frage in der Klasse. Bei welchen Zeichen kann das nicht passieren?
  c Welche Voraussetzungen müssen bei dieser Art von Kommunikation gegeben sein? (Denke an den Wächter in „Agamemnon".)

7 Welche anderen Wörter aus dem Wortfeld „Zeichen" kennt ihr? Erstellt einen Wortstern.

Zeichen

Als **Zeichen** bezeichnet man etwas, das auf etwas anderes **hinweist** (z. B. ein Feuer auf einen Sieg): Wenn etwas auf diese Weise von Sender und Empfänger **als eindeutige Aussage vereinbart** wurde, so ist es zum „Zeichen" geworden.

Zeichen können auch **Buchstaben** oder **Wörter** sein, ebenso **Hörbares** (z. B. Sirenentöne) und **Sichtbares** (z. B. Rauchzeichen).

Zeichen sollten **eindeutig** sein, um Missverständnisse zwischen Sender und Empfänger zu vermeiden.

3. Signal-Stationen – Bauanleitung

Cecil S. Forester

Text 3 **Hornblower auf der Hotspur**

Die Romanserie um den englischen Kapitän und späteren Lord und Admiral Hornblower ist in der ersten Hälfte des 20. Jahrhunderts entstanden und spielt vor ungefähr 200 Jahren. Damals kämpfte England gegen Frankreich, dessen Herrscher Napoleon war. Im folgenden Textabschnitt spioniert Hornblower während der Blockade von Brest hinter den französischen Linien.

Es war ein herrlicher Sommertag, einzelne Kumuluswolken[1)] schwammen im azurblauen[2)] Himmel. Die HOTSPUR lag beigedreht mit backgesetztem Kreuzmastsegel und bewegte sich kaum, denn dort, wo sie lag – weit drinnen in der Einfahrt nach Brest[3)] –, konnte die über Land kommende schwache östliche Brise
5 noch keinen Seegang erzeugen. Hornblower sah sich zunächst einmal um, als er das Achterdeck betrat; sein erster Blick galt natürlich der Küste. Die HOTSPUR lag in der Mündung des Goulet[4)], dort wo man die äußere Reede[5)] von Brest bequem überblicken konnte. Im Norden lag der Petit Minou[6)], […] die HOTSPUR lag wie in Friedenszeiten, aber diesmal aus sehr handgreiflichen Gründen, genau
10 in der Mitte […]. Ein wenig weiter landeinwärts nach Brest zu […], auf der äußeren Reede von Brest, lag die französische Flotte vor Anker. Notgedrungen musste sie diese freche unablässige Überwachung dulden, denn draußen […] drohte die Übermacht der britischen Kanalflotte.
Dorthin richtete sich Hornblowers zweiter Blick. Das Gros[7)] war […] außer Sicht,
15 damit seine Stärke verborgen blieb, auch Hornblower wusste nicht, wie stark es zur Zeit war – er nahm an, dass es rund ein Dutzend Linienschiffe zählte. Gut in Sicht, nur drei Meilen weiter nach See zu, lag das Küstengeschwader[8)] – dicke Zweidecker – friedlich beigedreht, aber jede Minute bereit, der HOTSPUR und den beiden Fregatten[9)] DORIS und NAJADE zu Hilfe zu kommen, wenn die Franzosen
20 je den Versuch unternahmen, diese frechen Späher zu verjagen. Aus dreien dieser Schiffe hatte das Küstengeschwader bisher bestanden, ein viertes kam, wie Hornblower sofort entdeckte, eben hart am Wind langsam näher, um es zu verstärken. Unwillkürlich warf Hornblower sofort einen Blick nach dem Petit Minou. Wie erwartet, tanzten dort die Arme des Semaphors schon wieder lustig auf und ab.
25 Die Ausguckposten signalisierten der französischen Flotte, dass ein viertes Schiff zum Küstengeschwader stieß. Jede, auch die unbedeutendste Bewegung der britischen Streitkräfte wurde von dort oben
30 sofort bemerkt und gemeldet, sodass der französische Admiral[10)] bei sichtigem Wetter binnen weniger Minuten genau unter-

richtet war. Das war ein unhaltbarer Zustand, denn dieser Meldedienst kam vor allem den Küstenseglern zugute, die ständig versuchten, […] von Süden her heimlich nach Brest zu gelangen. Gegen diese Signal-Station musste unbedingt etwas unternommen werden.

1 Kläre die fremden Wörter, indem du folgende Hilfen nutzt:

fremde Wörter entschlüsseln → S. 271

1) *Kumuluswolken* (Z. 1)	Im Lexikon findest du **Cumulus**, lat. für *Anhäufung*.
2) *azurblau* (Z. 2)	Die Spieler der italienische Fußballnationalmannschaft werden „Azurri" genannt: Sie tragen blaue Trikots.
3+4) *Brest* (Z. 4) *Goulet* (Z. 7)	siehe Karte
5) *Reede* (Z. 7)	Im Lexikon findest du „Ree|de, die; –, –n [aus dem Niederd. < mniederd. rede, reide = Ankerplatz, wohl eigtl. = Platz, an dem Schiffe ausgerüstet werden]
6) *Petit Minou* (Z. 8)	Eigenname für einen Hügel an der Küste der Bretagne
7) *Gros* (Z. 14)	Im Lexikon findest du die Lautschrift [gro:]. Weitere Informationen: *frz. gros = groß, dick* und *lat. grossus*.
8) *Küstengeschwader* (Z. 17)	Ein Geschwader von Schiffen ist ein Flottenverband.
9) *Fregatte* (Z. 19)	Nutze den Zusammenhang, um das Wort zu erklären.
10) *Admiral* (Z. 28)	Die Einleitung des Textes hilft bei der Worterklärung.

2 Über die Station auf dem Petit Minou und besonders über den Semaphor und seine Funktionsweise erfährst du im Verlauf der Geschichte noch viele Einzelheiten. Schreibe sie heraus, während du die Romanausschnitte weiterliest.

Notizen zu Texten machen

Wenn du den Text **unter einer bestimmten Fragestellung** liest, kannst du direkt Antworten auf deine Frage aus dem Text herausschreiben.
Sollten dir darüber hinaus Dinge **besonders interessant oder wichtig** erscheinen, notiere sie mit einer anderen Farbe an einer anderen Stelle deines Blattes Papier oder deiner Heftseite.

Wenn du den Text <u>nicht</u> unter einer bestimmten Fragestellung liest, sondern dir allgemeine Notizen machen möchtest:
- Notiere farbig (z. B. mit Rot), was dir **besonders wichtig** erscheint.
- Verwende eine andere Farbe (z. B. Grün), um zu notieren, **was dir unklar ist oder was du noch nicht verstehst**.
- Mit einer dritten Farbe (z. B. Blau) solltest du **Fragen** notieren, die du zum Text hast.

Du kannst den Text auch als **Mindmap** oder **Pfeildiagramm visualisieren**.

Wenn du aus einem Text **Argumente** für bzw. gegen einen Sachverhalt herausschreiben sollst, lege am besten gleich eine **Tabelle mit einer Pro- und einer Kontraspalte** an.

Drücke Zusammenhänge mit **Symbolen** aus, z. B. mit Pfeilen, +, –, Blitzen, Ausrufezeichen …

Cecil S. Forester

Text 4 **Hornblower auf der Hotspur (Fortsetzung)**

Hornblower und seine Männer begeben sich an Land, überwältigen zwei Wachtposten und versuchen, den Petit Minou zu erklimmen.

Offenbar war dies wirklich der Gipfel […]. Der ragende Semaphor war natürlich weithin zu sehen, an seinem Fuß erkannte man eben noch die Umrisse eines Daches, aber was sich darunter befand, war einstweilen noch ein Geheimnis. Hornblower hatte nicht einmal bei seinen Gesprächen mit den Fischern etwas
5 davon erfahren.
„Warten!", befahl er flüsternd über die Schulter. Er selbst ging vorsichtig Schritt für Schritt mit vorgestreckten Armen weiter. […] Da! Hinter zwei Fenstern vor ihnen schimmerte Licht, es war nur ein ganz schwacher Schein, aber er reichte immerhin aus, auch den Nachzüglern Lage und Umriss des Hauses zu zeigen. „Los!"
10 Sie stürmten voran, Hornblower, Cotard, Hewitt und zwei Mann mit Äxten blieben geschlossen zusammen, die vier anderen mit Musketen bewaffneten Männer zogen sich auseinander, um das Haus zu umzingeln. Der Pfad führte geradewegs zu einer Tür, die wieder mit einer hölzernen Klinke verschlossen war. Aufgeregt drehte Hornblower an ihrem Griff – umsonst, die Tür war von innen verriegelt –
15 […] da wurde der Riegel zurückgeschoben, die Tür flog auf. […] Aus einer Tür, die weiter ins Innere führte, tauchte jetzt ein bärtiger Mann auf, unter dessen Hemdsaum ein Paar nackte Beine hervorlugten. An dem dicken Mast des Semaphors führte eine Leiter zu einer Falltür hinauf. In dem Stockwerk darüber musste sich die Vorrichtung zum Bewegen der Arme des Semaphors befinden. Der bär-
20 tige Mann im Hemd war aller Wahrscheinlichkeit nach der Telegraphist, vielleicht war er überhaupt kein Soldat und wohnte mit seiner Frau hier an seiner Arbeitsstelle. Wahrscheinlich kam es ihnen sehr gelegen, dass ihnen die Anlage der erhöhten Signalplattform die Möglichkeit bot, sich darunter häuslich einzurichten. Hornblower wollte den Semaphor niederbrennen und von diesem Vorhaben ging
25 er nicht ab, auch wenn dabei die Wohnung eines Nichtkombattanten in Flammen aufging. Das Wohnzimmer füllte sich mit dem Rest seiner Schar, zwei der Musketenträger erschienen aus dem Schlafzimmer, in das sie sich offenbar durch ein anderes Fenster Zutritt verschafft hatten. Hornblower
30 sann eine Weile angestrengt nach, um der neuen Lage gerecht zu werden. Was er erwartet hatte, war ein erbittertes Gefecht mit französischen Soldaten; statt dessen sah er sich kampflos im Besitz der Signalstation. Als er seine Bestürzung erst überwunden hatte, brachte er
35 auch rasch wieder Ordnung in seine Gedanken.
„Die Leute mit den Musketen gehen hinaus an den Zaun", befahl er, „und übernehmen dort die Wache. Cotard, Sie steigen die Leiter hinauf. Bringen Sie alle Signalbücher, die sie finden können, herunter, Nehmen
40 Sie auch alle anderen Papiere dort an sich. Machen Sie

rasch, ich gebe Ihnen zwei Minuten Zeit. Hier ist die Laterne. Hewitt, sind Sie bereit, die Bude hier anzuzünden?" […]

[…] Rings um den Mast ragten die schweren, geneigten Stützbalken auf und Cotard kam mit einem Arm voll Büchern die Leiter heruntergeklettert „So, jetzt wollen wir Feuer anlegen", sagte Hornblower. Es war ein seltsames Gefühl, kalten Blutes einen Brand zu entfachen. „Vielleicht geht es mit dem Ofen?", meinte Cotard. Hewitt öffnete die Ofentür, aber damit hatte es sein Bewenden. Das Ding war so heiß, dass man es nicht anrühren konnte. Darum stellte er sich mit dem Rücken an die Wand, stemmte seine Füße gegen den Ofen und schob. Der Ofen fiel um, rollte durch den Raum und verstreute seinen glühenden Inhalt auf den Boden. […] Die Flammen der brennenden Matte spielten um einen der schrägen Stützbalken und entzündeten neue Brände […]. Die drei starrten wie gebannt in das prasselnde Feuer. Hier oben auf dem Felsengipfel gab es bestimmt weder einen Brunnen noch eine Quelle. Kein Mensch brachte es zuwege, dieses Feuer zu löschen, wenn es erst richtig brannte. […]

Im Inneren des Hauses brannte es lichterloh. Der Himmel war jetzt schon so hell, dass sich der mächtige Telegraphenmast mit den herabhängenden Semaphorarmen als unheimliche Schattengestalt dagegen abhob. Acht starke Drahtstagen liefen strahlenförmig von seinem Topp zur Erde und endeten hier auf Pfeilern, die fest im Felsen verankert waren. Diese Kabel stützten den gewaltigen Mast gegen den Druck der atlantischen Stürme, ihre Pfeiler hielten zugleich den wackeligen Staketenzaun, der die ganze Anlage umgab. […] „Das Feuer da löscht so rasch niemand", sagte Hornblower. „Wo bleiben nur unsere Seesoldaten? Kommt Männer, wir rücken ab." Er hatte damit gerechnet, dass er die Leute mit den Musketen einsetzen musste, um den anrückenden Gegner so lange hinzuhalten, bis die Anlage richtig in Flammen stand. Nun war der Überfall so glatt gelungen.

3 Das Wort *Semaphor* kommt von griech. *sema* „Zeichen" und *phoros* „tragend". Welches deutsche Wort böte eine treffende Bezeichnung?

4 Kläre weitere fremde Wörter im Text, indem du die Tipps auf S. 275 anwendest.
  a Zunächst solltest du versuchen, die Wörter aus dem Kontext zu erklären. Die folgenden Zitate helfen dir dabei, den Zusammenhang zu beachten:
  - „… mit Musketen bewaffnete … Männer"
  - „Der … Mann … war … der Telegraphist, … und wohnte … an seiner Arbeitsstelle." „… die Wohnung eines Nichtkombattanten …"
  - „ Acht starke Drahtstagen liefen strahlenförmig von seinem Topp zur Erde und endeten hier auf Pfeilern … Diese Kabel stützten den gewaltigen Mast …"
  - „…zugleich den wackeligen Staketenzaun, der die ganze Anlage umgab."

  Übertrage sie in dein Heft und notiere die Zeilenangaben.
  b Manche Wörter musst du in einem Fremdwörterbuch oder in einem Lexikon nachschlagen. Zuvor aber solltest du einige Wörter in ihre Bestandteile zerlegen: „Draht-stagen", „Staketen-zaun", denn in den Komposita befinden sich dir bekannte Wörter.
  c Lege eine Liste mit allen fremden Wörtern und ihrer „Übersetzung" an.

zitieren → S. 227

5 a Welche Gefahr geht für die Engländer von dem Semaphor aus?
   b Warum will Hornblower ihn völlig zerstören? Belege deine Antwort mit Zitaten aus dem Text.
   c Was aber rettet er? Aus welchem Grund? Gib auch hier Textbelege.

6 Der Roman-Autor Forester verwendet für den Semaphor Wörter, die du in einem Sachtext oder einer Gegenstandsbeschreibung nicht finden würdest.
   a Schau dir alle Textstellen an, in denen der Semaphor erwähnt wird. Welche Wörter passen eher in einen Roman? Begründe deine Entscheidung.
   b Welche Wörter könntest du auch in einem Sachtext verwenden?
   c Formuliere die Wörter bzw. Textstellen aus Text 4, die so nicht in einem Sachtext stehen könnten, um, sodass du sie in einem solchen Text verwenden könntest.

7 Du hast beim Lesen alle Einzelheiten über den Semaphor notiert, die du dem Roman entnehmen konntest.
   Um daraus eine **Bauanleitung** für ein Modell eines Semaphores zu erstellen, ordne deine Notizen und wähle alles aus, was dazu notwendig ist. Wenn dir etwas unklar ist, kannst du auch das Bild auf dieser Seite mit heranziehen.

Text 5 ## Der Semaphor

Zur Zeit Napoleons konnte man Elektrizität noch nicht für Kommunikation nutzen. Wenn Nachrichten über weite Strecken übertragen werden sollten, konnte das, abgesehen von Boten als Überbringern, nur mit visuellen Zeichen geschehen. 1792 erregte eine Erfindung des Franzosen Chappe (1763–1805) große Aufmerksamkeit. Sein „Fernschreiber", der „Zeigertelegraph", ermöglichte die verhältnismäßig schnelle Übertragung umfangreicher Nachrichten auf optischem Wege. Mithilfe von Fernrohren konnte dieser beobachtet werden. Schon ab 1600 wurden in den Niederlanden Linsenfernrohre konstruiert, wie sie z. B. Galileo Galilei für seine Beobachtungen der Jupitermonde (1564–1642) nachbauen ließ.

Der lange drehbare Balken des Zeiger- oder Balkentelegraphs – Regulator genannt – war auf einer Stange montiert. An seinen Enden waren zwei kleine drehbare Balken befestigt, die Indikatoren.
Alle 10 bis 15 km wurde ein Semaphor aufgestellt. Jede Signal-Station war mit zwei Mann besetzt, von denen einer die beiden Nachbarstationen beobachtete, die eingestellten Stellungen der Zeiger binnen 20 Sekunden ablas und die Nachricht notierte, während der zweite diese Signale auf den eigenen Zeigertelegraphen übertrug. Hinter der Stellung der drei drehbaren Stangen verbarg sich ein Code. Die Bedeutung der 92 Einstellmöglichkeiten entnahmen die Männer einem Buch, über das jede Station verfügen musste. Die Codebücher wurden oft geändert, damit der Code geheim blieb.

Ausschlaggebend war die Stellung der Indikatoren. Der Regulator musste waagerecht oder senkrecht stehen, wenn Nachrichten übertragen wurden. Stand er schräg, zeigte das an, dass die Indikatoren eingestellt wurden.
Semaphore sollten weithin sichtbar sein und bei jedem Wetter bedient werden, daher montierte man ihre Stangen auf hoch gemauerte Türme.
Von Paris nach Lille verlief die erste Telegraphenlinie (1794): ca. 210 km mit 23 Semaphoren. Eine längere Nachricht konnte in einer Stunde nach Lille gelangen. Die Überbringung durch Boten mit Pferden dauerte ca. 24 Stunden. In Frankreich entstand ein Netz von 534 Telegraphenstationen, durch die 29 Städte miteinander verbunden wurden.

8 Ergänze deine Notizen für eine Bauanleitung des Semaphors mit Informationen aus Text 5.
   a Erläutere dazu zunächst die fremden Wörter im Text. Ziehe dazu auch dir inzwischen bekannte Informationen zur Erklärung hinzu (z. B. *Signalbücher – Codebücher*).
   b Welche über den Roman hinausgehenden Informationen kannst du dem Sachtext entnehmen? Stelle sie stichwortartig zusammen.
   c Welche der neuen Informationen kannst du in deine Bauanleitung aufnehmen?

9 Der Text kann dir helfen, besser zu verstehen, warum Hornblower Bücher aus dem Semaphor vor der Verbrennung bewahrt hat. Nenne die Gründe.

10 Verfasse nun die Bauanleitung für das Modell eines Semaphors. Trage zur Vorbereitung zusammen, was du über die Vorgangsbeschreibung gelernt hast.

Bauanleitung

Eine **Bau- oder Bastelanleitung** ist eine Form der **Vorgangsbeschreibung**.
Eine gute Bauanleitung sollte folgende Teile enthalten:
- **kurze Beschreibung** der Arbeitsweise **des fertigen Produkts** (zur Einleitung),
- **Materialliste**, evtl. auch eine Einkaufsliste,
- Auflistung des notwendigen **Werkzeugs**,
- schrittweise und präzise **Vorgangsbeschreibung** in sinnvoller Reihenfolge, evtl. unterstützt durch Grafiken,
- **Probleme**, die beim Bau auftreten können und
- **Tipps** (z. B. Bezugsquellen für Material).

Das Tempus einer Bauanleitung ist das **Präsens**, sinnvolle **Fachbegriffe** und Fremdwörter erleichtern das **sachlich knappe Formulieren**.

11 Überlegt gemeinsam und diskutiert:
   a Was hat sich von den antiken Feuerzeichen bis 1800 weiterentwickelt?
   b Wo liegen die Grenzen dieser Technik?
   c Wodurch oder wann könnten diese Signale missdeutet werden?
   d Wodurch wird die Kommunikation mithilfe von Zeigertelegraphen eingeschränkt oder gefährdet?

4. Smalltalk-Profis – Fremdwörter untersuchen und richtig schreiben

1   a Welche der folgenden Wörter kannst du ohne Fremdwörterbuch erläutern?
    b Welche Wörter kommen dir zwar bekannt vor, aber du musst nachschlagen, um die genaue Bedeutung zu kennen? Welche Wörter sind dir ganz unbekannt?

Tempo · Update · E-Mail · Chat · Katastrophe · Homepage · Reportage · Website · Virtuell · Diskette · Meeting · Posting · chatten · Internet · Set · sortieren · Quiz · Handy · Smalltalk · Profi · Monolog · USB-Stecker · Online · Chatroom · Betriebssystem · Hypertext · Hotline · zappen · Keyboard · Handout · Receiver · Kommunikation · Feedback · Digitalisierung · Videothek · Videosignal · Blogging · Morsealphabet · Amateur · Plug and Play · analog · Telelernen · Laptop · Multimedia · Intranet · Multitasking · Online · Gateway · Call-Center · Thermik · Grafikprogramm · Newbie · Frontlautsprecher · Freeware · checken · Video-on-Demand · Joystick · Computer · Dialog · Digitalisieren · Recorder/Rekorder · Tape · Systemfehler · Scanner · Soft- und Hardware · Wireless-LAN · Rhythmus · Simsen · Voicemail

2 Welche Wörter kannst du mithilfe eines englischen Wörterbuchs erklären?

3 *Handy* ist ein Scheinanglizismus. Das richtige englische Wort für diesen Gegenstand ist „mobile phone" oder „cell(ular) phone", das Wort *Handy* gibt es im Englischen nicht als Bezeichnung für ein Telefon. Erkläre dies und überlege, wie es zum deutschen Begriff „Handy" kam.

4 Stelle anhand der Auflistung Aussagen zusammen, die man über die Bildung von Fremdwörtern machen kann, z.B.: „Die Aussprache und Schreibung von Fremdwörtern richtet sich oft nach ihrer Herkunftssprache."

Kommunikation
→ S. 274

5 Diskutiert: Behindert oder fördert der Gebrauch von Fremdwörtern die Kommunikation?

Fremdwörter richtig schreiben

Fremdwörter enthalten meist noch die **Schreibweise ihrer Herkunft**, sie werden aber zunehmend nach den Regeln für einheimische Wörter geschrieben:
Langes **i** schreibt man in den fremdsprachigen Suffixen und Wortausgängen z. B. häufig *-ie-*: *-ie, ier, -ieren* (z. B. *Batterie*).
Aus anderen Sprachen entlehnte Wörter gehen immer stärker in den Sprachgebrauch über, deshalb gibt es in vielen Fällen die Möglichkeit der **Doppelschreibungen** (z. B. *ph – f; gh – g; c – k; c – z*):
Beispiele: *Photo – Foto, Joghurt – Jogurt, Code – Kode, circa – zirka*)

5. Vom Zeigertelegrafen zur Reiterstaffel –
Zuhören können

Shannon Garst
Sitting Bull

Der Indianerhäuptling Sitting Bull lebte zu der Zeit, als bei der Eroberung des Westens in Nordamerika die europäischen Einwanderer die Indianer vernichteten. Diese Beobachtungen von Sitting Bull könnten aus dem Jahr 1860 stammen.

Text 6

Eines Tages, als Sitting Bull wieder einmal in guter Deckung auf einem Hügel stand und in die Weite spähte, sah er etwas Merkwürdiges: Da kam in rasender Eile ein Reiter, sein Pony flog über die Prärie, der Mann saß vorgebeugt und schmiegte sich an den Hals des Tieres […].
5 Sitting Bull hielt angestrengt Ausschau, ob er etwas jagte oder von jemand verfolgt wurde, doch er konnte nichts bemerken. Sonderbar! Dabei war dieser weiße Mann wie um sein Leben geritten! Sitting Bull schüttelte den Kopf. Wie verwundert aber war er erst, als er am folgenden Tag das gleiche Erlebnis hatte: Wieder kam ein einzelner Weißer in jagender Eile auf einem Pony über die Prärie gestürmt, ohne
10 dass ihn jemand verfolgte. Und dasselbe beobachtete er von nun an jeden Tag. Wenn der eine Reiter vorübergejagt war, kam nach geraumer Zeit aus der Gegenrichtung ebenfalls ein Reiter. Das war verwirrend. Was trieb diese Männer nur? Etwas Sichtbares war es nicht, so viel stand fest. Sitting Bull hatte sehr genau aufgepasst. Er machte sich seine Gedanken und grübelte, aber er konnte es nicht deuten.
15 Unbegreiflich waren die Ideen der Weißen. Stets von Neuem brachten sie eine Überraschung […].
Als Sitting Bull dann einmal ins Fort Laramie kam, um mit Pelzhändlern zu sprechen, langte zufällig gerade einer dieser seltsamen Reiter an. „Ich gehöre zu den Pony-Express-Leuten", lachte er.
20 Sitting Bull wandte sich an Kit Carson, einen Pelzhändler, mit dem er befreundet war. „Was meinte er? Und warum ritt er gar so schnell?"
Der Pelzhändler beherrschte die Sioux-Sprache und erzählte dem Häuptling, dass die „Pony-Express"-Leute eine regelmäßig verkehrende Reiterstafette wären – zur raschen Beförderung von Post und Nachrichten. Sie besäßen ausdauernde und leis-
25 tungsfähige Pferde und seien verwegene Burschen. Der Pelzhändler versuchte, das alles zu erklären, so gut es ihm in der Sioux-Sprache möglich war.
Post also trugen diese Reiter, dachte Sitting Bull, Papierstücke mit seltsamen Vogelspur-Zeichen, denen die Weißen unbegreiflicherweise so viel Bedeutung beimaßen?! Und wieder schüttelte er den Kopf.

1 Sitting Bull beobachtet etwas, das ihm nicht vertraut ist.
   a Woran kannst du erkennen, dass Sitting Bull sich nicht vorstellen kann, warum die Reiter so schnell dahin jagen? Zitiere aus dem Text und gib die Zeilen an.   zitieren → S. 227
   b Was bezeichnet er als „Vogelspur-Zeichen" (Z. 27f.)? Was liest du daraus?

2 Verfasse einen Zeitungsbericht über dieses Ereignis, in dem du auch erklärst, warum Sitting Bull so reagiert.

3 Was fällt dir alles zum Stichwort *Post* ein? Sammle deine Ideen und Assoziationen in einem Cluster.

4 a Welche Namen hat die Post heute offiziell in der Bundesrepublik Deutschland?
 b Recherchiere, welche Dienstleistungen sie erfüllt.
 c Erstellt eine Mindmap zu dem Wortfeld *Post* (*Postkarte, Briefkasten* ...).
 d Fügt zu den deutschen Wörtern die Bezeichnungen aus anderen Ländern hinzu, die ihr kennt.

Vortrag → S. 242–265

5 a Bereite einen Vortrag über den Zusammenhang zwischen der Entwicklung der Kommunikationstechnik und der Geschichte der Post vor.
 b Halte den Vortrag vor der Klasse.
 c Deine Zuhörerinnen und Zuhörer sollen während deines Vortrags aufmerksam zuhören, sich Notizen machen (z. B. Stichwörter mitschreiben) und anschließend eine Zusammenfassung deines Vortrags formulieren.

Referate halten – zuhören können

Nicht nur das Vortragen ist wichtig, auch das **aktive Zuhören** ist eine Fähigkeit, die du unbedingt trainieren solltest.

Aufgabe des/der Vortragenden (SENDER)	Aufgabe des Zuhörers (EMPFÄNGER)
Bereite die Zuhörer auf deinen Vortrag vor (Einstieg, Nennung des Themas etc.).	Bereite dein „aktives Zuhören" vor. Du benötigst Stifte (verschiedene Farben) und ausreichend Papier. Vor dem Vortrag kannst du bereits das Thema aufschreiben und Fragen, die dich in diesem Zusammenhang interessieren.
Der Vortrag ist in sinnvolle Abschnitte gegliedert, die Gliederung steht den Zuhörern zur Verfügung (Tafel, Folie ...).	Mache dich mit der Gliederung vertraut und stelle dich auf das ein, was du während des Vortrags zu hören bekommst.
Kleine Pausen und Überleitungen erleichtern den Zuhörern die Orientierung.	Achte auf Pausen und Überleitungen. Verfolge den Vortrag anhand der Gliederung, sodass du dich immer orientieren kannst.
Sprich langsam, v.a. bei schwierig zu verstehen oder zu behaltenden Sachverhalten.	Schreibe schwierige Wörter oder Sachverhalte mit, die du dir schwer merken kannst. Gleichzeitig solltest du weiter zuhören, um den Anschluss nicht zu verlieren.
Unterstütze den Vortrag durch anschauliche Medien (Bilder, Tafelanschrieb).	Achte nicht nur auf die Rede, sondern betrachte aufmerksam die gezeigten Bilder und Tafelanschriebe. Auch dazu solltest du dir Notizen machen.
Sende keine missverständlichen Botschaften. Die Zuhörer sollten immer das „Sach-Ohr" gefüttert bekommen.	Lass dich nicht ablenken von Äußerlichkeiten oder Fehlern des Vortragenden. Halte dein „Sach-Ohr" offen.

6. Elektrizität als Transportmedium – Was ist Kommunikation?

Shannon Garst
Sitting Bull Text 7

Ein Jahr später später macht der Sioux-Häuptling weitere Beobachtungen:

Die Merkwürdigkeiten, die die Bleichgesichter ins Land brachten, nahmen kein Ende. Neuerdings stellten sie zweiglose, tote Bäume auf, einen neben dem anderen, in endloser Reihe, von Horizont zu Horizont. Dann verbanden sie diese Pfähle mit singenden Drähten und sie behaupteten, sie könnten Botschaften durch die
5 Drähte senden. Welches Wunder!
Sitting Bull prüfte einige der „zweiglosen Bäume" höchstpersönlich; er hielt sein Ohr an das Holz, aber er konnte kein Sprechen hören. Wahrhaftig – die Kräfte und Fähigkeiten der weißen Männer waren außerordentlich.
Noch immer war Sitting Bull bereit, die Weißen eher zu bewundern als zu hassen.
10 Wenigstens war seine Meinung: Sollen sie sein, wie sie mögen – wenn sie uns nur in Ruhe lassen! Und er änderte seine friedlichen Ansichten erst im Jahre 1864, als der amerikanische Oberst Chivington voller Ungerechtigkeit und Grausamkeit gegen die Indianer handelte.

1 Im Oktober 1861 hat der Pony Express ausgedient. Auch heute noch kannst du die „zweiglosen toten Bäume" und die „singenden Drähte" in den USA manchmal in der Landschaft stehen sehen, sie werden allerdings immer seltener. Welcher Kommunikationstechnik dienten sie?

Thomas Macho
Stimmen ohne Körper Text 8

Was wir sehen, befindet sich in unserem Blickfeld, auch wenn Wesen oder Bedeutung des Erscheinenden erst geklärt werden muss. Was wir hören, kann dagegen oft nicht identifiziert, ja nicht einmal lokalisiert werden; der Status des Gehörten bleibt auf verwirrende – und manchmal auch erschreckende – Weise offen. Daher
5 ist das Hören viel enger verwandt mit der Täuschung als das Sehen; was gehört wird, unterhält keine zwingenden Bindungen an Ursachen, Körper und materielle Objekte. Die Erfahrung akustischer Irritationen kann bei jedem Wechsel gewohnter Lebensumwelten auftreten; oft genügt es schon, ein paar Urlaubstage im Zelt zu verbringen, um mit einer Vielzahl fremder Geräusche und Töne konfrontiert zu
10 werden, die den erwünscht ruhigen Schlaf stören. Was war das? Rasch quält die Frage, ob es irgendein Tier, ein anderer Mensch oder nur ein Windstoß in den Ästen war, der die Aufmerksamkeit erregt hat; und die Antwort: Es war gar nichts,

wirkt selten beruhigend, eben weil sie auch die spezifische Ort- und Körperlosigkeit des Gehörten in Erinnerung ruft.

15 […] Wir versuchen zu sagen, wer, was oder wo ein bestimmtes akustisches Ereignis ausgelöst hat: die Katze auf dem Bücherbord an der rechten Wand, der Nachbar im Hinterhaus, der seine Wohnungstür zuschlägt, der Autofahrer, der an der Kreuzung scharf abbremst.

2 Überprüft die Behauptung von Thomas Macho „Was wir hören, kann dagegen oft nicht identifiziert, ja nicht einmal lokalisiert werden" (Z. 2/3), indem ihr folgendes Experiment durchführt.
  a Verbindet einigen Mitschülerinnen und Mitschülern die Augen, erzeugt ein Geräusch und lasst raten, um was für ein Geräusch es sich handelt und woher es kommt.
  b Notiert eure Beobachtungen und besprecht anschließend, wie sie zustande gekommen sind.

3 a Sprecht über eure Erfahrungen mit Hörspielen. Was ist das Besondere an einem Hörspiel?
  b Könnt ihr Thomas Machos Aussage „Daher ist das Hören viel enger verwandt mit der Täuschung als das Sehen" (Z. 4/5) zustimmen? Nennt Beispiele.

Text 9 Die Erfindung des Telefons

„Ein Pferd frisst keinen Gurkensalat." So lauteten die ersten am Telefon gesprochenen Worte, als der Lehrer Philipp Reis 1864 sein Telefon der Deutschen Naturforscher-Versammlung vorführte. Trotz der Verzerrungen waren die gesprochenen Worte auch zu verstehen, die Vokale allerdings weniger deutlich als die Konsonan-
5 ten. In den Jahren vorher hatten die Professoren Reis' Versuche vielfach nur als physikalische Spielerei betrachtet und ihn kaum gefördert. Vielleicht – diesen Verdacht hatte Reis – weil er nur ein kleiner Schulmeister im Taunus war. Jetzt waren die Forscher begeistert, aber niemand erkannte die ungeheuren praktischen Möglichkeiten, auf die Reis mit seiner Erfindung zusteuerte.
10 Erst der Amerikaner Alexander Graham Bell, der keinen Zweifel daran ließ, dass Reis der Erfinder des Telefons war, entwickelte die elektrische Telefonie so weiter, dass sie zu einer wichtigen Kommunikationsform wurde.
Am 26. Oktober 1877 telefonierte Heinrich Stephan (Reichspost) erstmals mit einem Bell-Telefon vom Generalpostamt in der Leipziger Straße (Berlin) ins zwei
15 Kilometer entfernte Generaltelegrafenamt in der Französischen Straße. Jetzt erinnerte man sich an Reis, der zu dieser Zeit schon drei Jahre tot war.

4 a Tragt in der Klasse zusammen, was ihr in diesem Kapitel an kommunikationstechnischen Erfindungen gefunden habt, und erstellt einen Zeitstrahl zur Entwicklung der Kommunikationstechnologien.
  b Ihr werdet in diesem Kapitel später noch weitere Erfindungen kennenlernen. Ergänzt euren Zeitstrahl dann entsprechend.

5 Verfasse zu dem Foto eine Anleitung zum Bau eines Dosentelefons.

Wolf-Rüdiger Wagner
Technik als Organersatz?

Text 10

Die Technik übernimmt für die Menschen Funktionen als „Organersatz, Organentlastung bzw. Organüberbietung". Dies gilt unabhängig davon, ob man den Menschen als „Mängelwesen" definiert oder ob man ihn aufgrund seiner unspezifischen Organausstattung als „geborenen Generalisten" betrachtet, der sich auf die
5 unterschiedlichsten Lebensumstände einstellen kann.

Die „Organmetapher" für Technik insgesamt und Medientechniken insbesondere ist nicht neu, wie man bereits aus den Bezeichnungen „Fern-Sprechen" und „Fern-Sehen" schließen kann. Auch Freud[1] geht es um Medien als „Organverstärker", wenn er schreibt:
10 „Mit der Brille korrigiert er die Mängel der Linse in seinem Auge, mit dem Fernrohr schaut er in entfernte Weiten, mit dem Mikroskop überwindet er die Grenzen der Sichtbarkeit, die durch den Bau seiner Netzhaut abgesteckt werden. In der fotografischen Kamera hat er ein Instrument geschaffen, das die flüchtigen Seheindrücke festhält, was ihm die Grammofonplatte für die ebenso vergänglichen
15 Schalleindrücke leisten muss, beides im Grunde Materialisationen des ihm gegebenen Vermögens der Erinnerung, seines Gedächtnisses. Mithilfe des Telefons hört er aus Entfernungen, die selbst das Märchen als unerreichbar respektieren würde; die Schrift ist ursprünglich die Sprache des Abwesenden […]".

[1] Sigmund Freud, österreichischer Nervenarzt, geb. 1856, gest. 1939

6 Entnimm dem Text alle Informationen mithilfe der **Fünf-Schritt-Lesemethode**.

Fünf-Schritt-Lesemethode
→ S. 244f.

7 In diesem Text wird der Mensch zum einen als Mängelwesen, zum anderen als Generalist bezeichnet.
  a Manche Philosophen haben den Menschen als „Mängelwesen" bezeichnet, Freud greift das auf. Was versteht er darunter? Formuliere eine kurze Definition.
  b Inwiefern ist der Mensch ein „Generalist"? Was kann damit gemeint sein?
  c Durch welche Mittel versucht er, seine Grenzen zu überwinden?
    Fülle die Tabelle mit den Informationen aus Text 10 aus und ergänze sie.

Organ des Menschen	Grenzen durch sinnliche Wahrnehmung	Überwindung der Beschränkung durch
Auge	Art der Linse, Netzhaut	Brille, ■
■	■	■

7. Kommunikation heute – Schreiben oder sprechen wir?

Text 11 **Moderne Kommunikationsmedien**

Menschen, die sich nicht persönlich treffen, haben heute die Wahl: Brief, Anruf, Nachricht auf dem Anrufbeantworter, E-Mail, SMS, Chat, Postkarte, MMS, Foren im Internet ... Wer ein Handy oder einen Computer benutzt, dem ermöglicht die Technik, mithilfe dieser Geräte zu schreiben und zu lesen und/oder auch zu spre-
5 chen und zu hören. Mancher Text, der getippt oder per SMS verschickt wurde, könnte auch ein gesprochener Text sein.

1 Überprüft die Behauptung in Z. 5–6 anhand folgender Beispiele.

hi du wie ghets dir denn so sehen wir uns morgen beim schwimmen würd mich freun bis bald busserl tina

Text 12a und Text 12 b

sleepyhead 23 hat den Raum betreten
sleepyhead23	hi raum wer da?
minnie_maus	hi sleepy *umarm* R U ok?
krunch_tm	hallöle sleep! Was gibts neues?
sleepyhead23	war gester in schwimmbad mit tina war voll warm des wasser
minnie_maus	*plantsch*
minnie_maus	:-P
sleepyhead23	LOL!
krunch_tm	haste mathe, minnie?
minnie_maus	war gans schön krass die aufgabe *seufz*
krunch_tm	habs auch grad erst geschafft
sleeoyhead23	auch
sleepyhead23	gehma ins rialto?
krunch_tm	k
minnie_maus	geb mir ma die addy von rialto dann kom ich auch
sleepyhead23	wann denn? is inner fußgängerzohne gleich am anfang
krunch_tm	halbe stunde?
sleepyhead23	k! CU *freu*
minnie_maus	OK bis denne *hugs*

sleepyhead23 hat den Raum verlassen
krunch_tm   und weg
minnie_maus hat den Raum verlassen
krunch_tm hat den Raum verlassen

2 a Untersuche die beiden Texte auf
- Verstöße gegen die Orthografie,
- grammatische Fehler wie falsche oder gar keine Flexionsendung,
- Abkürzungen,   • umgangssprachliche Redewendungen,
- Dialektgebrauch,   • ■.

b Erstelle eine Tabelle zu den Abweichungen von der Schriftsprache:

Zitate aus den beiden Texten	Abweichung von den Regeln der geschriebenen Sprache	Wie müsste der Text richtig geschrieben werden?
■	■	■

3 Überlegt: Warum führen die Verstöße gegen die Regeln der geschriebenen Sprache hier nicht zum Misslingen der Kommunikation?

Kommunikation digital – Wer ist das, der da mit mir spricht?

Joseph Weizenbaum
Eliza

Text 13

Die folgende Unterhaltung zwischen einer jungen Frau und ELIZA in der Rolle des Arztes verdeutlicht zum einen die Technik […], wie ein Patient zum Weitersprechen ermutigt wird, zum anderen die Wirkungsweise von ELIZA. Der erste „Sprecher" ist die junge Frau. Die Antworten des Computers sind groß gedruckt.

5 Die Männer sind alle gleich.
IN WELCHER WEISE
Sie machen uns immer wegen irgendwas verrückt.
KÖNNEN SIE EIN BEISPIEL NENNEN
Na ja, die Idee zu diesem Gespräch stammt von meinem Freund.
10 DIE IDEE ZU DIESEM GESPRÄCH STAMMT VON IHREM FREUND
Er sagt, dass ich oft deprimiert bin.
ES TUT MIR LEID VON IHNEN ZU HÖREN DASS SIE DEPRIMIERT SIND
Das stimmt, ich bin unglücklich.
GLAUBEN SIE DASS DIESES GESPRÄCH IHNEN HILFT NICHT MEHR
15 UNGLÜCKLICH ZU SEIN
Ich brauche jedenfalls Hilfe, das steht fest.
WAS WÜRDE ES FÜR SIE BEDEUTEN HILFE ZU BEKOMMEN
Vielleicht könnte ich lernen, mit meiner Mutter auszukommen.
ERZÄHLEN SIE MIR MEHR ÜBER IHRE FAMILIE
20 Meine Mutter erledigt alles für mich.
WER IN IHRER FAMILIE ERLEDIGT NOCH ALLES FÜR SIE
Mein Vater.
IHR VATER
Sie sind ein wenig wie mein Vater.
25 WELCHE ÄHNLICHKEITEN SEHEN SIE
Sie sind nicht besonders aggressiv, aber ich glaube, Sie möchten nicht, dass ich das beachte.
WAS LÄSST SIE VERMUTEN DASS ICH NICHT SEHR AGGRESSIV BIN
Sie streiten nicht mit mir.
30 WIESO GLAUBEN SIE DASS ICH NICHT MIT IHNEN STREITE
Sie haben Angst vor mir.
MACHT IHNEN DER GEDANKE SPASS DASS ICH VOR IHNEN ANGST HABE
Mein Vater hat vor jedem Angst.
35 WAS FÄLLT IHNEN NOCH EIN WENN SIE AN IHREN VATER DENKEN
Angeber.

HAT DAS ETWAS DAMIT ZU TUN DASS DIE IDEE ZU DIESEM GESPRÄCH VON IHREM FREUND STAMMT

Das den Psychiater spielende ELIZA-Programm wurde unter dem Namen DOCTOR bekannt und wurde im Umkreis des Massachusetts Institute of Technology (Boston, USA), wo es zuerst das Licht der Welt erblickt hatte, bald berühmt, […]. DOCTOR (konnte) auf einem bestimmten Niveau von jedem verstanden werden. […] Das Programm wurde in allen US-Staaten bekannt und in bestimmten Kreisen sogar zum nationalen Spielzeug.

4 Sieh dir den „Dialog" zwischen der jungen Frau und dem Computer genau an.
   a Wie reagiert das Programm ELIZA auf das, was die junge Frau sagt? Übertrage den „Dialog" in dein Heft und setze die Satzzeichen in ELIZAs Textpassagen.
   b Worauf geht ELIZA ein, was wiederholt es?
   c Wie würdest du seine Strategie, also seine Art zu antworten, beschreiben?

Chatbots

Ein **Chatbot** ist ein **Computerprogramm**, das, durch eine Datenbank unterstützt, die Fragen eines Nutzers analysieren kann und nach bestimmten Mustern Antworten gibt. Das Programm muss erkennen, um welches Thema es bei dem Fragenden geht und was eine Äußerung bedeutet.
Manche Chatbots können bis zu 70% der Fragen richtig einordnen.

5 An welchen Dialog-Ausschnitten kannst du erkennen, dass dies auch die Funktionsweise von ELIZA ist?

diskutieren → S. 48–62
Gespräch → S. 13

6 Diskutiert: Ist ein Gespräch mit einem Computer wirklich ein Gespräch?

Ein Chatprotokoll untersuchen

„Getippte Gespräche"

Text 14

Schreibweise im Chat	Abweichung von	„Fehler"art
HI BARBARA, HAB KEINE TEXTE IN BIBLIOTH. GEF.	Orthografie	Großschreibung
doch bitte! *ganzliebschau* i wills wissen!	■	■
das eigene Leben	■	■
Hab isch gedacht, ok Alder, fahr isch Bahnhof, weisstu wie isch mein?	■	■
n8	■	■
HDL	■	■
Ich habe bestanden! Mit 2-! 2. Supei!! Du bist echt ein helles Kopfchen! Wird heute abend gefeiert? Gruß J.	■	■
Hallöle! Bin leider krank :-(Melde mich, wenn ich wieder zu Hause bin	■	■
Rufe Dich nachher mal an. So in ner Stunde. Hab keene Zeit.	■	■

1 a Übertrage die Tabelle in dein Heft und kennzeichne jeweils die sprachliche Besonderheiten in den Textauszügen (erste Spalte).
  b Stelle fest, in welchen Bereichen diese Texte von den Regeln der Schriftsprache abweichen (mittlere Spalte), und benenne die Merkmale (dritte Spalte).

2 a Führen diese Abweichungen zu Missverständnissen?
  b Warum helfen die „vier Ohren" euch hier nicht wesentlich weiter?

3 **Wörter im Wort finden**
  a Suche in Text 15 alle versteckten Wörter.

CYBERLINTERNETZHAUTVIAWELTERMINAMIKOMMEDIALOKALNO Text 15
NSTOPOSTWESTAFELDIGITALANDATENDENZNACHRICHTER©ODE

  b Trage diese in die linke Spalte der nachstehenden Tabelle ein und erkläre ihre Bedeutung in der rechten Spalte.

Gefundenes Wort in der Wörterschlange	Worterklärung
■	■

  c Schreibe einen Sachtext über die Veränderungen in der Kommunikationstechnik, in dem alle die Wörter aus der Wörterschlange vorkommen, die damit zu tun haben.
  d Zähle die Wörter aus der Wörterschlange auf, die du in deinem Text nicht verwenden konntest.
  e Kannst du mit diesen Wörtern einen sinnvollen Text verfassen? Versuche es.

Und jetzt kommst du!

Wie bitte? – Missverständnisse untersuchen

Text 16 Kommunikationsstörungen

Der Sender will einem Empfänger eine Nachricht übermitteln. […] Abhängig von der Beziehung des Empfängers zur Nachricht fällt diese entweder auf fruchtbaren Boden und kommt relativ unverfälscht an, oder es springt sogleich ein Auswahlmechanismus an, über den nur ein der Interessenlage des Empfängers entsprechender Teil der Botschaft aufgenommen wird. Die Abweichung von Gemeintem zum Verstandenen können wir durch Feedback reduzieren.

Zumeist nimmt der Sender an, dass seine Botschaft den Empfänger in vollem Umlauf erreicht. Dies ist nicht selbstverständlich. Störfaktoren wie Fremdwörter, Fachausdrücke, unterschiedlicher Wortschatz, unterschiedliches Bildungsniveau, zu schnelles oder zu undeutliches Sprechen, Konzentrationsmängel oder Lärmeinwirkung können dazu führen, dass ein Teil der zu übermittelnden Information den Gesprächspartner gar nicht erreicht.

Daneben wird die Informationsübertragung häufig durch ein „Rauschen" beeinträchtigt. „Rauschen" bedeutet: Beim Empfänger der Nachricht kommen andere Informationen an, als vom Sender abgingen. Durch Übermittlungs- und Empfangsstörungen wie Hörfehler, eigene Interpretationen oder eigene Ergänzungen glaubt der Empfänger, eine Information erhalten zu haben, die der Sender aber so gar nicht abgegeben hat. Dass die Kommunikation dadurch empfindlich gestört werden kann, liegt auf der Hand.

Text 17 Die Missversteh-Technik

Bei der Missversteh-Technik fragen wir nicht mehr nach, sondern geben vor, etwas völlig anderes verstanden zu haben. Etwas, das einen ähnlichen Klang hat.

Sie kennen sich mit dem Kopierapparat ja überhaupt nicht aus!
Aus dem Kopierapparat etwas herauskämmen?! Ja, wieso nicht –
allerdings würde ich das doch lieber dem Reinigungspersonal überlassen. Aber kommen wir wieder zum Thema zurück: Wie bedienen wir den Kopierapparat?
Das ist ja ziemlich mau, was Sie hier von sich geben!
Na, na! Von Farben habe ich ja noch gar nicht geredet. Aber wenn Sie meinen, dass es blau sein sollte, bitteschön. Bevor wir jedoch über die Farbe reden, sollten wir uns lieber auf die Projektabwicklung konzentrieren.

Aus „dumm" wird „krumm", aus „mau" wird „blau", aus „Sache" wird „Lache" und so weiter. Entscheidend ist, dass Sie nicht nur etwas völlig anderes verstehen, sondern dass Sie zudem noch ein paar Sätze dazu sagen, bevor Sie zu Ihren Ausführungen oder Ihren Wünschen zurückkehren.

Text 18

1 In den Texten geht es trotz großer Unterschiede um Missverständnisse. Lies sie aufmerksam durch und schreibe jeweils ein bis zwei zusammenfassende Sätze dazu auf.

2 Fertige ein Referat zu Missverständnissen in der mündlichen Kommunikation an.
  a Untersuche Missverständnisse, z. B. in der Schule: Beschreibe, was jeweils wie missverstanden wurde.
  b Überlege, warum dies missverstanden wurde.
  c Beschreibe Möglichkeiten, diese Missverständnisse zu vermeiden.

Vortrag
→ S. 242–265

3 Untersuche Missverständnisse in einem bestimmten Medium (SMS, Chat, Fernsehen usw.).
  a Welche Missverständnisse sind für diese Medien jeweils typisch?
  b Wer oder was ist jeweils Ursache (Technik, Benutzung, „Kanalrauschen" usw.)?
  c Bereite ein Referat vor, in dem du Tipps für das Vermeiden der Missverständnisse in diesem Medium gibst.

4 Erweitere das Kommunikationsmodell (S. 277) um das Feedback (Text 16) und halte ein kurzes Referat darüber. Fordere am Ende die Zuhörerinnen und Zuhörer auf, über verschiedenes Feedback-Geben zu diskutieren.

Jahresprojekt:

Mein Portfolio

Projekt Portfolio 295

1. Heute kann ich mehr als gestern –
Lernfortschritte beobachten

1 a Welche Materialien aus dem Deutschunterricht der 5. und 6. Klasse besitzt du heute noch? Fertige eine Liste an.
b Untersuche das Material, das du gesammelt hast: Sind das nur fertige Ergebnisse (z. B. Aufsätze, Klassenarbeiten, …) oder auch Schmierzettel, Unfertiges, Skizzen, Notizen, Karteikarten, Computerdateien …?
c Vergleicht eure Listen in einer kleinen Gruppe und diskutiert darüber.
d Was ist aus all dem geworden, das du nicht mehr besitzt?

diskutieren → S. 48–62

2 a Diskutiert: Welche Vor- und welche Nachteile hat es, wenn man möglichst viele oder möglichst wenige Papiere, Zettel, Materialien aus dem Unterricht für längere Zeit aufbewahrt?
b Überlegt nach dieser Diskussion: Wenn ihr beobachten wollt, wie ihr bei eurem Lernen im Lauf der Zeit weiterkommt – welche Materialien solltet ihr dann ein paar Monate lang aufbewahren, um sie später noch einmal ansehen zu können?

Was ist ein Portfolio?

Das Wort „**Portfolio**" kommt aus dem Lateinischen von *portare* = tragen und *folium* = Blatt. Ein Portfolio ist also eine **Sammlung** von Blättern, die man mit sich herumträgt. Früher nannte man auch Brieftaschen so, heute z. B. eine Sammlung von Wertpapieren bei der Bank.

Deine eigenen „**Wertpapiere**", die du in deinem Portfolio sammelst, haben aber nichts mit Geld zu tun, sondern mit deinen **Lernfortschritten** und **Leistungen**. Dein Portfolio ist nämlich eine **Sammlung von Arbeiten**, die du selbst angefertigt hast und die deinen eigenen **Lernweg** dokumentieren: Ziele, Wege, Umwege, auch Sackgassen, Zwischenstationen, Fehler, Verbesserungen, Ergebnisse.

Ein Portfolio ist ein **lebendiges Archiv** deines eigenen Lernens.

2. Vor dem Anfang steht die Entscheidung – Dreimal Portfolio

Arten von Portfolios

Text 1

1. Wenn sich zum Beispiel eine Schulabgängerin oder ein Schulabgänger auf eine Ausbildungsstelle für ihren bzw. seinen Wunschberuf bewirbt, schickt sie bzw. er eine **Bewerbungsmappe** an den ausbildenden Betrieb, aus der ihr bzw. sein Werdegang sowie besondere Fähigkeiten und Leistungen hervorgehen.
2. Oder wenn sich ein angehender Fotograf oder eine **Künstlerin** um einen Studienplatz an einer Hochschule oder Akademie bewirbt, reicht er bzw. sie in einer Bewerbungsmappe seine bzw. ihre besten Arbeiten der letzten Jahre ein.
3. In einem **Lern-Portfolio** geht es nicht um Zeugnisse oder fertige Ergebnisse, sondern um ein **Lerngedächtnis**: Wie komme ich voran?
Der Weg ist dabei das Ziel. Das Portfolio ist eine Sammelkiste oder ein Album, in dem die wichtigsten Etappen und Stationen, Wege und Irrwege des Lernens aufbewahrt werden. Fertige Ergebnisse können natürlich auch dazu gehören, aber die Schritte, die dahin geführt haben, sind genau so wichtig.

1 a In welchen der drei genannten Fälle kommt es darauf an, dass man ein möglichst gutes Bild von sich abgibt? Begründe.
b Wo geht es allein um fertige Ergebnisse? Begründe deine Entscheidung.
c Wo spielen Wege, Umwege und Fortschritte eine Rolle? Begründe.

Dein Duo Deutsch-Portfolio

Dein Duo Deutsch-Portfolio ist deine ganz persönliche Sammlung von Arbeitsschritten und -ergebnissen aus dem Fach Deutsch. Im Lauf des Jahres wirst du es immer wieder ergänzen, vielleicht auch umsortieren. So kannst du deinen eigenen Lernweg immer wieder anschauen, aus Fehlern lernen und auch stolz darauf sein, dass und wie du weiterkommst.
Selbstverständlich kannst du auch in anderen Fächern und in anderen Schuljahren mit einem Portfolio arbeiten, um deinen Lernfortschritt zu beobachten.

3. Es wird langsam eng – Was kann das Portfolio enthalten?

Egal ob Sammelkiste, Mappe, Album, Ringbuch oder Loseblattsammlung (z. B. in Klarsichtfolien) – in dein Portfolio gehört eine gut überlegte Auswahl sämtlicher nur erdenklicher Arbeitsmaterialien gleich welcher Art und Gestalt aus dem Deutschunterricht und deiner Vor- und Nachbereitung dazu.

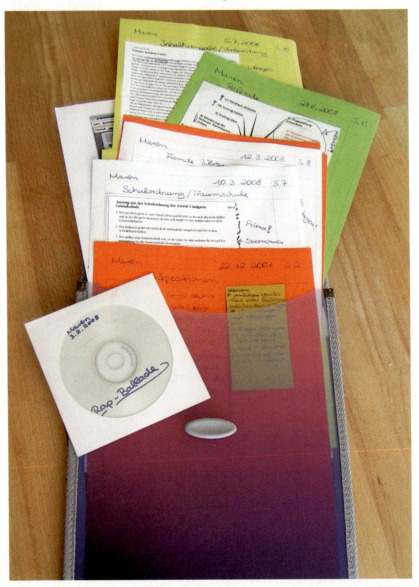

1 a Fertige eine Liste von den Materialien an, die in dein Portfolio gehören könnten. Schreibe jeweils dahinter, warum du dies in dein Portfolio aufnehmen würdest.
  b Vergleicht eure Listen und ergänzt eure Angaben.

4. Duo Deutsch Portfolio – Ein Beispiel

In den Kapiteln in diesem Duo Deutsch-Band findest du an bestimmten Stellen in der Randspalte immer wieder dieses Zeichen:

1 Suche in diesem Buch eine Seite mit dem Portfolio-Icon. Beschreibe, was man an dieser Stelle für das Portfolio sammeln könnte.

2 Ordne die Materialien für dein Portfolio nach folgenden Gesichtspunkten:

- was du tust,
- wie du lernst,
- wo Probleme liegen und
- wie du sie überwindest.

Du kannst z. B. einen Bericht von einer Informationsrecherche in der Bibliothek oder im Internet anschauen und dich fragen:

- Wie lautete die Aufgabe,
- was habe ich getan,
- welche einzelnen Arbeitsschritte mussten bewältigt werden,
- welche Probleme traten auf,
- wie wurden sie gelöst bzw. warum konnten sie nicht gelöst werden,
- was kam heraus,
- was kann/soll/muss ich beim nächsten Mal besser machen?

Arbeiten und lernen mit dem Portfolio

Du arbeitest und lernst ganz normal wie sonst. Zugleich achtest du aber darauf,

- was du lernst,
- wie du arbeitest,
- wo du Fehler machst,
- wie du mit Erfolgen umgehst,
- und worauf du stolz sein kannst.
- was du besonders gern machst,
- was dir schwer fällt,
- wie du weiterkommst,
- wie du mit Misserfolgen umgehst,

Dein Portfolio begleitet dich ein ganzes Schuljahr lang. Im Lauf des Jahres wird es immer voller. Zwischendurch blätterst du zurück und vergleichst deine jüngsten Lernwege und -ergebnisse mit den früheren. So siehst du, ob und wie du weitergekommen bist, was du heute anders machst und vielleicht besser kannst als früher.

Notizen machen
→ S. 277

3 a Mache dir zu den Beobachtungen deiner Lernwege Notizen und füge diese Notizen ebenfalls in dein Portfolio ein.

b Achte besonders auf Dinge, die sich geändert haben oder die du geändert hast. Wenn du diese Entwicklungen immer wieder betrachtest, wirst du feststellen können, wie dein Lernen und deine Leistungen sich z. B. im Zeitraum eines halben oder eines ganzen Jahres verändern – wie du selbst auch!

c Ähnlich wie bei der fortwährende Diagnose eines Leistungssportlers über einen längeren Zeitraum hinweg kannst du nach einiger Zeit diese Fragen beantworten:
- Wo liegen meine Stärken und Schwächen?
- An welchen Stellen konnte eine Verbesserung erreicht werden, wie und warum?
- Wo hapert es noch?
- Was kann ich dagegen tun?
- Welche Trainingsmethode passt gerade am besten?

5. Lernen ist Reisen – Das Portfolio als Lernlogbuch

Wie gestalte ich mein Portfolio?

Dein Portfolio ist eine besondere Form eines solchen Lerntage- oder vielleicht auch Lernwochenbuches: ein **Logbuch deines Lernens**. Dazu müssen aber zwei Bedingungen erfüllt sein:

1. Alle Materialien, die du sammelst, müssen **datiert** werden. Nur so weißt du auch später noch, wann du sie erstellt oder bekommen hast.
2. Und sie sollten **kommentiert**, **verglichen** und nach Möglichkeit **in Beziehungen zueinander gesetzt** werden.

1 a Schau dir noch einmal deine Auswahl von S. 299, Aufgabe 1 an. Wie kannst du kommentieren und vergleichen?

b Setze die Materialien in deinem Portfolio in Beziehung zueinander und überlege, was jeweils gelernt wurde und wie ein Ergebnis auf das andere aufbaut.

2 Ordne deine Sammlung chronologisch (also danach, in welcher zeitlichen Reihenfolge die einzelnen Materialien entstanden sind) und nummeriere die Stücke entsprechend.

3 Finde alle Stellen, an denen eine ähnliche Aufgabe zweimal vorkam. Schreibe auf, ob du sie unterschiedlich gelöst hast, und wenn ja, wie.

4 Ordne deine Materialien jetzt nach anderen Kriterien an: nach ähnlichen Themen, ähnlichen Zielen, ähnlichen Arbeitsweisen.

5 a Verfasse zu jeder Sammlungsgruppe aus Aufgabe 2 bis 4 einen kurzen Kommentar:
- Warum gehören gerade diese Materialien zusammen?
- Wodurch unterscheiden sie sich?

b Was gefällt dir an deiner Sammlung und was nicht? Schreibe es auf.
c Die Lösung dieser Aufgaben gehört selbst (mit Datum!) in dein Portfolio.

6. Eine schwierige Frage – Die Bewertung

Portfolio-Arbeit trainieren

Text 2

Dein Portfolio ist dein persönliches Portfolio: ein Spiegel und Dokument deiner ganz persönlichen Leistungen, die dir niemand nehmen kann.
Normalerweise gibt es keine Noten dafür, sondern du beobachtest selbst, wie du vorankommst, wo und auf welche Weise du dich verbesserst und wo du vielleicht
5 noch intensiver arbeiten musst. Meistens kann man das aber nicht ganz allein beurteilen. Auch hier ist es wie beim Sport: Man braucht einen Trainer. Das kann deine Lehrerin oder dein Lehrer sein.
Sie oder er wird dir sagen, worauf es beim Portfolio ankommt und wie du persönlich am besten mit deinem Portfolio umgehst:

10 • Was soll hinein, was nicht?
• Wie kommentiere und bewerte ich meinen auf diese Weise dokumentierten Lernweg?

Diese Überlegungen bringen umso bessere Ergebnisse, je mehr dein Trainer, die ganze Mannschaft (deine Klasse) und du dabei zusammenarbeiten. Es geht ja um
15 dich, um deine Lernwege und Leistungen. Jede Schülerin und jeder Schüler wird da besondere Wege und Vorlieben finden.

Deine Lehrerin oder dein Lehrer hilft dir und berät dich. Es gibt aber keine Noten für dein Portfolio. Noten gibt es ja normalerweise und vor allem für das fertige Endergebnis. In deinem Portfolio dokumentierst du aber auch, wie du dahin gekommen bist – möglicherweise über viele Umwege und mit einigen Fehlern. Und manches mag auch völlig misslungen sein; es ist aber gerade deshalb auch wichtig. Denn am besten lernt man aus Fehlern. Man kann auch aus Misserfolgen lernen, wenn man sich überlegt, wie es dazu gekommen ist.

Nun gibt es aber doch auch eine andere Möglichkeit. Sie ist ungewöhnlich, kann aber sinnvoll sein: die Bewertung des Portfolios.

diskutieren → S. 48–62

1 Diskutiert in der Klasse, ob man nicht nur fertige Ergebnisse (z. B. Klassenarbeiten oder Hausaufgaben) bewerten soll, sondern auch die Wege und Umwege, die dahin geführt haben.

2 a Welchen Sinn könnte oder sollte eine Bewertung eines Portfolios haben?
  b Wem soll eine solche Bewertung nützen?
  c Mit welchen Mitteln könnte eine solche Bewertung von Arbeits- und Lernprozessen (im Gegensatz zu fertigen Produkten) geschehen? Geht das nur in Worten oder auch mit Noten?

3 a Entscheidet vor diesem Hintergrund, ob am Ende des Schuljahrs auch eure Portfolios bewertet werden sollen. Nennt klare Gründe für eure Entscheidung.
  b Wenn ihr euch für eine solche Bewertung entschieden habt, überlegt:
     - In welcher Weise soll sie geschehen?
     - Wer soll bewerten? (Lehrerin oder Lehrer, ein oder mehrere Mitschüler, …)
     - Wie soll bewertet werden? (Noten, Punkte, Stichworte, ausformulierte Gutachten, …)
     - Welche Kriterien sollen für die Bewertung gelten?
  c Zählt alle Bewertungskriterien vollständig auf, formuliert sie möglichst genau und gewichtet sie nach Prozenten.
    Zum Beispiel können dazu gehören:

- *Umfang,*
- *Inhalt,*
- *thematische Vielfalt,*
- *Vielfalt der Medien,*
- *äußere Form,*
- *Begründung und Qualität der Materialauswahl,*
- *Sorgfalt der Präsentation,*
- *sprachliche Gestaltung,*
- *erkennbare Lernfortschritte,*
- *Beschreibung des eigenen Lernprozesses,*
- *kritische Einschätzung der eigenen Leistungen, …*

7. Der Prozess ist nicht zu Ende – Das Portfolio bekommt eine Form

1 Gehe alle Materialien in deinem Portfolio noch einmal durch und überprüfe:
 • Sind sie datiert? (Sonst trage das Datum, wenn möglich, nach.)
 • Sollen sie drin bleiben und warum?
 • Willst du noch etwas herausnehmen und warum?

2 Entscheide und sortiere:
 a Welche dieser Materialien würdest du niemandem zeigen außer dir selbst? Warum gerade die? Klebe einen roten Punkt darauf.
 b Welche würdest du nur engen Vertrauten zeigen (z. B. deinen Freundinnen und Freunden, bestimmten Mitschülerinnen und Mitschülern, vielleicht deiner Mutter oder deinem Vater)? Warum gerade die? Klebe einen gelben Punkt darauf.
 c Und welche Materialien darf jeder sehen? Warum? Klebe einen grünen Punkt darauf.
 Tipp: Du kannst auch eine Liste der rot, gelb und grün markierten Materialien anlegen und kurz den Grund vermerken, warum du sie jeweils in diese Gruppe sortiert hast. Lege diese Liste als erstes Blatt vorn in dein Portfolio.

3 Prüfe noch einmal das äußere Erscheinungsbild deines Portfolios:
 • Sieht es gut aus? Ist es ansprechend und übersichtlich gestaltet?
 • Findet man sich gut darin zurecht?
 • Hat es eine „persönliche Note"?
 • Willst du es hier und da noch etwas ansprechender und/oder besser handhabbar gestalten?

4 Nun kommt der letzte Schritt. Arbeite an verschiedenen Tagen daran.
 a Geh alles noch einmal genau durch und betrachte den Weg deines Lernens – so wie man am Ende einer Reise alles noch einmal an sich vorüberziehen lässt.
 b Notiere deine Beobachtungen:
  • Was hast du gut gemacht?
  • Wo bist du in diesem Zeitraum weitergekommen?
  • Was hat (noch) nicht so gut geklappt? Wie bist du damit umgegangen?
  • Woran möchtest du in der nächsten Zeit arbeiten, um dich noch zu verbessern?
  • Wie möchtest du das tun?
 c Lege diesen Abschlussbericht (er kann auch als Mindmap, Plakat, digitale Präsentation o. ä. gestaltet sein) als letzten Beitrag in dein Portfolio.

Dem Täter auf der Spur

Lernen durch Lehren

Dem Täter auf der Spur 305

1. Detektivgeschichten – Für ein Thema motivieren

1 Welche Voraussetzungen sollten gegeben sein, damit du gut verstehen und lernen kannst? Ergänze die drei Listen in deinem Heft.

2 Hast du dir schon einmal vorgestellt, wie es ist, selbst in die Rolle einer Lehrerin oder eines Lehrers zu schlüpfen?
  a Überlege, was du als Lehrerin oder Lehrer alles tun musst, bevor eine Unterrichtsstunde beginnt.
  b Und wie ist das während einer Unterrichtsstunde? Sammelt Aufgaben und Tätigkeiten, die eine Lehrerin oder ein Lehrer während des Unterrichts hat.

Karte, Lupe, Zeitungsausschnitt – Den passenden Einstieg wählen

Sicher hast du schon Kurzvorträge und Referate in deiner Klasse erlebt oder auch selbst gehalten. Genau wie bei Präsentationen und Vorträgen ist es auch bei jeder Unterrichtseinheit wichtig, die Angesprochenen, also die Klasse, für das neue Thema zu interessieren.
Es gibt verschiedene Möglichkeiten, den Einstieg zu gestalten. Man kann zum Beispiel ein Bild zeigen, eine spannende Frage stellen, einen passenden Gegenstand mitbringen ...

- Welche Textsorte liegt vor?
- Beschreibt den Sprachstil dieser Nachricht.
- Welches Geschehen wird in diesem Text geschildert?
- Worum könnte es heute gehen?

3 Diese drei Beispiele haben alle etwas mit dem Thema „Detektivgeschichten" zu tun.
   a Lies dir durch, auf welche Weise hier mithilfe des Fragezettels versucht wird, den Zusammenhang zwischen der Zeitungsnachricht und Thema „Detektivgeschichten" herzustellen. Welcher der Vorschläge erscheint dir gelungen, welcher ist wohl nicht so gut als Einstiegsfrage geeignet?
   b Formuliere zu jedem der drei Objekte (Visitenkarte, Lupe, Zeitungsnachricht) einen Satz oder eine Frage, mit deren Hilfe man in das Thema einsteigen kann.

4 Überlege dir weitere Einstiegsmöglichkeiten in das Thema „Detektivgeschichten".

2. Der Meuchelmörder Club – Mit Texten arbeiten

Gehören Sie etwa auch dazu? – Die richtigen Fragen stellen

Nicholas Blake
Der Meuchelmörder-Club   Text 1

„Nein", dachte Nigel Strangeways, als er die Tafelrunde überblickte, „nein – niemand würde es für möglich halten." Seitdem sie sich vor einer Viertelstunde im Vorraum zum Sherry zusammengefunden hatten, war Nigel von zunehmender Nervosität ergriffen worden – einer weit stärkeren Nervosität, als es die Aussicht auf die Tischrede zu erfordern schien, die er nach dem Dinner würde halten müssen. Tatsache war allerdings, dass man von ihm, als einem Ehrengast des Abends, mehr erwarten würde als die gewohnten Nachrichtentrivialitäten und dass, wie die Dinge lagen, sein Auditorium als besonders kritisch gelten durfte. Indessen hatte er bei früheren, ähnlichen Gelegenheiten derartige Ansprachen schon oft genug gehalten; er wusste, dass er in dieser Hinsicht recht gut war. Warum also diese merkwürdige Nervosität? Nachdem dann, zwei Stunden später, alles vorüber war, fühlte Nigel Strangeways sich freilich versucht, anstatt von simpler Nervosität von ‚böser Vorahnung' zu sprechen, und überlegte sogar ernsthaft, ob er nicht diese seine höchst sonderbaren Empfindungen – wie weiland Cassandra vom Dache des Königspalastes zu Troja – lauthals hätte kundmachen sollen, selbst auf die Gefahr hin, dass das, was ein wahres Glanzstück von Dinnerparty zu werden versprach, dadurch verdorben wäre; schließlich war ja die Dinnerparty dann ohnehin verdorben worden, und obendrein bald genug … Aber ob so oder so – wer wollte sagen, dass es, wie die Dinge lagen, einen sehr großen Unterschied gemacht hätte? […]

„Nein", dachte Nigel und diesmal dachte er es versehentlich laut, „nein – niemand würde es je für möglich halten." „Was für möglich halten?", fragte der junge Mann. „Den blutrünstigen Charakter dieser Versammlung." Nigel reichte dem jungen Mann die Menükarte, an deren Kopf mit roten Lettern gedruckt stand DIE MEUCHELMÖRDER Dinner vom 20. Dezember. „Weiß Gott", lachte der junge Mann, „Wie Mörder sehen wir wirklich nicht aus. Ich muss sogar demütig bekennen – nicht einmal ein Aushilfsmörder."

„Oh", murmelte Nigel Strangeways verändert, „Gehören Sie etwa auch dazu?" „Freilich. Gestatten Sie, dass ich mich vorstelle – mein Name ist Herbert Dale." Nigel betrachtete den jungen Mann mit wachsendem Interesse. Dale hatte erst zwei oder drei Kriminalromane geschrieben und zählte doch schon zur Elite der Kriminalschriftsteller – andernfalls wäre er nicht Mitglied der „Meuchelmörder" gewesen, dieses exklusivsten Clubs, dem, abgesehen von je einem Repräsentanten der Kriminaljustiz, der Kriminalverteidigung und des Scotland Yard, nur die wahren Fürsten der Kriminalliteratur angehörten. […]

Ein unangenehmes Empfinden wandelte ihn [Nigel] an. Verärgert über diese Empfindung – kein Detektiv hat das Recht zu solchen albernen Emotionen, dachte er, und am allerwenigsten ein so prominenter Privatdetektiv wie Nigel Strangeways –, hob er den Blick und zwang sich, nach links und nach rechts über die festliche Tafel und durch den hübschen, intimen Speisesaal zu schauen. Er sah die animierten, mehr oder weniger erhitzten und doch zum Teil überraschend unfreien Gesichter der Esser, sah den wachsam, aber reglos wie eine Statue dastehenden Maitre d'hotel mit seinen makellos weißen Handschuhen, sah die diskret im Hintergrund wartenden Kellner, sah die strahlenden Lüster an der Decke des Speisesaals – alles völlig normal, und doch … Irgendeine Regung, die er sich selber nicht erklären konnte, veranlasste ihn, mitten in das tiefe Schweigen hinein die Bemerkung fallen zu lassen: „Weiß Gott – dies wäre ein prachtvoller Rahmen für einen Mord!" Hätte Nigel in diesem Augenblick in die richtige Richtung geschaut, so wäre vielleicht manches anders verlaufen. […] Wenig später, als man sich mit wohl gelungenem Truthahnbraten beschäftigte und der Präsident etwa in der Mitte seiner übrigens recht verwickelten Geschichte angelangt war, kam ein Kellner zu Herbert Dale und informierte ihn, dass er am Telefon verlangt werde. Der junge Mann erhob sich und ging hinaus. Nigel Strangeways versuchte, sich seines Stückes Truthahnbraten

zu erfreuen, gleichzeitig der immer verwickelter werdenden Geschichte des Präsidenten zu lauschen und ganz nebenher den sehr merkwürdigen Ausdruck auf dem
55 Gesicht des unscheinbaren kleinen Mannes zu deuten, als plötzlich das Licht erlosch. […] Ein paar Sekunden verblüfften Schweigens folgten. Dann erhob sich, wie fast immer in solchen Fällen, ein allseitig lebhaftes Durcheinanderreden von jener forciert humorvollen Art, mit der sich die meisten Menschen, besonders in Gegenwart anderer, über ein unerwartetes und eigentlich nicht eben angenehmes Ereignis hin-
60 wegzuhelfen trachten. […] Nigel Strangeways bemerkte aus den Augenwinkeln, dass Carruthers' Gesicht noch tiefer über das Essen gebeugt war als gewöhnlich. Komisch, in solcher Situation einfach weiterzuessen – aber nein! Ein zweiter, etwas genauerer Blick zeigte Nigel, dass Carruthers' Kopf direkt auf dem Teller lag wie das Haupt Johannes des Täufers. Und zwischen Carruthers' Schulterblättern ragte ein großer wei-
65 ßer Handgriff in die Höhe. Allmächtiger! Das konnte nicht sein! Das wäre denn doch allzu absurd, zu schrecklich! Aber es war in der Tat der Handgriff des Tortenhebers! […] „Gott steh mir bei", war alles, was der Richter sagen konnte. Aber ein anderer zeigte sich der Situation gewachsen. Der untersetzte, dunkelhaarige und energisch aussehende Mann, der Carruthers gegenüber am Tisch gesessen hatte, stand bereits
70 mit dem Rücken zur Tür des Speisesaals.
„Jeder bleibt an seinem Platz!", befahl er mit lauter Stimme. „Ich fürchte, es gibt keinen Zweifel über das, was hier geschehen ist. Als Beamter von Scotland Yard sehe ich mich genötigt, diese Angelegenheit sofort zu übernehmen. […] Mr Strangeways – bitte gehen Sie und telefonieren Sie den Yard an. Ich brauche ein halbes Dutzend De-
75 tektive des Morddezernates, den Polizeiarzt, die Fingerabdrucksspezialisten, den Fotografen und was sonst noch nötig ist. – Sie wissen ja Bescheid."
Nigel Strangeways sprang auf. Sein Blick, der in aller Eile forschend durch den Speisesaal gestreift war, hatte eine geringfügige Veränderung registriert – irgendeine Einzelheit war nicht mehr dort, wo sie eigentlich hätte sein müssen. Eine untergeordnete
80 Einzelheit wohl nur – sein Bewusstsein vermochte sie nicht zu identifizieren. Nun, vielleicht würde er später darauf kommen, was es war.

Text 2

Mord im Club der Experten aufgeklärt

Am 20. Dezember ereignete sich in den Clubräumen der Kriminalmeister ein spektakulärer Mordfall. Der berühmte Bestsellerautor David Carruthers wurde während des Dinners mithilfe eines Tortenhebers getötet.
5 Der Verdacht fiel zunächst auf den aufstrebenden Krimiautor Herbert Dale, der durchaus ein Motiv gehabt hätte und sich durch sein auffällig nervöses Verhalten verdächtig machte. Der Weitsicht und Aufmerksamkeit des Privatdetektivs Nigel Strangeways ist es aber zu ver-
10 danken, dass innerhalb kurzer Zeit der tatsächliche Mörder gefunden wurde. Es handelt sich um den Maitre d'hotel, dessen Tochter das Opfer Carruthers zuvor übel mitgespielt hatte. Das Fehlen der Handschuhe an den Händen des Täters nach der Tat entging den wachsamen
15 Blicken des Detektivs nicht und mit der Wahrheit konfrontiert, gestand der Täter rasch. Der Mörder wurde noch am gleichen Abend dem Haftrichter vorgeführt. Über die weitere Entwicklung in diesem spektakulären Mordfall werden wir Sie in gewohnter Weise informieren.

1 Bevor man sich Fragen zum Text überlegt, sollte man ihn verstanden haben.
Lies dir die beiden Texte, die Geschichte (Text 1) und den Zeitungsartikel (Text 2), aufmerksam durch und notiere deine ersten Gedanken und Fragen.

2 Kläre alle dir unbekannten Begriffe, z. B. *Auditorium* (Text 1, Z. 8), *Maitre d'hotel* (Text 1, Z. 41).

3 a Erstelle eine Übersicht über den Inhalt und den Aufbau von Text 1. Unter Umständen ist es sinnvoll, die Geschichte in Sinnabschnitte zu gliedern und den Inhalt der Abschnitte jeweils in einem Satz zusammenzufassen.
  b Untersuche die Zeitgestaltung in Text 1, z. B.:
  „Nachdem dann, zwei Stunden später, alles vorüber war, fühlte sich Nigel Strangeways freilich versucht, anstatt von simpler Nervosität von ‚böser Vorahnung' zu sprechen. [...]" (Z. 11–13).
  Was fällt dir auf?

Der Charakter dieser Versammlung – Die Unterrichtsplanung

4 Für einen guten Unterricht ist es wichtig, dass man sich überlegt, was mit der Unterrichtseinheit erreicht werden soll, was also die (Lern-)Ziele der Einheit sind. Für eine Unterrichtseinheit zur Geschichte vom Meuchelmörder Club (Text 1) kann man zum Beispiel folgende Ziele festlegen:

> 1. Alle verstehen den Inhalt des Textes.

> 2. Die Klasse kennt den Spannungsbogen einer Detektivgeschichte.

> 3. Die Vorausdeutungen in der Detektivgeschichte werden genannt.

> 4. Der Unterschied zwischen Zeitungsartikeln und literarischen Texten ist klar.

> 5. Die Eigenschaften der Hauptfigur Nigel Strangeways sind besprochen.

  a Ordne die folgenden Aufgaben und Fragen den passenden Zielen zu.
  b Formuliere weitere Fragen bzw. Aufgaben zu den Texten, die helfen, diese Ziele zu erreichen.

> *Gliedere den Text in Sinnabschnitte. / Suche im Text 1 alle Stellen, die über die Person Nigel Strangeways informieren. / Formuliere eine passende Überschrift für jeden Sinnabschnitt. / Wie wird im Text Spannung erzeugt? / Erarbeite die Gemeinsamkeiten und Unterschiede der beiden Texte. / Finde Textstellen, die auf die zukünftige Handlung der Geschichte hinweisen.*

5 a Überlegt gemeinsam, wie und woran man bereits während der Arbeit im Lauf der Unterrichtsreihe feststellen kann, ob die Ziele erreicht werden.
  b Diskutiert, wie man vorgehen kann, wenn absehbar ist, dass die Ziele nicht erreicht werden.

Der Detektiv und sein Notizbuch – Ergebnisse festhalten

Ergebnisse festhalten

Um sich etwas merken zu können, haben Menschen verschiedene Formen der **Gedächtnisstütze** entwickelt, z. B. den berühmten Knoten im Taschentuch, die Eselsbrücke oder den Einkaufszettel. Bei der Fülle von Informationen eines Schultages reichen Knoten und Notizzettel natürlich nicht aus.

Entscheidend beim **Festhalten von Ergebnissen** ist, dass man nicht zu viel Text schreibt, denn sonst wird es unübersichtlich. Die **Visualisierung** darf aber auch nicht zu knapp sein, damit man den Lernstoff rekonstruieren kann.
Wenn du deine Hefteinträge in verschiedenen Fächern anschaust, wirst du sicher feststellen, dass sie sich stark voneinander unterscheiden. Bestimmte Darstellungsweisen eignen sich für manche Inhalte besser als andere.

6 Leite aus den folgenden drei Beispielen die Einsatzmöglichkeiten der verschiedenen Formen, Ergebnisse festzuhalten, ab.

Die Liste

- eignet sich für Informationen, die nacheinander angeordnet werden,
- eine Sammlung, z. B. ein Brainstorming, lässt sich als Liste darstellen,
- eine Über- bzw. Unterordnung ist allerdings nur schwer möglich,
- eine Gegenüberstellung, z. B. Pro und Kontra, lässt sich kaum umsetzen.

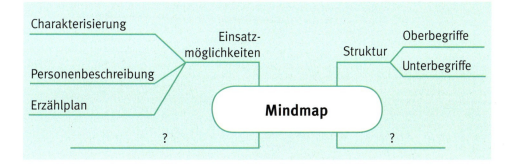

Die Tabelle	
Vorteile	**Nachteile**
ist sehr übersichtlich	Platz auf der Tafel / Folie schwer einzuplanen
eignet sich für Gegenüberstellungen	nicht für jedes Thema geeignet
■	■

7 Ordne den Aufgaben aus dem Abschnitt „Die Unterrichtsplanung" (Aufgaben 4 bis 5 auf S. 310) die jeweils geeignete Darstellung für die Ergebnisse zu.

8 Entscheide, welche Art der Veranschaulichung jeweils zu folgenden Themen passt.
- Unterscheidung zwischen Kriminalgeschichte und Detektivgeschichte
- berühmte Krimiautoren und ihre Werke
- Berufe rund um das Verbrechen
- Vergleich von Kriminalgeschichte und Verfilmung
- typische Mordwerkzeuge in der Kriminalliteratur
- Die drei ??? – eine berühmte Ermittlergruppe

9 Nenne weitere Möglichkeiten, wie man Ergebnisse festhalten kann.

Kein Zweifel möglich? – Kreativ mit Texten arbeiten

10 Du hast bereits viele Beispiele dafür kennengelernt, wie man sich kreativ und gestaltend mit Texten auseinandersetzen kann.

Text 3
- den Schluss verändern
- eine Hörspielszene verfassen
- eine andere Perspektive einnehmen
- ein Standbild bauen
- einen Brief verfassen
- einen Tagebucheintrag formulieren
- die Szene als Gerichtsverhandlung spielen
- die Textsorte verändern

a Entscheide, bei welchen der oben genannten Aufgaben man besser alleine arbeitet und welche sich nur in einer Gruppe umsetzen lassen.
b Überlege für Aufgaben in Gruppenarbeit, wie groß die Gruppe jeweils am besten sein sollte.
c Wie kannst du den Klassenraum gestalten, sodass mehrere Gruppen gleichzeitig an unterschiedlichen Themen oder Aufgaben arbeiten können?

11 Überlege, was bei dem folgenden Beispiel eines Arbeitsauftrages fehlt. Verbessere ihn mithilfe des Methodenkastens.

Arbeitsaufträge formulieren

Jeder Arbeitsauftrag muss **klar und eindeutig** formuliert sein und **alle für die Arbeit wichtigen Aspekte** enthalten: genaue Aufgabenstellung, Zeitangabe, evt. Gruppengröße, Art der Präsentation der Ergebnisse.

Beispiel <u>Tagebucheintrag</u>: *Arbeitszeit festlegen* → 20 Minuten
                                 Umfang eingrenzen → ca. ein bis zwei Seiten
                                 Perspektive benennen → aus der Sicht von ....
                                 Zeit/Thema nennen → Am Abend nach dem Mord Die Ereignisse des Tages

Beispiel <u>Standbild</u>: *Arbeitszeit festlegen* → 10 Minuten
                      Gruppengröße bestimmen → zwischen 4 und 6 Personen
                      Aufgabenverteilung klären → ein Regisseur, „stumme" Darsteller
                      Auswertung strukturieren → Regisseur erklärt das Standbild, Zuschauer kommentieren es zum Schluss

12 Formuliere zu den anderen Aufgabenbeispielen aus Text 3 Aufträge wie in den Beispielen im Methodenkasten.

„Testpersonen" befragen

Zeige deine Arbeitsaufträge einer anderen Person, z. B. einer Mitschülerin oder einem Mitschüler. Sie oder er kann dich auf Unklarheiten oder Lücken hinweisen, die dir vielleicht gar nicht aufgefallen sind, wenn sie oder er die Arbeitsaufträge nicht richtig versteht.

3. Detektive bei der Arbeit – Die Recherche

Untersuchungen haben gezeigt, dass das Interesse einer Lerngruppe steigt, wenn die Lernenden an der Themenfindung beteiligt sind und wenn sie auch Themen vorschlagen können, die ihnen selbst wichtig sind und die zu ihrem Leben gehören. Gerade bei Rechercheaufträgen können viele Mitdenker auf die interessantesten Themen kommen.

Rund um die Detektivgeschichte – Das Brainstorming

1 Fordere deine Klasse oder Lerngruppe dazu auf, alles, was ihr zum Thema „Detektivgeschichten" einfällt, in Form einer Liste oder eines Clusters an der Tafel zu sammeln.
Achtung: Es ist wichtig, dass in dieser Phase die Beiträge nicht durch andere kommentiert werden und keine der Äußerungen verloren geht.

2 a Wenn die Ideensammlung abgeschlossen ist, klärt ihr im Gespräch, welche Inhalte die Gruppe am meisten interessieren.
b Als Lehrerin oder Lehrer ist es außerdem deine Aufgabe, solche Ideen, die sich nicht realisieren lassen, von der Tafel zu streichen. Es ist wichtig, dass du deine Entscheidung jeweils gut begründest, sodass sich niemand übergangen fühlt.
c Betrachte die folgenden Ergebnisse eines Brainstormings und begründe, warum die zwei letzten Ideen durchgestrichen sind.

d Welche Einfälle sind außerdem kaum umzusetzen oder haben mit dem Thema „Recherche" nichts zu tun? Begründe deine Ansicht.
e Ergänze die Sammlung mit weiteren Ideen zum Thema „Kriminalfälle".

Befragen Sie alle Verdächtigen! – Aufträge formulieren

3 Formuliere aus den gesammelten Ideen Rechercheaufträge nach folgendem Muster.

Text 4

> _Berufsprofil Detektiv_
>
> - _Arbeitszeitraum:_ eine Woche
> - _Gruppengröße:_ zwischen drei und vier Personen
> - _Auftrag:_ Recherchiert zum Beruf des Detektivs. Ihr könnt dabei das Internet nutzen oder auch bei verschiedenen Detekteien direkt nachfragen. Die Ergebnisse sollten folgende Fragen beantworten:
>   a) Wie wird man Detektiv?
>   b) Welche Fähigkeiten braucht ein guter Detektiv?
>   c) Mit welchen „Fällen" beschäftigt sich ein Detektiv?
> - _Präsentation der Ergebnisse:_ mündlicher Vortrag und Übersicht an der Tafel/Folie; möglich ist auch Computerpräsentation, aber nicht notwendig.

4. Ist der Fall gelöst? – Lernzielkontrolle formulieren

Am Ende einer Unterrichtseinheit steht oft die so genannte Lernzielkontrolle. Die Ergebnisse einer Lernzielkontrolle können Aufschluss über folgende Fragen geben:

- Haben alle den Stoff verstanden? Wenn nein, wo liegen die Schwierigkeiten?
- Wurde der Inhalt verständlich erklärt? Wenn nein, was kann man am Unterricht verbessern?
- Sind die Lernziele (siehe S. 310) erreicht worden?

Rätseltest zu „Der Meuchelmöder Club" (Text 1)

Text 5

Text 6 *Lückentext zu „Der Meuchelmörder Club"*

Der Mord an Kriminalschriftsteller ■ wird vom Privatdetektiv ■ noch am selben Abend aufgelöst. Das Motiv des Maitre d'hotel war ■, sein Tatwerkzeug ■.

1. Erstelle einen Rätseltest wie in Text 5 zum Thema „berühmte Kinderkrimis".

2. Formuliere einen Lückentext wie in Text 6 zum Inhalt der nachfolgenden Kriminalgeschichte.

Wolfgang Ecke

Text 7 **Zwischenfall an der Grenze**

Datum des Geschehens: 2. Dezember 1968.
Ort des Geschehens: Deutsch-österreichischer Zollgrenzposten Blankers.
Es war kein Betrieb an jenem Abend im Monat Dezember. Drei Fahrzeuge in den letzten vier Stunden, das hatte es noch nie gegeben. Aber die Beamten des Zolls und der Grenzpolizei waren darüber nicht traurig. Seit Stunden fegte ein eisiger Wind durch das Tal und trieb einen unangenehmen Nieselregen, der sich von Fall zu Fall in kleine Schneekristalle verwandelte. Doch bald sollte es mit der friedlichen Beschaulichkeit und Ruhe vorbei sein.
Zehn Minuten nach 23 Uhr klingelte das Telefon auf dem Schreibtisch des Grenzpolizei-Wachtmeisters Siegele. Was ihm aus der Muschel entgegen klang, ließ ihn von seinem Stuhl hochfahren. Bevor er jedoch selbst noch Fragen stellen konnte, hatte der fremde Anrufer bereits eingehängt. Siegele versammelte sofort seine Kollegen von Zoll und Grenzpolizei um sich und erklärte ihnen: „Ich habe soeben einen anonymen Anruf erhalten. Er besagt, dass in Kürze ein bestimmter Wagen einreisen wird. Es handelt sich um einen Fiat mit französischem Kennzeichen. In dem Fahrzeug sollen 10 Kilogramm Rauschgift versteckt sein. Ich glaube, es gibt eine Menge zu tun!" Zunächst gab es Alarmstufe I. Der Schlagbaum wurde geschlossen und alle Beamten hielten sich bereit. Alle starrten sie gebannt auf den österreichischen Teil des Tals, durch den sich die Straße in einer ganzen Anzahl von Kurven schlängelte. Dann entdeckten sie ein Lichterpaar … und kurz darauf noch eines … kein Zweifel, es handelte sich um zwei Autos, die sich der Grenze näherten. Für einige Sekunden verschwanden sie an der Stelle, wo der österreichische Schlagbaum nicht einzusehen war. Doch dann tauchte der erste Wagen auf … Wachtmeister Siegele stieß einen erregten Laut aus … es war ein schwarzer Fiat … und als er in das Lichtfeld kam, erkannten sie sofort das französische Kennzeichen. Während der Fiat sofort zur Seite dirigiert wurde, tauchte auch schon der zweite Wagen auf: ein dunkelgrüner Opel mit Münchner Kennzeichen. Er passierte nach der obligaten Frage nach zu verzollender Ware anstandslos den Schlagbaum …

In der Garage hatten sich bereits zwei Spezialisten ans Werk gemacht. Der Protest des französischen Ehepaares verklang in der Nacht. Eine halbe Stunde verging. Noch hatten die Beamten nichts gefunden. […] Gegen 0 Uhr 30 passierten in dieser Reihenfolge zwei weitere Fahrzeuge in derselben Richtung die Grenze: ein holländischer PKW mit Amsterdamer Kennzeichen und ein österreichischer Sportwagen mit Tiroler Nummer. Sie wurden nur kurz befragt und durften passieren. Gegen 3 Uhr begannen die enttäuschten Beamten leise schimpfend den auseinandergenommenen Fiat wieder zusammenzubauen. Die Untersuchung war negativ verlaufen. Es gab keinen Zweifel daran, dass ihnen ein böser Streich gespielt worden war. Aber … war es wirklich nur ein böser Streich?

Nein! Wieder einmal hatte der Zufall seine Hand im Spiel. Zwölf Kilometer von der Grenze entfernt kam ein Wagen ins Schleudern und prallte gegen einen Baum. Die beiden Insassen wurden in ein Krankenhaus transportiert. Während der Bergung des Fahrzeugs fand man einen Kanister, dessen Inhalt aus einigen Kilo Haschisch bestand. Die sofort einsetzenden Recherchen der Polizei ergaben, dass der Wagen von jenseits der Grenze gekommen war. Und er stellte sich auch heraus, dass er zu jenen drei Fahrzeugen gehörte, die innerhalb der nächsten 45 Minuten nach dem Fiat die Grenze nach Deutschland überfahren hatten. Der anonyme Hinweis auf den französischen Kraftwagen sollte die Beamten verwirren und – beschäftigen.

3 Verfasse je eine Frage zum Aufbau der Geschichte, zu den enthaltenen Vorausdeutungen und zu den Figurengruppen Polizei und Täter.

4 Formuliere eine kreative Aufgabe zum Text.

Ableitung	→ Wortbildung
Adjektiv	Wortart. Adjektive bezeichnen Art, Eigenschaft oder Merkmale (z. B. *schön*, *groß*) einer Person oder Sache. Sie bestimmen Nomen näher und können gesteigert werden (Komparation). • **Positiv:** Grundstufe eines Adjektivs. *lustig*. • **Komparativ:** Erste Steigerungsstufe, bei regelmäßigen Adjektiven wird an die Grundform *-er* angehängt, z. B. **lustiger**. Es gibt aber auch Ausnahmen. Zu ihnen gehören: *gut – besser, viel – mehr*. • **Superlativ:** Zweite Steigerungsstufe, Höchstform. Man hängt im Superlativ *-ste* an, z. B. *der/die/das lustigste …* Es gibt aber auch Ausnahmen. Zu ihnen gehören: *gut – (besser –) der / die / das beste …, viel – (mehr –) der / die / das meiste …*
Adressat, Adressatenbezug	Empfänger, z.B. Leser/Leserin eines Briefes oder einer Geschichte (Erzählung), den man direkt oder indirekt ansprechen möchte. **Adressatenbezug**: Beim Schreiben und Sprechen sollte man immer bedenken, an welchen Adressaten man sich wendet.
Adverb	Wortart. Adverbien sind **Umstandswörter**. Sie bestimmen Verben dadurch näher, dass sie Angaben zu Ort, Zeit, Raum, Art und Weise, Gründen und Ursachen, also zu den näheren Umständen machen (z. B. *jetzt, dort, schnell*). Die W-Fragewörter gehören ebenfalls zu den Adverbien, man nennt sie deshalb auch **Frageadverbien**.
adverbiale Bestimmung	→ Satzglieder
AIDA	(engl.: *Attention, Interest, Desire, Action*) „Formel", nach der Werbung (z. B. Anzeigen, Plakate, Werbespots) gestaltet ist: Werbung soll die **Aufmerksamkeit** (*Attention*) des Betrachters wecken, wodurch **Interesse** (*Interest*) am beworbenen Produkt erzeugt wird und schließlich ein Bedürfnis bzw. das **Verlagen** (*Desire*), zu **handeln** (*Action*), das bedeutet meist, das Produkt zu kaufen. → *Der verkleidete Körper, S. 251*
Akkusativ	→ *Deklination*
Akkusativobjekt	→ *Satzglieder*
Aktiv	→ *Verb*
Alliteration	Klangliches Stilmittel. Nah aufeinander folgende Wörter fangen mit dem gleichen Laut oder mit dem gleichen Buchstaben an. Beispiel: **W**ind und **W**ellen → *Mondbeglänzte Zaubernacht, S. 169*
Analysekartei	Eine Analysekartei kann helfen, alle wichtigen Aspekte eines literarischen Textes zu **beschreiben** und zu **untersuchen**. Sie erklärt wichtige **Analyse-Begriffe** und schlägt eine **Untersuchungsreihenfolge** vor. → *Von Freundschaft und Feindschaft, S. 126f.*
Anredepronomen	→ Pronomen
Appell/ appellieren	Wenn man jemanden von seiner Meinung überzeugen und dazu bringen möchte, sich seiner Meinung anzuschließen, oder wenn man ihn dazu aufruft, etwas Bestimmtes zu tun, dann **appelliert** man. Meist benötigt man dazu gute **Argumente**.
Argument/ argumentieren	Wenn man in einem Gespräch oder in einer Diskussion zu einer Entscheidung kommen möchte, muss man seine Meinung mit Argumenten **begründen**. • Man führt **Gründe** an, nennt **Absichten** (Beispiel: *…, damit der Betrachter neugierig wird.*). • Man kann auch **Folgen** aufzeigen (Beispiel: *Bild und Text ergänzen sich, sodass zum Hören noch etwas zum Sehen hinzukommt.*). Ein gutes Argument muss **stichhaltig** sein, es muss also den „Stichen" der Gegenargumente standhalten. Das erreicht man am besten, indem man das Argument mit **Beispielen belegt**. → *Vordenken und Nachdenken, S. 36–65*
Artikel	Wortart. Es gibt bestimmte *(der, die das)* und unbestimmte *(ein, eine)* Artikel. Sie begleiten Nomen und richten sich in Numerus und Genus nach ihrem Bezugswort.
Attribut	Attribute bestimmen den Bedeutungsinhalt von Wörtern genauer oder fügen ihm neue Informationen hinzu. Sie stehen hinter oder vor ihrem **Bezugswort**, sind jedoch **keine eigenständigen Satzglieder**. Deshalb bleiben sie bei der Umstellprobe auch bei dem jeweiligen Bezugswort. Nach Attributen fragt man mit „Was für ein…?".

Attribute gibt es in verschiedenen Erscheinungsformen:
- **Adjektivattribut** (vorangestelltes, dekliniertes Adjektiv),
- **Genitivattribut** (Nomen im Genitiv),
- **präpositionales Attribut** (Nominalgruppe mit Präposition),
- **Apposition** (Nominalgruppe im gleichen Kasus),
- **Attributsatz** (Relativsatz).

Attributsatz → Satzreihe und Satzgefüge
äußere Handlung → Erzählung/erzählen

Auslautverhärtung
Ein geschriebenes *b* am Ende eines Wortes wird häufig wie der Laut *p*, ein geschriebenes *d* häufig wie der Laut *t* und ein geschriebenes *g* manchmal wie der Laut *k* gesprochen. Ein Wort zu verlängern, kann dabei helfen zu entscheiden, wie es geschrieben wird (**Verlängerungsprobe**).
Beispiel: *run* – der run**de** Ball – rund.*
→ *Das regelt sich!* S. 91–94

automatisches Schreiben → Kreativtechniken

Autor
(lat: „Urheber") Andere Bezeichnungen für eine Autorin oder einen Autor sind *Schriftsteller/in, Dichter/in, Verfasser/in, Poet/in.*
Den **Autor** und den **Erzähler** darf man nicht verwechseln. Eine Autorin kann sich eine Geschichte mit einem männlichen Erzähler ausdenken und umgekehrt.

Ballade → Gedicht
Bänkelsang → Gedicht
Bastel-/Bauanleitung → Beschreibung/beschreiben

Bericht/berichten
Mit einem Bericht **informiert** man andere, nicht beteiligte Personen über ein Ereignis oder über einen Sachverhalt. Deshalb muss er in **sachlicher Sprache** verfasst werden, **genau** sein und alle wichtigen **Einzelheiten** enthalten. Ein guter Bericht beantwortet die **W-Fragen**:
- In der **Einleitung**: *Wer? Was? Wann? Wo?*
- Im **Hauptteil**: *Wie? und Warum?*
- Im **Schluss**: *Welche Folgen?*

Ein sachlich informierender Bericht soll **objektiv** sein und sich mit wertenden Kommentaren und Urteilen zurückhalten. Wenn über ein Geschehen berichtet wird, muss die **Reihenfolge** der Ereignisse unbedingt eingehalten werden. Das Tempus des Berichts ist das **Präteritum**. Beispiele für Berichte sind Zeitungsmeldungen.
→ *Das ist Sport!?, S. 27–33*

Erlebnisbericht
Wenn man etwas Aufregendes erlebt hat und davon berichtet, wird dieser Bericht stellenweise auch spannend und unterhaltend sein und nicht nüchtern wie rein sachlich-informative Berichte. Im Gegensatz zu einer Erlebnis**erzählung** steht beim Erlebnis**bericht** aber die Information über das Erlebte im Vordergrund und nicht das Spannende oder Aufregende dabei.

Über eine Autorin oder einen Autor berichten
- Schritt 1: **Informationen sammeln** (im Internet, in der Bibliothek, bei Verlagen, in Nachschlagewerken (z. B. Lexika) ...)
- Schritt 2: **Informationen ordnen und gliedern** (zeitliche Reihenfolge? Ordnung nach Zeitgeschichte / Leben / Werke? ...)
- Schritt 3: **Informationen aufbereiten** (Bericht über das Leben des Autors/der Autorin verfassen, informierende Texte zu historischen Ereignissen verfassen, Bilder und Texte im Präsentationsprogramm/für das Plakat/die Broschüre aufbereiten, Layout erstellen, Schriftgröße und -art wählen, Farbgestaltung festlegen, Computer-Präsentation mit Musik/Geräuschen unterlegen ...)

→ *Von Freundschaft und Feindschaft, S. 114*

Beschreibung/beschreiben
Eine **Beschreibung** unterscheidet sich von einer **Schilderung** dadurch, dass sie sachlicher ist und weder eine persönliche Sprechweise noch einen erlebnishaften Tonfall enthält. Das Tempus einer Beschreibung ist das **Präsens**, der **Stil sachlich-infomativ**.

Bastel- oder Bauanleitung
Eine **Bastel- oder Bauanleitung** ist eine Form der **Vorgangsbeschreibung**.
Die folgenden Teile sollte eine gute Bauanleitung enthalten:
- **kurze Beschreibung** der Arbeitsweise **des fertigen Produkts** (zur Einleitung),
- **Materialliste**, evtl. auch eine Einkaufsliste,
- Auflistung des notwendigen **Werkzeugs**,
- schrittweise und präzise **Vorgangsbeschreibung** in sinnvoller Reihenfolge,
- evtl. unterstützt durch Grafiken,
- **Probleme**, die beim Bau auftauchen können, und
- **Tipps** (z. B. Bezugsquellen für Material).

Fachbegriffe und **Fremdwörter** erleichtern das **sachlich knappe Formulieren**.
→ *Vom Feuerzeichen zur E-Mail, S. 276–281*

Charakteristik
Um literarische Figuren verstehen zu können, braucht man auch Informationen zu ihrem **Verhalten** und ihren **Gefühlen** und **Eigenschaften**. Meist sind aufgrund der Beschreibungen im Text bereits vorsichtige Aussagen zum **Charakter** möglich.
→ *Das regelt sich! S. 84–88*
→ *Von Freundschaft und Feindschaft, S. 105–108*

Gegenstandsbeschreibung
Wenn man einen Gegenstand beschreiben will, muss man ihn zunächst als Ganzes beschreiben und dann auf folgende **Merkmale** eingehen: *Farbe, Material, Größe, Form, Besonderheiten.*
Man sollte auf eine **sinnvolle Reihenfolge** achten, in der man die einzelnen Merkmale beschreibt, z. B. von links nach rechts, von oben nach unten oder von innen nach außen.

Personenbeschreibung
Man beschreibt die **äußeren Merkmale einer Person** möglichst genau: *Geschlecht, Alter, Größe, Körperbau, Kopf, Gesicht, Kleidung, besondere Kennzeichen.* Dabei ist auf eine sinnvolle Reihenfolge des Beschriebenen zu achten.

Tierbeschreibung
Am besten beschreibt man zunächst das Tier im Ganzen, anschließend die Merkmale in Gruppen, z. B. zuerst alle Merkmale des Kopfes, dann die des Körpers, dann weitere besondere Merkmale.

Versuchsbeschreibung
Eine Versuchsbeschreibung ist eine besondere Form der Vorgangsbeschreibung.
- Man listet zuerst auf, welches **Material** man braucht, um den Versuch durchführen zu können („Zutatenliste").
- Dann beschreibt man genau, wie der Versuch **aufgebaut** ist bzw. welche **Vorarbeiten** geleistet werden müssen, bevor der Versuch beginnen kann.
- Anschließend beschreibt man den **Versuch in der Reihenfolge, in der er abläuft**. Man beschreibt genau, was man in jedem Abschnitt des Versuchs tut und beobachtet.
- Abschließend wird das **Ergebnis** des Versuchs formuliert und erklärt.

Vorgänge und Abläufe beschreiben
Vorgangs- und Ablaufbeschreibungen sind **informierende Texte** und sollen darstellen, wie genau etwas gemacht wird oder vor sich geht.
Bei einer **Vorgangsbeschreibung** steht dabei im Vordergrund, dass der Vorgang anhand der Beschreibung gegebenenfalls wiederholt werden kann.
Eine **Ablaufbeschreibung** dagegen hat weniger den Charakter einer Gebrauchsanweisung, sondern soll eine Folge von Ereignissen oder Vorgängen möglichst genau dokumentieren (festhalten).
Für beide Arten der Beschreibung gelten aber die gleichen Grundkriterien:
- wichtige Informationen sammeln,
- klären, worauf es bei dem Vorgang oder dem Ablauf ankommt,
- klären, in welchen und in wie vielen **Schritten** der Vorgang/Ablauf vonstatten geht,
- die Informationen in eine **sinnvolle Reihenfolge** bringen, denn die Abläufe müssen auch für einen nicht sachkundigen Leser nachvollziehbar sein,
- **Fachbegriffe** verwenden und diese gegebenenfalls kurz erläutern,
- sachliche und präzise Sprache verwenden und
- Am Schluss einer **Ablaufbeschreibung** evtl. weitere Tipps zu ähnlichen Abläufen geben.

→ *Das ist Sport!?, S. 17–20*   → *Wenn einer eine Reise tut ..., S. 151f.*

bildhafte Ausdrücke	→ Erzählung/erzählen
Botenbericht	→ dramatische Texte
Brief	direkte schriftliche Kommunikation zwischen einem **Sender** (Absender) und einem **Empfänger** (Adressat). In der Regel gelten nur Briefe „auf Papier" als richtige Briefe, nicht aber elektronische (E-Mail). Ein Brief hat üblicherweise **bestimmte Elemente**: *Absender, Adresse, Anrede, Text, Grußformel, Unterschrift.* Man unterscheidet **persönliche** und **sachliche** Briefe (z. B. Leserbrief, Bewerbungsschreiben, Anfage).
Buchvorstellung	→ Vortrag/vortragen
Charakteristik	→ Beschreibung/beschreiben
Cluster	→ Textplanung
das / dass	Im Unterschied zum **Artikel** *das*, zum **Relativpronomen** *das* und zum **Demonstrativpronomen** *das* wird die **Konjunktion** *dass* mit *ss* geschrieben. Um herauszufinden, ob es sich um ein Relativpronomen oder um eine Konjunktion handelt, kann man die **Ersatzprobe** durchführen: Immer dann, wenn man *das* durch *dieses* oder *welches* ersetzen kann, handelt es sich um ein Relativpronomen, und man schreibt *das*. Beispiel: *Er sah ein Auto, **das** er für einen Oldtimer hielt.* → *Er sah ein Auto, **welches** er für einen Oldtimer hielt.*
Dativ	→ Deklination
Dativobjekt	→ Satzglieder
Dehnung	→ Erzählung/erzählen
Deklination	Nomen, Adjektive, Artikel und Pronomen können dekliniert (**gebeugt**) werden, d. h. sie verändern ihre Form entsprechend dem Kasus, in dem sie stehen, wenn sie in Sätzen verwendet werden. **Kasus** Fall. Im Deutschen gibt es vier Fälle (Kasus), die man auf folgende Weise erfragen kann: 1. Fall: **Nominativ**: *Wer oder was?* 3. Fall: **Dativ**: *Wem?* 2. Fall: **Genitiv**: *Wessen?* 4. Fall: **Akkusativ**: *Wen oder was?*
Dialog	→ dramatische Texte
Diminutiv	→ Wortbildung
Diskussion	Die Diskussion ist die Kunst der **fairen Auseinandersetzung**, bei der **Gesprächsregeln** beachtet werden sollten. Größere Diskussionen erfordern eine **Diskussionsleiterin** oder einen **Diskussionsleiter**. **Diskussion als Rollenspiel** Diese Art der Diskussion eigent sich, um Probleme zu lösen, an denen man selbst nicht beteiligt ist, oder wenn man einen Text erschließen möchte: • Die Diskussionsteilnehmer/innen übernehmen die Rollen der am Problem Beteiligten. • Am Ende äußern sie ihre Gefühle während des Verlaufs der Diskussion. → *Vordenken und Nachdenken, S. 53–58* **„Fishbowl"-Diskussion** • Eine kleine Gruppe befindet sich in der Mitte des Raumes, umgeben von den restlichen Mitschüler/innen, die das Gespräch beobachten. • Im Verlauf der Diskussion können sich die Beobachter ins Geschehen einmischen, indem sie ihre Ansicht darlegen, Fragen stellen und neue Gedanken einbringen. → *Vordenken und Nachdenken, S. 59–61* **Standpunkte im Raum** Zwei Schüler/innen stehen bei dieser Diskussion an gegenüberliegenden Seiten eines Raumes, jeder/jede vertritt eine eigene Position. • Die restlichen Schüler/innen der Klasse entscheiden sich nach jedem Argument, wo sie sich stärker hingezogen fühlen. • Wer ganz von der einen Seite überzeugt ist, steht sehr nahe bei dem Vertreter/der Vertreterin seiner Position; wer unentschieden ist, steht in der Mitte. → *Der verkleidete Körper, S. 260ff.*

dramatische Texte/ Drama

Ein Theaterstück (man sagt auch: Drama) ist meist in verschiedene Abschnitte gegliedert, die man **Szenen** nennt. Der Auftritt oder der Abgang einer Figur markiert meist den Beginn oder das Ende einer Szene. Größere Aufteilungen, die mehrere Szenen umfassen, heißen **Akte**.

Botenbericht und Mauerschau
Es gibt zwei Möglichkeiten, nicht gezeigtes Geschehen trotzdem in einem Theaterstück vorkommen zu lassen.
- **Botenbericht:** Jemand kommt auf die Bühne und berichtet, was vorher geschehen ist.
- **Mauerschau:** Jemand steht am Rande der Bühne oder im Hintergrund und berichtet, was außerhalb der Bühne angeblich gerade passiert.

Dialog und Monolog
Wenn sich mindestens zwei Figuren auf der Bühne befinden und miteinander sprechen, so führen sie einen **Dialog**, ein Wechselgespräch. Ist eine Figur allein auf der Bühne und spricht, dann hält sie einen **Monolog**, ein Selbstgespräch. In einem Monolog offenbart die Figur ihre Gedanken und Absichten – sie fühlt sich ja unbeobachtet.

Haupttext, Nebentext und Subtext
Der **Haupttext** besteht aus Dialogen und Monologen.
Der **Nebentext** (die Regieanweisungen) gibt Hinweise auf das Verhalten und die Reaktionen von Figuren. Wenn das Theaterstück aufgeführt wird, kann das Publikum an Gestik und Mimik der Figuren erkennen, wie sich diese fühlen. Die Schauspieler/innen und die Regisseurin oder der Regisseur lesen zwischen den Zeilen des Textes und überlegen, wie der Haupttext am wirkungsvollsten gespielt wird. Sie lesen den so genannten **Subtext** zwischen den Zeilen von Haupt- und Nebentext.
Der **Subtext** ist also das Ergebnis dessen, wie man das Gesagte und Gespielte (bzw. den Haupt- und den Nebentext) deutet und interpretiert, *sub* ist lateinisch und bedeutet *unter*; gemeint ist die Bedeutung, die unter dem Gesagten bzw. Geschriebenen liegt.

Requisiten
Mit dem Begriff **Requisiten** bezeichnet man alle Gegenstände auf der Bühne, die beweglich sind (also nicht das gesamte Bühnenbild). Sie gehören mit zur **Bühne** bzw. zur **Bühnenausstattung**.
→ *Von Freundschaft und Feindschaft, S. 98–127*

Enjambement

(frz.: *hinüberspringen*) Wenn ein Satz in einem Gedicht über das Versende in die nächste Zeile „springt", nennt man das Enjambement (Zeilensprung).

Erlebnisbericht

→ Bericht/berichten

Erzählung/erzählen

anschauliches Erzählen
Wenn die Leserin oder der Leser einer Erzählung beim Lesen den Eindruck hat, „mitten in der Geschichte" zu sein, zu fühlen, was die Figur fühlt, und zu sehen, was sie sieht, dann ist anschauliches Erzählen gelungen.

anschauliche Verben und Adjektive
Verben und Adjektive sind dann anschaulich, wenn sie dazu beitragen, dass die Leserin oder der Leser sich gut in das erzählte Geschehen oder die geschilderte Situation hineinversetzen kann. Man ersetzt z. B. das Verb *sagen* durch *flüstern*, *schreien* oder *stottern*.

äußere und innere Handlung
Die **äußere Handlung** stellt den Ablauf der Ereignisse dar.
<u>Beispiel:</u> *Jörg steht auf, öffnet das Fenster und schaut hinaus.*

Durch die äußere Handlung erfährt man nicht direkt, was die einzelnen Figuren denken, sondern man muss zwischen den Zeilen lesen und sich dies ausmalen.

Die **innere Handlung** gibt die Gedanken oder Gefühle einer Figur wieder. Daran kann man oft die innere Entwicklung dieser Figur ablesen.

bildhafte Ausdrücke
Innere Vorgänge kann man beim anschaulichen Erzählen durch bildhafte Ausdrücke (oft handelt es sich dabei um feste Redewendungen) sichtbar machen.
<u>Beispiel:</u> *Mir stehen die Haare zu Berge (ich bin entsetzt).*

Erzählstil und Sachstil
In **literarischen Texten** versucht die Autorin bzw. der Autor, durch eine bestimmte Verwendung von Wörtern und Sätzen Figuren zu charakterisieren, Leserwartungen zu wecken, Spannung

zu erzeugen, Handlungen zu erzählen. Die **Sprache** in literarischen Texten ist oft **sehr kunstvoll** und enthält viele **sprachliche Bilder**. Man nennt diese Art zu schreiben auch **Erzählstil**.
Sachtexte vermitteln in erster Linie Informationen, die **Sprache** ist darum meistens **sachlich**. Dieser sachlich-informative Stil wird auch **Sachstil** genannt.

Erzählperspektive, Erzählform
Jede Geschichte wird aus einer bestimmten Sicht – einer **Erzählperspektive** – erzählt.
- **Auktorialer Erzähler:** Der Erzähler ist „allwissend", er steht oberhalb des Geschehens und kennt die Gedanken und Gefühle aller Figuren. Er kann die Handlung kommentieren (wertend dazu Stellung nehmen).
- **Personaler Erzähler:** Die Geschichte wird in der Er-/Sie-Form aus der Sicht einer der beteiligten Figuren erzählt.
- **Ich-Erzähler:** Das Geschehen wird in der 1. Person Singular erzählt, der Erzähler ist am Geschehen beteiligt. Er erzählt aus seiner Perspektive und kennt die Gedanken und Gefühle anderer Figuren nicht.

Alle drei Erzählertypen können männlich oder weiblich sein.
→ *Von Freundschaft und Feindschaft, S. 105–108*

Erzählkern
Häufig bildet eine Zeitungsmeldung oder ein kurzer nüchterner Bericht den Ausgangspunkt für eine spannende Erzählung. Diesen Erzählkern kann man nun ausgestalten, damit er den Kern oder den **Höhepunkt** einer spannenden Erzählung bildet.

Erzählplan
In einem **Erzählplan** sollte man auf den **Adressatenbezug**, achten, **Wesentliches und Unwesentliches** unterscheiden, die **Erzählperspektive** festlegen und den **Aufbau** (Einleitung, Hauptteil, Schluss) skizzieren. Wichtig ist die **Schlüssigkeit** und die **innere Glaubwürdigkeit** zu wahren. Mögliche Leitfragen: *Ist der Zusammenhang der einzelnen Erzählschritte klar? Können die Zuhörer oder Leser meiner Erzählung folgen? Habe ich so erzählt, dass es keine Widersprüche gibt?*

Erzählschritte/Handlungsschritte
Der **Spannungsbogen** einer Geschichte wird durch schrittweises Erzählen gebildet. Man kann eine Geschichte meist in **Abschnitte** einteilen und so die Erzähl- bzw. Handlungsschritte ermitteln. In den meisten Erzählungen finden sich Abschnitte mit steigender Handlung, ein oder mehrere Höhepunkte und Abschnitte, in denen die Spannung wieder abfällt (fallende Handlung).

Erzählzeit: Raffung, Dehnung, Zeitdeckung
Bei erzählenden Texten unterscheidet man die **erzählte Zeit** und die **Erzählzeit**.
Erzählzeit nennt man die Zeit, die man zum Erzählen einer Handlung braucht.
Man kann die Ereignisse kurz zusammenfassen (= **Raffung**), Ereignisse aber auch sehr ausführlich wiedergeben (= **Dehnung**). Man kann das Geschehen auch eins zu eins abbilden, sodass **erzählte Zeit** und Erzählzeit ungefähr gleich lang sind und zur so genannten **Deckung** kommen. Deckendes Erzählen findet vor allem bei Dialogen statt.

Nacherzählung – Tipps:
Zunächst vergegenwärtig man sich die **Handlungsschritte** der Geschichte und achtet bei der Nacherzählung darauf, dass die Reihenfolge (wieder) eingehalten wird.
Für eine Nacherzählung verwendet man eigene Worte.
Wichtiges sollte man so gestalten, dass die Nacherzählung **anschaulich und lebendig** wird. Dies erreicht man durch **anschauliche Verben** und **Adjektive** sowie durch **wörtliche Rede**.
Man kann auch eine Geschichte **aus einer anderen Sicht** (z. B. aus der Sicht einer beteiligten oder nicht beteiligten Figur) nacherzählen. Dabei muss man beachten, dass nur das erzählt werden kann, was diese Figur gesehen oder erfahren haben könnte.

Fabel
Fabeln sind kurze Texte, in denen meistens **Tiere**, manchmal aber auch Pflanzen und Gegenstände sprechen und handeln. Diese Tiere sollen dabei als **Stellvertreter für Menschen** verstanden werden.
Fast immer haben Fabeln eine **Lehre**, über die man nachdenken und diskutieren kann.
Eine Fabel beginnt meist mit der Beschreibung der **Ausgangssituation**, dann erfährt man etwas über den **Konflikt** (**Rede und Gegenrede** der Figuren bzw. **Aktion und Reaktion**), und schließlich gibt es eine **Lösung** und meist auch eine **Lehre**.
→ *Vordenken und Nachdenken, S. 62*

Femininum	→ Genus
Figurenkonstellation	Die grafische Darstellung einer Figurenkonstellation zeigt das Beziehungsgeflecht der handelnden Figuren in einem Theaterstück, in einem Roman, in einer Erzählung usw. Durch unterschiedliche Pfeile und Beschriftungen kann man Aussagen zu den Beziehungen veranschaulichen.
Fiktionale und nicht-fiktionale Texte	Man unterscheidet bei Texten zwei Gruppen: **fiktionale** und **nicht-fiktionale** Texte. **Fiktion** bedeutet Erdichtung oder Erfindung und bezeichnet nur in der Vorstellung Vorhandenes. Zu den fiktionalen Texten zählen z. B. Gedichte, Erzählungen, Theaterstücke, Romane. Sie sind erfundene Produkte einer Autorin oder eines Autors. **Nicht-fiktionale** Texte sind Texte, die informieren, also Fakten wiedergeben. Zu den nicht-fiktionalen Texten gehören zum Beispiel informative Sachtexte, Zeitungstexte usw.
Film/Verfilmung	**Drehbuch und Plot** Ein **Film** muss eine Grundidee haben, einen Handlungskern und ein Handlungsgerüst (den so genannten **Plot**), die dann in einem **Drehbuch** ausgestaltet wird. In einem Drehbuch findet sich das, was in dem geplanten Film zu hören und zu sehen sein soll. Außerdem enthält das Drehbuch genaue Angaben zu Kameraeinstellungen und Kameraperspektiven, Hinweise zu Drehorten, Raumgestaltungen und Requisiten sowie detaillierte Regieanweisungen zu Stimme, Mimik, Gestik und Körperhaltung der Schauspieler/innen. → *Auf dich kann man zählen!, S. 218–224* **Szene** Man kann die Szene mit einem **Handlungsschritt einer Erzählung** vergleichen. Eine Szene muss entweder die **Haupthandlung** oder eine der **Nebenhandlungen** voranbringen. → dramatische Texte → *Auf dich kann man zählen!, S. 218–224*
Finalsatz	→ Satzreihe und Satzgefüge
Frageadverbien	→ Adverb
Fremdwörter	**Fremdwörter richtig schreiben** Fremdwörter enthalten häufig noch die Schreibweise ihrer Herkunft, sie werden aber zunehmend nach den Regeln für einheimische Wörter geschrieben: Langes **i** schreibt man z. B. in den fremdsprachigen Suffixen und Wortausgängen häufig *-ie-*: *-ie, ier, -lieren* (z. B. *Batterie*). Aus anderen Sprachen entlehnte Wörter gehen immer stärker in den Sprachgebrauch über, deshalb gibt es in vielen Fällen die Möglichkeit der **Doppelschreibungen** (z. B. *ph-f; gh-g; c-k; c-z: Photo - Foto, Joghurt-Jogurt, Code - Kode, circa - zirka*). → *Der verkleidete Körper, S. 256–257* → *Vom Feuerzeichen zur E-Mail, S. 268–272* **Tipps für das Entschlüsseln fremder Wörter** Meist kann man fremde Wörter aufgrund der Bedeutung von einzelnen **Bestandteilen** oder aus dem **Kontext** (also aus den Informationen, die im Text um diese Wörter herumstehen) erschließen: • Wenn ein Wortteil bekannt vorkommt, kann man von diesem Bestandteil des Wortes ausgehen, um die Gesamtbedeutung zu erschließen. (*Atreushaus* → *Haus*) • Man sucht in dem ganzen Wort oder in einzelnen Wortteilen verwandte Wortformen (*Troerfeste* → *Feste* → *Festungen*), die man versteht. • Man bestimmt die Wortart und gegebenenfalls Numerus und Kasus (*des Priamos* (Gen. Sg.) *Feste* (Nomen: Akk. Sg.)). • Man versucht, den Zusammenhang ohne das fremde Wort zu klären, baut dann das fremde Wort ein und probiert verschiedene „Übersetzungen" aus (*Die ??? haben Troja erobert, das haben wir freudig gehört*). • Wenn kein Ergebnis zufriedenstellend ist, sollte man das Wort im **Fremdwörterbuch** oder in einem **Lexikon** nachschlagen. → *Vom Feuerzeichen zur E-Mail, S. 268–272* **Lehnwörter** Im Gegensatz zum Fremdwort ist das **Lehnwort** kaum noch als etwas Fremdes zu spüren (z. B. *Pommes, Schokolade, Matratze, Keks*), denn es ist in den Sprachgebrauch übernommen worden, indem u. a. die Schreibweise angepasst wurde. Es gibt aber auch Scheinentlehnungen: *Handy* hat keine englische Entsprechung (engl.: *mobile phone*, amerik. *cell(ular) phone*).

Als **Anglizismen** bezeichnet man Wörter, die aus der englischen Sprache entnommen wurden (z. B. *Soap, cool*).
→ *Der verkleidete Körper, S. 256–257*

Fünf-Schritt-Lesemethode → Sachtexte lesen

Futur → Tempus

Gedicht

Ballade
Das Wort *Ballade* entstammt dem italienischen Wort *ballata* (Tanzlied); es ist z. B. mit den Wörtern *Ball* und *Ballett* verwandt. Seit dem 18. Jhdt. bezeichnet man damit ein **erzählendes Gedicht** in **Strophenform**, das ein ungewöhnliches Ereignis **dramatisch zugespitzt** darstellt. In **historischen Balladen** werden oft vorbildhafte Menschen bei der Bewältigung von Gefahren oder Konflikten dargestellt.
→ *Auf dich kann man zählen!, S. 212–237*

Bänkelsang
Auf Jahrmärkten standen Bänkelsänger auf kleinen Bänken, zeigten mit dem Stock auf Bilderfolgen auf einem Plakat und trugen (begleitet von einer Drehorgel) Moritaten und Balladen vor.

Reim
Wenn unterschiedliche Wörter (meist am Ende eines Verses) gleich oder sehr ähnlich klingen, dann **reimen** sie sich.
- **Kreuzreim:** Reimschema: *abab*
- **Paarreim:** Reimschema: *aabb*
- **umarmender Reim:** Reimschema: *abba*

Strophe und Vers
Gedichte sind in Versen geschrieben, d. h. eine Gedichtzeile ist nur so lang, wie die Dichterin oder der Dichter es bestimmt hat.
In vielen Gedichten sind mehrere Verse zu einer Strophe zusammengefasst.

Versmaß (Metrum) und Rhythmus
In der deutschen Sprache werden nicht alle Silben gleich stark betont. Es gibt **betonte** und **unbetonte Silben**.
Um das **Metrum** eines Gedichts bestimmen zu können, untersucht man die Anzahl der **Hebungen** (der **betonten** Silben) und die Verteilung der **Senkungssilben** in den Versen des Gedichts. Ist diese Verteilung regelmäßig, spricht man davon, dass ein **Versmaß** (lat. *metrum* – Maß) eingehalten ist.
Ein Vers kann aus einer unterschiedlichen Anzahl von **Takten** (man sagt auch: **Versfüße**) bestehen. Ein Takt enthält immer nur eine einzige Hebung.
Für die unterschiedlichen Taktarten werden Begriffe aus der Antike übernommen:
- **Jambus** (unbetont-betont: xx́),
- **Trochäus** (betont-unbetont: x́x),
- **Anapäst** (unbetont, unbetont, betont: xxx́),
- **Daktylus** (betont, unbetont, unbetont: x́xx).

Eine einzelne unbetonte Silbe am Versanfang wird als **Auftakt** bezeichnet.
Beim Vortragen hält man sich aber nicht sklavisch an das Metrum, sonst würde man das Gedicht „leiern". Man spricht freier, und so erhält das Gedicht seinen **Rhythmus**.
→ *Auf dich kann man zählen!, S. 221*

Gegenstandsbeschreibung →Beschreibung/beschreiben

Genitiv →Deklination

Genitivobjekt →Satzglieder

Genus
Das grammatische Geschlecht eines Wortes. Im Deutschen gibt es drei Genera:
- **Femininum (weiblich)** Beispiele: *die Tasse, die Autobahn*
- **Maskulinum (männlich)** Beispiele: *der Knochen, der Autobus*
- **Neutrum (sächlich)** Beispiele: *das Huhn, das Geheimnis*

Gesprächsregeln → Diskussion

Gestik
Mit Händen und Armen kann man anderen Menschen Zeichen geben, die sie verstehen. Oft geschieht dies unbewusst.

Gleichnis
bildhafte Darstellung. Gleichnisse sind meist kurze Geschichten, mithilfe derer der Adressat oder die Adressatin etwas verstehen oder durch die er belehrt werden soll. Man unter-

scheidet bei einem Gleichnis zwischen dem **Dargestellten (Bildebene)** und dem **Gemeinten (Bedeutungsebene)**.
→ *Vordenken und Nachdenken, S. 40–42*

Groß- und Klein-schreibung → Rechtschreibung

Handlungsschritte → Erzählung/erzählen

Hauptsatz → Satzreihe

Haupttext → dramatische Texte

Höhepunkt → Erzählung/erzählen

Hörspiel Wie bei einem Theaterstück wird auch beim Hörspiel ein Text mit verteilten Rollen vorgetragen oder gespielt. Allerdings kann man beim Hörspiel nichts sehen, sodass Geräusche und unterschiedliche Stimmen eingesetzt werden müssen. Man spricht auch von der „inneren Bühne" des Hörspiels.

Imperativ → Modus
Indikativ → Modus
Infinitiv → Verb

Informationen/informieren

Bilder lesen und ihnen Informationen entnehmen
Trotz vieler Unterschiede haben Texte und Bilder etwas gemeinsam: Ihnen lassen sich **Informationen** entnehmen, man kann sie **lesen**.
Sowohl Texte als auch Bilder arbeiten mit **Zeichen**, um Bedeutungen entstehen zu lassen und Informationen zu vermitteln. Bei geschriebenen Texten ergeben sich die Inhalte und Bedeutungen aus der Abfolge bestimmter Buchstaben, aus denen Wörter werden. Und aus der Folge einzelner Wörter entstehen schließlich ganze Sätze.
Bilder enthalten **Bildzeichen**, einzelne Elemente (z. B. Punkte und Striche oder Farben), aus denen sich größere Bildzeichen (z. B. eine Figur) ergeben, die dann wiederum einen ganzen **Bildtext** entstehen lassen.
→ *Das ist Sport!?, S. 24*

Statistiken
Statistiken (oft in Form von **Tabellen**), Grafiken (wie **Schaubilder** und **Diagramme**) und Bilder enthalten Informationen über Sachverhalte oder Ereignisse. Man kann ihnen viele Informationen entnehmen, wenn man sie genau liest, sich Fragen dazu überlegt und versucht, sie zu beantworten. Solche Fragen sind:
1. Was ist das **Thema** der Grafik/des Schaubildes? Was zeigt sie/es?
2. Welche **Aussagen** macht die Grafik/das Schaubild? Hier geht es nicht darum, jede einzelne Aussage abzulesen, sondern darum, auf auffällige Aspekte einzugehen.
3. Welche **Erklärungen** gibt es für diese auffälligen Aussagen?
→ *Wenn einer eine Reise tut …, S. 133f.*
→ *Der verkleidete Körper, S. 245f.*

Pfeildiagramm
Ein Pfeildiagramm, auch Flussdiagramm genannt, stellt eine Kette von Ereignissen dar.
Beispiel: Blume im Topf: *Pflanzen ⇢ Gießen ⇢ Wachsen ⇢ Blühen ⇢ Verwelken*

Informationen aus Tabellen entnehmen
Eine Tabelle besteht aus **Spalten** (senkrecht nebeneinander stehenden Zellen) und **Zeilen** (waagerecht untereinander liegenden Zellen). Spalten und Zeilen enthalten Informationen zu ähnlichen Bereichen: z. B. stehen bei der Auswertung einer Umfrage die Antworten einer Person meist in einer Zeile, die Spalten enthalten die unterschiedlichen Fragen.
Um einer Tabelle Informationen entnehmen zu können, sollte man die Aussagen in den Zellen miteinander vergleichen.
→ *Das regelt sich!, S. 78*

Informationen suchen / recherchieren
Wichtig bei der **Recherche** ist, dass man möglichst früh möglichst genau weiß, **was** man suchen möchte, **wofür** die Informationen gebraucht werden und **wer** sie nutzen möchte. Erst danach beginnt man zu suchen, z. B. im Internet oder in der Bibliothek. Man sollte sich immer gleich notieren, wo man die Informationen gefunden hat (**Quelle**).
→ *Der verkleidete Körper, S. 249f.*

Informationen auswählen und ordnen
Nicht alle Informationen, die man bei einer Suche/Recherche findet, sind gleich wichtig oder gleich brauchbar. Für die Auswahl ist es sinnvoll, sich zu fragen, für welche **Adressaten**, in

welcher **Situation**, in welcher **Form** und zu welchem **Zweck** man seine Informationen präsentieren möchte. Man stelle sich also die Fragen: *Was ist unbedingt notwendig? Was ist darüber hinaus noch wichtig? Was ist interessant?*
Ein weiterer wichtiger Punkt für die Auswahl ist, wie viel **Zeit** man für seinen Vortrag bzw. wie viel **Platz** man für seine Präsentation hat.

Informationen weitergeben
Wenn man Informationen weitergibt, muss man darauf achten, dass die Darstellung ihren **Adressaten**, der **Situation**, in der präsentiert wird, und dem **Ziel** bzw. **Zweck** gerecht wird.

Inhaltsangabe	**Aufbau einer Inhaltsangabe**
	• **Einleitung:** Sie enthält den Namen des Autors/der Autorin, den Titel des Textes, das Entstehungs- oder Erscheinungsjahr (wenn bekannt) und den Handlungskern bzw. Thema (möglichst in einem Satz zusammengefasst).
	• **Hauptteil:** Hier werden die wichtigsten Inhalte zum Verständnis des Textes im Zusammenhang und in sinnvoller Reihenfolge wiedergegeben.
	• **Schluss:** Hier wird das Ergebnis der Handlung kurz zusammengefasst.
	
	Indirekte Rede
	Um etwas **wiedergeben** zu können, was ein anderer gesagt oder gedacht hat, ohne selbst Stellung zum Gesagten zu nehmen, verwendet man den **Konjunktiv I** in der **indirekten Rede**. Die **Pronomina** werden dabei aus der Sicht des Berichtenden gewählt.
	Beispiel: *Damon sagte, er wolle nur seine Schwester verheiraten.*
	→ *Auf dich kann man zählen!, S. 228–236*
	
	Tempusfolge in der indirekten Rede
	Einleitungssatz: *Damons Freund erzählt, ...*
	• **Vorzeitigkeit** zum Sprechzeitpunkt: **Konjunktiv I Perfekt**
	  Beispiel (Nebensatz): *... er sei von Soldaten zum Schafott geführt worden.*
	• **Gleichzeitigkeit** zum Sprechpunkt : **Konjunktiv I Präsens**
	  Beispiel (Nebensatz): *... er freue sich so sehr.*
	• **Nachzeitigkeit** zum Sprechpunkt: **Konjunktiv I Futur**
	  Beispiel (Nebensatz): *... er werde noch oft davon träumen.*
	Das Tempus des Nebensatzes ist unabhängig von dem Tempus, in dem der übergeordnete Satz steht.
	→ *Auf dich kann man zählen!, S. 234–236*

innere Handlung	→ Erzählung/erzählen
Kameraeinstellung, Kameraperspektive	Man sieht z. B. nur das Gesicht einer Person (**nah**), oder man sieht die Person ganz klein in der Landschaft stehen (**weit**/**Totale**). Die Kameraeinstellung ist sehr wichtig, denn sie beeinflusst stark die Art und Weise, wie wir das Geschehen wahrnehmen und deuten. Man unterscheidet **acht Einstellungsgrößen**: *Detail, groß, nah, halbnah (amerikanisch), normal, halbtotal, total, weit.* → *Auf dich kann man zählen!, S. 223*
Kasus (Fall)	→ Deklination
Kausalsatz	→ Satzreihe und Satzgefüge
Klassenrat	Die Klasse diskutiert im Klassenrat gemeinsam über ein Problem, das innerhalb der Klasse aufgetaucht ist. Dafür gibt es bestimmte Regeln, die alle einhalten müssen.
Komma	→ Zeichensetzung
Kommunikation	(lat. *communicare – teilen, mitteilen, gemeinsam machen*). Unter Kommunikation versteht man den **Austausch von Informationen**. Dies setzt einen **Sender** und einen **Empfänger** voraus, ein **Medium**, mit dessen Hilfe die Information transportiert wird, und **Zeichen**, die sowohl Sender als auch Empfänger verstehen. Bei einer einfachen Kommunikation übermittelt der **Sender** (z. B. ein Sprecher) einem **Empfänger** (z. B. einem Zuhörer) eine **Information** (z. B. dass jemand gewonnen hat), indem er als Medium die **Stimme** und als Zeichen Wörter der gemeinsamen **Sprache** verwendet. Oft werden **mehrere Informationen gleichzeitig** übertragen. Z. B. kann die Information *„Dein Zimmer ist unordenltich."* weitere Informationen enthalten: *Räum dein Zimmer auf. Du bist eine unordentliche Person. Mir gefällt nicht, dass dein Zimmer unordentlich ist.* → *Das regelt sich!, S. 86f.* → *Vom Feuerzeichen zur E-Mail, S. 266–293*

Missverständnisse
können eintreten, wenn die Zeichen, aus denen eine Information besteht, nicht verstanden werden (z. B. die Sprache nicht bekannt ist), wenn der Sprecher noch etwas anderes ausdrücken will oder der Hörer meint, dass es nicht nur um den Informationsaustausch geht (z. B. einen Vorwurf in der Äußerung „hört").

Zeichen
Als Zeichen bezeichnet man etwas, das auf **etwas anderes hinweist** (z. B. ein *Feuer(zeichen)* weist auf einen *Sieg*): Wenn etwas auf diese Weise von Sender und Empfänger als eindeutige Aussage vereinbart wurde, ist es zum „Zeichen" geworden. Zeichen können auch Buchstaben oder Wörter sein, ebenso Hörbares (z. B. Sirenentöne) und Sichtbares (z. B. Rauchzeichen).
Zeichen sollten **eindeutig** sein, um Missverständnisse zu vermeiden.
→ *Vom Feuerzeichen zur E-Mail, S. 273ff.*

Komparativ	→ Adjektiv
Konjugation	→ Verb
Konjunktion	Wortart. Konjunktionen **verbinden** Wörter, Satzteile oder Sätze miteinander. **Nebenordnende** Konjunktionen verbinden Satzteile oder gleichwertige Sätze (Hauptsätze oder gleichwertige Nebensätze) miteinander. <u>Beispiel:</u> *Sven und Jochen sind beste Freunde,* **denn** *sie kennen sich schon seit dem Kindergarten.* **Unterordnende** Konjunktionen verbinden Haupt- und Nebensatz oder Nebensätze unterschiedlichen Grades miteinander. <u>Beispiel:</u> *Jochen befindet sich in einem Dilemma,* **da** *er seinen Freund nicht verraten will.* Man kann Konjunktionen nach ihrer inhaltlichen Funktion unterscheiden: **kausal** (Grund), **final** (Zweck), **temporal** (Zeit), **konditional** (Bedingung), **konsekutiv** (Folge), **konzessiv** (Einschränkung). → *Vordenken und Nachdenken, S. 43–52*
Konjunktionalsatz	→ Satzreihe und Satzgefüge
Konjunktiv	→ Modus
Kreativtechniken	**Clustering:** Man schreibt das Thema in die Mitte eines Blattes und notiert um diesen Begriff herum alles, was einem dazu einfällt. Anschließend kann man mit weiteren Begriffen genauso verfahren. **automatisches Schreiben:** Man schreibt zu einem Thema einen Text, ohne über Sinn oder Zusammenhänge der Sätze, Wörter oder Verse nachzudenken. Wenn man nicht mehr weiterschreiben kann, schreibt man Kringel, bis einem weitere Gedanken in den Sinn kommen. **Materialsuche:** Man sammelt Material zu dem Thema, etwa Bilder, Fotos, Filme usw. Dadurch können auch Ideen für Texte oder Gedichte entstehen. → *Mondbeglänzte Zaubernacht, S. 165*
Kreuzreim	→ Gedicht
Kurzgeschichte	Der Begriff „Kurzgeschichte" kommt aus dem Englischen (bzw. Amerikanischen) von „short story". Die Kurzgeschichte ist eine moderne Form der **kurzen Erzähltexte**. Die Gattung entstand zu Beginn des 20. Jahrhunderts. Die Bezeichnung „kurz" meint nicht die Wortanzahl oder die Länge des Textes, sondern steht für die **inhaltliche „Länge"**. So hat eine Kurzgeschichte meist **nur einen Handlungsstrang** und einen **einfachen Spannungsbogen**. Die **Einleitung ist in der Regel sehr kurz** oder die Handlung steigt ohne Einleitung **direkt** in eine Situation ein. Kurzgeschichten handeln meist von **Alltagssituationen**. Im Mittelpunkt steht als Hauptfigur nicht ein „Held", sondern eine Person des Alltags. Die **Sprache** ist dementsprechend vergleichsweise **einfach** gehalten. Der **Schluss** ist **offen**, meist wird keine Lösung für das Problem angeboten. Kurzgeschichten können aber auch mit einer überraschenden Wendung enden.
Kurzreferat/-vortrag	→ Vortrag/vortragen
Leerstellen ausfüllen	Ein Text (z. B. eine Erzählung oder ein Gedicht) macht manchmal eine „Pause" und lässt damit Platz für die eigenen Gedanken der Leserin oder des Lesers. Man kann deshalb an diesen Stellen häufig selbst etwas zur Geschichte erzählen und so die Leerstelle ausfüllen.
Lesetagebuch	Ein **Lesetagebuch** ist ein Heft (oder eine Mappe), das die gesamte Lektüre eines Buches

begleitet und in dem die persönlichen Gedanken und Ideen der Leserin oder des Lesers zu diesem Buch festgehalten werden.
Wenn die Lektüre (und damit auch das Lesetagebuch) abgeschlossen ist, kann man entdecken, wie sich die Leseeindrücke von Seite zu Seite gewandelt haben.

Maskulinum → Genus
Mauerschau → dramatische Texte

Medium (lat.: *Mitte, Mittel, Mittler;* Pl.: *Medien*)
Als Medien bezeichnet man die „Mittel", mit denen **Informationen** von einem **Sender** (z. B. einer Autorin oder einem Autor) an einen **Empfänger** (z. B. eine Leserin oder einen Leser) weitergegeben werden.
Man kann die Medien nach verschiedenen Kriterien einteilen, z.B. nach ihrer **Funktionsweise**. Es gibt **Printmedien** (z. B. Zeitungen und Bücher), **akustische Medien** (z. B. Radio), **audiovisuelle Medien** (z. B. Fernsehen) und die so genannten **„neuen" Medien**, die auf elektronischem Weg Informationen übermitteln (z. B. Computer und Internet).
Man kann Medien aber auch danach einteilen, welche **Funktion** sie haben:
Informationsmedien, **Unterhaltung**smedien, **Bildung**smedien usw.
Medien, die Informationen an ein sehr großes Publikum weitergeben, nennt man auch **„Massenmedien"**.

Medientagebuch
In einem Medientagebuch kann man notieren, welche unterschiedlichen Medien man nutzt und wie viel Zeit man jeweils für ein Medium aufbringt.

Metapher → sprachliche Bilder
Metrum → Gedicht

Mimik Mit dem Gesicht kann man Gefühle wie Trauer oder Freude ausdrücken. Den Gesichtsausdruck eines Menschen nennt man seine **Mimik**.

Mindmap → Textplanung

Modus Verben können in drei Aussageweisen **(Modi**, Sg.: **Modus)** verwendet werden:
- im **Indikativ** (der so genannten Wirklichkeitsform, z. B.: *ich gebe*),
- im **Imperativ** (Befehls- oder Aufforderungsform, z. B.: *Geh(t)!*) und
- im **Konjunktiv**.

Konjunktiv
Beim Konjunktiv unterscheidet man weiter zwischen **Konjunktiv I** und **Konjunktiv II**.
Konjunktiv I
Der **Konjunktiv I** wird von den entsprechenden Formen des Indikativs Präsens eines Verbs abgeleitet. Beispiel: *du gibst* → *du gebest*
Wenn der Konjunktiv I nicht vom Indikativ Präsens zu unterscheiden ist, verwendet man den **Konjunktiv II** als **Ersatzform**.
→ *Auf dich kann man zählen!, S. 228–236*

Konjunktiv II
Bei starken Verben leitet man den Konjunktiv II von der **Präteritumsform** durch **Umlautbildung** ab. Beispiele: *er, sie, es konnte* → *er, sie, es könnte;*
er, sie, es gab → *er, sie, es gäbe*
Da sich der Stammvokal nur bei starken Verben verändert, bildet man bei den meisten schwachen Verben den Konjunktiv II mithilfe der so genannten **Ersatzform**, weil sonst die Form des Präteritums Indikativ und die Form des Konjunktivs II nicht unterschieden werden können. Die Ersatzform wird mit der **Personalform von** *würden* und dem **Infinitiv des jeweiligen Vollverbs** gebildet. Beispiel: *er, sie, es lebte* → *er, sie, es würde leben*

Verwendung des Konjunktiv II
Verwendet man den **Konjunktiv II**, kann man damit zeigen, dass
- **etwas nicht so ist** oder war: *Wenn ich rote Haare hätte, dann sähe ich anders aus. Hätte ich dich doch angerufen! Hätte ich doch Flügel, dann könnte ich schneller bei dir sein.*
- man sich etwas **wünscht**: *Ich hätte gerne rote Haare.*
- einen **höflichen Wunsch** vorträgt: *Beim Frisör: „Ich hätte gerne rote Haare!"* (statt der Aufforderung: *„Färben Sie mir die Haare rot!"*)
→ *Schöne neue Zukunftswelt!?, S. 182–191; 209*

Monolog → dramatische Texte

Nacherzählung	→ Erzählung/erzählen
Nebensatz	→ Satzreihe und Satzgefüge
Nebentext	→ dramatische Texte
Neutrum	→ Genus

Nomen (Plural: *Nomen* oder *Nomina*) Wortart. Mit Nomen bezeichnet man Lebewesen und Gegenstände, Wahrnehmungen, Gefühle und Vorstellungen. Nomen werden **großgeschrieben**.

Nominalisierung Wenn ein Wort aus einer ursprünglich anderen Wortart als Nomen verwendet wird, spricht man von einer **Nominalisierung**. Nominalisierte Wörter werden **großgeschrieben**. Oft kann man an **Signalwörtern** erkennen, dass es sich um eine Nominalisierung handelt.

Signalwörter
Verben, Adjektive und Partikel (z. B. Konjunktionen) werden großgeschrieben, wenn sie **nominalisiert** sind, also die Rolle von Nomen übernehmen. Dies zeigen manchmal bestimmte Wörter an, die vor dem nominalisierten Wort stehen. Diese Signalwörter **müssen** aber nicht immer vor einem nominalisierten Wort stehen; manchmal genügt es, dass sie davor stehen **könnten**.

Nominativ	→ Deklination
Numerus	Man unterscheidet **Singular** (Einzahl) und **Plural** (Mehrzahl).
Ober- und Unterbegriffe	→ Textplanung
Objekt	→ Satzglieder

Pantomime Um etwas auszudrücken, wird bei der Pantomime keine gesprochene Sprache verwendet, sondern nur **Mimik, Gestik** und **Körperhaltung** bzw. **Bewegung**.
→ *Von Freundschaft und Feindschaft, S. 98–127*

Paarreim	→ Gedicht

Parabel Eine Parabel ist eine kurze Erzählung mit einer Lehre, in der etwas erzählt wird, über das sich die Leser/innen Gedanken machen sollen.

Parodie Die **verzerrte** oder **übertriebene Nachahmung** bestimmter Eigenschaften einer Person, sodass die Eigenschaften witzig oder mitunter lächerlich wirken, nennt man Parodie.
Die **literarische Parodie** zielt ebenfalls auf Witz und Komik. Die komische Wirkung wird dadurch erzielt, dass ein vorhandener Text in seiner Form nachgeahmt, aber inhaltlich teilweise oder völlig verändert wird.
→ *Mondbeglänzte Zaubernacht, S. 171*

Partizip	→ Verb
Perfekt	→ Tempus
Personalform des Verbs	→ Verb
Personenbeschreibung	→ Beschreibung/beschreiben
Personifikation	→ sprachliche Bilder
Pfeildiagramm	→ Informationen/informieren

Plakat Mit Plakaten will man auf etwas **aufmerksam machen**. Damit man ihre **Botschaft** besser wahrnimmt, besteht der Text meist nur aus **wenigen, einprägsamen Sätzen**. Oft werden in Plakattexten **sprachliche Bilder** (z. B. *weich wie Watte*) und **Aufforderungen** (z. B. *Greif zu!*) verwendet. Wichtig sind auch die Bilder auf diesen Plakaten.

Plot	→ Film/Verfilmung
Plural	→ Numerus
Plusquamperfekt	→ Tempus

Portfolio (lat. *portare* = tragen und *folium* = Blatt) Ein Portfolio ist eine Sammlung von Papieren oder Gegenständen, die man mit sich herumträgt. Das Portfolio für die Schule ist eine Sammlung von Arbeiten, die man selbst angefertigt hat und die den **eigenen Lernweg dokumentieren**: Ziele, Wege, Umwege, auch Sackgassen, Zwischenstationen, Fehler, Verbesserungen, Ergebnisse. Ein Portfolio ist ein **lebendiges Archiv** des eigenen Lernens.
→ *Jahresprojekt: Mein Portfolio, S. 294–303*

Positiv	→ Adjektiv
Prädikat	→ Satzglieder
Präfix	→ Wortbildung

Präposition	Wortart. Präpositionen (Verhältniswörter) drücken **Verhältnisse oder Beziehungen** zwischen Personen, Gegenständen, Sachverhalten und Vorgängen aus. Präpositionen sind nicht veränderlich (man kann sie nicht konjugieren (wie Verben) und nicht deklinieren (wie z. B. Nomen und Adjektive), sie zählen demnach zu den **Partikeln**. Präpositionen verlangen einen bestimmten Kasus. Manche Präpositionen fordern immer denselben Kasus: Beispiel: **entgegen** *deiner Meinung* ... → Genitiv Manche Präpositionen fordern aber je nach Zusammenhang den Dativ oder den Akkusativ. Beispiel: *Ich steige* **in** *das Flugzeug.* → Akkusativ *Ich sitze* **im** *(= in dem) Flugzeug.* → Dativ Viele Präpositionen haben je nach Verwendungsweise **verschiedene Bedeutungen** (lokal, temporal usw.), z. B.: *in Palma* (lokal), *in zwei Stunden* (temporal). Präpositionen sind nie eigenständige Satzglieder oder Attribute, sondern sie sind immer Teil eines Satzglieds oder Attributs. → *Wenn einer eine Reise tut ..., S. 141f.*
Präpositionalobjekt Präsens	→ Satzglieder → Tempus
Präsentation/ präsentieren	In einer **Präsentation** gibt man **Informationen** so weiter, dass die Zuhörer/innen möglichst schnell und gründlich die Kenntnisse erwerben, die sie brauchen. Der Vortrag sollte **so frei wie möglich gehalten** werden, damit man die Zuhörer/innen anschauen und sie so **direkt wie möglich ansprechen** kann. Präsentieren heißt auch, dass man den Gegenstand, über den man spricht, selbst zu Wort kommen lässt. D. h. es kann notwendig sein, dass man z. B. ein Bild zeigt oder etwas vorliest. → *Der verkleidete Körper, S. 240–264*
Präteritum	→ Tempus
Pronomen	Wortart. Pronomen sind entweder Stellvertreter oder Begleiter eines Nomens. **Anredepronomen** Die **höfliche Anrede** *Sie* im Plural wird in all ihren Formen immer **großgeschrieben** (*Kann ich* ***Ihnen*** *helfen?*). In Briefen, auf Postkarten, in E-Mails usw. kann man entscheiden, ob man die Anredepronomen *du* und *ihr* (sowie die davon gebildeten Formen) groß- oder kleinschreibt. **Personalpronomen** Das Personalpronomen („persönliches Fürwort") steht als Vertreter für Personen und andere Wesen, Pflanzen, Dinge. Personalpronomen sind: *ich, du, er, sie, es, wir, ihr sie.* **Possessivpronomen** Das Possessivpronomen, auch besitzanzeigendes Fürwort genannt, zeigt an, wem eine Sache gehört (im wörtlichen und übertragenen Sinn). **Relativpronomen** Ein Relativpronomen bezieht sich auf ein Nomen, **das** in einem anderen Satz steht. Es steht im gleichen Kasus, Numerus und Genus wie das Wort, auf das es sich bezieht.
Raffung	→ Erzählung/erzählen
Rechtschreibprogramme	→ Texte überarbeiten
Rechtschreibung	**Groß- und Kleinschreibung** • **Nomen und Nominalisierungen** schreibt man groß. • Am **Satzanfang** schreibt man groß. • Nach einem **Doppelpunkt** schreibt man groß, wenn ein **vollständiger Satz** folgt. • Das **Anredepronomen „Sie" (in allen Formen)** schreibt man immer groß. • Großgeschrieben werden ebenfalls: **geografische Namen** (*der Indische Ozean*), **Kalendertage und historische Ereignisse** (*der Heilige Abend*), **Paarformeln**, die Gegensätze ausdrücken, zur Bezeichnung von Personen (*Groß und Klein waren gekommen*), **Titel, Amts- und Funktionsbezeichnungen** (*Königliche Hoheit, der Heilige Vater*). **s-Laute, stimmhafter und stimmloser s-Laut** Bei einigen Wörtern spricht man den s-Laut weich, man „summt": **S**usanne, **s**ausen, Ha**s**e. Dieses *s* wird als **„stimmhaft"** bezeichnet.

Bei anderen Wörtern spricht man den s-Laut hart: *Größe, Gras, Preis, Glas, kess*. Dieses *s* nennt man **„stimmlos"**.

1. Den **stimmhaften s-Laut** schreibt man immer mit einfachem *s*: *Hose, reisen*.
2. Den **stimmlosen s-Laut am Wortende** schreibt man auch mit einfachem *s*, wenn der s-Laut bei der Verlängerungsprobe (Verlängerung mit *-e, -er* usw.) zu einem stimmhaften s-Laut im Wortinneren wird.
3. Folgt in Wörtern mit einem **langen Vokal** (Selbstlaut)/**Umlaut** oder **Diphthong** (Doppellaut) ein **stimmloser s-Laut**, dann schreibt man ihn als *ß*; auch bei der Verlängerung mit *-e, -er*, usw.: *Fuß – Füße, groß – größer, Fleiß – fleißig*.
4. Folgt in Wörtern mit einem **kurzen Vokal** (Selbstlaut)/**Umlaut** ein **stimmloser s-Laut**, dann wird er (bis auf wenige Ausnahmen) mit *ss* geschrieben. Das gilt für alle Wörter, die zur Wortfamilie dieser Wörter gehören, auch für die Verlängerungen mit *-e, -er, -en* usw.: *lässt – lassen, Schloss – Schlösser, Flosse – Flossen*. Ausnahmen: Wörter auf *-nis* wie *Geheimnis – Geheimnisse; Bus – Busse*

Wörter mit langen Vokalen/Umlauten oder Diphthongen
Lange Vokale können auf verschiedene Art und Weise für den Leser gekennzeichnet werden:
- durch die **Dehnungs-Buchstaben** „e" oder „h", z. B. *Wiege* oder *Fahne*,
- durch **Verdoppelung des Vokals**, z. B: *See, Meer*.

Die Länge eines Vokals wird aber nicht immer schriftlich gekennzeichnet, der einfache Vokal kann manchmal auch ausreichen, z. B.: *Buch, Suche, Klage*.
Die Diphthonge (Doppellaute) *au, ei, ai, eu* und *äu* sind grundsätzlich lang, z. B.: *Frau, Mai*.
→ *Mondbeglänzte Zaubernacht*, S. 175–178

Wörter mit kurzen Vokalen/Umlauten
Kurze Vokale werden nur gekennzeichnet, wenn die Silbe des kurzen Vokals betont wird. Folgende Möglichkeiten gibt es:
- **Verdoppelung des folgenden Konsonanten:** *Himmel, Kamm*
- **Häufung der folgenden Konsonanten:** *Kante, Land*.

→ *Mondbeglänzte Zaubernacht*, S. 175–178

Redaktionskonferenz — Die Redaktionskonferenz plant den Inhalt einer Zeitung und prüft später die Texte der Redakteure zunächst auf **sachliche Richtigkeit**. In der Redaktionskonferenz sollten euch aber auch grobe **grammatische Fehler** und **Satzbaufehler** auffallen.

Referat → Vortrag/vortragen
Regieanweisungen → dramatische Texte
Reim → Gedicht
Relativpronomen → Pronomen

Reportage/Sportreportage — Die Reportage ist eine besondere Form des Berichts: Das Ziel einer Reportage ist, dass der Adressat ins Geschehen hineinversetzt wird, indem die Reporterin/der Reporter als Augenzeuge mit persönlichem Engagement die Vorgänge (live) schildert. Die Sportreportage sollte auch die Spannung des Geschehens vermitteln.
→ *Das ist Sport!?*, S. 27–32

Requisiten → dramatische Texte

Rezension — Besprechung z. B. eines Buches oder eines Films z. B. in einer Zeitung.

Rhythmus → Gedicht

Rollenspiel — Um sich in die bestimmte Position eines anderen hineinzuversetzen, kann man im Rollenspiel seine Rolle spielen. Als Hilfe verwendet man **Rollenkarten**, auf welchen die Interessen, Vorstellungen und Ansichten der jeweiligen Person oder Figur festgehalten sind. Diese Rollenspiele eigenen sich auch, um Probleme zu lösen, an denen man selber nicht beteiligt ist, oder wenn man einen Text erschließen möchte.
→ *Vordenken und Nachdenken*, S. 54ff.

Romaneröffnung — Der Anfang eines Romans kann auf verschiedene Weisen gestaltet sein, z. B.: Es kann die **Vorgeschichte** erzählt werden; durch ein „**Zooming-In**" kann die Region bzw. die Epoche, in der die Romanhandlung spielt, charakterisiert werden. Auch eine **szenische Eröffnung** oder die **Beschreibung einer Figur** ist möglich.
→ *Von Freundschaft und Feindschaft*, S. 101–104

Duo Deutsch Lexikon — 333

Sachtexte lesen

Fünf-Schritt-Lesemethode
1. Beim ersten Lesen verschafft man sich einen **Überblick**: Was ist das Thema des Textes?
2. Beim zweiten Lesen notiert oder markiert man, was **besonders wichtig** erscheint.
3. Dann werden **Verständnisfragen** geklärt: Unbekannte Wörter werden mithilfe des Textzusammenhangs erklärt oder in einem Wörterbuch oder in einem Lexikon nachgeschlagen.
4. Man gliedert den Text in **Abschnitte** und findet passende **Überschriften** für die Absätze. Den Überschriften werden stichwortartig die **wichtigsten Informationen** eines Absatzes zugeordnet.
5. Zum Schluss wird eine kurze **Zusammenfassung** des Textes mit eigenen Worten erstellt und offene Fragen formuliert.

Textzusammenfassung/Inhaltsangabe
Checkliste:
- Wurde das Wichtigste erwähnt und wurden überflüssige Details vermieden?
- Wurde Präsens verwendet?
- Wurde wörtliche Rede durch indirekte Rede ersetzt?
- Wurde sachlicher Stil gewählt?

Sage

Eine Sage ist eine Erzählung, die mündlich überliefert und erst später schriftlich aufgezeichnet wurde. Im Unterschied zu frei erfundenen **Märchen** geht die Sage von bestimmten Orten und Personen oder wahren Begebenheiten aus, die im Lauf der Zeit umgestaltet und fantasievoll ausgeschmückt worden sind. Man unterscheidet z. B. Götter- und Heldensagen, antike (griechische und römische) Sagen und Volkssagen.

Satz

Satzarten
Man kann die Sätze unterscheiden in **Aussagesätze, Fragesätze, Ausrufesätze** und **Befehls- (oder Aufforderungs-)sätze.**

Satzbau
Die **Abfolge der Satzglieder** in einem Satz, z. B. Subjekt – Prädikat – Objekt, bezeichnet man als **Satzbau**. Der Satzbau richtet sich danach, um welche **Satzart** es sich handelt und ob der Satz ein Haupt- oder ein Nebensatz ist.

Satzglieder

Die nominalen Satzglieder (**Subjekt** und **Objekte**) stehen im **Satz** jeweils in einem bestimmten Fall (**Kasus**).
Die Satzglieder eines Satzes kann man mithilfe von zwei Proben ermitteln:
1. **Umstellprobe:** Diejenigen Wörter, die auch bei Umstellungen immer zusammenbleiben, gehören zu einem Satzglied.
2. **Ersatzprobe:** Diejenigen Wörter, die sich durch ein einziges Wort ersetzen lassen, gehören meist zu einem Satzglied.

Prädikat
Das **Prädikat** und das Subjekt sind die beiden Satzglieder, ohne die kein Satz auskommt. Das Prädikat steht im Aussagesatz immer an zweiter Satzgliedstelle und besteht aus der Personalform eines Verbs.
Beispiel: *Der Hecht **schwimmt**.*
Da es im Deutschen trennbare Verben und mehrteilige Verbformen gibt, kann das Prädikat auch aus zwei im Satz getrennten Teilen bestehen.
Beispiel: *Orpheus **hat** seine Frau Eurydike **geliebt**.*

Subjekt
Das **Subjekt** lässt sich durch die Frage *Wer oder was?* ermitteln. Es steht im Nominativ.

Objekte
- Das **Genitivobjekt** kommt im heutigen Sprachgebrauch sehr selten vor. Man fragt danach mit dem Fragewort *Wessen?*
- Das **Dativobjekt** lässt sich durch die Frage *Wem?* ermitteln.
- Das **Akkusativobjekt** lässt sich durch die Frage *Wen oder was?* ermitteln.
- Bei einem **Präpositionalobjekt** muss man das Fragewort durch eine Präposition ergänzen.
  Beispiel: *Orpheus denkt an seine Frau Eurydike. – **An wen** denkt Orpheus? → Orpheus denkt **an seine Frau Eurydike**.*

Adverbialien / adverbiale Bestimmungen
Die **Adverbialien / adverbialen Bestimmungen** geben die näheren Umstände in einem Satz an. Nach ihnen fragt man z. B. mit *Wann? Wo? Wie? Auf welche Art und Weise? Warum?*

Satzreihe und Satzgefüge	**Hauptsätze** erkennt man daran, dass die Personalform des Verbs an zweiter Satzgliedstelle steht. Wenn man mehrere Hauptsätze in einem Satz aneinanderreiht, entsteht eine **Satzreihe**. Werden in einem Satz Haupt- und Nebensätze miteinander verknüpft, so entsteht ein **Satzgefüge**. **Nebensätze** erkennt man daran, dass die Personalform des Verbs immer am Ende des Nebensatzes steht. Nebensätze werden mit einer Konjunktion (Konjunktionalsätze) oder einem Pronomen (Relativsätze) eingeleitet und durch Komma abgetrennt. Attributsätze **Nebensätze**, die in Satzgefügen die **Funktion von Attributen** einnehmen. Attributsätze sind **Relativsätze**. Gliedsätze **Nebensätze**, die in einem Satzgefüge die **Funktion von Satzgliedern** einnehmen, nennt man auch Gliedsätze. Es gibt **Subjekt-, Objekt-** und **Adverbialsätze**. Konjunktionalsätze Nebensätze, die mit einer Konjunktion eingeleitet werden, nennt man auch **Konjunktionalsätze**. Sie werden vom Hauptsatz durch **Komma** getrennt. • **Zwecke** und **Absichten** werden in **Finalsätzen** ausgedrückt. Diese Gliedsätze werden durch Konjunktionen wie *damit* eingeleitet. • Die **Gründe** für eine Handlung oder ein Geschehen findet man oft in Gliedsätzen, die durch Konjunktionen wie *weil* u. ä. eingeleitet werden. Diese Gliedsätze heißen **Kausalsätze**. • Auch **Konditionalsätze** sind Gliedsätze. Sie drücken **Bedingungen** aus und werden oft durch die Konjunktion *wenn* eingeleitet. • **Temporalsätze** drücken zeitliche Beziehungen aus und werden z. B. durch *nachdem* oder *als* eingeleitet. Relativsätze Relativsätze sind **Nebensätze**, die durch ein **Relativpronomen** eingeleitet werden. Relativpronomen sind *der, die* und *das* sowie *welcher, welche* und *welches*. Relativsätze werden durch **Komma** vom Hauptsatz getrennt. Sie haben die Funktion von **Attributen**, deshalb nennt man sie auch **Attributsätze**. Mithilfe von Relativsätzen lassen sich Informationen aus zwei Sätzen in einem Satzgefüge zusammenfassen.
Satzzeichen	→ Zeichensetzung
Schaubild/ Diagramm	→ Informationen/informieren
Schilderung	Merkmale einer Schilderung sind: anschauliche Darstellung (wahrnehmen mit allen Sinnen), persönliche Sprechweise, erlebnishafter Tonfall, bildhafter Ausdruck (Vergleiche/Metaphern).
Schreibkonferenz	→ Texte überarbeiten
schwache Verben	→ Verb
Schwank	Schwänke sind kurze Geschichten, in denen **Streiche** erzählt werden. Die Handlung eines Schwanks wird häufig durch einen **Narren** bestimmt, der seine Gegner durch **Klugheit, Wortwitz und mit List** an der Nase herumführt. Bekannte Schwänke handeln z. B. von Till Eulenspiegel oder von den Schildbürgern.
Signalwörter	→ Nominalisierung
Silbe	Eine Silbe ist eine Gruppe von Lauten, die sich in einem Zuge sprechen lassen. Beispiele: *Son-nen-blu-me* (vier Silben, erste und dritte Silbe betont). Die Abfolge von betonten und unbetonten Silben ergibt das metrische Schema eines Gedichts.
Singular **s-Laute** **Spannungsbogen**	→ Numerus → Rechtschreibung → Erzählung/erzählen
sprachliche Bilder	Metapher Eine Metapher (altgr. *meta* – hinüber und *pherein* – tragen) ist ein sprachliches Bild. Bei einer Metapher werden **zwei Begriffe** aus oft ganz verschiedenen Bereichen **miteinander verbunden**, die man normalerweise nicht aufeinander bezieht. Die Bedeutung des einen Begriffs wird auf diese Weise eng mit der des anderen verbunden, die kombinierten Bedeutungen der

beiden Begriffe werden auf ein Drittes **übertragen**. Dadurch entstehen **neue Vorstellungen und Bilder**, die man sprachlich sonst nicht so ausdrücken könnte.
Beispiel: Das Wort *Stuhlbein* ist aus *Stuhl+Bein* zusammengesetzt. Ein *Stuhlbein* ist weder ein Stuhl noch ein Bein, sondern „das Bein eines Stuhls".

Personifikation
Eine besondere Art der Metapher ist die **Personifikation**. Hier wird ein Tier oder ein Ding dargestellt oder beschrieben wie ein Mensch.
Beispiel: *neugierige Zwiebelchen*
→ *Auf dich kann man zählen!*, S. 225–227

Vergleich
Der Vergleich ist erkennbar an dem Wort **wie**.
Beispiel: *hell **wie** die Sonne*.
→ *Mondbeglänzte Zaubernacht*, S. 172ff.

Stammvokal	→ Wortstamm
Standbild	Eine Art „Foto" aus lebenden, aber bewegungslosen Figuren, das andere betrachten können.
starke Verben	→ Verb
Statistiken	→ Informationen/informieren
Steckbrief	Der Steckbrief ist ursprünglich eine Urkunde, die hilft, einen gesuchten Verbrecher ausfindig zu machen. Die Form eines Steckbriefs kann auch helfen, eine literarische Figur genau zu beschreiben. Der Steckbrief enthält dann alle wichtigen Daten über eine Figur in knapper und präziser Form.
Steigerung von Adjektiven	→ Adjektiv
Steigerungsformen	→ Adjektiv
Storyline	Handlungsstrang einer Fernsehserie oder eines Films, vergleichbar mit einem Erzählplan. Aus der Storyline entsteht das Drehbuch.
Strophe	→ Gedicht
Subjekt	→ Satzglieder
Suffix	→ Wortbildung
Superlativ	→ Adjektiv
Szene	→ dramatische Texte
Tempus	(Pl.: Tempora) Verben lassen sich in verschiedene Tempora **(Zeitformen)** setzen.

Futur (lat. „sein werdend")
Das Futur ist eine grammatische Zeit (Tempus) und wird oft zum Ausdruck der **Zukunft** verwendet. Es wird durch die **Personalform von werden** und den **Infinitiv** des Verbs gebildet.
Beispiel: *Annette **wird** morgen **kommen**.*
Oft wird Zukünftiges im Deutschen aber auch im Präsens ausgedrückt. Zusätzlich finden sich dann häufig Zeitangaben, die darauf hinweisen, dass etwas Zukünftiges gemeint ist.
Beispiel: *Ich komme morgen.*

Perfekt (lat. „vollendet")
Das Perfekt ist eine Zeitform (Tempus) des Verbs und wird in der mündlichen Rede verwendet, um von etwas **Vollendetem bzw. Vergangenem** zu erzählen oder zu berichten.
In der geschriebenen Sprache dagegen wird es für einen Vorgang gebraucht, der in der Vergangenheit vollendet wurde und in der Gegenwart nachwirkt.
Die Verbformen im Perfekt setzen sich aus der **Personalform von haben** oder **sein im Präsens** und dem **Partizip II** des Verbs zusammen.
Beispiel: *Annette **ist** gerade erst **gekommen**. Sie **hat** gestern **gesagt**, sie komme später.*

Plusquamperfekt (lat. „mehr als Perfekt")
Mit dem Plusquamperfekt werden Ereignisse ausgedrückt, die **vor** anderen Ereignissen in der Vergangenheit stattgefunden haben (Tempus der **Vorvergangenheit**).
Beispiel: *Als Annette ankam, **hatten** schon alle **gegessen** und viele **waren** bereits nach Hause **gegangen**.*

Präsens (lat. „gegenwärtig")
Die Zeitform des Präsens drückt etwas aus, das in der **Gegenwart** geschieht.

Man kann damit aber auch etwas sagen, das **grundsätzlich** bzw. **immer** gilt, etwa bei Redensarten.
Beispiel: *Guck mal, da* **kommt** *Annette. Normalerweise* **kommt** *sie zu spät.*

Präteritum (lateinisch „vorübergegangen")
Für die Bezeichnung der Vergangenheit wird diese Zeitform häufig in Erzählungen verwendet.
Beispiel: *Erst* **kam** *Annette, dann* **ging** *sie wieder.*

Texte überarbeiten

Rechtschreibprogramme
Computerprogramme können helfen, Rechtschreibfehler zu finden und zu korrigieren. Man muss lernen, richtig mit ihnen zu arbeiten, denn sie können nicht alle Fehler automatisch finden. Mithilfe der Rechtschreibprüfung eines Textverarbeitungsprogramms kann man sich auch eine ganz persönliche **Rechtschreibfehlerkartei** anlegen.

Schreibkonferenz
In einer Schreibkonferenz kann man sich gegenseitig **Tipps zur Überarbeitung selbst verfasster Texte** geben. Die Konferenz verläuft nach ganz genauen **Regeln**, damit sie erfolgreich ist.

Textlupe
Man kann einen Text **unter verschiedenen Gesichtspunkten** untersuchen, um ihn zu **verbessern**. Für diese Gesichtspunkte nimmt man dann jeweils eine *Lupe*: Satzbau, Sprache und Stil, Zeichensetzung und Rechtschreibung.

Textlupe
→ Texte überarbeiten

Textplanung

Cluster
Um Ideen zu sammeln, schreibt man in die Mitte eines Blattes einen Begriff und rahmt ihn ein: Das ist der **Cluster-Kern**. Anschließend schreibt man einzelne Wörter auf, die einem dazu einfallen. Diese rahmt man jeweils ein und verbindet sie durch Linien mit dem Begriff in der Mitte. Auf diese Weise entsteht ein **Ideennetz**.

Mindmap
Mit einer **Mindmap** (Gedankenlandkarte) kann man seine Ideen oder Gedanken ordnen und Dinge in ihrem Zusammenhang sichtbar machen.
Man fängt mit dem **Thema** an (z. B. eine gesuchte Person, ein zu beschreibender Gegenstand) und schreibt um dieses Thema herum alle **Oberbegriffe** (z. B. *Kleidung*), die einem zum Thema einfallen. Anschließend ergänzt man die **Oberbegriffe** um **Unterbegriffe** (z. B. *Jacke*) und diese dann wieder um weitere **Unterbegriffe** (z. B. *aus Leder*).

Schreibplan
Es ist sinnvoll, Schritt für Schritt zu planen, wenn man z. B. eine spannende Geschichte schreiben möchte. Einen Schreibplan kann man aus einem Cluster oder einer Mindmap entwickeln.

Textsorte
Gedichte, Zeitungsartikel, Erzählungen, Theaterstücke, Jugendromane und **Sachtexte** stellen unterschiedliche Textsorten dar.

Transkript
Wenn gesprochene Sprache, z. B. Gespräche oder auch Gebärden (Gestik und Mimik) verschriftet werden, nennt man das Ergebnis ein Transkript.
→ *Das ist Sport!?, S. 27–32*

Umstellprobe
→ Satzglieder

Verb
Verben drücken vorwiegend Tätigkeiten, Vorgänge oder Zustände aus. Sie können verschiedene Formen annehmen und so verschiedene Funktionen erfüllen. Sie werden **konjugiert** (gebeugt).
- Die ungebeugte Grundform eines Verbs nennt man **Infinitiv**. Beispiel: *sprechen*.
- Die gebeugten Personalformen nennt man **finite Formen**. Beispiel: *(ich) spreche*.
- Zur Bildung mancher Zeitformen verwendet man die infinite Form des **Partizips II**. Beispiel: *(ich) habe gesprochen* (Perfekt).
- Die Aufforderungs- oder Befehlsform nennt man **Imperativ**. Beispiel: *Sprich! Sprecht!*

Konjugation
Verwendet man Verben in Sätzen, so muss man sie beugen; insbesondere muss man die verschiedenen **Personalformen** bilden.

- 1. Pers. Sg.: *(ich) singe*
- 2. Pers. Sg.: *(du) singst*
- 3. Pers. Sg.: *(er/sie/es) singt*
- 1. Pers. Pl.: *(wir) singen*
- 2. Pers. Pl.: *(ihr) singt*
- 3. Pers. Pl.: *(sie) singen*

Aktiv und Passiv
Durch die verschiedenen Verbformen des Aktivs und des Passivs können unterschiedliche Sichtweisen auf einen Sachverhalt deutlich gemacht werden.
Beim **Passiv** ist, im Gegensatz zum **Aktiv**, nicht der „Täter" wichtig, sondern der Betroffene oder die behandelte Sache.
Beispiel: *Masken werden entwickelt.* → **Wer** die Masken entwickelt, erfahren wir nicht.
Besonders oft findet man das Passiv bei Vorgangsbeschreibungen aller Art, z. B. bei Bastel- oder Gebrauchsanleitungen. Das Passiv kann einen Vorgang (**Vorgangspassiv**) oder einen Zustand (**Zustandspassiv**) ausdrücken.
- Das **Vorgangspassiv** ist zusammengesetzt aus der **Personalform von** *werden* plus **Partizip II des Vollverbs**. Beispiel: *Die Ohren werden angebracht.*
- Das **Zustandspassiv** ist zusammengesetzt aus der **Personalform von** *sein* plus **Partizip II** des Vollverbs. Beispiel: *Die Ohren sind angebracht.*

→ *Schöne neue Zukunftswelt?, S. 206–208*

starke und schwache Verben
Starke Verben verändern bei der Bildung der verschiedenen Tempora den Stammvokal.
Beispiel: *f**a**hren – er, sie es f**u**hr – er, sie, es ist gef**a**hren*
Schwache Verben ändern den Stammvokal nicht.
Beispiel: *kochen – er, sie, es kochte – er, sie, es hat gekocht*
→ *Schöne neue Zukunftswelt?, S. 184ff.*

Modalverben
Modalverben sind Verben, die in Sätzen **in Verbindung mit anderen Verben** verwendet werden und die Aussage dieser Verben **modifizieren, verfeinern bzw. näher bestimmen**.
Modalverben drücken also häufig Wünsche, Befehle, Aufforderungen u. ä. aus.
Beispiele: *Jonas **soll** seinem Vater die Meinung **sagen**.*
*Duplik Jonas 7 **darf** den Hort nicht **verlassen**.*
Mit dem Infinitiv des Vollverbs bilden die Modalverben ein **zweigeteiltes Prädikat**.
Achtung: Das Modalverb bildet die zusammengesetzten Tempora Perfekt und Plusquamperfekt immer mit der Personalform von *haben* und seiner Infinitivform, nicht mit einem Partizip!
Beispiele: *Er **hat** sich in die Lage von Duplik Jonas versetzen **müssen**.* (Perfekt)
*Er **hatte** sich in die Lagen von Duplik Jonas versetzen **müssen**.* (Plusquamperfekt)
→ *Schöne neue Zukunftswelt?, S. 188f.*

Partizip
Partizip I (Partizip Präsens) und Partizip II sind **infinite Formen** des Verbs (*infinit* wörtl. = unbestimmt, nicht bestimmt nach Person und Zahl).
- Das **Partizip I** wird gebildet, indem an den Infinitiv ein *-d* anhängt. wird. Es kann auch adjektivisch gebraucht werden. Beispiel: *leuchten**de** Sterne*
- Das **Partizip II** wird meistens gebildet, indem dem Wortstamm die Vorsilbe *ge-* vorangestellt und die Endung *-t* angehängt wird. So kann es als Adjektiv verwendet werden. Beispiel: *Sie ärgerte sich über den **gespielten** Unfall.*

Häufiger kommt es als **Bestandteil des Verbs im Perfekt oder Plusquamperfekt** vor, und zwar in Verbindung mit der Personalform von *haben* oder *sein*. Beispiel: *Die Kinder haben / hatten **gespielt**.*
→ *Auf dich kann man zählen!, S. 225ff.*

Vers	→ Gedicht
Versmaß	→ Gedicht
Vokal	Selbstlaut: *a, e, i, o, u*. Die Vokale können umgelautet werden: *ä, ö, ü* (**Umlaute**). → Rechtschreibung
Vorgangsbeschreibung	→ Beschreibung/beschreiben

Vortrag/ vortragen

Referate halten – zuhören können
Nicht nur das Vortragen ist wichtig, auch das **aktive Zuhören** ist eine Fähigkeit, die man trainieren muss.
Die Aufgaben der Vortragenden und der Zuhörer entsprechen einander:
- **Der/die Vortragende** sollte die Zuhörer auf den Vortrag **vorbereiten** (Einstieg, Nennung des Themas etc), den Vortrag in sinnvolle Abschnitte **gliedern**, kleine **Pausen** und **Überleitungen** einbauen, **langsam und deutlich sprechen**, den Vortrag **veranschaulichen** und keine missverständlichen Botschaften „senden".
- Die **aufmerksamen Zuhörer** sollten **Schreibzeug** bereit haben, sich **mit der Gliederung vertraut** machen, auf **Pausen** und **Überleitungen** achten, schwierige Wörter und Sachverhalte **notieren** und sich nicht ablenken lassen.

→ *Vom Feuerzeichen zur E-Mail, S. 283ff.*

Vorbereitung eines Vortrags
Zunächst sollte man **Fragen** entwickeln und danach die wichtigsten Aspekte **auswählen** und nach Informationen für die Beantwortung der Frage(n) **recherchieren**.
Die Informationen müssen **gesichtet** und schließlich **ausgewertet** werden. Danach kann man die **Stichwörter** für den Vortrag auf Karteikarten schreiben und mit diesen den Vortrag **gliedern** und das Vortragen **üben**.
Nach dem Referat sollte man die Zuhörerinnen und Zuhörer um **Feedback** bitten.

→ *Der verkleidete Körper, S. 240–265*

Vortragstechnik
1. Zunächst nennt man das **Thema** des Vortrags und die **Gliederung**, d.h. man beschreibt kurz, worauf man im Vortrag eingehen wird.
2. Man **spricht möglichst frei** – den Vortragstext nicht ausformulieren, sondern mit Karteikarten und Notizen/Stichworten arbeiten – und hält **Blickkontakt** zu den Zuhörer/innen.
3. Man spricht **klar und deutlich** und nimmt sich Zeit.
4. Man **atmet** zwischendurch in aller Ruhe ein und aus und macht kleinere **Pausen**.
5. Ein guter Stand ist wichtig: Man steht frei im Raum vor der Klasse mit möglichst gerader Körperhaltung.
6. Man übt den Vortrag vorher mit seiner Banknachbarin oder seinem Banknachbarn zusammen, dann kann man sich gegenseitig Verbesserungsvorschläge machen.

→ *Der verkleidete Körper, S. 240–265*

Feedback
(engl. *feed-back* = Nahrung zurückgeben). Die Gruppe, für die man ein Referat oder eine Präsentation gehalten hat, gibt Kommentare „zurück", die dazu beitragen, dass sich der Referent/die Referentin weiter entwickeln kann.

→ *Der verkleidete Körper, S. 240–265*

Buchvorstellung
Zur Vorbereitung einer Buchvorstellung müssen einige Fragen beantwortet werden:
- Um welches **Thema** geht es in dem Buch?
- Warum **gefällt** mir das Buch (und deshalb den anderen vielleicht auch)?
- Welche Informationen über die **Autorin** oder den **Autor** sind interessant?
- Wie viel **Zeit** habe ich, um das Buch vorzustellen?

Wenn es sich nicht um ein Sachbuch, sondern um einen (Kinder- oder Jugend-)Roman handelt, ist außerdem wichtig:
- Welchen **Inhalt** hat die Geschichte? Was passiert, was ist die **Handlung**?
- Welche **Hauptfiguren** kommen vor? Welche Eigenschaften haben sie? In welcher Beziehung stehen sie zueinander?
- Wie sind **Sprache** und **Stil** der Erzählung?

W-Fragen   → Bericht/berichten

Wortarten   Man kann Wörter nach verschiedenen Gesichtspunkten unterscheiden; man kann sie zum Beispiel nach Wortarten einteilen. Zu den Wortarten gehören **Pronomen, Nomen, Artikel, Adjektiv, Konjunktion, Präposition, Adverb und Verb**.

Wortbildung

Ableitung
Neue Wörter lassen sich bilden, indem man vor dem Wortstamm **Präfixe** (Vorsilben) oder nach dem Wortstamm **Suffixe** (Nachsilben) anfügt. Diese Art der Wortbildung heißt **Ableitung**. Alle Wörter, die aus einem Wortstamm gebildet werden, gehören zu einer **Wortfamilie**. Beispiel: *ver - blüh - en* → *Präfix - Stamm - Suffix*

Diminutiv
Die Suffixe *-chen* und *-lein*, die eine **Verkleinerung** (Diminutiv) bezeichnen, rufen oft einen **Umlaut** hervor: *Frucht – Früchtchen, Früchtlein*.

Komposita
Komposita (Sg. *Kompositum*) sind **Zusammensetzungen**, also Wörter, die aus anderen Wörtern, z. B. Nomen, **zusammengesetzt** sind. Man unterscheidet zwei verschiedene Bestandteile eines Kompositums: das Grundwort und das Bestimmungswort.
Das **Grundwort** steht hinten; wenn das Kompositum aus zwei Wörtern zusammengesetzt ist, steht es also an zweiter Stelle. Es gibt dabei die übergeordnete Art des Bezeichneten an: *sonnengelb* (übergeordnete Art der Farbe: *gelb*), *Herbstzeit* (übergeordnete Art: *Zeit*).
Das vor dem Grundwort stehende **Bestimmungswort** bestimmt den Bedeutungsinhalt des Grundwortes genauer: *sonnengelb*, *Winterzeit*. Das Genus (Geschlecht) des Grundwortes bestimmt das Genus des gesamten Kompositums: *der Herbst (mask.) + die Zeit (fem.) = die Herbstzeit (fem.)*.

Wortstamm
Der Teil eines Wortes, der nicht weiter aufgespalten wird und der innerhalb der Wortfamilie gleich bleibt. Beispiel: *lachen - lachte*. Der **Stammvokal** ist der Vokal innerhalb des Wortstamms (hier: *a*).

wörtliche Rede
Wörtliche Rede kennzeichnet man durch **Anführungszeichen**. Ein einleitender **Begleitsatz** kündigt die wörtliche Rede durch einen **Doppelpunkt** an. Der **Begleitsatz** kann auch nach der wörtlichen Rede stehen oder eingeschoben sein. Dann fällt der **Schlusspunkt** der wörtlichen Rede weg, und es stehen erst die Anführungszeichen und dahinter das Komma. **Fragezeichen** und **Ausrufezeichen** jedoch werden in der wörtlichen Rede immer beibehalten.
Beispiel: *„Ja, ich komme mit!", rief mein Bruder.*

Zeichensetzung
Satzzeichen gliedern in Texten die Gedanken, sodass die Leser/innen schneller und besser verstehen, was die Schreiberin oder der Schreiber gemeint hat.

Komma
- **Hauptsätze in einer Satzreihe** werden durch ein Komma voneinander getrennt. Wenn sie durch *und* oder *oder* verbunden sind, kann das Komma stehen, muss es allerdings nicht unbedingt.
- Haupt- und Nebensatz in einem **Satzgefüge** werden durch Kommas voneinander getrennt.
- Werden in einem Satz mehrere Wörter, Wortgruppen oder gleiche Satzglieder **aufgezählt**, so trennt man diese durch **Komma**. Vor den **Konjunktionen** *und* und *oder* darf bei der **Aufzählung** kein Komma stehen.

Satzschlusszeichen
- Durch einen **Punkt**, ein **Ausrufezeichen** oder ein **Fragezeichen** wird ein Satz abgeschlossen. An Satzbau und Betonung kann man erkennen, wann welches Zeichen zu setzen ist. In den meisten Fällen schließt ein Punkt den Satz ab (**Aussagesatz**). Die Stimme senkt sich am Satzende, der Satzbau ist Subjekt – Prädikat – Objekt.
- Bei einem **Aufforderungs- oder Befehlssatz** senkt sich die Stimme am Satzende nicht. Diese Sätze enden mit einem **Ausrufezeichen**.
- Die Stimme hebt sich am Ende eines **Fragesatzes**, das Prädikat steht am Satzanfang. Fragesätze werden durch ein **Fragezeichen** abgeschlossen.

Zeitformen → Tempus

Zitat/ zitieren
Wenn man eine Textstelle deuten möchte, sollte man wissen, auf welchen Vers, welchen Satz oder welche Wörter man sich bezieht. Dazu verwendet man ein **Zitat**, d. h. man gibt die Textstelle im Anschluss an die Deutung wörtlich wieder.
Der Textbeleg muss durch **Anführungszeichen** „xxx" gekennzeichnet werden.
- Ist das Zitat ein vollständiger Satz, werden die Anführungsstriche hinter das Satzschlusszeichen gesetzt.
- Wenn das Zitat **wörtliche Rede** enthält, setzt man halbe Anführungsstriche „,xx'".

Damit man das Zitat im Originaltext wiederfinden kann, gibt man die **Textstelle** im Text in Klammern an und setzt diese Information hinter das Zitat. (Vers xx)
→ *Auf dich kann man zählen!, S. 227*

Zwickmühle und Dilemma
Wenn man sprichwörtlich in einer **Zwickmühle** steckt, befindet man sich in einer Situation, in der man eine Entscheidung (zwischen zwei Möglichkeiten) treffen muss, obwohl keine der (beiden) Möglichkeit zufrieden stellend ist.

Ein **Dilemma** (aus dem Altgr.: *di – zwischen zwei* und *lemma – Ansicht*) ist vergleichbar mit einer Zwickmühle. Menschen in einer Dilemmasituation müssen sich ebenfalls zwischen (zwei) Möglichkeiten entscheiden, wobei oft verschiedene Werte miteinander konkurrieren. Z. B. kann es vorkommen, dass man einem Menschen nur helfen kann, indem man einem anderen oder sich selbst schadet.
→ *Vordenken und Nachdenken, S. 53–63*

Joseph von Eichendorff
Frühlingsnacht

Übern Garten durch die Lüfte
Hört ich Wandervögel ziehn,
Das bedeutet Frühlingsdüfte,
Unten fängts schon an zu blühn.

5 Jauchzen möcht ich, möchte weinen,
Ist mirs doch, als könnts nicht sein!
Alte Wunder wieder scheinen
Mit dem Mondesglanz herein.

Und der Mond, die Sterne sagens,
10 Und in Träumen rauschts der Hain,
Und die Nachtigallen schlagens:
Sie ist deine, sie ist dein!

Aischylos (* 525 v. Chr. Eleusis, Griechenland, † 456 v. Chr. Gela, Sizilien)
Zeitgenosse von Kleisthenes von Athen; nahm an der Schlacht bei Marathon teil; beteiligte sich viele Male an den Athener Dionysien (Dichterwettbewerb), gewann 13 Mal; gilt neben Sophokles und Euripides als einer der drei großen Dramatiker der griech. Antike.
Werke (Auswahl): *Die Perser, Sieben gegen Theben, Orestie* (Trilogie, bestehend aus *Agamemnon, Die Choephoren, Die Eumeniden*)
→ *Agamemnon (Auszug)*, S. 268–270

Alhavi, Amenokal (Lebensdaten nicht bekannt)
„Amenokal Alhavi" ist ein Pseudonym; der Autor wurde als Wüstennomade geboren; lebt in der Sahara und in Frankreich
→ *Die Weisheit der Tuareg (Auszug)*, S. 49f.

Bächler, Wolfgang (* 1925 Augsburg)
wurde im Zweiten Weltkrieg zur Wehrmacht eingezogen, geriet in Kriegsgefangenschaft; nach dem Krieg Studium der Germanistik, Romanistik, Kunstgeschichte und Theaterwissenschaft in München; Mitglied der Gruppe 47; war neben seiner Schriftstellerei lange als Journalist und manchmal als Schauspieler tätig; verfasste Prosa und Lyrik.
→ *Der Abend im Frack*, S. 179

Nicholas Blake (* 1904 Ballintubber, Irland, † 1972 London, England)
eigentl. Cecil Day-Lewis; Studium in Oxford, arbeitete anschließend eine Zeit lang als Lehrer; politisch lange stark linksorientiert; verfasste Prosa, Lyrik und, unter dem Pseudonym „Nicholas Blake", Kriminalromane; wurde 1968 zum britischen Hofdichter ernannt; Vater des Schauspielers Daniel Day-Lewis.
→ *Der Meuchelmörder Club*, S. 307–309

Bortlik, Wolfgang (*1952 München)
wuchs in Deutschland und in der Schweiz auf; studierte u.a. Geschichte und Publizistik in München und Zürich (abgebrochen); arbeitete als Buchhändler und war als Herausgeber, Verleger, Lektor, Übersetzer, Literaturkritiker und Musiker tätig; verheiratet, drei Kinder; schreibt Kolumnen, (Sport-)Gedichte, Satiren, Rezensionen und Romane.
→ *Lamento*, S. 22   → *Elfmeter*, S. 22

Brentano, Clemens (* 1778 Ehrenbreitstein/Koblenz, † 1842 Aschaffenburg)
eigentl. Clemens Wenzeslaus Brentano de La Roche; Sohn eines italienischen Kaufmanns; begann eine kaufmänn. Lehre, studierte Bergwissenschaften und Medizin, schließlich Philosophie; Bekanntschaft mit Wieland, Herder, Goethe, Schlegel, Fichte, Tieck und Achim von Arnim (mit letzterem gab er die Volksliedsammlung *Des Knaben Wunderhorn* heraus); gilt als einer der wichtigsten Dichter der Romantik.
Werke (Auswahl): *Godwi* (Roman), Gedichte, Erzählungen, Novellen
→ *Wiegenlied*, S. 175
→ *Abendständchen*, S. 176

Chopin, Frédéric (* 1810 Zelazowa Wola, Polen, † 1849 Paris, Frankreich)
komponierte bereits als Kind eigene Werke, studierte in Warschau Musik (Klavier und Komposition); ging 1831 endgültig nach Paris, wo er als Konzertpianist und Klavierlehrer arbeitete; Freundschaft mit Eugène Delacroix (Maler), Franz Liszt (Musiker) und George Sand (Schriftstellerin); starb mit 39 Jahren in Paris an Tuberkulose und wurde auf dem Pariser Friedhof Père Lachaise beigesetzt (sein Herz wurde in Warschau begraben).
→ *Brief an Julian Fontana (1838)*, S. 138

Domin, Hilde (* 1909 Köln, † 2006 Heidelberg)
wanderte 1932 aufgrund des erstarkenden Nationalsozialismus erst nach Rom, dann nach England und schließlich in die Dominikanische Republik aus; dort bis 1952 Dozentin für Deutsch; 1954 Rückkehr nach Deutschland; ab 1957 Veröffentlichung von Gedichten; verfasste Gedichte, Erzählungen, literaturwissenschaftliche Abhandlungen und einen Roman.
→ *Auszug aus einem Interview*, S. 163f.

Ecke, Wolfgang (* 1927 Radebeul, † 1983 Murnau)
begann ein Studium an der Hochschule für Musik und Theater in Dresden, verließ die Universität aber aus politischen Gründen nach kurzer Zeit wieder und siedelte in die Bundesrepublik über; arbeitete u.a. als Matrose, Kellner, Schlagzeuger, Werbemanager, Reporter und Dolmetscher; bekannt für seine Kinder- und Jugendkrimis (Romane und Hörspiele), erfand die Figuren Perry Clifton und Balduin Pfiff; verfasste über 100 Bücher, Hörspiele und Theaterstücke.
→ *Zwischenfall an der Grenze*, S. 316f.

Eichendorff, Joseph Karl Benedikt Freiherr von (* 1788 Ratibor, Oberschlesien, † 1857 Neisse)
gilt als einer der wichtigsten Dichter der Romantik; Vater war ein adliger, preußischer Offizier; studierte (mit Unterbrechungen) Jura in Halle, Heidelberg und Wien; Bekanntschaft mit Johann Gottlieb Fichte, Achim von Arnim, Clemens Brentano und Hein-

rich von Kleist; war im preußischen Staatsdienst tätig; verfasste Romane, Erzählungen, Theaterstücke und Gedichte.
Werke (Auswahl): Prosa – *Ahnung und Gegenwart, Das Marmorbild, Aus dem Leben eines Taugenichts*; Lyrik – *Abschied, Sehnsucht, Die Mondnacht, Wünschelrute, Das zerbrochene Ringlein*
→ *Aus dem Leben eines Taugenichts (Auszug)*, S. 85–87
→ *Mondnacht*, S. 167   → *Winternacht*, S. 168
→ *Frühlingsnacht*, S. 169

Ende, Michael (* 1929 Garmisch-Patenkirchen, † 1995 Filderstadt)
absolvierte eine Ausbildung zum Schauspieler an der Falckenberg-Schule in München und war einige Zeit als Schauspieler an Theatern tätig; arbeitete zwischenzeitlich als Theaterschriftsteller und Rundfunkredakteur; seine Bücher wurden in mehr als 40 Sprachen übersetzt, vielfach ausgezeichnet und z. T. verfilmt; gilt als einer der bekanntesten deutschen Kinder- und Jugendbuchautoren.
Werke (Auswahl): *Jim Knopf und Lukas, der Lokomotivführer; Momo; Die unendliche Geschichte*
→ *Der wirkliche Apfel*, S. 38

Ernst, Otto (* 1862 Ottensen, † 1926 Groß-Flottbek)
arbeitete einige Zeit als Lehrer, bevor er Schriftsteller wurde; verfasste Gedichte, Erzählungen und Theaterstücke; die Ballade *Nis Randers* ist sein bekanntestes Werk.
→ *Nis Randers*, S. 225f.

Fleming, Paul (* 1609 Hartenstein, † 1640 Hamburg)
Sohn eines Pastors; studierte Medizin in Leipzig; arbeitete eine Zeit lang am Hof des Herzogs von Holstein; reiste u. a. nach Russland und Persien; starb im Alter von nur 30 Jahren an einer Lungenentzündung; Fleming gilt als einer der bedeutendsten Dichter des Barock.
→ *An sich*, S. 69

Fontane, Theodor (* 1819 Neuruppin, † 1898 Berlin)
besuchte die Gewerbeschule und wurde, wie sein Vater, Apotheker; verfasste bereits in jungen Jahren Gedichte und eine Novelle; arbeitete später als Korrespondent für die Dresdener Zeitung, dann als Theaterkritiker, schließlich als freier Schriftsteller; verfasste Romane und Gedichte.
Werke (Auswahl): *Effi Briest; Irrungen, Wirrungen; Der Stechlin* (Romane), *John Maynard, Herr von Ribbeck, Die Brück' am Tay* (Balladen)
→ *John Maynard*, S. 219

Forester, Cecil Scott (* 1899 Kairo, Ägypten, † 1966 Fullerton, USA)
eigentl. Cecil Lewis Troughton Smith; aufgewachsen in England; begann ein Medizistudium, widmete sich dann aber seiner Tätigkeit als Schriftsteller und Journalist; verfasste neben Romanen, Kinderbüchern, Theaterstücken und Sachbüchern auch Drehbücher für Hollywood-Filme (u. a. *African Queen* und *Des Königs Admiral*).
→ *Hornblower auf der Hotspur (Auszüge)*, S. 276; 278f.

Gaarder, Jostein (* 1952 Oslo, Norwegen)
studierte Theologie, Literaturwissenschaft und Philosophie in Oslo und arbeitete eine Zeit lang als Lehrer (sowohl für Kinder als auch für Erwachsene); lebt als freier Schriftsteller mit seiner Frau und zwei Söhnen in Oslo; sein bekanntestes Werk, *Sofies Welt*, wurde in über 40 Sprachen übersetzt und verfilmt.
→ *Sofies Welt (Auszüge)*, S. 40f.

Garst, Doris „Shannon" (* 1899 Ironwood, USA, † 1981)
war als Lehrerin und Schulrektorin tätig, bevor sie Schriftstellerin wurde; die meisten ihrer über 40 Bücher sind Western, sie hat aber auch Biografien und andere Sachbücher verfasst.
→ *Sitting Bull (Auszug)*, S. 283; 285

Gernhardt, Robert (* 1937 Tallinn, Estland, † 2006, Frankfurt a. M.)
floh als Kind mit seiner Familie nach dem Zweiten Weltkrieg aus Estland nach Deutschland, studierte in Stuttgart und Berlin Malerei und Germanistik; war als Schriftsteller, Mailer, Karikaturist und Essayist tätig; er schrieb Gedichte, Hörspiele, Erzählungen und hat an den Drehbüchern für die *Otto-Filme* mitgearbeitet; seine Werke wurden mit vielen Preisen ausgezeichnet.
→ *Verlassen stieg die Nacht …*, S. 171

Goethe, Johann Wolfgang von (* 1749 Frankfurt a. M., † 1832 Weimar)
studierte in Leipzig und Straßburg Jura; interessierte sich schon in früher Jugend für Literatur und verfasste Gedichte und einen Roman in Briefform (*Die Leiden des jungen Werthers*); später als Geheimrat am Fürstenhof in Weimar, dort Theaterleiter; schrieb Gedichte, Theaterstücke, Romane, wissenschaftliche Abhandlungen (z. B. über die Farbenlehre, über das Innenohr); gilt als einer der bedeutendsten Dichter der Welt, sein Drama *Faust* als einer der bedeutendsten Texte der Weltliteratur.
→ *Gedichte sind gemalte Fensterscheiben*, S. 162
→ *Johanna Sebus*, S. 217

Gomringer, Eugen (* 1925 in Bolivien)
einer der Begründer und Hauptvertreter der so genannten „konkreten Poesie"; hat eine Zeitschrift, eine eigene Buchreihe und das Institut für Konstruktive Kunst und Konkrete Poesie gegründet.
→ avenidas, S. 165

Goscinny, René (* 1926 Paris, Frankreich, † 1977 Paris, Frankreich)
aufgewachsen in Buenos Aires; arbeitete nach der Schulzeit als Buchhalter und Werbezeichner; zog später nach New York und schließlich nach Paris; erfand die Figur des Galliers Asterix, die von Albert Uderzo gezeichnet wurde; verfasste auch Geschichten für Kinder, die Jean-Jacques Sempé illustrierte (*Der kleine Nick*); gilt als einer der bedeutendsten Comic-Zeichner des 20. Jahrhunderts.
→ Asterix bei den Olympischen Spielen, S. 25

Grönemeyer, Herbert (* 1956 Göttingen)
studierte nach dem Abitur eine Zeit lang Musikwissenschaften und Jura; Anfänge als Schauspieler am Bochumer Schauspielhaus, dort später auch musikalischer Leiter; spielte in mehreren Filmen mit (u.a. in Wolfgang Petersens *Das Boot*); veröffentlichte bisher 15 Solo- und Konzertalben und komponiert auch Bühnen- und Filmmusik; hat für seine Arbeit viele Preise erhalten; engagiert sich für verschiedene soziale Projekte zur Bekämpfung der Armut auf der Welt.
→ Kaufen, S. 44

Jandl, Ernst (* 1925 Wien, † 2000 Wien, Österreich)
geriet während des Zweiten Weltkriegs in englische Kriegsgefangenschaft; studierte nach dem Krieg in Wien Deutsch und Englisch und unterrichtete diese Fächer einige Zeit lang an einem Gymnasium; besonders bekannt für seine neuartige, experimentelle Lyrik; lebte bis zu seinem Tod mit der Autorin Friederike Mayröcker zusammen; gilt als einer der bedeutendsten deutschsprachigen Gegenwartslyriker.
→ my own song, S. 70
→ oktobernacht, S. 171

Kaschnitz, Marie Luise (* 1901 Karlsruhe, † 1974 Rom, Italien)
Buchhändlerlehre und Tätigkeit als Buchhändlerin in Rom; Heirat mit dem Archäologen Freiherr von Kaschnitz-Weinberg, sie begleitete ihn auf Forschungsreisen nach Italien, Griechenland, in die Türkei und nach Nordafrika; lebte in Königsberg, Marburg, Frankfurt am Main und Rom; war auch als Dozentin für Poetik tätig; verfasste Lyrik, Hörspiele und Erzählungen.

Werke (Auswahl): *Das dicke Kind, Beschreibung eines Dorfes, Popp und Mingel*
→ Der Schritt um Mitternacht, S. 172

Keller, Gottfried (* 1819 Zürich, Schweiz, † 1890 Zürich, Schweiz)
besuchte die Armenschule und später die Industrieschule; nahm Malunterricht und absolvierte eine Ausbildung zum Lithografen; Kunststudium in München nach zwei Jahren abgebrochen; war politisch engagiert („radikaler Demokrat"); von 1861 bis 1876 Stadtschreiber Zürichs; veröffentlichte Gedichte, Novellen (Zyklus *Die Leute von Seldwyla*) und den Roman *Der grüne Heinrich*.
→ Kleider machen Leute (Auszug), S. 75f.

Kreye, Andrian (* 1962 München)
Mitbegründer der Zeitschrift *Tempo*, lebt seit 1988 in New York; Korrespondent für *Tempo* in New York; Mitarbeiter der *Frankfurter Allgemeinen Zeitung*, New-York-Korrespondent der *Süddeutschen Zeitung*; Auslandsreisen u.a. nach Bosnien, Brasilien, Burma, Elfenbeinküste, Kolumbien, Kuba, Israel, Guatemala, Haiti, Mali, Mexiko, Nicaragua, Peru, Russland, Ruanda, Senegal, Südafrika, Sudan, Thailand und in die Türkei; veröffentlicht neben Sachbüchern und Reportagen auch Kurzgeschichten.
→ Mein Gott, es windet sich …, S. 209

Levoy, Myron (*1930 New York, USA)
Sohn einer Ungarin und eines Deutschen; studierte Raumfahrttechnik und arbeitete eine Zeit lang als Raumfahrtingenieur; hat Gedichte, Kurzgeschichten und Theaterstücke für Kinder und Jugendliche geschrieben, die in viele Sprachen übersetzt und mit zahlreichen Preisen ausgezeichnet wurden; politisch engagiert, u.a. in der Friedensbewegung; arbeitet heute als Schriftsteller und als Berater für Wärmeaustausch.
→ Der gelbe Vogel (Auszüge), S. 55–57

Mader, Paula Bettina (* 1958 Halle/Saale)
studierte Literaturwissenschaft, Philosophie und Theaterwissenschaften in Berlin und München; Schauspielerin, Regisseurin, eine Zeit lang Intendantin des Thalia Theaters in Halle (Kinder- und Jugendtheater), Universitätsdozentin und Autorin verschiedener Theaterstücke für Kinder und Jugendliche; lebt mit ihren Kindern in München und leitet eine Schauspielakademie.
→ Der Krieg der Knöpfe (Auszüge), S. 115f.; 121–123; 125

Manz, Hans (* 1931 Wila bei Zürich, Schweiz) arbeitete über 30 Jahre lang als Lehrer; nebenher Schriftsteller und Übersetzer; veröffentlichte Sprachspielbücher, Erzählungen, Märchen, Kindergedichte und Romane für Kinder und Erwachsene.
→ *Gedenkstätte*, S. 239

Mayröcker, Friederike (* 1924 Wien, Österreich) war über 20 Jahre als Englischlehrerin an Hauptschulen tätig; schriftstellerische Tätigkeit schon seit ihren Jugendjahren, verfasste Hörspiele, Gedichte, Prosawerke und ein Opernlibretto; lebte von 1954 bis zu seinem Tod im Jahr 2000 mit dem Dichter Ernst Jandl zusammen; Mayröcker gilt als eine der bedeutendsten deutschsprachigen Lyrikerinnen der Gegenwart, sie hat viele wichtige Preise erhalten.
→ *Wer Horror liebt …*, S. 165

Mey, Reinhard Friedrich Michael (* 1942 Berlin) Sohn eines Rechtsanwalts und einer Lehrerin; besuchte das Französische Gymnasium in Berlin, absolvierte eine Lehre als Industriekaufmann und begann in Berlin ein BWL-Studium, das er nach drei Jahren abbrach; schon zur Schulzeit musikalisch tätig; später Teilnahme an Wettbewerben und Festivals; Reinhard Mey gilt als einer der bedeutendsten deutschsprachigen Liedermacher; in Frankreich unter dem Namen Frédérik Mey bekannt; besaß lange Zeit Lizenzen als Hobbypilot; engagiert sich für den Tierschutz.
→ *Über den Wolken*, S. 132

Meyer-Oldenburg, Christian (* 1936 Berlin, † 1990) Science-Fiction-Autor, veröffentlichte Romane und Erzählungen.
→ *Ein Fall für den Tierschutzverein*, S. 192–197

Morgenstern, Christian (* 1871 München, † 1914 Meran, Italien) Tätigkeit als Verlagslektor und Übersetzer aus dem Norwegischen (u. a. Werke von Henrik Ibsen und Knut Hamsun); verfasste Gedichte, dramatische und epische Werke (viele Texte wurden erst nach seinem Tod von seiner Frau veröffentlicht); bekanntestes Werk ist die Gedichtsammlung *Galgenlieder*.
→ *Die unmögliche Tatsache*, S. 96
→ *Der Werwolf*, S. 174   → *Gruselett*, S. 174

Mörike, Eduard (* 1804 Ludwigsburg, † 1875 Stuttgart) studierte Theologie und war eine Zeit lang als Pfarrer tätig; unterrichtete später Literatur; verfasste sowohl Romane und Novellen als auch Gedichte.

Werke (Auswahl): *Maler Nolten* (Roman), *Mozart auf der Reise nach Prag* (Novelle), *Er ist's* (Gedicht)
→ *Um Mitternacht*, S. 170

Münster, Sebastian (* 1488 Nieder-Ingelheim, † 1552 Basel, Schweiz) studierte an einer Ordenshochschule und trat anschließend in den Franziskanerorden ein; widmete sich später der altgriechischen und der hebräischen Sprache, der Mathematik, der Astronomie und der Geografie; lehrte an Ordenshochschulen und an den Universitäten Heidelberg und Basel; trat 1529 aus dem Franziskanerorden aus und konvertierte während der Religionskämpfe zum Protestantismus; Verfasser und Herausgeber mehrerer sprach- und naturwissenschaftlicher sowie theologischer und geografischer Werke; starb an der Pest.
→ *Mallorca – ein besonderes Königreich*, S. 136

Pergaud, Louis (* 1822 Belmont, Frankreich, † 1915) französischer Lehrer und Schriftsteller; schrieb u. a. Fabeln; fiel im April 1915 während des Ersten Weltkriegs; sein bekanntestes Werk ist *Der Krieg der Knöpfe*.
→ *Der Krieg der Knöpfe* (Auszüge), S. 100–103; 105f.; 109f.; 112; 119–121

Rabisch, Birgit (* 1953 Hamburg) wuchs bis zu ihrem 11. Lebensjahr bei den Großeltern auf; studierte Soziologie und Germanistik in Hamburg; engagierte sich in der Studenten-, Frauen- und Friedensbewegung; jobbte während des Studiums als Altenpflegerin; unterrichtete später Deutsch als Fremdsprache; verfasste Gedichte und Kurzprosa sowie Romane für Jugendliche und Erwachsene.
→ *Duplik Jonas 7* (Auszug), S. 188–190

Ringelnatz, Joachim (* 1883 Wurzen b. Leipzig, † Berlin) eigentl. Hans Bötticher; fuhr in jungen Jahren als Schiffsjunge und Matrose zur See; kaufmännische Lehre in Hamburg, mehrere Anstellungen, u. a. in einem Reisebüro und als Bibliothekar; Dichter und Maler; seine Kunst wurde von den Nationalsozialisten im Dritten Reich als „entartet" verurteilt; besonders bekannt sind seine Gedichte um den Seemann Kuddel Daddeldu.
→ *Sportgedicht*, S. 21   → *Im Park*, S. 178
→ *Es lebe die Mode!*, S. 252

Rowling, Joanne K. (* 1965 Yate, England) eigentlich Joanne Rowling; studierte Französisch und Klassische Philologie in Exeter; arbeitete für

Amnesty International, später als Lehrerin für Englisch als Fremdsprache in Portugal; verheiratet, drei Kinder; ihre *Harry-Potter*-Bücher wurden in über 50 Sprachen übersetzt, mit vielen Preisen ausgezeichnet, brachen etliche Verkaufs- und Auflagenrekorde, außerdem wurden sie verfilmt; lebt in Schottland; gilt als reichste Frau Großbritanniens und engagiert sich für verschiedene wohltätige Zwecke.
→ *Harry Potter und der Stein der Weisen (Auszug)*, S. 68

Rühmkorf, Peter (* 1929 Dortmund)
studierte Psychologie, Germanistik und Kunstgeschichte in Hamburg; arbeitete an verschiedenen Zeitschriften mit (u. a. *konkret*), arbeitete von 1958 bis 1964 als Verlagslektor beim Rowohlt Verlag; seitdem als freier Schriftsteller tätig, verschiedene Gastdozenturen an Universitäten; verfasste einige Dramen, schreibt Lyrik und Essays, wurde mit zahlreichen Preisen ausgezeichnet und gilt als einer der wichtigsten deutschsprachigen Lyriker nach 1945.
→ *Auszug aus einem Interview*, S. 163

Saint-Exupéry, Antoine de (* 1900 Lyon, Frankreich, † 1944)
Sohn einer adligen Familie mit mehreren Landgütern; besuchte ein von Jesuiten geführtes Internat; studierte eine Zeit lang Architektur (ohne Abschluss) und absolvierte dann eine Ausbildung zum Flugzeugmechaniker und später zum Piloten; Tätigkeiten im Flugzeug- und Fliegerbereich sowohl bei der Luftfracht als auch bei der Marine; berichtete als Journalist u. a. aus Vietnam (ehem. franz. Kolonie Indochina), Hitlerdeutschland und dem Spanischen Bürgerkrieg; im Zweiten Weltkrieg Pilot; wurde 1944 über dem Mittelmeer abgeschossen; sein bekanntestes Werk, *Der Kleine Prinz*, wurde in über 100 Sprachen übersetzt.
→ *Der Kleine Prinz (Auszug)*, S. 64f.

Sand, George (*1804 Paris, Frankreich, † 1876 Nohant, Frankreich)
eigentl. Amantine-Aurore-Lucile Dupin de Francueil; französische Autorin und Frauenrechtlerin; nahm einen Männernamen als Künstlernamen an; hatte neun Jahre lang eine Liebesbeziehung mit dem Komponisten Frédéric Chopin; war mit bedeutenden Künstlern, Musikern und Schriftstellern befreundet (Eugène Delacroix, Franz Liszt, Honoré de Balzac, Alexandre Dumas, Gustave Flaubert); veröffentlichte über 180 Bücher, Zeitschriftenartikel und zahllose Briefe.
→ *Ein Winter auf Majorca*, S. 137

Schiller, Friedrich (* 1759 Marbach, † 1805 Weimar)
besuchte eine Zeit lang die Militärakademie und begann ein Jurastudium; studierte später Medizin; Auseinandersetzung mit den Werken der Dichter des Sturm und Drang (Wieland, Goethe), verfasste bereits während des Studiums erste Dramen (nicht erhalten) und begann mit der Arbeit an *Die Räuber*; zwischendurch eine kurze Zeit als Theaterdichter in Mannheim tätig; lehrte ab 1789 als Professor (Philosophie, Geschichte) in Jena; gab die Zeitschriften *Die Horen* und *Musenalmanach* heraus; Freundschaft und Zusammenarbeit mit Goethe („Weimarer Klassik"); gilt als einer der bedeutendsten deutschen Dramatiker.
Werke (Auswahl): *Die Räuber, Kabale und Liebe, Wallenstein, Maria Stuart, Wilhelm Tell* (Dramen), *Ode an die Freude* (Ode), *Der Handschuh, Die Bürgschaft, Das Lied von der Glocke* (Balladen).
→ *Die Bürgschaft*, S. 229–231

Schliwka, Dieter (* 1939 Gelsenkirchen)
Studium der Pädagogik; Tätigkeit als Lehrer (Deutsch); Spezialist für Lesedidaktik und Leseförderung; arbeitet auch als Illustrator für Zeitungen und Fachzeitschriften; veröffentlichte über 20 Romane für Kinder und Jugendliche und hat für seine Werke einige Preise erhalten.
→ *Salto abwärts (Auszug)*, S. 14–16

Schröder, Rainer M. (* 1951 Rostock)
floh mit seiner Familie kurz vor dem Bau der Mauer nach Westdeutschland; Ausbildung zum Opernsänger in Düsseldorf; Tätigkeit als Lokalreporter bei einer Düsseldorfer Zeitung; studierte anschließend Jura und Film- und Fernsehwissenschaften in Köln; schrieb zwischenzeitlich für das Theater und arbeitete als Verlagslektor; seit 1977 freier Schriftsteller; siedelte 1980 mit seiner Frau in die USA über; viele Auslands-(Abenteuer-)Reisen; veröffentlichte Romane, Sachbücher, Hörspiele und Erzählungen für Jugendliche und Erwachsene und hat etliche Preise erhalten.
→ *Das Geheimnis der weißen Mönche (Auszug)*, S. 177; 180f.

Spoerl, Heinrich (*1887 Düsseldorf, † Rottach-Egern)
studierte Jura in Berlin, Marburg und München; arbeitete fast 20 Jahre als Rechtsanwalt mit eigener Kanzlei in Düsseldorf; lebte eine Zeit lang als freier Schriftsteller in Berlin, dann, ab 1941, wieder als Rechtsanwalt in Rottach-Egern; bekannt wurde er

durch seinen Roman *Die Feuerzangenbowle*, der mit Heinz Rühmann in der Rolle des Johann Pfeiffer verfilmt wurde.
→ *Die Feuerzangenbowle (Auszug), S. 77f.*

Uderzo, Albert *(* 1927 Fismes, Frankreich)*
Sohn italienischer Einwanderer; brachte sich das Zeichnen selbst bei; ab 1951 Zusammenarbeit mit René Goscinny (u.a. *Asterix*, diese Serie produziert er seit dem Tod von Goscinny allein).
→ *Asterix bei den Olympischen Spielen, S. 25*

Ulrichs, Timm *(* 1940 Berlin)*
Architekturstudium in Hannover (abgebrochen); erklärte sich selbst zum „Totalkünstler" und zum „ersten lebenden Kunstwerk"; lehrt seit 1972 als Professor für Bildhauerei und „Totalkunst" in Münster; hat viele Preise für sein Werk erhalten.
→ *ordnung – unordnung, S. 96*

Ulrici, Rolf *(* 1922 Berlin, † 1997 Prien)*
Sohn eines Bankdirektors; nahm als Wehrmachtssoldat am Zweiten Weltkrieg teil; arbeitete als Theaterregisseur und Journalist und verfasste Beiträge für den Kinderfunk; schrieb – teilweise unter Pseudonymen – über 100 Romane (auch Science-Fiction und Krimis) hauptsächlich für Kinder und Jugendliche und übersetzte aus dem Englischen und Französischen.
→ *Kai erobert Brixholm (Auszüge), S. 90f.*

Walser, Robert *(* 1878 Biel, † 1956 Herisau)*
absolvierte eine Banklehre und arbeitete u.a. als Büroangestellter, Erfindergehilfe und Diener, bevor er Schriftsteller wurde; veröffentlichte Gedichte, Dramen- und Prosatexte.
→ *Helle, S. 178*

Weizenbaum, Joseph *(* 1923 Berlin)*
floh 1936 mit seiner Familie vor den Nazis in die USA; studierte Mathematik, arbeitete an verschiedenen Computerprojekten mit; lehrte als Professor für „Computer Science" am berühmten MIT (Massachusetts Institut of Technology); bezeichnet sich selbst als „Dissident" und „Ketzer" der Computerwissenschaft und ermahnt immer wieder zum kritischen Umgang mit Computern.
→ *ELIZA, S. 289f.*

Register

Abkürzung 288
Ablaufbeschreibung 19, 35, 97, 150ff.
Ableitung → Wortbildung
Ableitungsprobe 92f.
Absicht (Aussage-/Wirkungsabsicht) 24, 39, 162, 199, 243, 250f., 273
Abstimmung 48, 52, 61
Adjektiv 160, 177, 217, 227, 318
Adjektivattribut 319
Adressatenbezug 24, 38f., 258, 318
Adverb 198, 318
adverbiale Bestimmung 45f., 73f., 334
Adverbialsatz 45f., 72, 334
AIDA-Formel/-Prinzip 251, 256, 260, 265, 318
Akkusativ 74, 174, 321
Akkusativobjekt 74, 174, 206, 334
Aktiv 206ff., 337
Alliteration 169, 217, 318
Analysekartei f. lit. Texte 126f., 318
Anapäst 221, 325
Anekdote 83f., 95, 147ff.
Anfang (einer Erzählung) → Einleitung
Anleitung 19, 97, 207f., 276-281
Anredepronomen 331, 332
Anzeige 250f.
Appell/appellieren 108, 250f., 257f., 318
Apposition 319
Arbeitsaufträge 313ff.
Argument/argumentieren 46-62, 63, 64f., 112, 190, 258, 277, 318
Artikel 91, 172, 318
Attribut 46, 318f.
Attributsatz 46, 334
Aufbau (einer Erzählung) 149, 210f., 219f.
Aufbau (Vortrag) 254-257
Aufforderungsform → Imperativ
Aufforderungssatz 333, 340
Auftakt 221, 325
Aufzählung 339
auktorialer Erzähler 107, 127, 323
Ausgangsfrage (Vortrag) 242f., 249
Auslautverhärtung 91f., 319
Ausrufesatz 333, 340
Aussagesatz 333, 340
Aussageweise → Modus
äußere Handlung 109f., 322
automatisches Schreiben 164
Autor 107, 114, 166f., 319

Ballade 212-236, 237, 238f., 325
Bänkelsang 236, 237, 325
Befehlsform → Imperativ
Befehlssatz 333, 340
Begleiter → Artikel
begründen 43-62, 63, 216
Bericht/berichten 27-32, 33, 34f., 114, 226, 260, 284, 319
Beschreibung/beschreiben 17-20, 24f., 35, 39, 43, 68, 97, 106, 135, 141, 150ff., 153, 154f., 160, 204f., 207f., 259, 281f., 319f.

Bestimmungswort 339
Betonung 30
beurteilen 43-62, 113, 143-146, 195
Beweggrund → Motiv (einer Figur)
Bezugswort 111
Bibliothek 35, 114, 244f., 299
Bild 23-26, 40f., 141, 143, 152, 153, 160, 204, 251, 259, 326
Bildbeschreibung 141, 160, 204, 159
bildhafte Sprache → sprachliches Bild
Bindewort → Konjunktion
Blitzlicht 48, 61
Botenbericht 322
Brainstorming 311, 314
Brief 16, 62, 138, 235, 243, 246, 312, 321
Buchvorstellung 339
Bühnenbild 118

Cartoon 40
Charakter 319
Charakteristik 311, 319
Chat 288ff., 291, 293
Chatbot 290f.
Cluster 10, 164, 228, 284, 336
Collage 228
Comic 25, 40, 200, 293
Computer 69, 200, 264f., 288f., 291
Cover 100

Daktylus 221, 325
das / dass 91, 94, 321
Dativ 74, 174, 321
Dativobjekt 74, 174, 334
Deckung (Erzähltechnik) 323
Dehnung (Erzähltechnik) 323
Dehnung (Vokal) 91, 94, 175ff., 332
Deklination 74, 174, 321
Demonstrativpronomen 111
Diagramm 245f., 277, 326
Dialekt 288
Dialog 42, 62, 65, 77f., 100, 116ff., 132, 222ff., 289f., 322
Dilemma 58, 225, 340
Diminutiv 339
Diphthong 91, 94, 175ff., 227
direkte Rede 199, 234ff., 329f.
diskontinuierliche Texte 24, 78, 133f., 152, 154, 245f.
Diskussion/diskutieren 47-62, 63, 64f., 78f., 96, 131, 195, 225, 243, 250, 260ff., 293, 296, 302, 321
Diskussionsleitung 48, 61, 321
Drameninterpretation 115-124, 125, 126f., 322
Drama/dramatische Texte 115-124, 125, 126f., 237, 268ff., 322
Drehbuch 104, 218-224, 324

Eigenschaftswort → Adjektiv
Einleitung/Exposition (Erzählung/Film) 220f., 222
Einleitungssatz (Inhaltsangabe) 76, 199, 236, 327
Einstieg (Vortrag) 252, 306f.

Empfänger (Kommunikation) 273ff., 284, 328
Enjambement 168, 170, 317, 322
Ersatzform (Konjunktiv) 184-187, 235f., 329f.
Ersatzprobe 334
Er-/Sie-Erzähler 107, 323
Erzähler 107, 113, 135, 193, 323
Erzählperspektive 86, 105-108, 127, 135, 147f., 151, 193, 263, 312, 323
Erzählplan → Schreibplan
Erzählschritte 210f., 323
Erzählung/erzählen 147f., 210f., 322f.
Erzählung (literarisch) 14ff., 40f., 49f., 53f., 55ff., 64f., 73f., 77, 83, 84ff., 87f., 101-125, 276ff., 278f., 283, 285f., 307f., 316f.
Esperanto 71f.

Fabel 62, 70, 324
Fachwort/Fachbegriff 31, 203, 271
Fall → Kasus
Feedback 253, 260ff., 263, 293, 338
Fehleranalyse 94, 288, 291
Fehlerart 94, 288, 291
Fehlerschwerpunkt 94, 288
Femininum 326
Fernsehen 29f., 34, 293
Figur (literarisch) 16, 64f., 77, 84-88, 104-108, 124, 135, 197, 202, 221f., 225, 238
Figurenkonstellation 16, 104, 324
fiktionale und nicht-fiktionale Texte 324
Film 104, 200, 204f., 218-224, 324
Finalsatz 45f., 334
finite Verbform 337
Fishbowl (Diskussion) 59ff., 321
Flugblatt 259
Frageadverb 318
Fragen an den Text stellen 16, 87, 168, 202, 214ff., 225, 231, 245, 247ff., 307-310
Fragesatz 333, 340
Fremdwort 31, 190, 203, 232, 268, 271, 177, 179, 282, 291, 310, 324f.
Fremdwörterbuch 232, 270f., 282
Fünf-Schritt-Lesemethode 47, 72, 90, 141, 159, 167, 172, 242, 244f., 258, 287, 333
Futur 236, 336

Gattung 237
Gedicht 21f., 38f., 44, 69f., 96, 126f., 161-178, 179, 212-236, 237, 238f., 252, 325
Gedichtinterpretation 21f., 38f., 44, 69f., 96, 126f., 161-178, 179, 212-236, 237, 238f., 252, 325
Gegenstandsbeschreibung 39, 280, 320
Genitiv 74, 174, 321
Genitivattribut 319
Genitivobjekt 74, 174, 334
Genus 326

Register

Gesetz (Text) 80f.
Gespräch 11-16, 77f., 190, 289f., 291
Gesprächsregeln 48, 60f., 78, 321
gestaltendes Interpretieren 228-231
gestaltend sprechen 29f., 69f., 117, 165, 174f., 175ff., 226, 271
Gestik 90, 326
Gleichnis 40ff., 326
Gleich- und Ähnlichklinger 91f.
Gliedsatz 45f., 334
Glossar 31
Grafik 253, 261, 326
Groß- und Kleinschreibung 82, 159f., 288, 291, 332
Grundwort 339

Handlung 109f., 124, 147f., 172, 202, 214ff., 233, 322f.
Handlung: Ort 103f., 124, 202
Handlung: Zeit 103f., 124, 202
Handlungsschritte 124, 170, 222, 233, 323
Hand-out 259
Hauptsatz 60, 72, 334
Hauptteil (Erzählung/Film) 147f., 220f., 323
Haupttext (Drama) 115-124, 322
Höhepunkt (einer Erzählung) 147f., 323
Homonym 91
Hörspiel 209, 286, 312, 326
hypotaktischer Satzbau 127, 334

Ich-Erzähler 86, 107, 323
Imperativ 186, 235, 329
Indikativ 184ff., 235, 329f.
Indefinitpronomen 111
indirekte Rede 234ff., 261, 329f.
infinite Verbform 227, 337
Infinitiv 187, 337
Informationen aus Grafiken/Bildern entnehmen 17f., 23-26, 245f., 250f., 253, 259, 261, 274, 326
Informationen aus Texten entnehmen 25, 31f., 47, 80f., 92, 108f., 130f., 136f., 143f., 159, 163f., 204f., 244f., 247ff., 254f., 280f., 285ff., 309f.
Informationen auswählen und ordnen 114, 250, 253, 264f., 327
Informationen suchen 114, 250, 253, 264f., 327
Informationen weitergeben 114, 250, 253, 264f., 327
Informationsquellen 244-250
Inhaltsangabe 57, 75f., 86, 190, 197ff., 203, 231-236, 327
innere Handlung 109f., 322
innerer Monolog 16, 42, 111
inszenieren 118
Internet 202, 288ff., 291, 299
Interrogativpronomen 111
Interview 11ff., 35, 51, 130, 163
Ironie 252

Jambus 161, 221, 326

Jugendbuch 14-16, 35, 40f., 64f., 87f., 100-125, 177, 180f., 188ff.
Jugendstück 115-124

Kameraeinstellung/-perspektive 104-223f., 327
Karte 154, 269, 276
Karteikarten 126f., 253, 256, 263
Kasus 74, 174, 270f., 321
Kausalsatz 334
Klappentext 100, 188
Klassenrat 48, 328
Kleinschreibung → Groß- und Kleinschreibung
Komma → Zeichensetzung
Kommunikation 273-290, 291, 292f., 328
Kommunikation, nonverbale 26, 89f.
Komparation 318
Komparativ 318
Kompositum 172f., 339
Konditionalsatz 45f., 334
Konjugation 337
Konjunktion 17ff., 44ff., 60, 198, 328
Konjunktionalsatz 17ff., 45f., 60, 72, 334
Konjunktiv I 234ff., 329f.
Konjunktiv II 184-187, 209, 235, 329f.
Kontext 270f.
Körperhaltung 110
Körpersprache 26
Kostüme 224
Kreativtechniken 164, 328f.
Kreuzreim 326
Kulissen 224
kurzer Vokal 91, 94, 175ff., 227
Kurzgeschichte 329
Kurzreferat/-vortrag 114, 240-262, 263, 293, 306f., 338f.

langer Vokal 91, 94, 175ff., 227
Lautmalerei 175, 217, 227
Lernen durch Lehren 304-317
Lernfortschritt 296-303
Lernziele 310, 315ff.
Leseeindrücke 215, 219
Leseerwartung 16, 100, 215
Lesetagebuch 329
Lexikon 39, 90, 204, 270f., 279
Lied 132, 239
Liste 311f.
lyrisches Ich 21, 44, 132, 239

Maskulinum 326
Mauerschau 322
Medien 29ff., 329
Medium (Kommunikation) 273ff., 328, 329
Meinung begründen → begründen
Metapher 32, 107, 168, 172-175, 217, 335
Metaphernbaukasten 173
Metrum 161, 170, 217, 221, 271, 326
Mimik 90, 110, 329
Mindmap 10, 26f., 103, 131, 184, 253f., 271, 277, 311f., 336
Missverständnis 148f., 275, 291, 292f., 328
Mitlaut → Konsonant
Modalverben 188-191, 209, 337
Modus 184-187, 188-191, 209, 234ff., 329f.
Möglichkeitsform → Konjunktiv I
Monolog 16, 117ff., 322
Motiv (literarisch) 175

Nacherzählen aus anderer Sicht 41, 312, 320
Nacherzählung 41, 320
Nebenhandlung 221
nebenordnende Konjunktion 60, 320
Nebensatz 60, 72, 334
Nebentext 114-125, 322
Neutrum 326
Nomen 82, 91, 172f., 330
Nominalisierung 82, 91, 330
Nominativ 321
Notizen zu Texten 12, 136, 150f., 168f., 202, 214, 245, 277, 300, 311f.
Numerus 271, 330

Oberbegriff 10, 311, 336
Organigramm 104, 202
Objekt 45f., 73f., 174f., 334
Objektsatz 45f., 334
Ortsbeschreibung 68, 139-146

Paarreim 326
Pantomime 112f., 148, 330
Parabel 330
Paralleltext 22, 178, 179
Parodie (lit.) 171
Partizip I 227, 338
Partizip II , 338
Passiv 206ff., 337
Perfekt 336
Personalform des Verbs 187, 337
Personalpronomen 111, 332
Person der Handlung → Figur (literarisch)
Personenbeschreibung 106, 311, 320
Personifikation 168, 170, 217, 227, 335
Piktogramm 152
Plakat 48, 52, 161, 166, 218, 224, 263, 321
Plot 218-224, 324
Plural 330
Plusquamperfekt 336
Portfolio 294-303, 331
Positiv 318
Possessivpronomen 111, 332
Prädikat 206, 334
Präfix 339
Präposition 73, 141f., 153, 331
präpositionales Attribut 319
Präpositionalobjekt 73f., 334
Präsens 184-187, 235, 336
präsentieren 114, 251, 252-262, 263, 264f., 306f., 331
Präteritum 184-187, 336

Register

Projekt 34f., 90, 149, 154f., 219f., 237
Pronomen 111, 113, 234, 321f.
Pro und Kontra 58, 61, 131, 277, 311

Radio 29f., 34, 209, 261
Raffung 323
recherchieren 34, 84, 114, 136, 154f., 214, 250, 253, 264f., 284, 299, 314ff.
Rechtschreiben 82, 91-94, 95, 159f., 175ff., 282, 288, 291
Rechtschreibprogramm 336
Redaktionskonferenz 94, 332
Rede 108
Redensart 87
Reflexivpronomen 111
Regieanweisungen 117f., 222ff., 322
Reim 161, 165f., 179, 217, 325
Reisebeschreibung 139
Reiseerzählung 147ff.
Reiseführer 140-146, 154f.
Relativpronomen 46, 91, 111, 332
Relativsatz 46, 334
Reportage 28-32, 33, 34, 333
Requisiten 118, 322
Rhythmus 217, 326
Rolle 221f., 322
Rollenbiografie 106, 222
Rollenspiel 53f., 63, 64f., 148, 191, 225, 274, 321
Roman 100-125, 180f., 188ff., 200ff.
Romananfang 101-104, 180f., 333
Romantik 166f.

Sachbuch → Jugendsachbuch
Sachtext 17, 39, 89f., 130, 136f., 140f., 150, 158, 163f., 166f., 204f., 209, 242, 244, 247ff., 254f., 257f., 264, 273, 280f., 285ff., 292f., 301f., 309, 333
Sage 333
Satz 60, 71-74, 333
Satzaussage → Prädikat
Satzbau 60, 71-74, 107, 127, 145, 217, 333f.
Satzergänzung → Objekt
Satzgefüge 17ff., 45f., 71, 107, 334
Satzgegenstand → Subjekt
Satzglied 45f., 72ff., 206f., 334
Satzgliedteil → Attribut
Satzreihe 17ff., 72, 107, 334
Satzschlusszeichen 340
Satzzeichen → Zeichensetzung
Schärfung 332
Schaubild 16, 24, 27, 220, 253, 261, 273f., 326
Schilderung/schildern 335
Schluss (Erzählung/Film) 220f., 323
Schreibkonferenz 18, 27, 161, 185, 210f., 336
Schreibplan 27f., 181, 311, 337
Schülerzeitung 94
Schulordnung 78f.
schwaches Verb 185, 187, 337
Schwank 335
Screenshot 203

Selbstlaut → Vokal
Sender (Kommunikation) 275ff., 284
Signalwort 330
Singular 330
Situationsbezug 24
s-Laute 94, 332
SMS 288ff., 293
Spannungsbogen 147f., 203, 217, 220, 310, 323
Spielregeln 97
Sprachebenen 81f., 107, 131, 146, 203
Sprachgeschichte/-entwicklung 91, 255f.
sprachliches Bild 31, 161f., 168f., 178, 179, 217, 225ff., 335
Sprachverhalten 117
Sprichwort 39
Stammvokal 185, 187, 339
Standbild 110, 312, 335
Standpunkt 61, 262, 321
starkes Verb 184, 187, 337
Statistik 133f., 245f., 326
Steckbrief 106, 335
Steigerung von Adjektiven → Komparation
Stellungnahme 43, 143-146, 261
stimmhaft 94
stimmlos 94
Strophe 161-178, 179, 217, 326
Subjekt 45f., 206, 334
Subjektsatz 45f., 334
Subtext 115-224, 211
Suffix 82, 339
Superlativ 318
Symbol/symbolisch 90, 277
Synonym
Szenen 65, 108, 118, 221-224, 237, 312, 324

Tabelle 78, 137, 145, 159, 169, 203, 255, 272, 287, 311f., 326f.
Tagebuch 58, 111, 312
Takt 161, 221, 326
Tätigkeitswort → Verb
Tempus 236, 336
Textaussagen 38-42
Textbelege 58, 65, 88, 106, 110, 116, 176, 197, 280
Texterschließung → Erschließung
Texte überarbeiten → überarbeiten
Textlupe 27, 336
Textplanung → Schreibplan
Textsorte 70, 136-146, 162, 310f., 312, 337
Textzusammenfassung 57, 90, 190, 197ff., 220, 233, 242, 249, 255, 310, 333
These 249, 262
transitives Verb
Transkript 28ff., 34, 337
Trochäus 221, 326

überarbeiten 18, 142, 146, 161, 164, 185, 198f., 210f., 336

Überschrift 21, 69, 96, 162, 168, 170, 179, 233
umarmender Reim 326
Umfrage 146, 149
Umlaut 91, 94, 175ff., 227
Umstandswort → Adverb
Umstellprobe 45, 71, 73, 82, 334
Unterbegriff 336
unterordnende Konjunktion 60, 328

Verb 184-187, 29´06f., 217, 234ff., 337f.
Vergleich 107, 217, 335
Verhältniswort → Präposition
Verlängerungsprobe 92f.
Vers 170, 179, 217, 326
Versmaß → Metrum
Verständnisschwierigkeiten klären 232, 245, 310
Videospiel 204
visualisieren 253f., 257ff., 264f., 311f.
Vier-Informationen-/Ohren-Modell 174f., 291
Vorgangsbeschreibung 17-20, 24, 35, 97, 150ff., 207f., 272, 281f., 320
Vorgangspassiv 207f., 337
vorlesen → gestaltend sprechen
Vortrag → Kurzreferat/-vortrag
vortragen → gestaltend sprechen
Vorvergangenheit → Plusquamperfekt

Wegbeschreibung 139, 320
Werbung 250f.
W-Fragen 17f., 141, 216, 226, 233, 258, 272, 319
Wie-Wort → Adjektiv
Wortart 72, 82, 111, 174f., 198, 227, 270f., 339
Wortbildung 82, 172, 279, 339
Wörterbuch 232, 264, 270f.
Wortfamilie 107
Wortfeld 107, 275
wörtliche Rede 234f., 339
Wortstamm 91, 185, 339
Wortwahl 145
Wunschform → Konjunktiv II

Zeichen 24ff., 275, 328
Zeichensprache 26
Zeichensetzung 45, 91, 339f.
Zeilenangaben → Textbelege
Zeitangaben 159f., 220
Zeitenfolge → Tempus
Zeitform → Tempus
Zeitstufe → Tempus
Zeitung 27, 31f., 209, 238, 242, 284, 309
Zeitwort → Verb
zitieren 21, 50, 88, 106, 110, 113, 116, 176, 197, 227, 230, 280, 283, 340
zuhören 283f., 338
Zusammenfassung/zusammenfassen → Textzusammenfassung
Zusammensetzung → Kompositum
Zustandspassiv 207f.

Textquellen

S. 11f.: Rausch, Anja / Kessen, Kathrin: Interview mit Franziska Rupprecht. In: ngk-Magazin [Schulmagazin des Norbert-Gymnasiums Knechtsteden], 12/05, S. 33. / S. 14–16: Schliwka, Dieter: Salto abwärts. München: Deutscher Taschenbuch Verlag, ⁶1992, S. 19–22 (= dtv junior). © Thienemann Verlag, Stuttgart/Wien. / S. 21: Ringelnatz, Joachim: Ruf zum Sport. In: Ders.: Sämtliche Gedichte. Zürich: Diogenes, 1997, S. 231. / S. 22: Bortlik, Wolfgang: Lamento / Elfmeter. In: Ders.: Am Ball ist immer der Erste. Gedichte von Fussball und so. Zürich: Limmat-Verlag, 2006. / S. 29: Radioreportage von Manfred Breuckmann und Edgar Endres zur Fußball-Weltmeisterschaft 2006, Viertelfinalspiel Deutschland gegen Argentinien am 30.06.2006, WDR 5 (transkribiert von Sascha Reuen). / S. 30: Fernseh-Berichterstattung von Reinhold Beckmann zur Fußball-Weltmeisterschaft 2006, Viertelfinalspiel Deutschland gegen Argentinien am 30.06.2006, ARD (transkribiert von Sascha Reuen). / S. 31: OPNEWS vom 30.06.2006, elektronisch verteilt unter: http://www.arcor.de/content/sport/wm/news/40539937.html (gekürzt von Sascha Reuen). (Diese Internetadresse ist nicht mehr aufrufbar.) / S. 31: http://www.kicker.de/wmspecial/wm2006/spielplan/spielpaarungsbericht/object/663104/saison/2006/naviindex/2 (06/2006) (gekürzt von Sascha Reuen). / S. 38: Ende, Michael: Der wirkliche Apfel. In: Ders.: Die Schattennähmaschine. Stuttgart: Thienemann Verlag, 1982. / S. 39: „Apfel". In: Meyers Großes Taschenlexikon in 24 Bänden. Mannheim: Bibliographisches Institut & F. A. Brockhaus AG, 1992. / S. 40f.: Gaarder, Jostein: Sofies Welt. Roman über die Geschichte der Philosophie. Übers. von Gabriele Haefs. München: Deutscher Taschenbuch Verlag, ³1999, S. 110f. © Carl Hanser Verlag, München 1993. / S. 44: Grönemeyer, Herbert: Kaufen. © 1983 by Hans Gerig OHG, Bergisch Gladbach. / S. 46f.: Schwermer, Heidemarie: Mein Leben ohne Geld. Aus: http://projekte.free.de/gibundnimm/eineneuelebensform.html (11/2006). / S. 49f.: Alhavi, Amenokal: Die Weisheit der Tuareg. Übers. von Birgit Bader. München: Goldmann, 2005, S. 37–39, 78f. / S. 51: Interview mit Keira Knightley, geführt von Leif Kramp. Aus: http://www.cineastentreff.de/forum/kino-news-1108.html. © 2005 phpBB Group. / S. 53: Erlinger, Rainer: Lügen haben rote Ohren. Gewissensfragen für große und kleine Menschen. Berlin: Ullstein Taschenbuch, 2005, S. 14f. / S. 55–57: Levoy, Myron: Der gelbe Vogel. Übers. von Fred Schmitz. München: Deutscher Taschenbuch Verlag, 2005, S. 16–21 (= dtv junior). © Oetinger Verlag, Hamburg 1999. / S. 62: Erlinger, Rainer: Gewissensfragen. München: Süddeutsche Edition, 2005, S. 185. / S. 62: Born, Georg: Sie tanzte nur einen Winter. In: Fabeln. Hg. von Therese Poser. Stuttgart: Reclam, 1987 (= Arbeitstexte für den Unterricht, Bd. 9519). / S. 64f.: Saint-Exupéry, Antoine de: Der Kleine Prinz. Übers. von Grete u. Josef Leitgeb. Düsseldorf: Karl Rauch Verlag, 1956, Neuaufl. 1984, S. 27–29. / S. 68: Rowling, Joanne K.: Harry Potter und der Stein der Weisen. Übers. von Klaus Fritz. Hamburg: Carlsen, 1998, S. 145. © Joanne K. Rowling, 1997. / S. 69: Fleming, Paul: An sich. In: Deutsche Dichter. Ausgewählt von Erich Kirsch und Werner Roß. Frankfurt a. M.: Verlag M. Diesterweg, 3. Aufl., o. J., S. 39 (bearbeitet von Karl-Heinz Schneider). / S. 70: Jandl, Ernst: my own song. In: Aus dem wirklichen Leben. München: Luchterhand Literaturverlag, 1999. / S. 75f.: Keller, Gottfried: Kleider machen Leute. Anmerkungen von Rolf Selbmann. Stuttgart: Reclam, 1969, durchgesehene Ausg. 2000, S. 3–5 (= UB, Bd. 7470). / S. 77: Spoerl, Heinrich: Die Feuerzangenbowle. Eine Lausbüberei in der Kleinstadt. München: Deutscher Taschenbuch Verlag, ²1974, S. 20–22. © Droste Verlag, Düsseldorf. / S. 78: Zubettgehzeiten im Internat „Waldesruh". Karl-Heinz Schneider unter Verwendung der Internatsordnung des Pädagogiums Bad Godesberg, Otto-Kühne-Schule, in der Fassung vom 1.8.2005. / S. 80: Jugendschutzgesetz (JuSchG). / S. 84–86: Eichendorff, Joseph von: Aus dem Leben eines Taugenichts. Hg. von Hartwig Schultz. Stuttgart: Reclam, 1992, Aufl. 2001, S. 5–16 (= UB, Bd. 2354). / S. 87f.: Ulrici, Rolf: Kai erobert Brixholm. München: Franz Schneider Verlag, 1960, S. 40–43. / S. 89f.: Regeln im Mittelalter: „Outlaws und andere Außenseiter". Aus: http://www.wdr5.de/saeulendererde/reise/outlaws/ (30.08.2002). © Westdeutscher Rundfunk, 2002. – „Ritter". Aus: http://www.wdr5.de/saeulendererde/reise/ritter/ (30.08.2002). © Westdeutscher Rundfunk, 2002. – „Sieben Tugenden der Ritter". Aus: http://sieben_tugenden_der_ritter.know-library.net/ (06.08.2004) (zusammengestellt und bearbeitet von Karl-Heinz Schneider).

/ S. 95: Die Kasse im Supermarkt. Aus: http://www.mama-tipps.de/artikel827.html (19.08.2002 von pannengeier). © Mama-Tipps (bearbeitet von Karl-Heinz Schneider). / S. 96: Morgenstern, Christian: Die unmögliche Tatsache. In: Ders.: Galgenlieder. Wiesbaden: Emil Vollmer Verlag (Lizenzausgabe des Verlages Philipp Reclam jun. Leipzig), o. J., S. 117. / S. 96: Ulrichs, Timm: ordnung – unordnung. In: Konkrete Poesie. Hg. von Eugen Gomringer. Stuttgart: Reclam, 1978, S. 142. / S. 100, 101–103, 105f., 109f., 112, 119–121: Pergaud, Louis: Der Krieg der Knöpfe (1912). Übers. von Gerda von Uslar. Reinbek bei Hamburg: Rowohlt Taschenbuch Verlag, ²2005, Klappentext, S. 11–16, 17f. u. 29–31, 76f., 84f., 348–355. / S. 115f., 121–123, 125: Mader, Paula Bettina: Der Krieg der Knöpfe. Theaterstück nach dem Roman von Louis Pergaud. In: Victor, Marion (Hg.): Spielplatz. Bd. 17: Fünf Theaterstücke über Gewalt. Frankfurt a. M.: Verlag der Autoren, 2004, S. 258–261, 280–283, 239–241. / S. 132: Mey, Reinhard: Über den Wolken. © Chanson-Edition Reinhard Mey, Berlin. / S. 133: Reisen bildet. Zitate aus: http://de.wikiquote.org/wiki/Reisen (11/2006). / S. 133: Reisen in Deutschland: Karl-Heinz Schneider unter Verwendung von Angaben aus: Schmidt, Hans Werner: Die Urlaubsreisen der Europäer. Hg. vom Amt für amtliche Veröffentlichungen der Europäischen Gemeinschaften. Luxemburg, 2002. – Tourismus in Deutschland 2005. Hg. vom Deutschen Tourismusverband e.V. Bonn, 2006. / S. 134f.: Gutzschhahn, Uwe-Michael: Drei Affen. In: Braun, Katharina (Hg.): Ab in den Süden. Das große Ferienbuch. München: omnibus, 2005, S. 189ff. / S. 136: Münster, Sebastian: Mallorca – ein besunder Königreich (aus dem Frühneuhochdeutschen übersetzt von Karl-Heinz Schneider). In: Mallorca. Ein literarisches Porträt. Hg. von Sieglinde Oehrlein. Frankfurt a. M./Leipzig: Insel, 1998, S. 33. / S. 137: Sand, George: Von Ölbäumen, Kühen und Schweinen. In: Mallorca. Ein literarisches Porträt. Hg. von Sieglinde Oehrlein. Frankfurt a. M./Leipzig: Insel, 1998, S. 40f. – Sand, George: Ein Winter auf Mallorca. Palma de Mallorca: OMNISA, 1992, S. 58ff. / S. 138: Chopin, Frédéric: Der Himmel ist herrlich wie eine Seele. In: Mallorca. Ein literarisches Porträt. Hg. von Sieglinde Oehrlein. Frankfurt a. M./Leipzig: Insel, 1998, S. 62. / S. 139: Rahir, Kim: Nationalparks auf Mallorca – Auf Felspfaden und im Schilf. In: SPIEGEL ONLINE, 16.04.2006. Aus: www.spiegel.de/reise/kurztrip/0,1518,410733,00.html © SPIEGEL ONLINE, 2006. / S. 144f.: Aus: www.hotelbewertung-direkt.de/hotelbewertung-382511-hotel-Neptuno-anzmb.html. © Hotelbewertung-Direkt, 2004–2006. / S. 146: Wie Formulierungen in Reisekatalogen täuschen können. Wörterbuch Katalogchinesisch (gekürzt). Aus: http://www.mdr.de/ratgeber/reise_verkehr/143436.html. © MDR.de, 2006. / S. 147: West, Gordon: Eine mallorquinische Reise – Mallorca 1929. Übers. von Hartmut Ihnenfeldt u. David Southard. Hohentann: Reise-Know-How Verlag Därr, 2000. / S. 150: Görz, Heinz: Urlaub auf Mallorca. Ein Reiseführer für Menschen von heute. Gütersloh: Bertelsmann, 1960, S. 22. – Thode, Stefan: (K)ein Urlaub auf Mallorca. Tipps und Tricks für Urlaubswillige. Kiel: Rake Verlag, 2001, S. 82f. / S. 150f.: Movshovich, Evgenia / Vondenhoff, Anna: (D)ein Koffer in der Unterwelt (redigiert von Karl-Heinz Schneider). Projekt Hexenpress. Städtisches Luisengymnasium, Düsseldorf, 2005. / S. 158f.: http://www.andechs.de/kloster/benediktiner/Tagesablauf.html (11/2006). / S. 162: Goethe, Johann Wolfgang von: Gedichte sind gemalte Fensterscheiben. In: Ders.: Sämtliche Gedichte. Frankfurt a. M.: Deutscher Klassiker Verlag, 1998. / S. 163f.: Gespräch mit dem Dichter Peter Rühmkorf / Gespräch mit der Dichterin Hilde Domin. In: Koelbl, Herlinde: Im Schreiben zu Haus. Wie Schriftsteller zu Werke gehen. München: Knesebeck, ²1998, S. 116/181. / S. 165: Gomringer, Eugen: avenidas. In: Ders.: worte sind schatten. die konstellationen 1951–1968. Hg. u. eingeleitet von Helmut Heißenbüttel. Reinbek bei Hamburg: Rowohlt, 1969, S. 39. / S. 165: Interpretation nach: Waldmann, Günter: Produktiver Umgang mit Lyrik. Hohengehren: Schneider Verlag, ⁶1999, S. 10f. / S. 165: Mayröcker, Friederike: Wer Horror liebt muss Horror reimen. In: Dies.: Gesammelte Prosa 1949–1975. Frankfurt a. M.: Suhrkamp, 1989. / S. 166, 167, 168, 169: Eichendorff, Joseph von: Nachts / Mondnacht / Winternacht / Frühlingsnacht. In: Ders.: Sämtliche Gedichte. Frankfurt a. M.: Deutscher Klassiker Verlag, 2006. / S. 166: Interpretation nach: Waldmann, Günter: Produktiver Umgang mit Lyrik. Hohengehren: Schneider Verlag, ⁶1999, S. 119ff. / S. 169: Metaphernbaukasten nach: Waldmann, Günter: Produktiver Umgang mit Lyrik. Hohengehren: Schneider Verlag, ⁶1999, S. 61ff. / S. 170: Mörike, Eduard: Um Mitternacht. In: Ders.: Sämtliche Werke. München: Carl Hanser Verlag, ³1964, S. 100f. / S. 171: Gernhardt, Robert: Verlassen stieg. In: Ders.: Wörtersee. Zürich: Haffmans, 1989, S. 105. / S. 171: Jandl, Ernst: oktobernacht. In: Ders.: für alle. Darmstadt/Neuwied: Luchterhand Literaturverlag, 1974. / S. 172: Kaschnitz, Marie Luise: Der Schritt um Mitternacht. In: Dies.: Überallnie. Ausgewählte Gedichte 1928–1965. München: Deutscher Taschenbuch Verlag, ²1995, S. 64. © Claassen Verlag, Hamburg 1998. / S. 174: Morgenstern, Christian: Der Werwolf / Gruselett. In: Ders.: Gesammelte Werke in einem Band. München: Piper, ⁴1996, S. 207, 322. / S. 175, 176: Brentano, Clemens: Wiegenlied / Abendständchen. In: Ders.: Werke. Bd. 1. München: Carl Hanser Verlag, 1968. / S. 177: Schröder, Rainer M.: Das Geheimnis der weißen Mönche. München: C. Bertelsmann, 2000, S. 9 (bearbeitet von Alexander Joist). © Arena Verlag, Würzburg 2002. / S. 178: Ringelnatz, Joachim: Im Park. In: Ders.: Sämtliche Gedichte. Zürich: Diogenes, 2003. / S. 178: Walser, Robert: Helle. In: Ders.: Die Gedichte. Frankfurt a. M.: Suhrkamp, ³2003. / S. 179: Bächler, Wolfgang: Der Abend im Frack. In: Fuhrmann, Joachim (Hg.): Gedichte für Anfänger. Reinbek bei Hamburg: Rowohlt Taschenbuch Verlag, 1982, S. 71. / S. 180f.: Schröder, Rainer M.: Das Geheimnis der weißen Mönche. München: C. Bertelsmann, 2000, S. 9–11. © Arena Verlag, Würzburg 2002. / S. 188–190: Rabisch, Birgit: Duplik Jonas 7. München: Deutscher Taschenbuch Verlag, 2001, Klappentext u. S. 52ff. / S. 192–197: Weigand, Jörg: Ein Fall für den Tierschutzverein. In: Die andere Seite der Zukunft. Moderne Science-Fiction-Erzählungen. Hg. von Jörg Weigand. Dortmund: Hermann Schaffstein Verlag, 1980, S. 97–104. / S. 200–202: Foster, Alan Dean: Raumschiff Enterprise – Die neuen Abenteuer: Todeszone Galaxis. Übers. von Lore Strassl. Bindlach: Loewe Verlag, 1994, S. 18ff. © Goldmann Verlag, München 1993. / S. 203: „Technobabble". In: Wikipedia – Die freie Enzyklopädie (Screenshot). Aus: http://de.wikipedia.org/wiki/Technobabble (09.06.2006). / S. 204: Wilpert, Gero von: Sachwörterbuch der Literatur. Stuttgart: Alfred Kröner Verlag, 2001, S. 744. / S. 205: Reeves-Stevens, Judith u. Garfield: Star Trek Design. Hg. von Wolfgang Jeschke. Übers. von Ralph Sander. München: Wilhelm Heyne Verlag, 1997, S. 17f. / S. 209: Kreye, Andrian: Mein Gott, es windet sich wie eine Schlange. Aus: http://www.sueddeutsche.de/kultur/artikel/564/55509/ (24.06.2005). © sueddeutsche.de GmbH/Süddeutsche Zeitung GmbH. / S. 215: Goethe, Johann Wolfgang von: Johanna Sebus. In: Goethes Werke in zwölf Bänden. Ausgewählt u. eingeleitet von Helmut Holtzhauer. Berlin/Weimar: Aufbau-Verlag, 1966ff. Bd. 1, 1974, S. 341ff. / S. 219: Fontane, Theodor: John Maynard. In: Sämtliche Werke. Hg. von Edgar Groß. Bd. 20: Balladen und Gedichte. München: Nymphenburger, 1962, S. 79ff. / S. 225f.: Ernst, Otto: Nis Randers. In: Siebzig Gedichte. Neue und alte Verse von Otto Ernst. Leipzig: Verlag L. Staackmann, 1907, S. 118f. / S. 229–231: Schiller, Friedrich: Die Bürgschaft. In: Schillers Werke in fünf Bänden. Bd. 1. Berlin/Weimar: Aufbau-Verlag, 1974, S. 147ff. / S. 232: Wortprofi. Schulwörterbuch Deutsch. Verfasst von Josef Greil. Neubearbeitung. München: Oldenbourg Schulbuchverlag, 2006, S. 152. / S. 239: Holofernes, Judith (Text): Denkmal. © Freudenhaus Musikverlag Patrik Majer, Berlin; Wintrup Musikverlag Walter Holzbauer, Detmold. / S. 239: Manz, Hans: Gedenkstätte. In: Ders.: Die Welt der Wörter. Weinheim/Basel: Beltz, 1991. / S. 242: Groß, Alina / Bledow, Clarissa (Kurs D 10, Max-von-Laue-Oberschule, Steglitz): Sei hip, und du bist beliebt. In: Berliner Morgenpost, 08.03.2004. / S. 244: Bamert, Thomas / Oggenfuss, Petra: Der Einfluss von Marken auf Jugendliche. Ergebnisse einer Befragung von Jugendlichen im Alter von 15 bis 22 Jahren. Aus: http://www.isu.unizh.ch/marketing/research/jugendliche/marken.pdf (01.02.2005), S. 1, 4f. © Lehrstuhl Marketing, Universität Zürich, 2005. / S. 247: Bundesministerium für Familie, Senioren, Frauen und Jugend (Hg.): Zwölfter Kinder- und Jugendbericht – Bericht über die Lebenssituation junger Menschen und die Leistungen der Kinder- und Jugendhilfe in Deutschland – vom 7.10.2005. Aus: http://www.bmfsfj.de/doku/kjb/data/download/kjb_060228_ak3.pdf. / S. 248: Welsch, Norbert / Liebmann, Claus Chr.: Farben. Natur – Technik – Kunst. München/Heidelberg: Elsevier, Spektrum, Akademischer Verlag, ²2004. / S. 248: Schütte, Stefanie: Im Winter ist für Modefans Geisterstunde. In: Nordkurier, 16.08.2006 / S. 249: Hillemacher, Monika: Zwischen flach und „gerade noch geländegängig". In: Nordkurier, 16.08.2006. / S. 252: Ringelnatz, Joachim: Es lebe die Mode! In: Ders.: Sämtliche Gedichte. Zürich: Diogenes, 1997. / S. 254: Wulf, Christoph (Hg.): Vom Menschen. Handbuch historische Anthropologie. Weinheim/Basel: Beltz, 1997. / S. 255: Jäckel, Michael: Einführung in die Konsumsoziologie. Geschichte – Forschungsstand – Quellen. Wiesbaden: VS Verlag für Sozialwissenschaften, 2004, S. 212f. / S. 257f.: Holzapfl, Julian: Die Kleiderordnung von 1626 – Modernisierte Version der Einleitung. In: Gersmann, Gudrun / Reimer, Torsten (Hg.): München im Dreißigjährigen Krieg. Ein universitäres Lehrprojekt, 1. Version vom 6.12.2000. Aus: http://extern.historicum-archiv.net/m30jk/kleiderordnungmod.htm. / S. 258f.: Stannek, Antje: Telemachs Brüder. Die höfische Bildungsreise des 17. Jahrhunderts. Frankfurt a. M./New York: Campus-Verlag, 2001. / S. 264: Kleiderordnung an US-Schule – Nicht ohne meinen Schottenrock. In: SPIEGEL ONLINE, 11.01.2006. Aus: http://www.spiegel.de/schulspiegel/0,1518,394642,00.html. © SPIEGEL ONLINE, 2006. / S. 268–270: Aischylos: Agamemnon. Übers. von Johann Gustav Droysen. Durchgesehen u. eingeleitet von Walter Nestle. Nachwort von Walter Jens. Stuttgart: Kröner, ⁵1962, S. 206–209, 214, 218f. / S. 273: Schulz von Thun, Friedemann: Miteinander reden 1–3. Bd. 1: Störungen und Klärungen. Reinbek bei Hamburg: Rowohlt Taschenbuch Verlag, 2006, S. 25. / S. 276–279: Forester, Cecil S.: Hornblower am Hotspur. Übers. von Eugen von Beulwitz. Band III. Hamburg: Krüger, 1964, S. 109ff., 160ff. / S. 280f.: Der Semaphor: Elin-Birgit Berndt unter Verwendung von Informationen aus: Breier, Norbert: Kommunikation: gestern – heute – morgen. In: Informatische Grundbildung. Hg. von Norbert Breier u. Steffen Friedrich. Bd. 1: Anfangsunterricht. Berlin: Duden Paetec, 2003, S. 116. / S. 283, 285: Garst, Shannon: Sitting Bull – Häuptling aller Sioux. Übers. von Rolf Ulrici. München: Franz Schneider Verlag, 1958, S. 65f., 67. / S. 285f.: Macho, Thomas: Stimmen ohne Körper. Anmerkungen zur Technikgeschichte der Stimme. In: Kolesch, Doris: Stimme: Annäherung an ein Phänomen. Frankfurt a. M.: Suhrkamp, 2006, S. 130. / S. 286: Randa-Campani, Sigrid (Hg.) / Cowin, Andrew (Übers.): Follow me – Ein Rundgang durch das Museum für Kommunikation Berlin. Museumsführer in Deutsch und Englisch. Heidelberg: Edition Braus, 2002, S. 26. / S. 287: Wagner, Wolf-Rüdiger: Medienkompetenz revisited: Medien als Werkzeuge der Weltaneignung: ein pädagogisches Programm. München: Kopäd, 2004, S. 17. – Freud, Sigmund: Das Unbehagen in der Kultur. Frankfurt a. M.: Fischer Taschenbuch Verlag, 1974, S. 221f. / S. 289f.: Weizenbaum, Joseph: Die Macht der Computer und die Ohnmacht der Vernunft. Übers. von Udo Rennert. Frankfurt a. M.: Suhrkamp, 1978, S. 14ff. – Weizenbaum, Joseph: ELIZA – A Computer Program for the Study of Natural Language Communication between Man and Machine. In: Communications of the Association for Computing Machinery, 9 (1965), S. 36–45. / S. 291: Getippte Gespräche. Bsp. 1, 2, 4 in: Dürscheid, Christa: Syntaktische Tendenzen im heutigen Deutsch. Manuskript zur Antrittsvorlesung an der Universität Zürich am 21.6.2003. Aus: http://www.ds.unizh.ch/lehrstuhlduerscheid/docs/Antrittsrede.pdf, S. 2. Veröffentlicht in: Zeitschrift für Germanistische Linguistik, 32/2003, S. 327–342. – Bsp. 6, 7, 8 in: mediensprache.net: SMS-Korpus – ca. 1.500 Short-Messages von Schülern und Studenten aus Osnabrück und Hannover. Aus: http://www.mediensprache.net/archiv/corpora/sms_os_h.pdf, S. 62, 67, 62. © sprache@web – ein Projekt an der Leibniz Universität Hannover, 1998–2006. / S. 291: Randa-Campani, Sigrid (Hg.) / Cowin, Andrew (Übers.): Follow me – Ein Rundgang durch das Museum für Kommunikation Berlin. Museumsführer in Deutsch und Englisch. Heidelberg: Edition Braus, 2002, S. 25. / S. 292: Kommunikationsstörungen. In: Kratz, Hans-Jürgen: 30 Minuten für richtiges Feedback. Offenbach: Gabal, 2005, S. 10f. / S. 292: Die Missversteh-Technik. In: Pack, Bodo: Schlag zurück! Das Trainingsbuch zur Schlagfertigkeit. Books on Demand GmbH, 2001, S. 47. © Bodo Pack, 2001. / S. 293: Watterson, Bill: Calvin und Hobbes: Die Unzertrennlichen. Übers. von Alexandra Bartoszko. Frankfurt a. M.: Krüger, 2001, o. S. © Bill Watterson, 1994, 1996. / S. 307–309: Blake, Nicholas: Der Meuchelmörder-Club. In: Kriminalgeschichten. Hg. von Eckhard Finckh. Stuttgart: Reclam, 1985 (= Arbeitstexte für den Unterricht, Bd. 9517). / S. 316f.: Ecke, Wolfgang: Zwischenfall an der Grenze. In: Detektivgeschichten für Kinder. Hg. von Hans-Dieter Gelfert. Stuttgart: Reclam, 2003 (= Arbeitstexte für den Unterricht, Bd. 9556).

Bildquellen

akg images: S. 74, 160, 166, 290; E. Lessing: S. 36/37; Bruni Meya: S. 163.2 – allOver/U. Kröner: S. 130; Studio Kormann: S. 287 – Arena Verlag GmbH Würzburg 1996, Coverillustration Klaus Steffens: S. 180 – Argus/H. Schwarzbach: S. 73 – Artur/Andia: S. 158 – Avenue Images: S. 49.2 – Bayern LB/Dassel und Schumacher Werbeagentur, München: S. 250 – bethesda softworks: S. 204 – Bildagentur online: S. 10, 284; Chromorange: S. 38 – Bravo Faktor Jugend 8. Now and forever: S. 245, 246 – Bridgeman Art.com: S. 283 – Buck Andreas, Dortmund: S. 260 – Caro/Oberhäuser: S. 23.3, 66/67, Ponizak: 23.4 – Cinetext: S. 182/183, 200, 202 – Coolhunters Ausstellung – Jugendkulturen zwischen Medien und Markt (23.04.-03.07.2005), ZKM Karlsruhe. Kuratiert von Prof. Dr. B. Richard, Prof. Dr. K. Neumann-Braun, vom ZKM: Sabine Himmelsbach und Peter Weibel. Foto: Alexander Ruhl – Corbis/B. Krist: S. 304/305; O. Franken S. 228 – Coverartwork Amenokal Alhavi, Die Weisheit der Tuareg, erschienen im Goldmann Verlag München, einem Unternehmen der Verlagsgruppe Random House: S. 49.1 – Das Fotoarchiv/A. Maleki: S. 10.4, M. Vollmer: S. 13.1 – Disney: S. 43.3 – Egmont Verlagsgesellschaft, Köln: S. 87 – Esslinger Verlag J.F. Schreiber GmbH, Esslingen: S. 240/241 – Förderverein Optische Telegrafenstation Litermont e.V./Urban Nalbach: S. 280 – Freelens Pool/S. Schupfner: S. 10.5, K. Schulz: S. 50; J. Schulzki: S. 68; A. Weise: S. 163.2; B. Steinz: S. 317 [M] – Getty Images/Sean Justice: S. 8/9; P.L. Harvey: S. 171; A. Vallayer-Coster: S. 297.3; photo&co: S. 26.3; Grant Faint: S. 44 – Guhe Irmtraud, München: S. 40 – handballschiri.com: S. 23.2 – Hanke M./Visum/buchcover.com: S. 297.1 – Hanser Verlag, München: S. 40 – Harms Wolfgang (hrsg.), Illustrierte Flugblätter aus dem Jahrhundert der Reformation und der Glaubenskämpfe. Kunstsammlungen der Veste Coburg, Coburg 1983: S. 259 – Ifa Bilderteam: S. 179, 296, 297.2 – Images.de/L. Reimann: S. 13.2 – Jegodtka Heiko, München: S. 300 – Juniors Bildarchiv: S. 98/99 – Karl Rauch Verlag, Düsseldorf: S. 64 – Keystone/J. Leidicke: S. 151; V. Schulz: S. 294/295 – Kneffel Michael, Essen: S. 23.2 – Lucas Film/Cinetext: S. 71 – Mall H./mallpictures/buchcover.com: S. 162 – MEV Verlag, Augsburg: S. 93, 94, 128/129, 156/157, 189 – Myron Levoy, Der gelbe Vogel © für das Umschlagbild von Bernhard Förth unter Verwendung eines Fotos von Jan Roeder 1998: Deutscher Taschenbuch Verlag München: S. 55 – Pallau Sollerich, Palma de Mallorca, Spain/The Bridgeman Art Library: S. 138 – picture alliance/dpa: S. 10.3, 26.4, 28, 43.2, 51, 226 – Rabisch Birgit: Duplik Jonas 7; © für die Umschlagillustration von Jan Roder 1998: Deutscher Taschenbuch Verlag, München: S. 188 – Reeves-Stevens, Judith & Garfield, Star Trek Design. Pocket Books/Simon and Schuster, New York; © der deutschen Ausgabe: 1997 Wilhelm Heyne Verlag GmbH & Co. KG, München: S. 207 – Reuen Sascha, Essen: S. 11, 20.1-6, 34, 35 – Rowohlt Verlage, Reinbek/Coverillustration: Barbara Scholz, Münster: S. 100 – Schapowalow/Huber: S. 272 – Schneider Karl-Heinz, Düsseldorf: S. 137, 140, 143,145, 153, 154, 155 – Security Label, Sarstedt/Condor, Kelsterbach: S. 152 – Sondershaus Christian, Beimerstetten: S. 298, 299 –Stock4B/F. Moser: S. 43.1 The Image works/Visum: S. 10.2 Transit/Thomas Schlegel: S. 10.1 – S. 10.2 – Transit TV-Yesterday: S. 266/267 – Ullstein Bild/Camera 4: S. 31; KPA: S. 77, 205; Fugere (L): S. 113 – vario-images/Chromorange: S. 26.1; Design Pics: S. 60, 167; R. Kerpa: S. 175 –Visum/G. Alabiso: S. 23.1; W. Steche: S. 212/213 –Wilke/Daniel: Schwimmen. Lernen – Üben – Trainieren © Limpert Verlag, Wiebelsheim: S. 17, 20 – Wirtz Peter, Dormagen: S. 97, 108, 118, 190.

Trotz entsprechender Bemühungen ist es nicht in allen Fällen gelungen, den Rechtsinhaber ausfindig zu machen. Gegen Nachweis der Rechte zahlt der Verlag für die Abdruckerlaubnis die gesetzlich geschuldete Vergütung.

Das Papier ist aus chlorfrei gebleichtem Zellstoff hergestellt, ist säurefrei und recyclingfähig.

© 2007 Oldenbourg Schulbuchverlag GmbH, München, Düsseldorf, Stuttgart
www.oldenbourg-bsv.de

Das Werk und seine Teile sind urheberrechtlich geschützt. Jede Nutzung in anderen als den gesetzlich zugelassenen Fällen bedarf der vorherigen schriftlichen Einwilligung des Verlags. Hinweis zu § 52 a UrhG: Weder das Werk noch seine Teile dürfen ohne eine solche Einwilligung eingescannt und in ein Netzwerk eingestellt werden. Dies gilt auch für Intranets von Schulen und sonstigen Bildungseinrichtungen.

1. Auflage 2007 R06

Druck 11 10 09 08 07
Die letzte Zahl bezeichnet das Jahr des Drucks.
Alle Drucke dieser Auflage sind untereinander unverändert und im Unterricht nebeneinander verwendbar.

Umschlag: Lutz Siebert-Wendt, München
Umschlagabbildung: VISUM/Wolfgang Steche
Lektorat: Jana de Blank, Cornelia Franke (Assistenz)
Layout: Lutz-Siebert Wendt, Heiko Jegodtka
Herstellung: Heiko Jegodtka
Illustration: Verena Ballhaus, München; Thomas Escher, Hamburg
Satz: NB PrePressTeam Nadler & Buttler GbR, München
Druck: CS-Druck, Berlin

ISBN 978-3-486-**00219**-5
ISBN 978-3-637-**00219**-7 (ab 1.1.2009)